포토샵
보정&합성 디자인 사전

포토샵 보정&합성 디자인 사전 — 프로의 110가지 디자인 레시피

Photoshop Retouch Recipe 110

초판 발행 • 2022년 11월 03일
2쇄 발행 • 2023년 4월 10일

지은이 • 쿠스다 사토시
옮긴이 • 윤미현
펴낸이 • 이지연
펴낸곳 • 이지스퍼블리싱(주)
출판사 등록번호 • 제313-2010-123호
주소 • 서울특별시 마포구 잔다리로 109 이지스빌딩 4층(우편번호 04003)
대표전화 • 02-325-1722 | **팩스** • 02-326-1723
홈페이지 • www.easyspub.co.kr | **페이스북** • www.facebook.com/easyspub
Do it! 스터디룸 카페 • cafe.naver.com/doitstudyroom | **인스타그램** • instagram.com/easyspub_it

총괄 • 최윤미 | **기획** • 이희영 | **책임편집** • 이수진 | **IT 1팀** • 이수진, 임승빈, 이수경 | **교정교열** • 안종군, 박명희
표지 및 본문 디자인 • 트인글터 | **인쇄** • 보광문화사
마케팅 • 박정현, 한송이, 이나리 | **독자지원** • 박애림, 오경신 | **영업 및 교재 문의** • 이주동, 김요한(support@easyspub.co.kr)

Photoshop RETOUCH • KAKOU IDEA ZUKAN [DAI2HAN]
Copyright © 2020 by Satoshi Kusuda
All rights reserved.
Original Japanese edition published by SB Creative Corp.
Korean translation rights © 2022 by EasysPublishing.
Korean translation rights arranged with SB Creative Corp., Tokyo
through Botong Agency, Korea

이 책의 한국어판 저작권은 Botong Agency를 통한 저작권사와의 독점 계약으로 이지스퍼블리싱㈜이 소유합니다.
신 저작권법에 의해 한국 내에서 보호를 받는 저작물이므로 무단전재와 무단복제를 금합니다.

• 잘못된 책은 구입한 서점에서 바꿔 드립니다.
• 이 책에 실린 모든 내용, 디자인, 이미지, 편집 구성의 저작권은 이지스퍼블리싱(주)와 지은이에게 있습니다.
• 이 책은 허락 없이 복제할 수 없습니다. 무단 게재나 불법 스캔본 등을 발견하면 출판사나 한국저작권보호원에 신고하여 저작권자와 출판권자를 보호해 주십시오(한국저작권보호원 불법 복제물 신고 전화 1588-0910, https://www.copy112.or.kr).

ISBN 979-11-6303-418-6 13000
가격 24,000원

상위 1%만 아는 포토샵 테크닉! 이럴 땐 이렇게!

포토샵 보정&합성 디자인 사전

프로의 110가지 디자인 레시피

인물 사진 보정부터 누끼, 포트폴리오용 아트워크까지!

쿠스다 사토시 지음 | 윤미현 옮김

이지스퍼블리싱

아마존 JP 그래픽 분야 베스트셀러!
상위 1%만 아는 포토샵 테크닉 공개!

포토샵 작업에 필요한 기술을 모두 담은 책!

이 책은 리터칭, 가공, 합성, 로고, 콜라주, 3D 등 최신 포토샵 기술을 모두 압축해 놓은 포토샵 아이디어 도감입니다. 특히 이 책에서 소개하는 포토샵 신기능인 '자동 선택 도구'와 '왜곡' 기능을 사용하면 작업이 훨씬 빨라질 것입니다.

구체적인 해결법 110가지

이 책에는 실무 그래픽 디자인에서 필요한 포토샵 리터칭 노하우 110가지를 해결 방법과 함께 자세히 담았습니다. 필요할 때마다 펼쳐서 빠르게 따라 할 수 있을 뿐 아니라 상황에 맞게 대처할 수 있어서 업무 효율이 좋아집니다. 차례에서 여러분에게 필요한 내용을 찾아보고 쪽수를 찾아서 펼쳐 보세요. 문제를 해결하는 가장 효율적인 방법을 안내해 드릴 것입니다.

아티스트의 완성도 높은 '실무 작품' 8가지 수록!

리터칭 분야는 매일 새로운 기술들이 생겨나고 있으며 트렌디한 작품도 많이 추가되고 있습니다. 특히 07장에서 소개하는 전문가 수준의 작품은 보는 것만으로도 값지고 알찬 시간이 될 것이라 자부합니다. 여러분의 시선을 끄는 작품들은 꼭 살펴보기를 추천합니다.

실습, 준비 파일 완벽 제공!

직접 해볼 수 있는 샘플 소스부터 완성본인 PSD 파일까지 완벽하게 제공합니다. 별도로 필요한 자료가 없어서 편안하게 따라 할 수 있고, 중간에 막히거나 헷갈릴 때 완성 파일을 열어 레이어의 구조를 자세히 살펴보며 참조할 수 있어서 매우 효율적입니다.

준비 파일

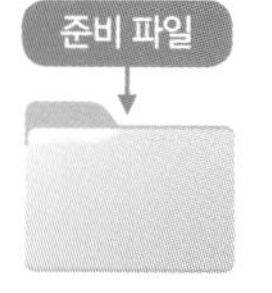

완성

완성 파일

001-어린이

부디 이 책으로 포토샵 보정 및 합성의 기본부터 프로페셔널한 수준의 작품 기술까지 모든 테크닉을 한번에 습득하기를 바랍니다. 즐겁게 활용해 주세요.

쿠스다 사토시 드림

"여러분의 현재 위치에 따라 골라서 보세요!"

포토샵이 처음이라면 **첫째마당**부터, 상황별 해결법이 궁금하다면 **둘째마당**을, 실전 프로젝트 경험이 필요하다면 **셋째마당**을 보면 됩니다. 물론 차례에서 소개하는 예제 이미지를 보고 그때그때 선택해서 살펴봐도 좋아요!

Level 1
포토샵이 아예 처음이라면!

첫째마당 | 포토샵 사진 보정의 기초

01 포토샵의 기본 보정 기능 익히기

02 풍경 보정

03 인물 보정

Level 2
리터칭 노하우가 궁금하다면?

둘째마당 | 이미지 합성 & 상황별 리터칭

04 귀엽고 아기자기한 느낌의 콜라주

05 감각적이고 스타일리시한 합성 아이디어

Level 3
실전 프로젝트를 만들고 싶다면!

셋째마당 | 도전! 디자인 실무 작업

06 타이포그래피 디자인 & 질감 표현하기

07 프로페셔널한 디자인 작품 만들기

첫째마당
포토샵 사진 보정의 기초

01 • 포토샵의 기본 보정 기능 익히기

02 • 풍경 보정

03 • 인물 보정

둘째마당
이미지 합성 & 상황별 리터칭

04 • 귀엽고 아기자기한 느낌의 콜라주

05 • 감각적이고 스타일리시한 합성 아이디어

셋째마당
도전! 디자인 실무 작업

06 • 타이포그래피 디자인 & 질감 표현하기

07 · 프로페셔널한 디자인 작품 만들기

실습 파일 안내

이지스퍼블리싱 홈페이지의 [자료실]에서 모든 예제 파일을 내려받을 수 있습니다. 회원으로 가입하면 이지스퍼블리싱에서 제공하는 여러 정보를 메일로 받아 볼 수 있습니다.

- 홈페이지 주소: www.easyspub.co.kr

IT 블로그에서 유용한 정보를 살펴보세요!

이지스퍼블리싱 IT 블로그에는 포토샵, 일러스트레이터와 관련된 유용한 정보는 물론, 일잘러를 위한 구글, 엑셀, 파워포인트의 팁까지 연재되고 있습니다. 즐겨찾기에 추가해 두고 필요한 정보를 찾아보세요.

- 블로그 주소: blog.naver.com/easyspub_it

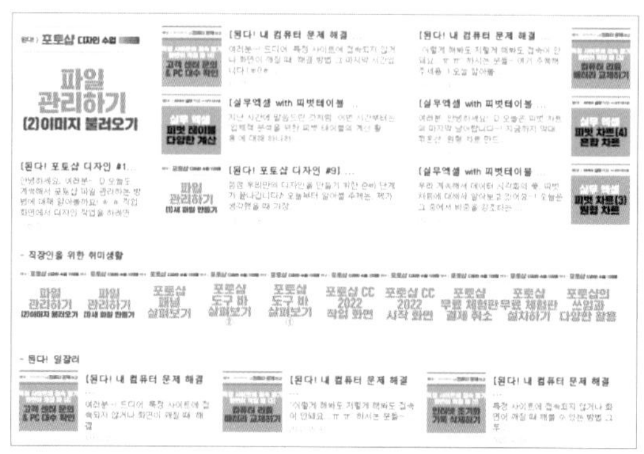

일러두기

- 실습 파일은 이 책을 학습하는 용도로만 이용할 수 있습니다. 내려받은 데이터는 저작권 보호를 받은 저작물이며 그래픽, 이미지의 일부 또는 전체를 공개하거나 수정하여 사용할 수 없습니다.
- 단, 이 책을 학습하는 과정을 소개하는 것을 목적으로 SNS에 올리는 것은 문제되지 않습니다. 수십 분을 넘는 긴 동영상이나 연재는 여기에서 제외합니다.
- 내려받은 데이터로 발생한 어떠한 손해도 저자와 SB크리에이티브 주식회사는 책임을 지지 않습니다.

01

포토샵의 기본 보정 기능 익히기

포토샵에서 원하는 결과를 만들기 위해서는 여러 단계의 작업이 필요합니다. 각 도구의 역할을 이해하고 있어야 이 과정을 막힘없이 수행할 수 있습니다.
1장에서는 포토샵의 기본 도구를 사용해 여러 가지 색상을 보정하거나 이미지를 합성하는 등 기본적인 보정 기능을 알아보겠습니다. 또한 여러 상황에 맞춰 사용할 수 있는 간단하면서 실용적인 방법과 함께 간단한 콜라주 작품도 만들어 보겠습니다.

Photoshop Recipe

원본

Recipe 001 불필요한 부분 자연스럽게 지우기

[스팟 복구 브러시 도구]나 [패치 도구] 등을 사용하면 사진 속의 불필요한 부분을 간단히 지울 수 있습니다.

01 [패치 도구]로 파손 부분 복구하기

01 '001-어린이.psd'를 불러옵니다.

02~03 [패치 도구]를 클릭하고 옵션 바에서 [패치: 내용 인식]으로 설정합니다.

04 놀이기구 머리의 파손된 부분을 클릭&드래그하면 선택 범위가 만들어집니다.

05 선택 범위가 만들어지면 그 선택 범위를 오른쪽으로 드래그합니다. 그러면 파손된 부분이 바탕 이미지로 채워지면서 이미지가 자연스럽게 보정됩니다.

06~07 같은 방법으로 놀이기구 중앙의 파손 부분도 복구합니다.

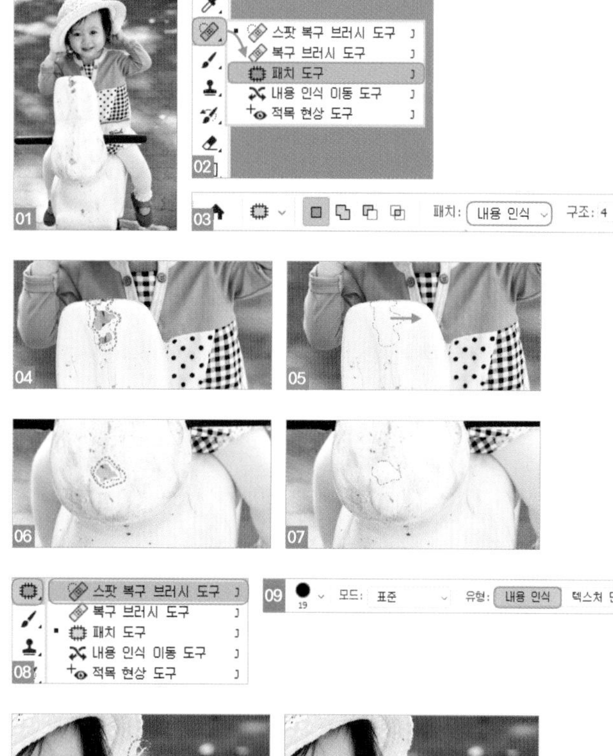

02 [스팟 복구 브러시 도구]로 불필요한 부분 정리하기

여자아이의 모자 가장자리에 지저분한 것이 보이는데, 이것을 깔끔하게 정리해 보겠습니다.

08~09 도구 바에서 [스팟 복구 브러시 도구]를 클릭하고 옵션 바에서 [유형: 내용 인식]으로 설정합니다.

10~11 지저분한 부분을 클릭&드래그하면 자연스럽게 정리됩니다.

03 전체적으로 다듬어 완성하기

12 [스팟 복구 브러시 도구]가 선택된 상태에서 작업 영역을 마우스 오른쪽 버튼으로 클릭하면 [브러시 옵션] 대화상자가 나타납니다.

13 브러시의 크기를 달리하면서 작업합니다. 너무 과하게 작업하면 부자연스러워질 수 있으므로 원래 소재의 질감이나 분위기를 해치지 않는 범위 내에서 보정하는 것이 중요합니다.

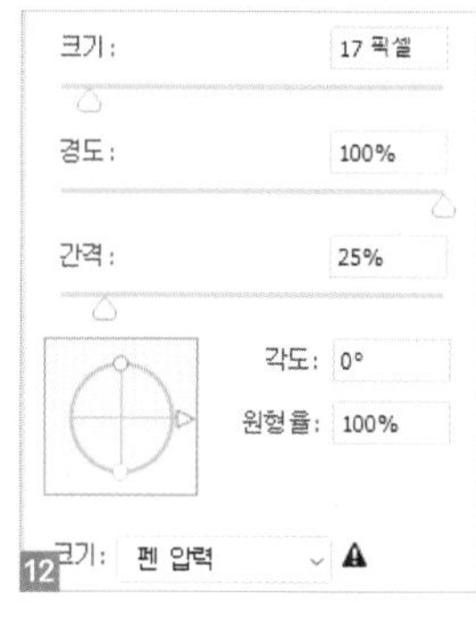

Recipe

002

GRADATION

BLUE YELLOW PURPLE

그레이디언트 맵으로 듀오톤 이미지 만들기

듀오톤 이미지는 스타일리시한 느낌을 줍니다. 이번에는 듀오톤 이미지를 만드는 기본적인 방법과 색상을 추가한 후 그레이디언트를 적용하는 방법을 알아보겠습니다.

원본

01 [그레이디언트 맵]으로 듀오톤 이미지 만들기

01 '002-풍경.psd'를 불러옵니다. [레이어] 패널의 [조정 레이어 → 그레이디언트 맵]을 클릭합니다.

02~03 [속성] 패널의 색상 부분을 클릭합니다.

04 그레이디언트 편집기의 왼쪽 아래에 있는 색상 정지점을 더블클릭해 색상 값을 [#c50a7c]로 설정합니다.

05 오른쪽 끝에 있는 색상의 정지점을 더블클릭해 색상 값을 [#fee273]으로 설정합니다.

06 원본 이미지의 어두운 부분(그림자 쪽)은 보라색 계열, 배경에 있는 밝은 부분(하이라이트 쪽)은 노란색 계열로 바뀝니다.

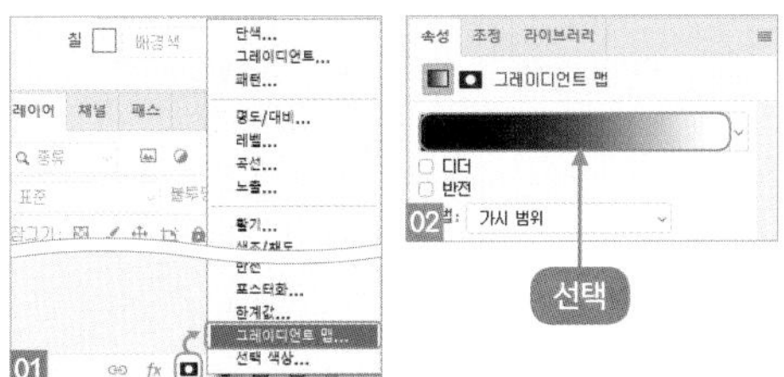

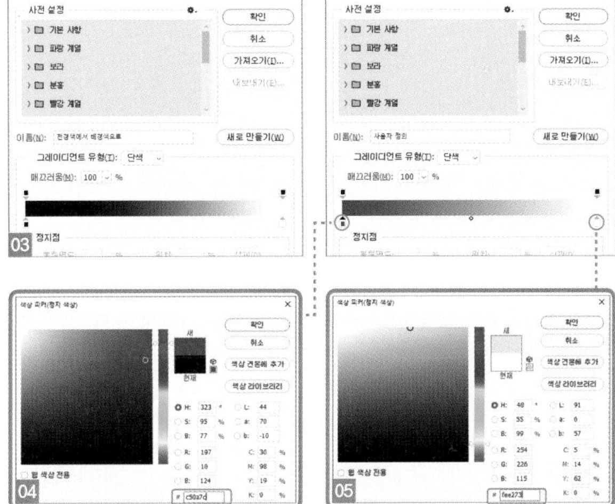

02 어두운 그림자 쪽에 1가지 색 추가하기

07 [그레이디언트 맵 1] 레이어에서 레이어 축소판을 더블클릭합니다.

08 [속성] 패널에서 색상 부분을 클릭해 그레이디언트 편집기를 나타나게 합니다. 왼쪽 끝에 있는 색상의 정지점을 드래그해 [위치: 30%]로 설정합니다.

09 색상 정지점이 있던 곳을 클릭하면 새로운 정지점을 추가할 수 있습니다. [위치: 0%]로 설정해 정지점을 추가합니다.

10 색상 값에 [#2d5d83]을 입력합니다.

11 어두운 그림자 부분에 파란색 계열의 색이 추가돼 한층 더 긴장감이 느껴지는 이미지로 수정됐습니다.

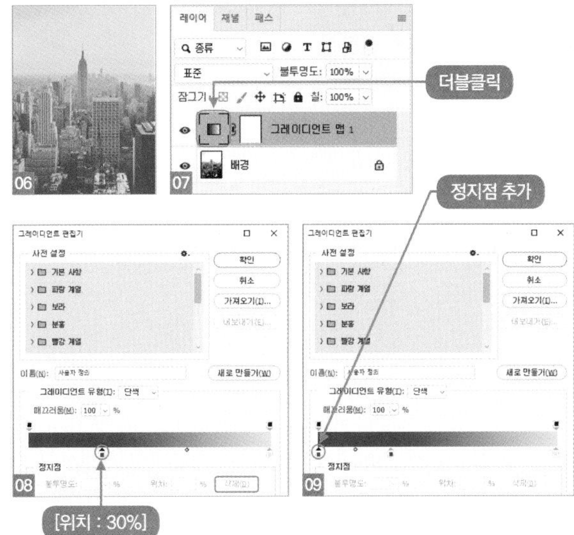

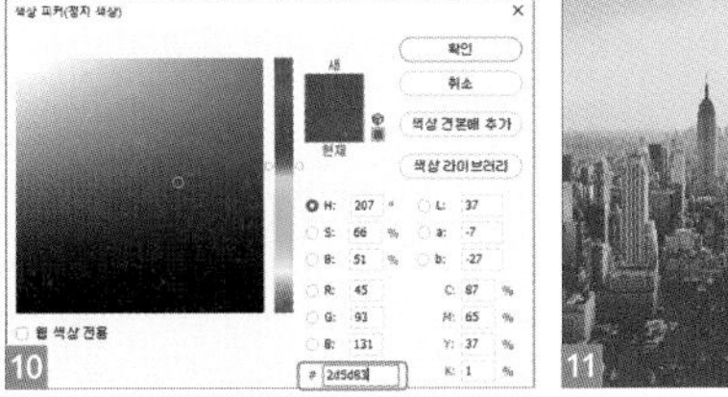

핵심 포인트

작업하려는 이미지의 명암을 잘 살펴본 후에 이미지에 맞춰 '색상 정지점'의 위치를 조절해야 합니다. 이 예제에서 사용한 이미지는 '하이라이트 → 중간 → 그림자'의 단계가 위에서 아래로 쉽게 구분되므로 그림자 부분에 파란색 계열을 추가했을 때 잘 어울려 보입니다. 이처럼 음영을 뚜렷하게 구분할 수 있는 이미지라면 원하는 효과를 내는 것이 훨씬 쉬워집니다.

Recipe

003

하늘을 바꿔 광활한 풍경 사진으로 만들기

이미지에서 광활한 느낌을 표현하려면 하늘이 가장 중요합니다. 경우에 따라 광활한 느낌을 극대화하기 위해 다른 느낌의 하늘 사진으로 바꿔야 할 때도 있습니다.

01 이미지 선택하기

01 '003-비치.psd'를 불러온 후 도구 바에서 [자동 선택 도구]를 클릭합니다.
02~03 위쪽에 나타나는 옵션 바에서 [허용치: 50]으로 설정한 후 하늘 부분을 클릭합니다.

Shift를 누른 상태에서 여러 번 클릭해 보는 것이 좋습니다. 아주 미세하게 선택 범위가 달라지므로 원하는 범위가 선택될 때까지 여러 번 클릭합니다.

02 이미지 삭제하고 잘라 내기

04 Delete를 눌러 선택 범위를 삭제합니다. 삭제되지 않은 부분이 남아 있다면 01~04를 반복하면서 경계 부분을 깔끔하게 정리합니다.
05 선택 범위로 설정하기 어려운 부분은 [지우개 도구]를 사용해 직접 지웁니다. 이때에는 화면을 확대해 놓고 작업하는 것이 좋습니다.
06 하늘이 없는 해변 이미지가 만들어졌습니다.

핵심 포인트

현재 작업 중인 레이어가 [배경]으로 돼 있다면 선택 범위를 삭제해도 투명해지지 않습니다. 이때는 [배경] 레이어를 더블클릭해 레이어 상태로 만든 후에 작업하면 됩니다.

03 새 이미지 불러와 합성하기

07 [파일 → 새로 만들기]를 선택해 [폭: 13센티미터], [높이: 18센티미터], [해상도: 300픽셀/인치]의 새 문서를 만듭니다.
08 조금 전에 하늘만 잘라 낸 '003-비치.psd'를 가장 위쪽 레이어에 배치하고 '003-하늘.psd'를 그 아래쪽 레이어에 배치합니다.
09 이미지 2개의 위치를 이동해 보면서 원하는 구도로 합성 이미지를 만듭니다.

Recipe

004 아침 같은 청명한 느낌의 풍경 만들기

단순한 풍경 사진을 광고 포스터와 같은 투명한 느낌의 매력 있는 사진으로 만들어 보겠습니다.

01 레이어를 스마트 오브젝트로 바꾸기

01 '004-풍경.psd'를 불러온 후 [배경] 레이어를 마우스 오른쪽 버튼으로 클릭해 [모든 개체 마스크]를 클릭합니다.

스마트 오브젝트 상태로 바뀌면 색 보정이나 필터를 재사용할 수 있습니다.

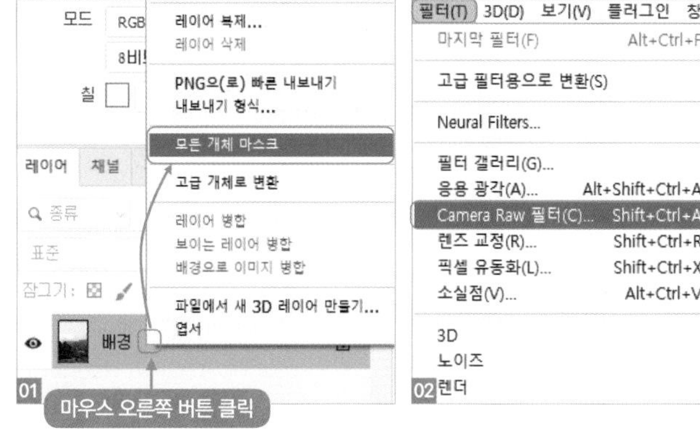

02 카메라 로(Camera Raw) 필터로 투명하게 만들기

02 [레이어] 패널의 [배경]을 선택한 상태에서 [필터 → Camera Raw 필터]를 클릭합니다.

03 [Camera Raw] 대화상자가 나타나면 투명한 느낌의 풍경을 만들기 위해 [온도: -30], [색조: -5], [노출: +0.25], [대비: -11], [명료도: -20], [활기: +10]으로 설정한 후 [확인]을 클릭합니다.

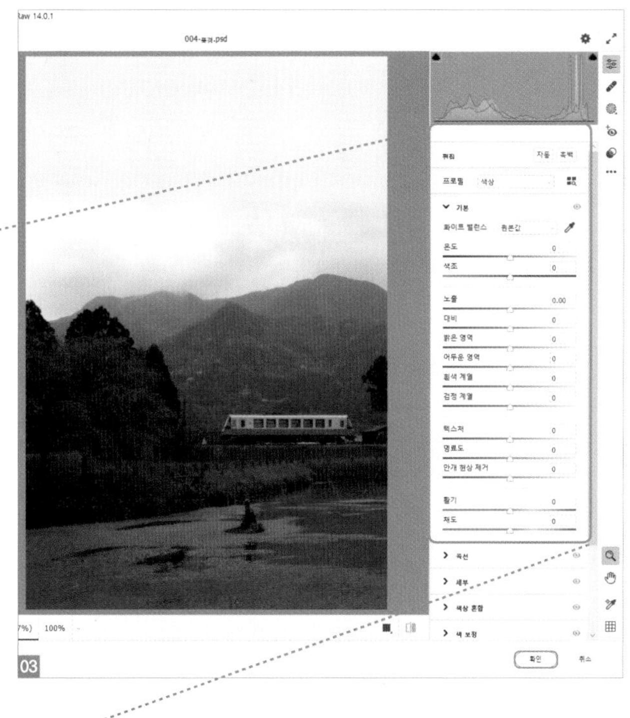

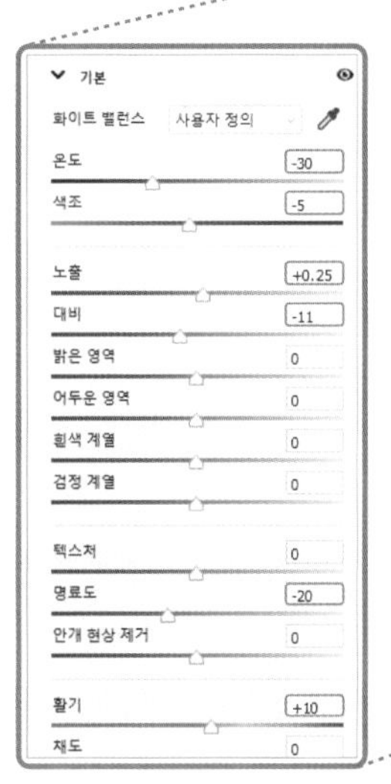

03 노이즈를 추가해 질감 내기

04 [필터 → 노이즈 → 노이즈 추가]를 선택합니다.

05 [노이즈 추가] 대화상자에서 [양: 4%]로 설정합니다. 사진 전체에 노이즈가 더해져 질감이 아날로그풍으로 바뀌었습니다.

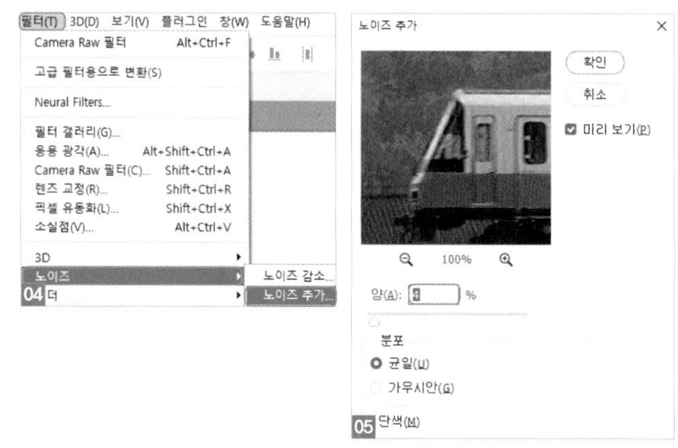

핵심 포인트

원래 이미지에 노이즈 느낌이 있다면 노이즈를 추가할 필요는 없습니다. 이처럼 노이즈의 양은 사진의 질감에 따라 조절하는 것이 좋습니다.

04 투명한 느낌으로 색 보정하기

06 [레이어] 패널의 아래쪽에 있는 [조정 레이어] 버튼을 클릭한 후 [색상 균형]을 클릭합니다.

07~08 [속성] 패널에서 [톤: 중간 영역]을 선택해 [-30], [15], [15]로 설정한 후 [톤: 밝은 영역]을 선택해 [0], [0], [15]로 설정합니다.

09 전체적으로 청록색과 파란색을 추가하는 방향으로 보정됩니다.

05 전체적으로 희미한 안개 느낌 내기

10~11 가장 위쪽에 [레이어 1]을 추가한 후 전경색은 흰색(#ffffff), 배경색은 검은색(#000000)으로 설정합니다. 그런 다음 [필터 → 렌더 → 구름 효과 1]을 클릭합니다.

06 [고급 흐림 효과]로 뿌연 느낌 내기

12 [구름 효과 1]을 적용한 레이어를 선택한 상태에서 [필터 → 흐림 효과 → 고급 흐림 효과]를 클릭합니다.
13 [고급 흐림 효과] 대화상자가 나타나면 [반경: 100.0픽셀]로 설정합니다.

07 [혼합 모드] 바꾸기

14~15 레이어의 [혼합 모드]를 [스크린], [불투명도]를 [25%]로 설정합니다. 추가로 만든 구름 텍스처가 질감에 자연스럽게 반영됩니다.
16 청록색과 파란색을 강조하고, 전체적으로 뿌연 안개를 만들어 넣어 부드러우면서 맑고 투명한 느낌의 풍경이 완성됐습니다.

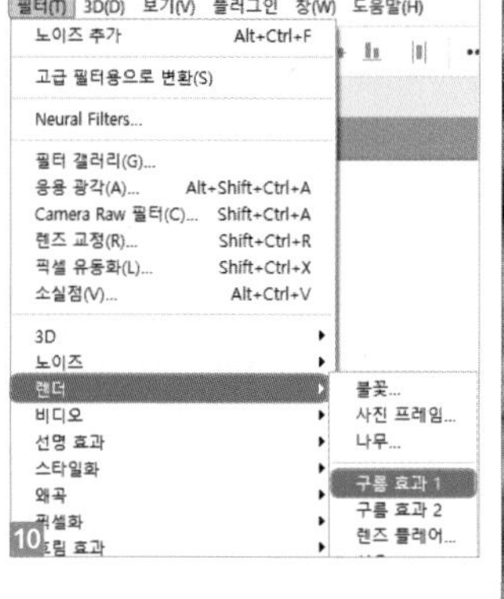

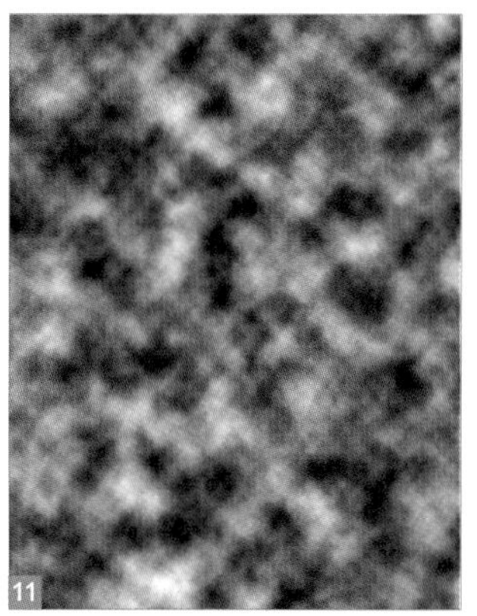

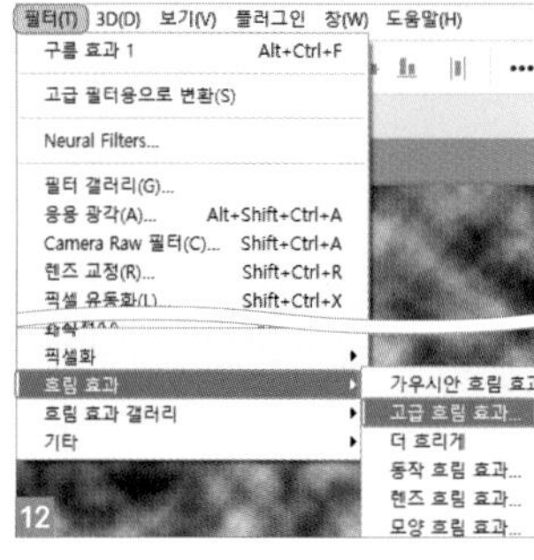

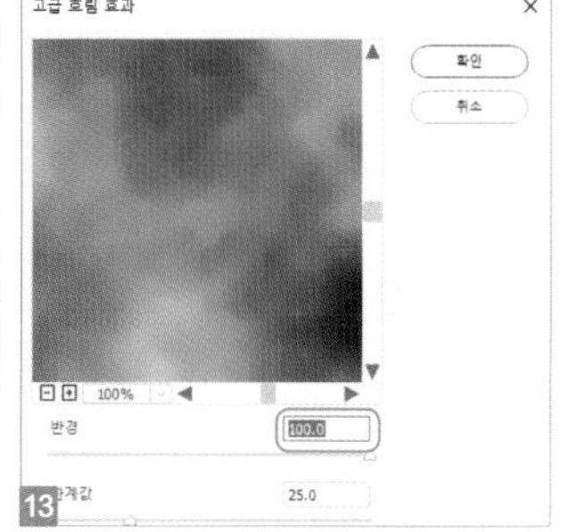

Recipe

005 식물 사진을 생동감 있게 보정하기

[곡선]이나 [레벨] 기능을 사용하면 원하는 곳의 밝기나 톤을 조절해 이미지를 생동감 있게 보정할 수 있습니다.

01 [곡선] 기능 사용하기

'005-배경.psd'를 불러옵니다. 이번에는 사진 속에 있는 선인장을 좀 더 강조해 보겠습니다.

01 [레이어] 패널에서 [조정 레이어] 버튼을 클릭한 후 [곡선]을 클릭합니다.

02 새로 만들어진 레이어를 위쪽에 위치시킵니다.

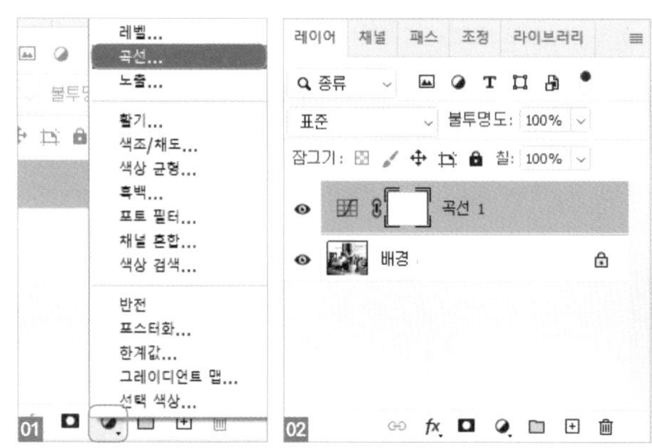

02 [곡선] 기능으로 이미지 보정하기

[속성] 패널에 곡선이 나타나면 곡선의 어느 한 지점을 클릭하는 방법을 사용해 컨트롤 포인트 3개를 추가합니다.

[속성] 패널을 찾을 수 없을 때는 [곡선 1] 레이어를 더블클릭하거나 [곡선 1] 레이어를 선택한 상태에서 [창 → 속성]을 클릭합니다.

03 완만한 S자 커브가 되도록 보정하겠습니다. 각각의 컨트롤 포인트를 클릭&드래그해 위치를 설정할 수 있습니다. 이미지가 바뀌는 느낌을 보면서 설정하면 됩니다. 여기에서는 왼쪽 아래에 있는 컨트롤 포인트는 [입력: 30, 출력: 19], 중앙에 있는 컨트롤 포인트는 [입력: 131, 출력: 123], 오른쪽 위에 있는 컨트롤 포인트는 [입력: 217, 출력: 224]로 설정합니다.

04 밝은 부분, 어두운 부분이 각각 강조돼 대비가 높고 생동감 있는 이미지가 완성됐습니다.

핵심 포인트

[곡선] 기능에서 S자 커브는 대비를 간단하게 올릴 수 있습니다. 자주 사용하는 방법이므로 반드시 기억해 두는 것이 좋습니다.

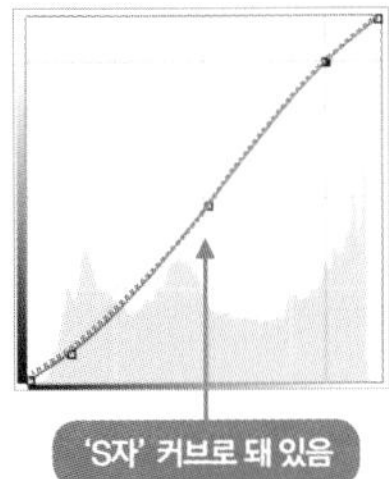

03 [레벨] 기능으로 이미지 보정하기

05 [레이어] 패널의 [조정 레이어] 버튼을 클릭한 후 [레벨]을 클릭합니다. 새로 만들어진 레이어를 위쪽에 배치합니다.

06 레벨 값을 입력합니다. 여기에서는 왼쪽(어두운 영역)부터 차례대로 [15, 0.9, 245]로 설정합니다.

07 앞의 [곡선] 기능을 이용한 보정과 마찬가지로 대비가 높고 생동감 있는 이미지가 완성됐습니다.

Recipe

006 아웃포커스 효과 내기

배경을 흐리게 하면 피사체를 더욱 효과적으로 강조할 수 있습니다. DSLR 카메라에서 아웃포커스로 찍은 사진의 느낌을 내보겠습니다.

01 여자아이만 선택 범위로 만들기

01~02 '006-인물.psd'를 불러옵니다. 도구 바에서 [펜 도구]를 클릭해 여자아이의 윤곽을 따라 패스 라인을 만들어 나갑니다.
03 [펜 도구]가 선택된 상태에서 마우스 오른쪽 버튼을 클릭해 [선택 영역 만들기]를 클릭합니다.
04 [선택 영역 만들기] 대화상자가 나타나면 [페더 반경: 0픽셀], [앤티 앨리어스]에 체크 표시를 한 후 [확인]을 클릭합니다.
05 여자아이만 선택됐습니다.

02 선택 범위를 반전시켜 흐리게 만들기

06 도구 바에서 적당한 선택 도구([사각형 선택 도구], [올가미 도구], [자동 선택 도구] 등 선택 도구라면 어느 것이든 상관없음)로 선택한 후 영역을 마우스 오른쪽 버튼으로 클릭해 [반전 선택]을 클릭합니다.
07 선택 범위가 반전돼 여자아이 이외의 부분이 선택됐습니다.
08 [필터 → 흐림 효과 → 렌즈 흐림 효과]를 선택합니다.
09 [렌즈 흐림 효과] 대화상자가 나타납니다. [조리개] 항목에서 [모양: 육각형], [반경: 34], [블레이드 곡률: 100], [회전: 0], [반사 밝은 영역] 항목에서 [명도: 48], [한계값: 255]로 설정합니다.
10 배경만 흐려졌습니다.

핵심 포인트

[렌즈 흐림 효과]는 선택 범위 이외(여자아이 부분)에는 영향을 미치지 않고 흐리게 만듭니다.

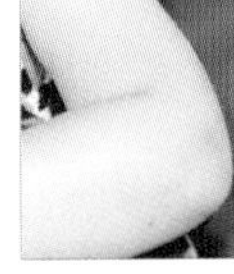

03 머리카락과 이미지 경계 부분 정돈하기

11 도구 바에서 [흐림 효과 도구]를 선택합니다.
12 머리카락이나 이미지 경계를 문지르면 효과를 적용한 부분이 배경과 자연스럽게 어우러집니다.

01

02

03

04

05

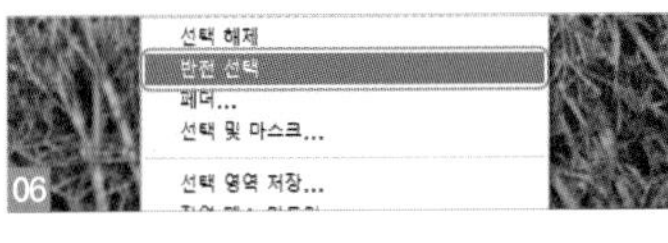

06

08

07

10

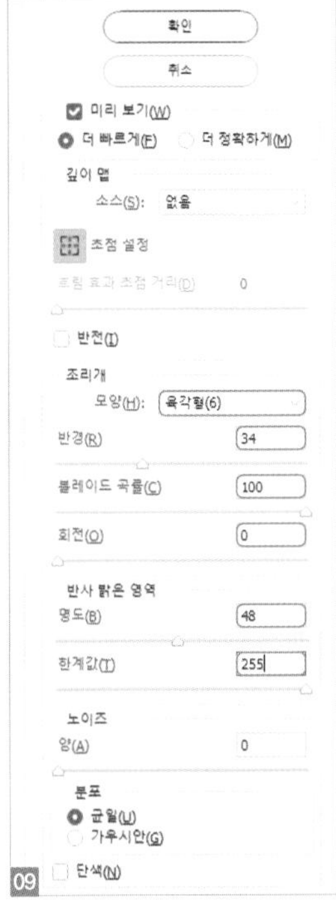

09

11 12

Recipe

007

흑백 사진에서 특정 부분에만 색상 넣기

흑백 사진 중 특정 부분에만 색을 넣으면 그 부분을 좀 더 강조할 수 있습니다.

01 [개체 선택 도구]로 선택 범위 만들기

01 '007-사과.psd'를 불러온 후 도구 바에서 [개체 선택 도구]를 클릭합니다.

02~03 위쪽에 나타나는 옵션 바에서 [모드: 사각형]으로 설정하고 사과를 드래그합니다.

04 포토샵에 탑재된 인공지능인 'Adobe Sensei'에 의해 대략적인 사과의 선택 범위가 자동으로 생성됩니다.

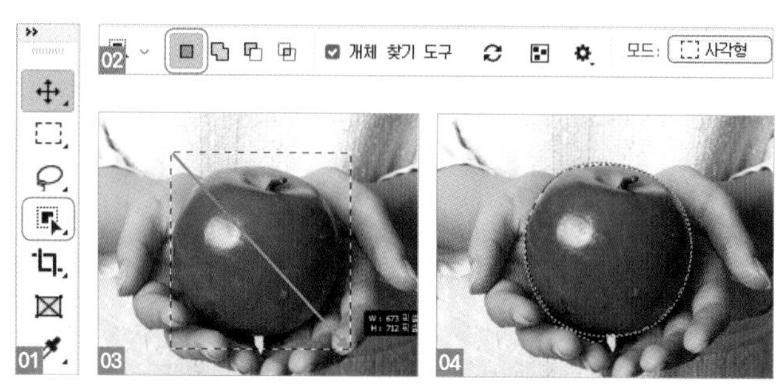

02 [빠른 선택 도구] 사용하기

05 도구 바에서 [빠른 선택 도구]를 클릭합니다.

핵심 포인트

[빠른 선택 도구]가 도구 바에서 보이지 않는다면 [개체 선택 도구] 아이콘을 길게 누르세요. 그럼 선택할 수 있는 도구 목록이 나타나는데, 여기에서 [빠른 선택 도구]를 선택하면 됩니다.

03 색을 남기고 싶은 부분만 선택 범위로 만들기

06~07 브러시의 크기를 10픽셀 전후로 설정하고 선택돼 있지 않은 부분을 드래그해 추가로 선택합니다.

● 불필요한 부분이 있거나 삐져 나온 경우에는 Alt를 누른 상태로 드래그해 선택 범위에서 제외하세요. 선택 범위를 지정하기 어려울 때는 브러시의 크기를 조절하면서 작업하는 것이 좋습니다.

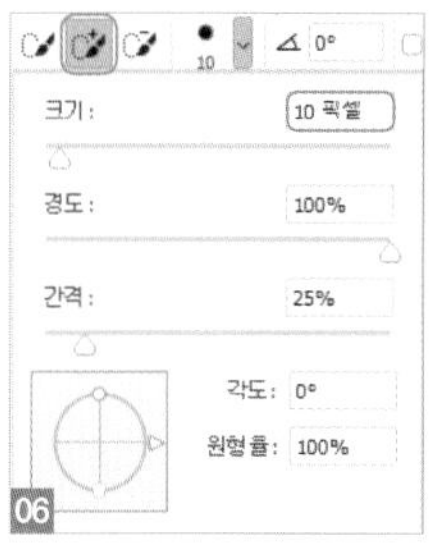

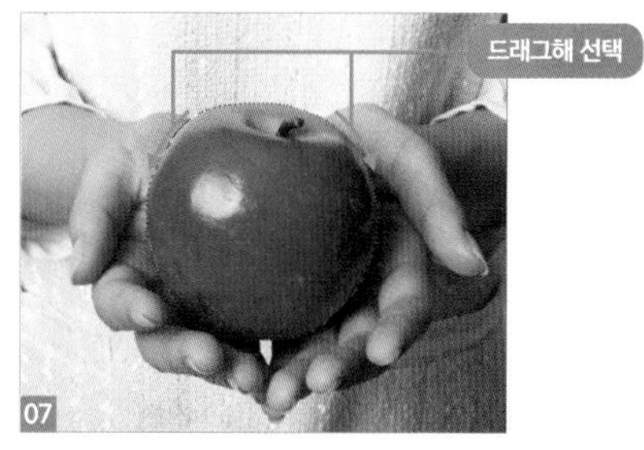

04 선택 범위에 마스크 씌우기

08 사과만 선택되면 [선택 → 반전]을 클릭합니다.
09 언뜻 보면 변화가 없어 보이지만, 선택 범위가 반전돼 사과를 제외한 모든 영역이 선택돼 있는 것을 확인할 수 있습니다.
10 [레이어 → 새 조정 레이어 → 흑백]을 선택합니다.
11 선택 범위만 흑백으로 바뀌었습니다.

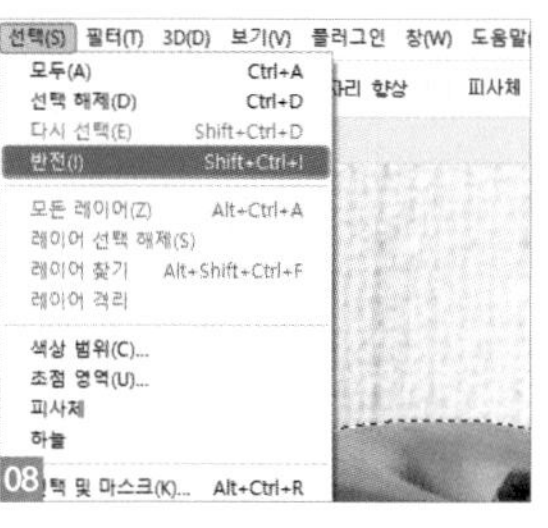

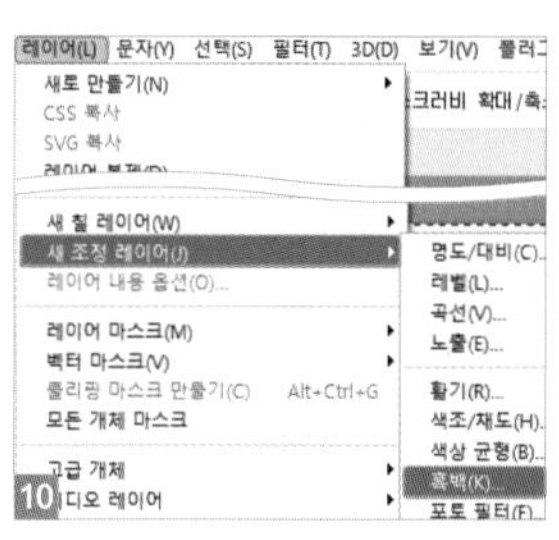

05 밝기와 톤 조절하기

12 [배경] 레이어를 선택한 후 [이미지 → 조정 → 레벨]을 선택합니다.
13 입력 레벨 슬라이더를 [그림자: 20], [중간: 1.2], [강조: 250]으로 설정합니다.
14 그림자가 진해져 훨씬 깊이 있는 이미지가 완성됐습니다.

핵심 포인트

강조하고 싶은 소스에 포커스를 맞추고 싶을 때 흑백 사진의 특정한 부분에만 색을 넣는 방법을 많이 사용합니다. 과일이나 인물 등 여러 가지 소스에 적용해 보세요.

Recipe

008

파스타 색감 선명하게 보정하기

음식의 색상이나 특정 부분을 산뜻하게 보정하면 음식을 더욱 맛있게 보이게 할 수 있습니다.

01 따뜻한 색상으로 보정하기

01 '008-파스타.psd'를 불러옵니다. [레이어] 패널의 [조정 레이어] 버튼을 클릭한 후 [곡선]을 클릭합니다.

02 [속성] 패널에 곡선이 나타나면 중앙에 포인터를 추가한 후 [입력: 121], [출력: 137]로 설정합니다.

03 채널을 [빨강]으로 바꾼 후 중앙에 포인터를 추가하고 [입력: 119], [출력: 137]로 설정합니다.

04 채널을 [파랑]으로 바꾼 후 중앙에 포인터를 추가하고 [입력: 133], [출력: 125]로 설정합니다.

05 차가운 느낌의 파스타에 붉은색을 더해 맛있게 보이도록 보정했습니다.

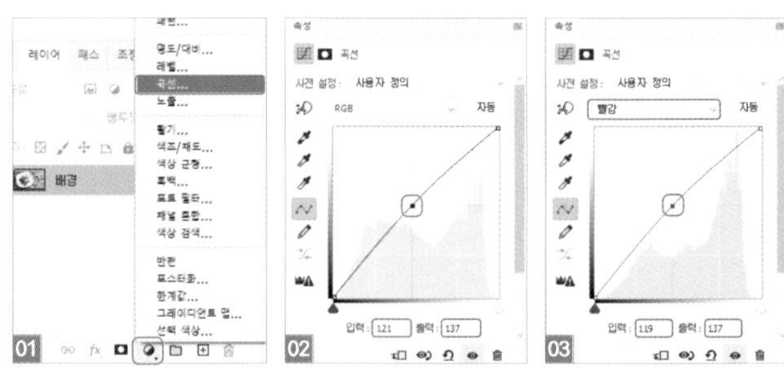

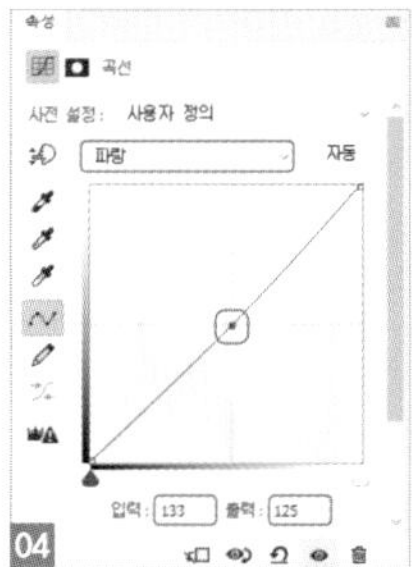

02 바질 잎만 강조하기

06 [빠른 선택 도구]나 [올가미 도구]를 사용해 바질 잎만 선택합니다.
[레이어] 패널의 [조정 레이어] 버튼을 클릭해 [색조/채도]를 클릭합니다.

07 선택 범위를 만든 상태에서 [조정 레이어]를 생성하면 선택 범위에 마스크가 자동으로 생성됩니다. [속성] 패널에서 [색조: 15]로 설정합니다.

08 바질의 초록색이 강조돼 신선한 느낌의 이미지가 완성됐습니다.

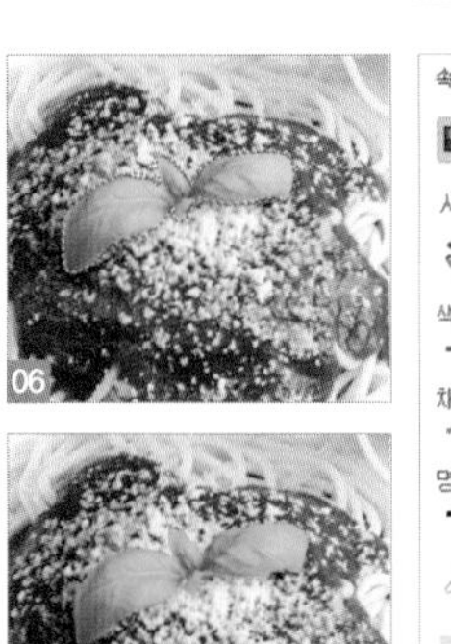

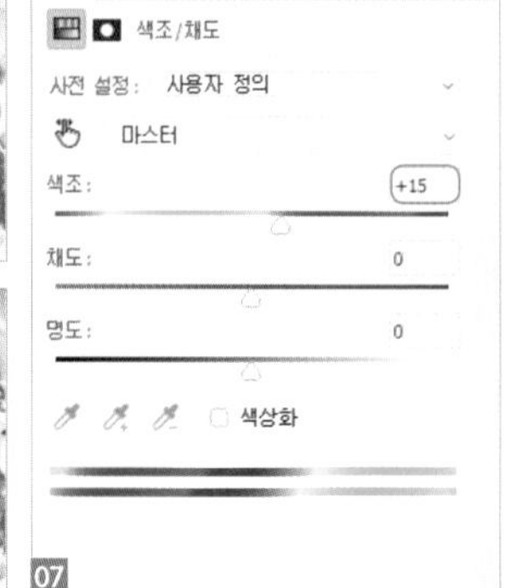

Recipe

009

디저트의 색상 강조하기

원본

01 주인공이 강조되도록 보정하기

'009-마카롱.psd'를 불러옵니다. 마카롱이 강조되도록 보정해 보겠습니다.

02 붉은 느낌을 잡아 주고 산뜻하게 만들기

01 [레이어] 패널의 [조정 레이어] 버튼을 클릭한 후 [곡선]을 선택합니다. [속성] 패널에서 곡선의 중앙에 포인터를 추가한 후 [입력: 115], [출력: 141]로 설정합니다.

02 [레이어] 패널의 [조정 레이어] 버튼을 클릭한 후 [색상 균형]을 선택합니다.

03 [톤: 중간 영역]을 선택한 후 [-20, 0, 30]으로 설정합니다.

04 깔끔한 느낌의 사진이 완성됐습니다.

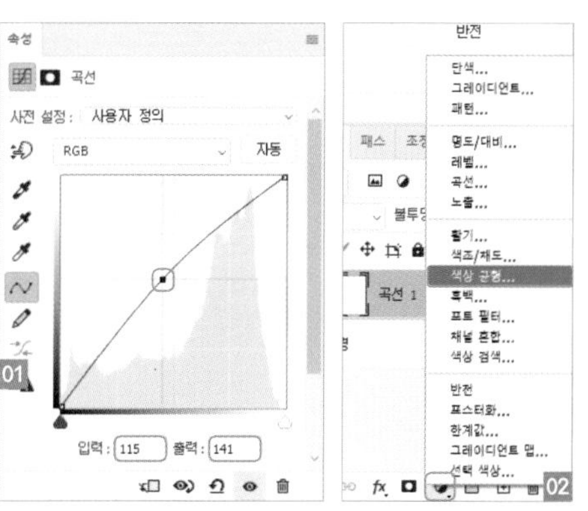

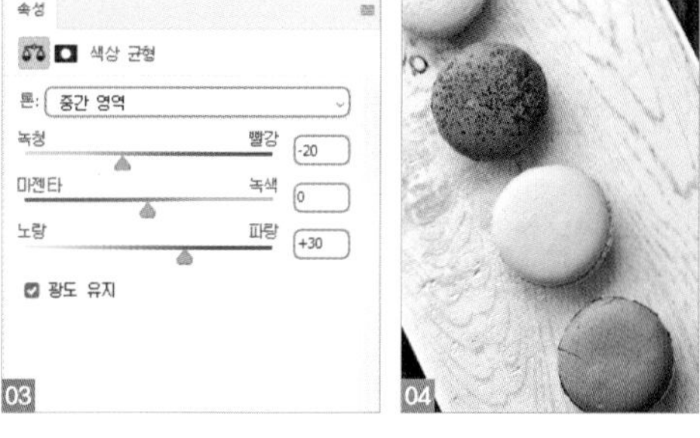

03 마카롱 색을 더욱 강조하기

05 [레이어] 패널의 [조정 레이어] 버튼을 클릭한 후 [활기]를 클릭합니다.

06~07 [활기: +50], [채도: +5]로 설정해 마카롱의 채도를 높이면 완성입니다.

핵심 포인트

배경의 색상에 따라 다르지만, 대부분의 경우 따뜻한 음식은 따뜻한 계열의 색, 차가운 음식은 차가운 계열의 색으로 보정하면 음식이 갖고 있는 고유한 이미지를 강조할 수 있습니다.

원본

Recipe 010 명암을 조절해 사진의 분위기 바꾸기

색상의 명암만 바뀌어도 사진의 분위기가 확 달라질 수 있습니다.

01 [곡선] 기능으로 밝고 화사한 색감으로 보정하기

01~02 '010-소파.psd'를 불러옵니다. [레이어] 패널의 [조정 레이어] 버튼을 클릭한 후 [곡선]을 선택하고 레이어를 가장 위쪽에 배치합니다.

03 왼쪽 아래의 포인터를 클릭한 후 [입력: 0], [출력: 29]로 설정합니다. 그런 다음 중앙에 포인터를 추가하고 [입력: 110], [출력: 142]로 설정합니다.

04 그림자와 중간을 밝게 보정해 밝고 화사한 느낌의 사진이 완성됐습니다.

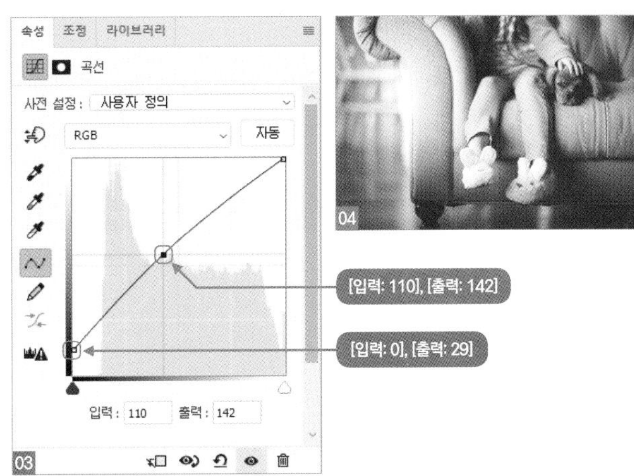

02 [곡선] 기능으로 진한 색감 보정하기

05 [곡선] 패널 왼쪽 아래의 포인터를 [입력: 22], [출력: 0]으로 설정한 후 중앙에 포인터를 추가하고 [입력: 135], [출력: 119]로 설정합니다.

06 그림자와 중간을 진한 느낌으로 보정한 사진이 완성됐습니다.

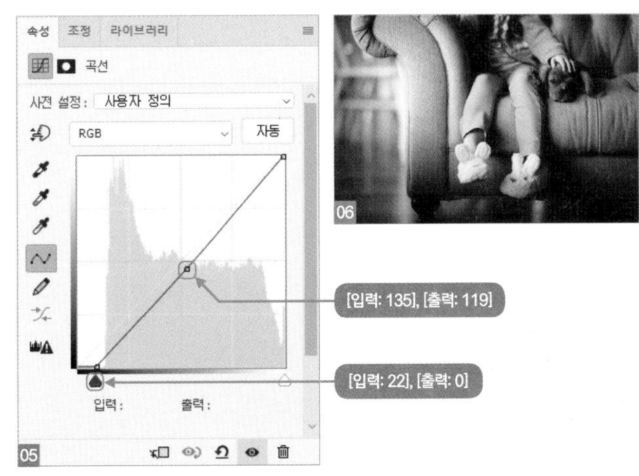

Recipe

011 멋진 노을 사진 보정하기

저녁 노을이 비추는 색감이나 강조할 부분을 브러시로 리터칭하면 좀 더 아름답고 인상적인 저녁 노을 사진을 만들 수 있습니다.

원본

01 사진 보정을 위한 레이어 만들기

01 '011-풍경.psd'를 불러옵니다. 위쪽에 새 레이어를 추가한 후 레이어의 이름을 '노을'로 바꿉니다.

02 도구 바에서 [브러시 도구]를 클릭합니다.

03 도구 바에서 전경색 설정 아이콘을 클릭해 [색상 피커] 대화상자를 나타나게 한 후 색상 값에 [#ed671e]를 입력하고 [확인]을 클릭합니다.

04 [노을] 레이어를 선택한 후 [혼합 모드]를 [오버레이]로 설정합니다.

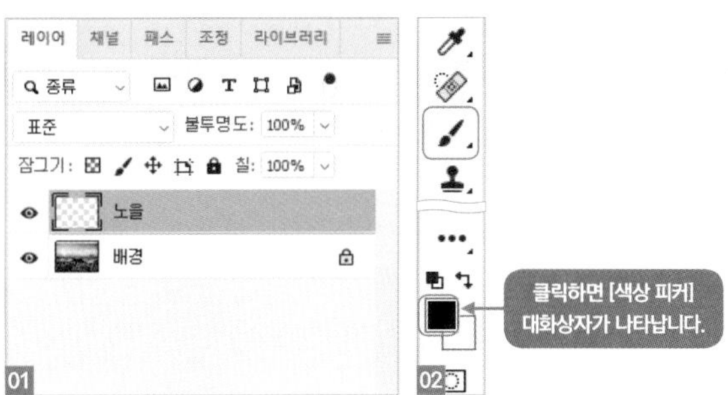

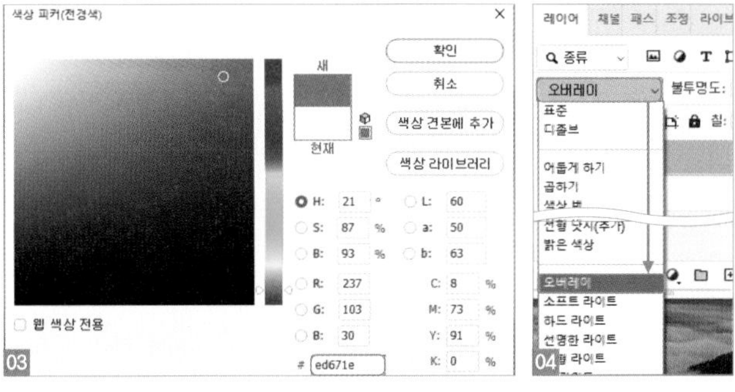

02 [브러시 도구]로 노을 빛 그려 넣기

05 위쪽 옵션 바에서 브러시의 크기와 불투명도를 조절합니다. 노을색(주황색)으로 강조하고 싶은 부분을 그립니다.

06 억새나 구름 부분을 칠해 주면 노을 빛을 더욱 강조할 수 있습니다.

07 [노을] 레이어를 선택한 상태에서 [불투명도: 58%]로 설정하면 [브러시 도구]로 칠한 부분이 배경 이미지에 자연스럽게 적용됩니다.

08 노을이 자연스럽게 비치는 느낌이 추가됐습니다.

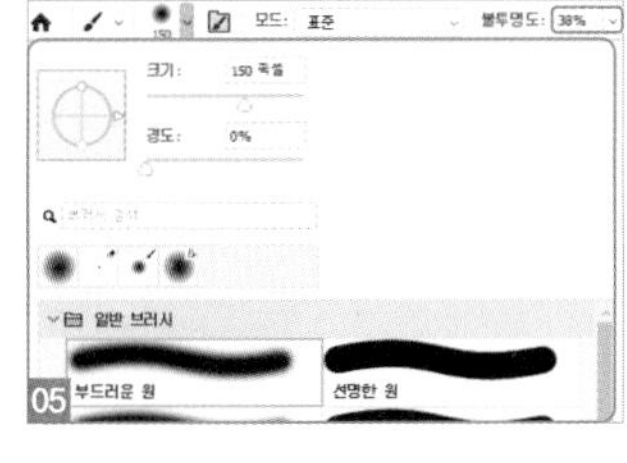

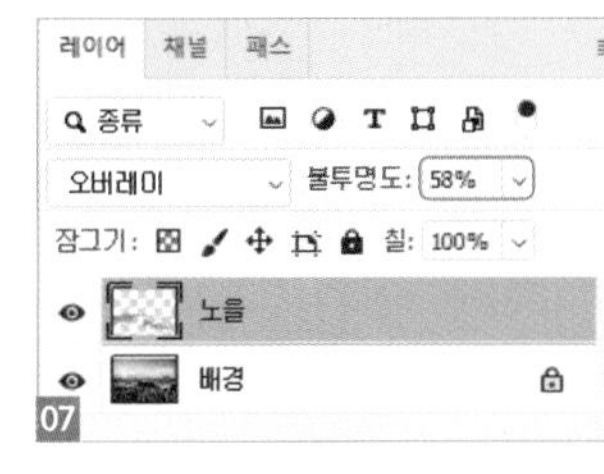

03 그레이디언트 작업을 위한 레이어 만들기

09 레이어를 새로 만든 후 레이어의 이름을 '그라데이션'으로 바꾸고 배경 이미지보다 위쪽에 배치합니다.

10 도구 바에서 [그레이디언트 도구]를 클릭합니다.

04 [그레이디언트 도구]로 자연스러운 노을 빛 추가하기

11~12 옵션 바에서 [그레이디언트 견본]를 클릭해 [그레이디언트 편집기]가 나타나게 합니다.

13~14 [그레이디언트 편집기] 대화상자가 나타나면 왼쪽 색상의 정지점을 [#9197a4], 오른쪽 색상의 정지점을 [#e86a25]로 설정합니다.

15 오른쪽 색상의 정지점 위치를 [50%]로 설정합니다.

16 오른쪽 위에 있는 불투명도 정지점을 클릭한 후 [0%]로 설정합니다.

17 [확인]을 클릭해 설정을 끝냅니다.

18 이미지의 위에서 아래로 드래그합니다. 노을 색이 추가됐습니다.

19 [그레이디언트] 레이어를 선택한 후 레이어의 [혼합 모드]를 [오버레이]로 설정합니다. 일몰의 노을 빛이 자연스럽게 강조됐습니다.

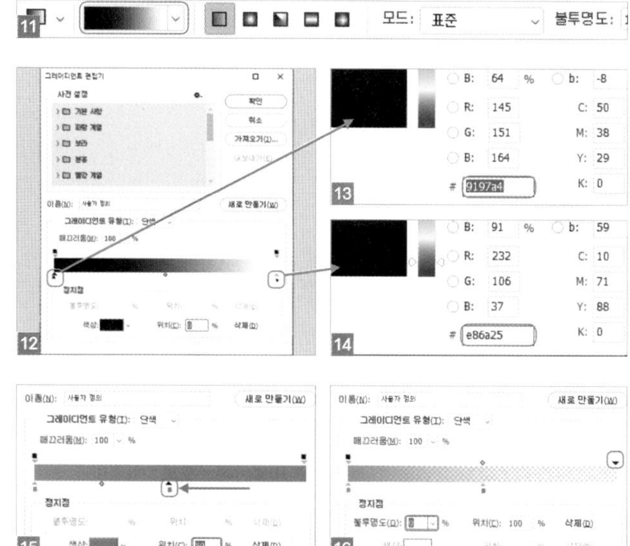

05 [브러시 도구]로 강조할 부분 리터칭하기

20 새 레이어를 만든 후 레이어의 이름을 '강조'로 바꾸고 가장 위쪽에 위치시킵니다. 그런 다음 [강조] 레이어를 선택하고 [레이어] 패널의 [혼합 모드]를 [오버레이]로 설정합니다.

01과 마찬가지로 도구 바에서 [브러시 도구]를 클릭한 후 전경색을 흰색(#ffffff)으로 설정합니다.

21 브러시의 크기와 불투명도를 조절하면서 석양이나 억새의 끝부분 등 하이라이트 부분을 칠합니다.

그리기가 끝나면 [레이어] 패널에서 [불투명도: 59%]로 설정해 배경에 흡수시킵니다.

22 빛을 더하면 환상적이고 아름다운 노을 사진이 완성됩니다.

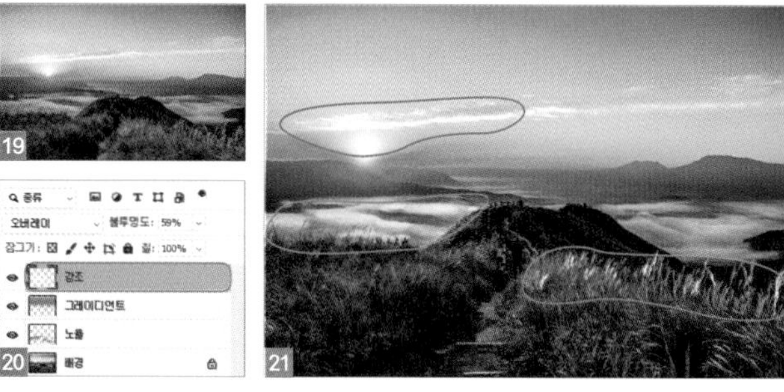

Recipe

012

합성한 이미지의 경계를 자연스럽게 만들기

잘라 낸 사진을 그대로 붙이면 경계가 너무 정확해 부자연스러워집니다. 이번에는 붙여 넣은 소스의 외곽을 흐리게 만들어 자연스러운 합성 이미지를 만들어 보겠습니다.

원본

01 꽃잎만 잘라 내기

01 '012-꽃.psd'를 불러옵니다. 도구 바에서 [펜 도구]를 클릭합니다.

02 화면 오른쪽 위에 있는 꽃의 윤곽을 클릭해 나갑니다.

03 [펜 도구]가 선택된 상태에서 [마우스 오른쪽 버튼 클릭 → 선택 영역 만들기]를 클릭합니다.

04 [선택 영역 만들기] 대화상자가 나타나면 [페더 반경: 0픽셀]로 설정합니다.

05 선택 범위가 생성됐습니다.

06 도구 바에서 선택 도구([사각형 선택 도구], [올가미 도구], [자동 선택 도구] 등 선택 도구라면 어느 것도 괜찮습니다)를 선택하고 캔버스에서 [마우스 오른쪽 버튼 클릭 → 복사한 레이어]를 클릭합니다.

07 잘라 낸 꽃이 복사되면서 위쪽에 레이어로 생성됐습니다.

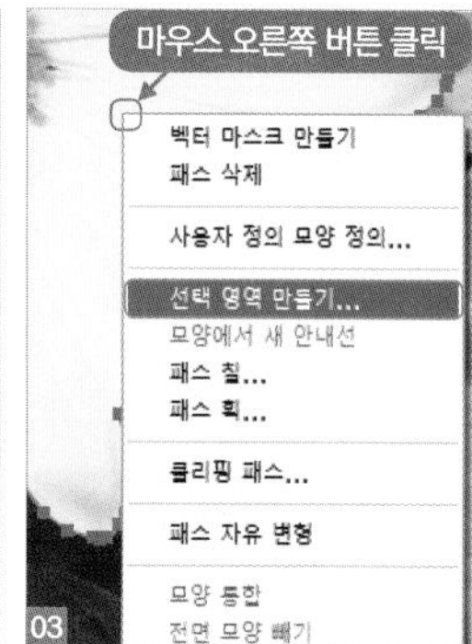

핵심 포인트

영역을 선택한 상태에서 Ctrl + J를 눌러도 [복사한 레이어] 메뉴와 같은 작업을 할 수 있습니다.

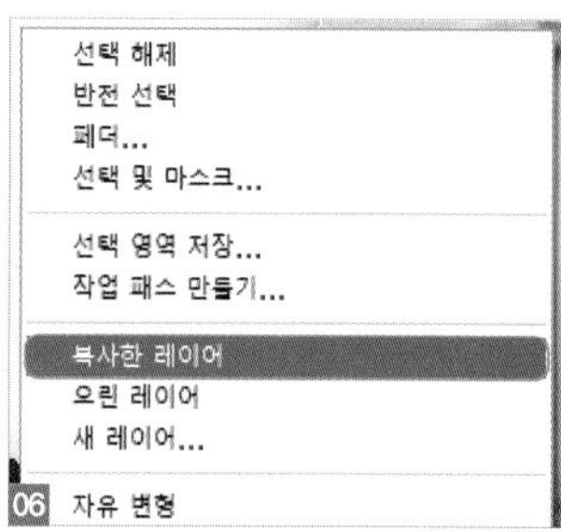

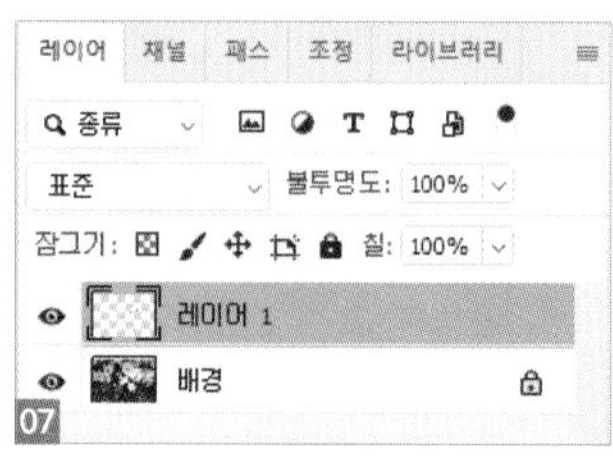

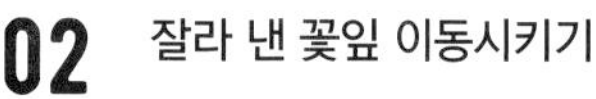

02 잘라 낸 꽃잎 이동시키기

08 잘라 낸 꽃을 왼쪽 아래로 드래그해 이동시킵니다.

03 잘라 낸 꽃잎의 경계 흐리게하기

09~10 레이어의 축소판을 Ctrl을 누르면서 마우스 왼쪽 버튼으로 클릭하면 선택 범위로 만들어집니다.

11 [선택 → 수정 → 축소]를 선택합니다.

12 선택 범위를 축소하기 위해 [축소량: 1픽셀]로 설정합니다.

13 선택 범위가 기존보다 1픽셀 안쪽으로 조정됐습니다.

14~15 [선택 → 수정 → 페더]를 선택한 후 [페더 반경: 1픽셀]로 설정합니다.

16 [선택 → 반전]을 클릭한 후 Delete를 눌러 불필요한 부분을 삭제합니다.

17~18 테두리가 흐려져 이전에 비해 자연스럽게 합성됐습니다.

핵심 포인트

왼쪽이 경계선에 흐림 효과를 넣기 전, 오른쪽이 흐림 효과를 넣은 후의 이미지입니다. 흐림 효과를 넣는 것이 좀 더 자연스러워 보입니다.

수정 전 수정 후

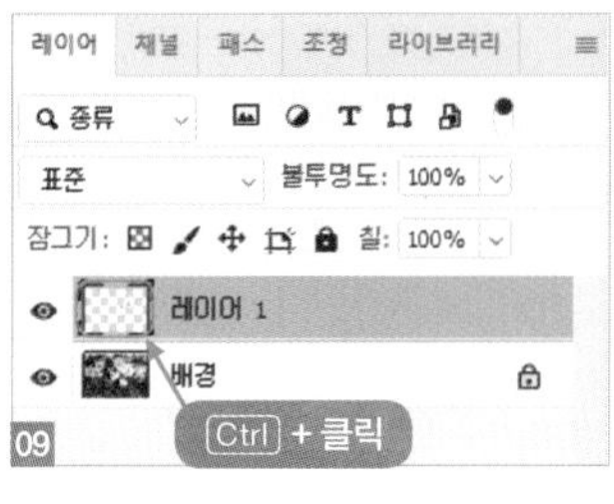

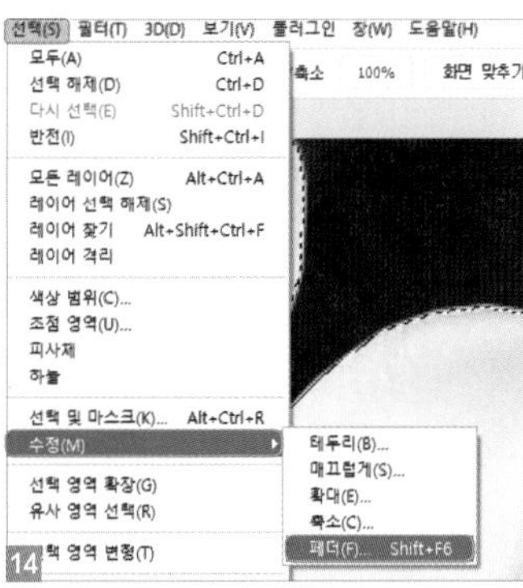

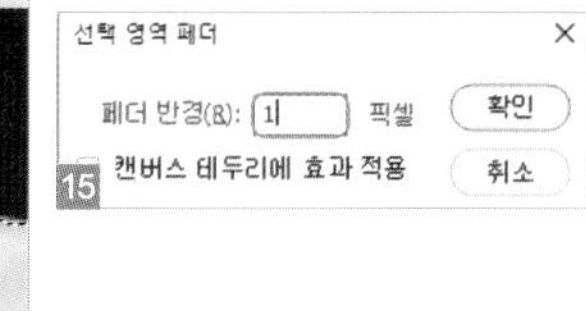

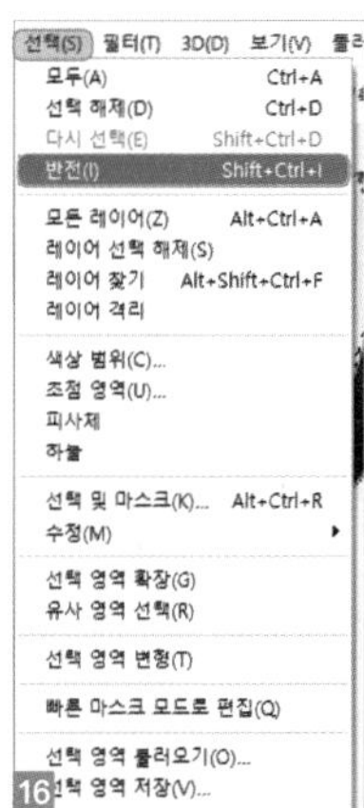

원본

Recipe

013

빛이 비치는 각도 바꾸기

빛이 비치는 각도를 바꾸는 것만으로도 사진의 느낌이 달라집니다. 이미지를 합성할 때 빛의 각도는 매우 중요한 요소이므로 잘 알아 두세요.

01 소스를 복사하고 잘라 내기

01 '013-과일.psd'를 불러온 후 [배경] 레이어를 복사합니다. 위쪽 레이어의 이름은 '과일', 아래쪽 레이어의 이름은 '배경'으로 바꿉니다.
[과일] 레이어에서 배경 부분만 선택하겠습니다.
02~03 [펜 도구]나 [자동 선택 도구] 등을 이용해 선택하는 방법도 있지만, 여기서는 [빠른 선택 도구]를 사용합니다.
04 배경 부분을 선택 영역으로 만든 후 삭제합니다. 삭제한 부분을 알기 쉽게 [배경] 레이어를 숨기고 작업하겠습니다.

01

02

03

04

02 빛과 그림자 레이어 준비하기

05 [레이어] 패널의 아래쪽에 있는 [새 레이어] 버튼을 클릭합니다.
06 [과일] 레이어 위에 2개의 레이어를 새로 만듭니다. 위쪽 레이어의 이름은 '빛', 아래쪽 레이어의 이름은 '그림자'로 바꿉니다.

05

06

03 [과일] 레이어에 클리핑 마스크 적용하기

07~08 레이어의 [혼합 모드]를 [빛] 레이어는 [오버레이], [그림자] 레이어는 [소프트 라이트]로 설정합니다.
[빛] 레이어와 [그림자] 레이어를 한꺼번에 선택합니다. Ctrl을 누른 상태에서 클릭하면 복수로 선택할 수 있습니다.
09 [마우스 오른쪽 버튼 클릭 → 클리핑 마스크 만들기]를 클릭합니다.
이렇게 하면 아래쪽 [과일] 레이어에 있는 범위 안에서만 수정할 수 있습니다.

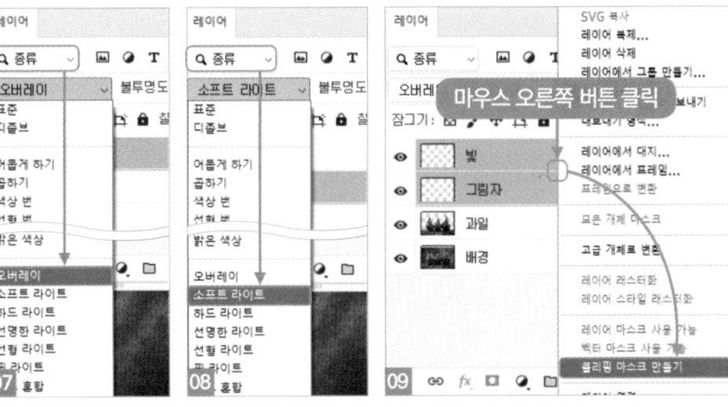

04 빛과 그림자를 그려 넣고 빛의 각도 바꾸기

10 [빛] 레이어를 선택한 후 [브러시 도구]를 클릭하고 전경색을 흰색(#ffffff)으로 설정합니다.
11 과일의 오른쪽에서 빛이 비친다고 생각하면서 브러시로 빛을 그려 나갑니다.

[과일] 레이어에 클리핑 마스크가 적용됐기 때문에 과일 밖으로 벗어난 부분에는 그려지지 않습니다.

12 [그림자] 레이어를 선택한 후 [브러시 도구]를 클릭하고 전경색을 검은색(#000000)으로 설정합니다. 빛이 비치는 반대편의 어두운 부분(그늘진 부분)을 그립니다.

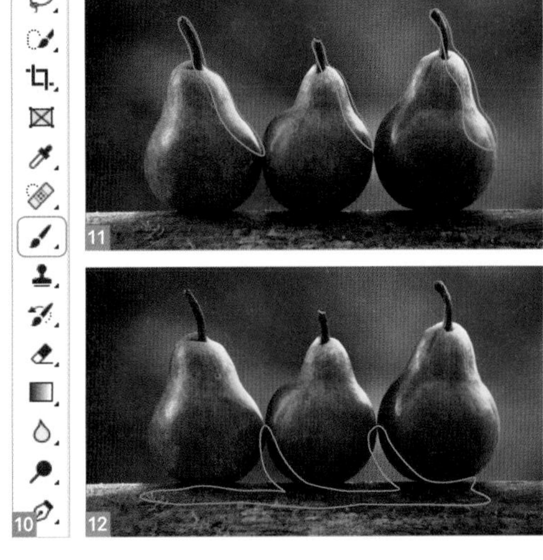

05 빛과 그림자의 불투명도를 조절해 완성하기

13~14 레이어의 [불투명도]를 조절합니다. [빛] 레이어는 [70%], [그림자] 레이어는 [50%]로 설정합니다.
15 화면의 오른쪽에서 빛이 비치는 느낌으로 보정됐습니다.

Recipe

014

꽃잎 색상 바꾸기

선택 도구를 용도에 맞게 사용하면 선택 범위를 깔끔하게 만들 수 있습니다. 좀 더 자연스러운 색 보정을 위해서는 정확한 선택 범위를 만드는 것이 매우 중요합니다.

01 꽃잎을 제외한 선택 범위 만들기

01~02 '014-꽃.psd'를 불러온 후 [자동 선택 도구]를 클릭하고 [허용치: 30]으로 설정합니다.

03 꽃잎 이외의 부분을 선택하려고 합니다. 우선 배경을 클릭합니다.

화면의 왼쪽 아래에 선택되지 않은 부분이 있으므로 선택 범위를 추가로 지정해야 합니다.

04 선택되지 않은 부분에 마우스 커서를 올려놓은 후 [Shift + 마우스 왼쪽 버튼 클릭]으로 범위를 추가 선택합니다.

05 줄기 부분도 선택 범위에 포함시키기 위해 [올가미 도구]를 선택합니다.

06 Shift를 누른 상태에서 드래그해 선택 범위에 추가합니다.

02 선택 범위를 반전시켜 꽃잎만 선택하기

07 꽃잎을 제외하고는 모두 선택 범위로 지정됐기 때문에 [선택 → 반전]을 클릭합니다.

08 선택 범위가 반전돼 꽃잎만 선택됐습니다.

03 [빠른 마스크 모드]에서 브러시로 선택 범위 만들기

꽃의 중심 부분에 있는 꽃술을 확대해 보면 미세하게 선택되지 않은 부분이 있습니다. 이 부분도 선택 범위에 추가해야 합니다.

[빠른 마스크 모드]에서 브러시로 선택 범위를 만들어 보겠습니다.

09 꽃잎이 선택된 상태에서 [빠른 마스크 모드] 버튼을 클릭합니다.

10 선택 범위를 제외한 바탕이 빨간색으로 바뀌었습니다.

11 [브러시 도구]를 클릭합니다.

12 전경색이 검은색(#000000)인지 확인한 후 꽃 중심의 노란색 꽃술 부분을 칠해 나갑니다. 여기서 브러시는 [종류: 부드러운 원], [크기: 35픽셀], [불투명도: 100%]로 설정했습니다.

13 화면을 확대해 작업하면 섬세한 부분까지 깔끔하게 선택할 수 있습니다.

핵심 포인트

선택을 제외하고 싶다면 전경색을 흰색으로 바꾼 후에 칠하세요. 빨간색이 사라집니다.

04 선택 범위로 만들어진 꽃잎의 색상 바꿔 보기

14 선택을 마쳤다면 [빠른 마스크 모드] 버튼을 다시 클릭합니다. 그러면 빨간색으로 칠한 부분이 선택 범위로 지정됩니다.

15 그 상태에서 [레이어] 패널의 [조정 레이어] 버튼을 클릭해 [색조/채도]를 선택합니다.

16 기존 레이어의 위쪽에 꽃잎의 형태로 마스크가 씌워진 [색조/채도 1]이라는 레이어가 만들어집니다.

17 [색조/채도] 패널에서 [색상화] 옵션을 체크 표시를 한 후 [색조: +10], [채도: +75], [명도: -20]으로 설정합니다.

18 분홍색 꽃잎으로 바뀌었습니다.

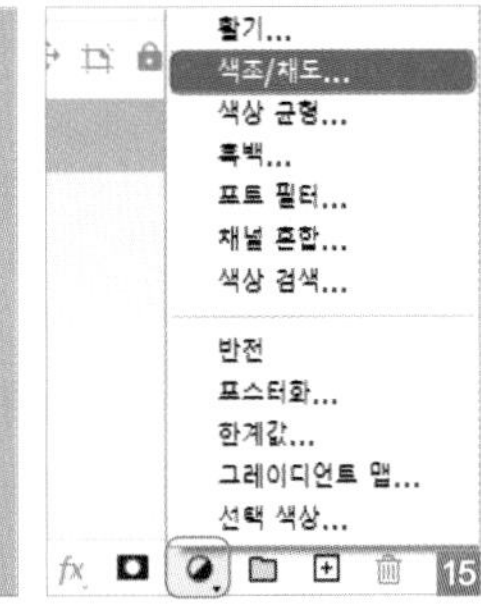

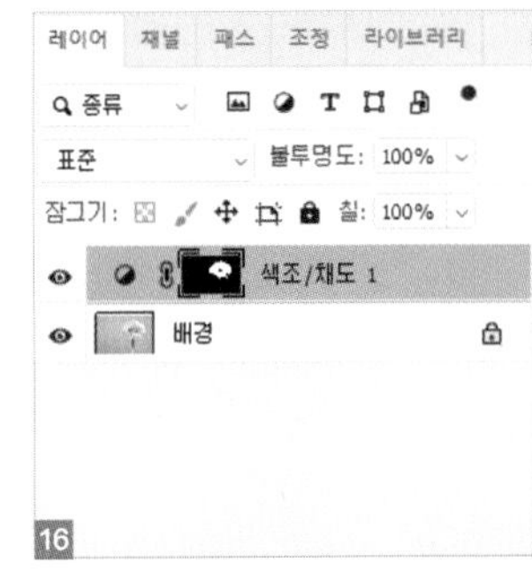

핵심 포인트

색상과 채도를 조정하면 다양한 색상의 꽃잎으로 변경할 수 있습니다.

19 보라색: [색조: 245], [채도: 55], [명도: -20]

20 노란색: [색조: 35], [채도: 70], [명도: -20]

Recipe

015

낡은 느낌의 사진 만들기

최근 촬영한 사진이라 하더라도 낡은 종이나 찢어진 종이와 합성하면 빛바랜 느낌이 나는 엔티크한 사진으로 보정할 수 있습니다.

원본

01 세피아 색상과 매트한 질감으로 보정하기

01 '015-풍경.psd'를 불러온 후 [이미지 → 조정 → 색조/채도]를 선택합니다.

02~03 [색조/채도] 대화상자가 나타나면 [사전 설정: 암갈색]으로 설정합니다.

04 [이미지 → 조정 → 곡선]을 선택합니다.

05 포인터 값을 왼쪽부터 각각 [출력: 40, 입력: 0], [출력: 45, 입력: 43], [출력: 238, 입력: 255]로 설정합니다.

단축키

[색조/채도] 메뉴: Ctrl + U

[곡선] 메뉴: Ctrl + M

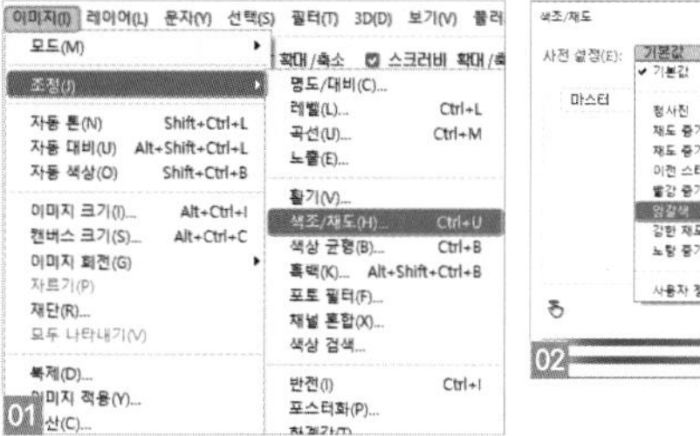

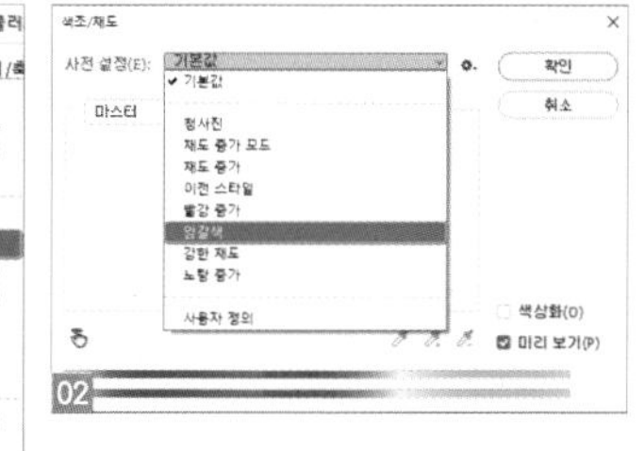

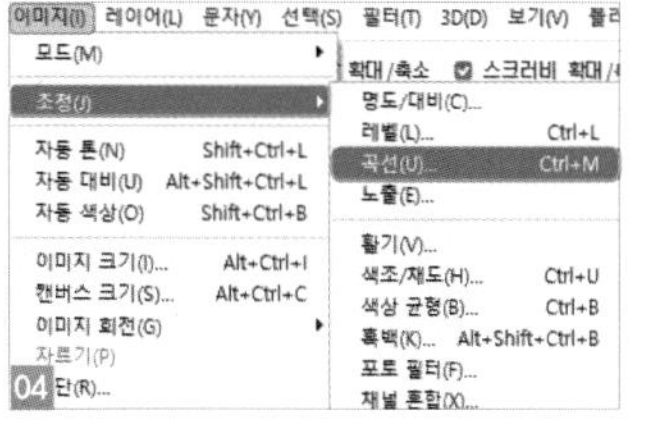

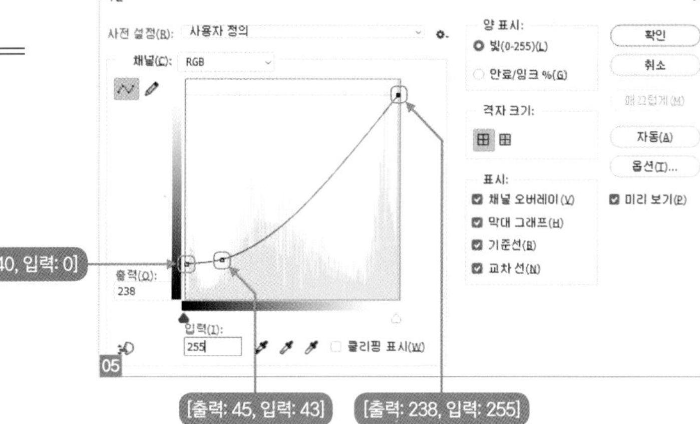

02 텍스처를 겹쳐 낡은 느낌으로 보정하기

'015-텍스처.psd'를 불러온 후 '015-풍경.psd'로 이동하고 레이어의 가장 위쪽에 위치시킵니다.

06~07 레이어의 [혼합 모드]를 [스크린], [불투명도]를 [50%]로 설정합니다.

08 몇 번의 클릭으로 오래된 낡은 사진으로 바뀌었습니다.

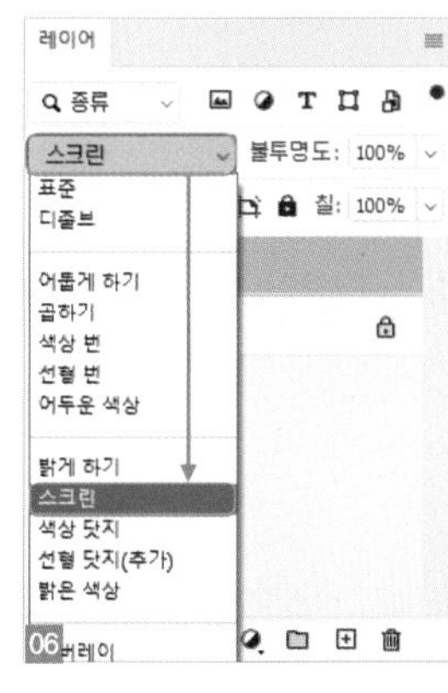

Recipe

016

여러 장의 사진을 한 곳에 자연스럽게 합성하기

촬영한 시간대나 장소에 따라 사진의 색감이 달라집니다. 기본 바탕이 되는 사진 위에 여러 사진을 합성하기 위해서는 사진의 밝기, 색감, 흐림, 노이즈 정도에 따라 각각 다르게 보정해야 합니다.

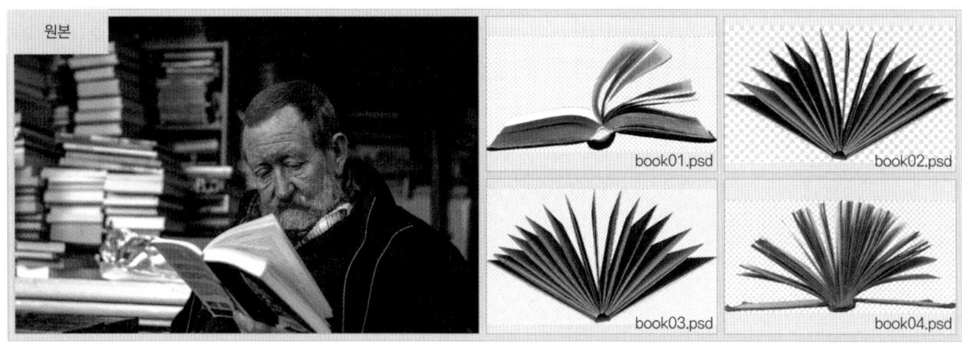

01 배경 이미지 위로 책 이미지 배치하기

01 '016-인물.psd'를 불러옵니다.
02 'book01.psd ~ book04.psd'를 불러온 후 각 파일에서 [편집 → 자유 변형](또는 Ctrl + T)를 클릭해 크기를 조절합니다.
03 앞쪽에 배치하는 책의 크기는 크게, 뒤쪽에 배치하는 책은 작게 조절합니다. 책의 크기뿐만 아니라 각도도 생각하면서 배치하면 훨씬 재미있는 느낌으로 표현할 수 있습니다.

01

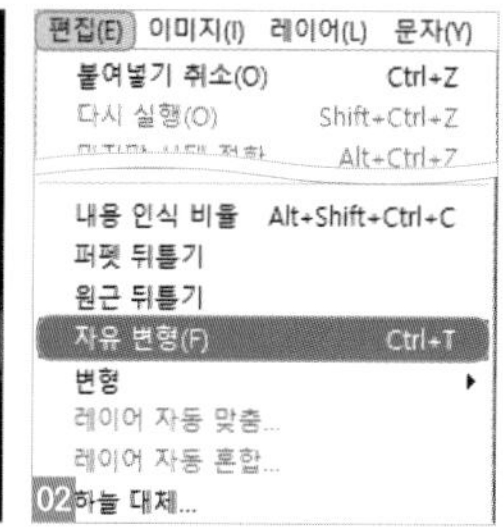

02

03

핵심 포인트

'book01.psd', 'book03.psd'를 회전시켜 배치하면 원근감과 역동적인 느낌을 낼 수 있습니다.

02 배경 이미지와 어울리도록 책의 색감 수정하기

화면의 오른쪽 아래에 배치한 [book01] 레이어를 선택합니다. 이 이미지는 채도가 높고 빨간색과 노란색이 강해 보입니다.
04~05 우선 [이미지 → 조정 → 색조/채도]를 클릭하면 나타나는 [색도/채도] 대화상자에서 [채도: -30]으로 설정합니다.
06 [이미지 → 조정 → 색상 균형]을 클릭한 후 [색조 균형: 중간 영역]에 체크 표시를 하고 [색상 레벨] 값을 왼쪽부터 [-30: -10: +20]으로 설정합니다.
07 [색조 균형: 밝은 영역]에 체크 표시를 한 후 [색상 레벨] 값을 왼쪽부터 [-15: 0: +26]으로 설정합니다.
08 붉은색과 채도를 낮춰 좀 더 자연스러운 느낌이 됐습니다.

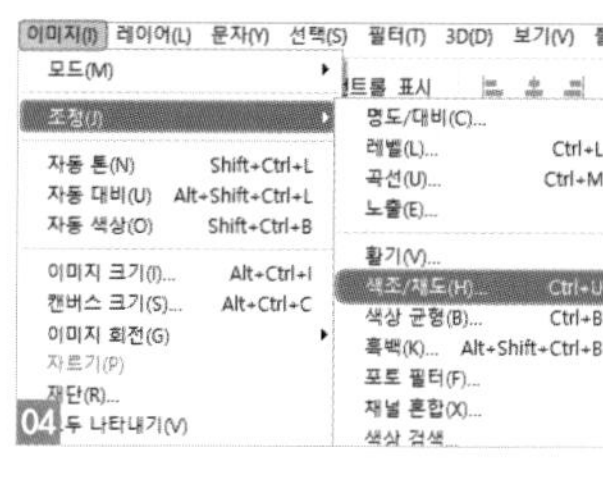
04

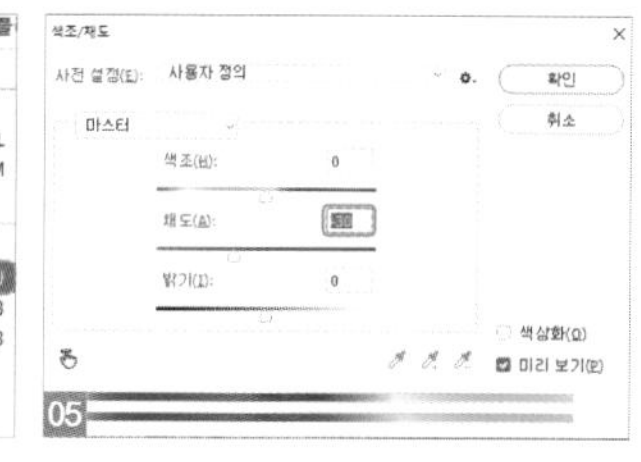
05

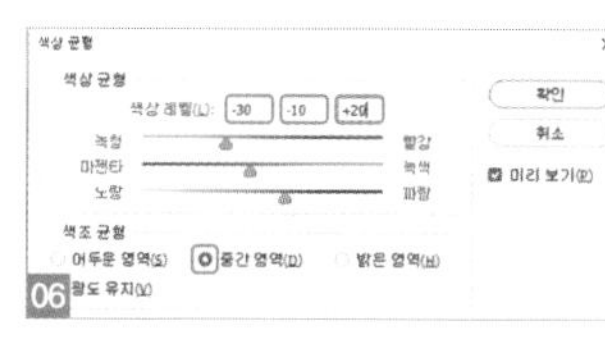
06

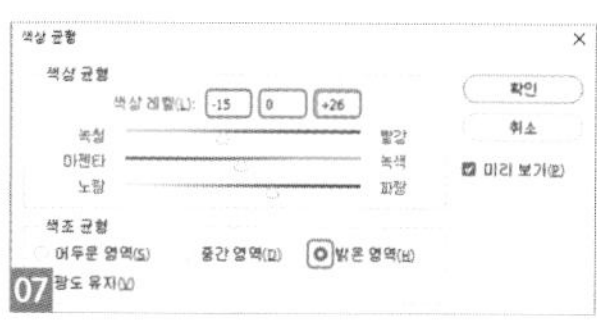
07

08

09 화면의 왼쪽에서 두 번째로 배치한 [book04] 레이어를 선택한 후 [이미지 → 조정 → 색상 균형]을 클릭합니다. [색조 균형: 어두운 영역]을 선택한 후 [색상 레벨] 값을 왼쪽부터 [0: 0: +26]으로 설정합니다.

10 [색조 균형: 중간 영역]을 선택한 후 [색상 레벨] 값을 왼쪽부터 [0: 0: +15]로 설정합니다.

11 그림자 부분과 중간 색상의 노란색이 옅어지면서 자연스러운 느낌이 됐습니다.

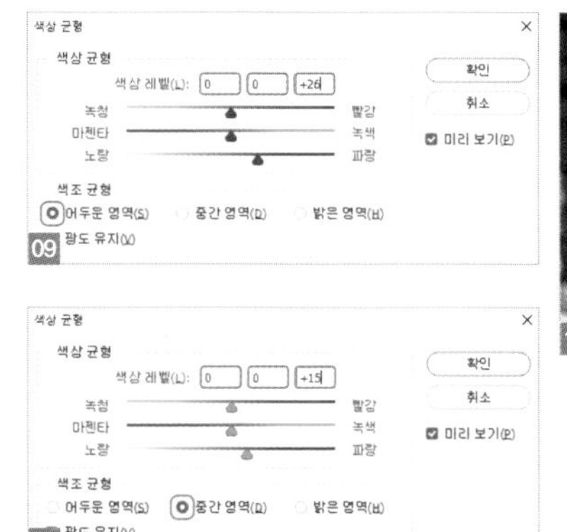

03 책의 위치에 따른 밝기 조정하기

[book02] 레이어를 선택합니다. 이 이미지는 화면 뒤쪽의 어두운 곳에 자리 잡고 있으므로 주변의 톤과 맞춰 좀 더 어둡게 보정하면 거리감을 연출할 수 있습니다.

12~**13** [이미지 → 조정 → 레벨]을 클릭합니다. [입력 레벨]의 값을 왼쪽부터 [0: 0.75: 185]로 설정한 후 [출력 레벨]의 값을 [0: 130]으로 설정합니다.

14 이미지를 어둡게 하면 거리감을 표현할 수 있습니다.

15 [book03] 레이어를 선택합니다. 앞쪽에 빛이 비치는 곳에 자리 잡고 있으므로 [레벨] 대화상자를 나타나게 한 후 [입력 레벨] 값을 왼쪽부터 [0: 1.00: 200]으로 설정합니다.

16 이제 전체 이미지의 색상과 밝기를 조절합니다.

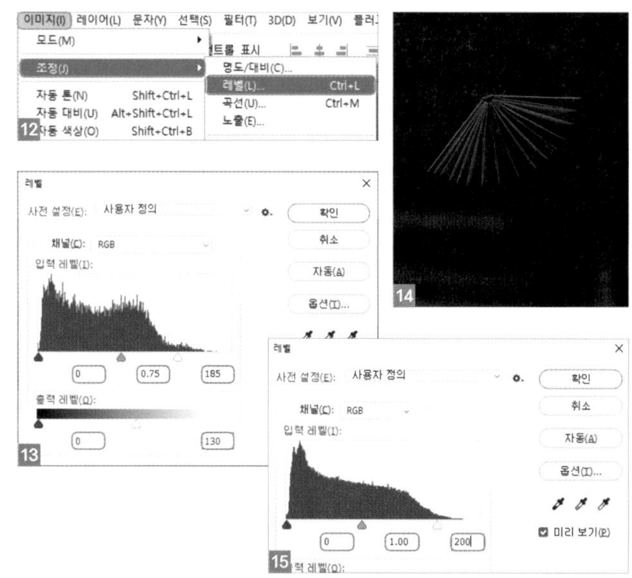

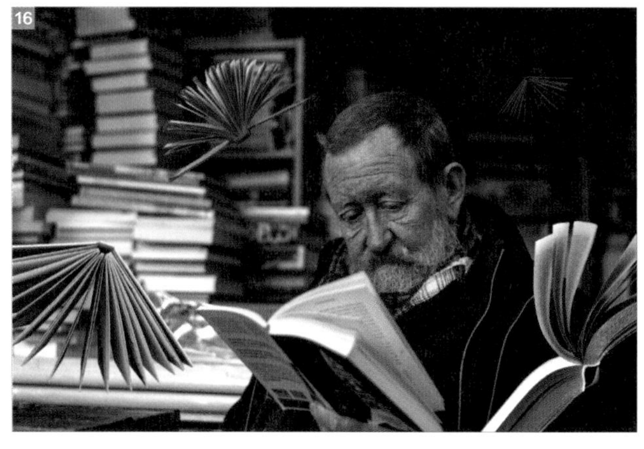

04 흐림 효과로 거리감 연출하기

배치한 책의 위치에 흐림 효과를 넣어 디테일을 더하겠습니다.

17 가장 전면에 배치한 [book01] 레이어를 선택합니다. [필터 → 흐림 효과 → 가우시안 흐림 효과]를 선택한 후 [반경: 10픽셀]로 설정합니다.

18 ~ 19 [book04] 레이어는 [반경: 5.0픽셀], [book02] 레이어는 [반경: 7.0픽셀]로 설정합니다. [book03] 레이어는 초점이 있는 것처럼 보이고 싶기 때문에 흐림 효과를 적용하지 않고 그대로 둡니다.

20 거리에 따라 흐림 정도를 달리하면 DSLR 카메라로 촬영한 듯한 흐릿한 연출을 할 수 있습니다.

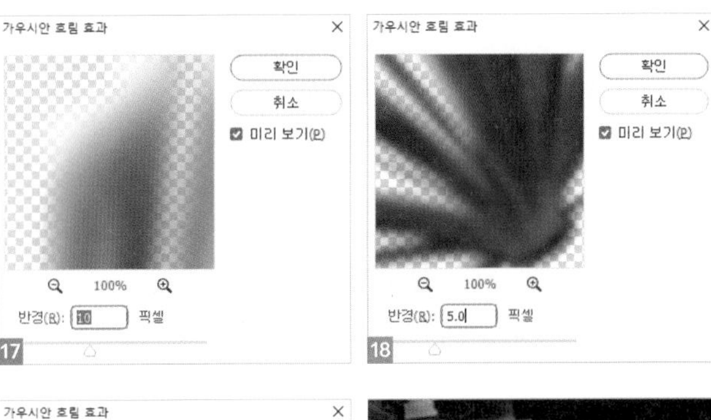

17 18

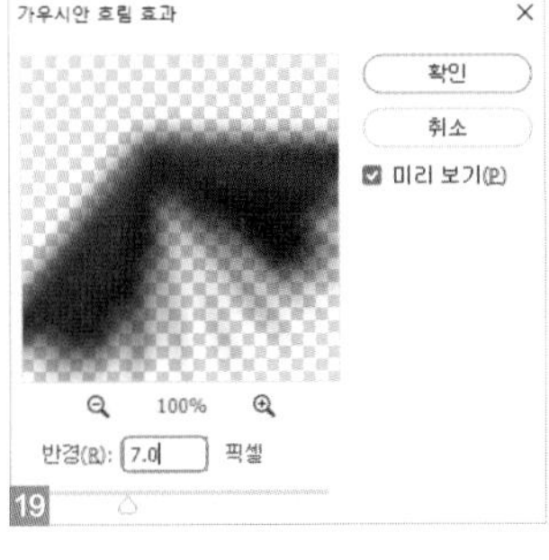

19

20

05 노이즈를 추가해 질감 더하기

[인물] 레이어의 노이즈 정도를 참고해 책의 이미지에 노이즈를 추가하겠습니다.

21 ~ 22 [book01]~[book04] 레이어에서 [필터 → 노이즈 → 노이즈 추가]를 선택한 후 [양: 3.25%]로 설정합니다.

23 소스를 합성하는 곳의 색감이나 밝기, 흐림 등을 살펴보고 적당한 노이즈를 추가하면 이미지를 좀 더 리얼하고 현실성 있게 합성할 수 있습니다.

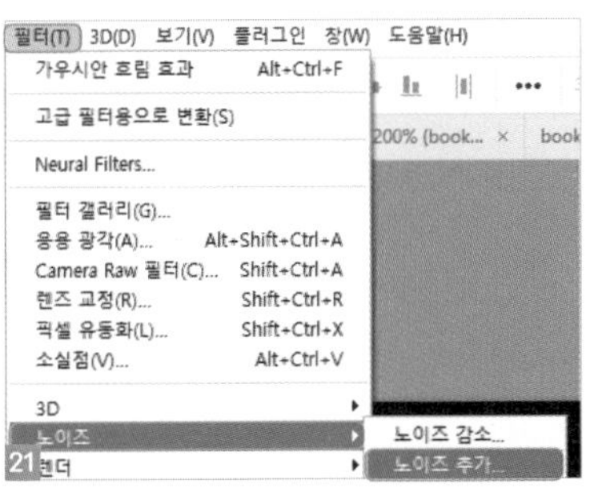

21

22

23

Recipe

017 하늘을 더욱 푸르게 보정하기

특정 색 계열을 조정하고 채도를 자연스럽게 조절하면
맑고 푸른 하늘로 보정할 수 있습니다.

원본

01 [선택 색상] 기능으로 하늘색 계열의 색상 조정하기

01~02 '017-하늘.psd'를 불러온 후 [레이어] 패널의 [조정 레이어] 버튼을 클릭해 [선택 색상]을 클릭합니다. 이때 만들어진 레이어는 가장 위쪽에 위치시킵니다.

03 [속성] 패널에 [선택 색상] 패널이 나타나면 [색상: 녹청 계열]을 선택한 후 [녹청: +100%], [마젠타: +50%], [노랑: 0%], [검정: -20%]로 설정하고 [절대치] 항목에 체크 표시를 합니다.

04 하늘의 색감이 강조됐습니다. 좀 더 공허한 느낌을 내고 싶다면 마젠타를 조금씩 줄이면서 조절합니다.

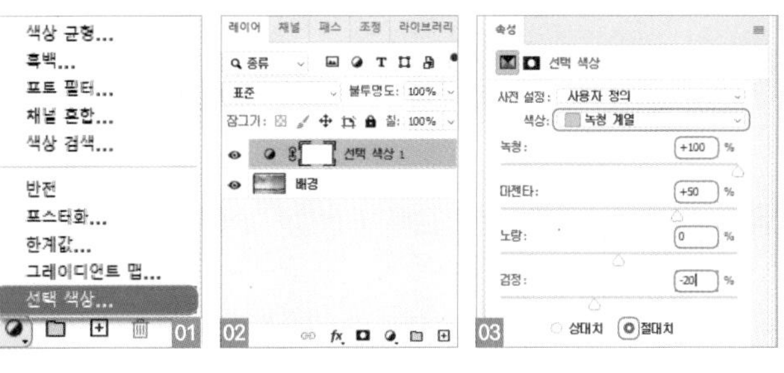

02 파랑 계열의 색상 조정하기

05 녹청 계열의 보정과 마찬가지로 [선택 색상] 패널에서 [색상: 파랑 계열]을 선택한 후 [녹청: +100%], [마젠타: +50%], [노랑: -100%], [검정: -15%]로 설정하고 [절대치] 항목을 선택했습니다.

06 녹청색과 파랑이 좀 더 강조된 푸른 하늘로 보정됐습니다.

03 자연스러운 채도로 조절하기

07~08 [레이어] 패널에서 [조정 레이어] 버튼을 클릭한 후 [활기]를 선택하고 가장 위쪽에 위치시킵니다.

09 [활기: +65], [채도: +20]으로 설정합니다.

10 특정 색 계열의 선택으로 보정할 수 없었던 옅은 녹청색과 계열과 파랑 계열의 색상이 강조되어 좀 더 맑고 푸른 하늘이 되었습니다.

핵심 포인트

[선택 색상]의 [절대치]는 슬라이더를 움직인 만큼 색이 변화하지만, [상대치]는 현재의 색에 대한 %로 변화합니다. 여기서는 색감을 명확하게 바꾸고 싶기 때문에 [절대치]에 체크 표시를 한 후에 작업했습니다.

Recipe

018

세피아 색상 입히기

사진을 세피아 색상으로 바꾼 후 [하이 패스] 필터를 적용하면 선명한 느낌을 표현할 수 있습니다.

01 색상과 채도를 사용해 세피아 색상으로 변경하기

01~02 '018-렌즈.psd'를 불러온 후 [레이어] 패널의 [조정 레이어] 버튼을 클릭합니다. [색조/채도]를 선택하고 가장 위쪽에 위치시킵니다.

03~04 [속성] 패널에 [색조/채도] 패널이 나타나면 [사전 설정: 청사진]을 선택한 후 [색조: 215], [채도: 25]로 설정합니다.

02 [곡선]을 사용해 매트한 질감 더하기

05~06 [조정 레이어] 버튼을 클릭한 후 [곡선]을 선택하고 [배경] 레이어의 위쪽에 위치시킵니다.

07~08 [곡선] 패널이 나타나면 왼쪽 아래의 포인터 값을 [입력: 0, 출력: 15]로 설정한 후 중앙에 포인터를 추가하고 [입력: 30, 출력: 30]으로 설정합니다.

09 이렇듯 그림자는 밝게, 중간 부분을 어둡게 보정해 대비를 낮추면 레트로한 감성을 표현할 수 있습니다.

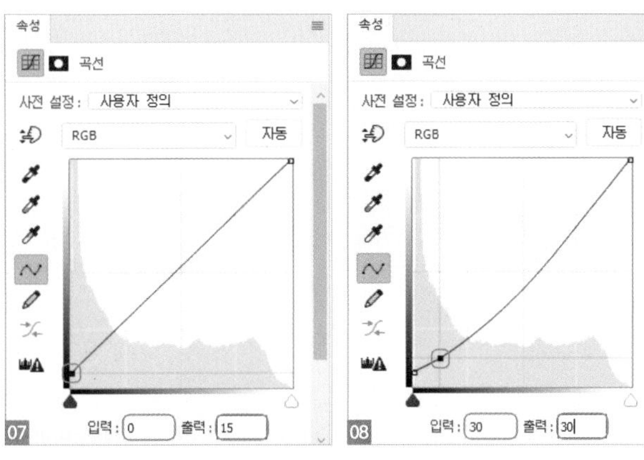

03 [하이 패스] 필터를 사용해 윤곽 강조하기

10 [배경] 레이어를 복사해 가장 위쪽에 위치시킵니다.

11 [필터 → 기타 → 하이 패스]를 선택합니다.

12~13 [반경: 3픽셀]로 설정합니다.

14 레이어의 [혼합 모드]를 [오버레이]로 설정하면 윤곽의 하이라이트가 강조됩니다.

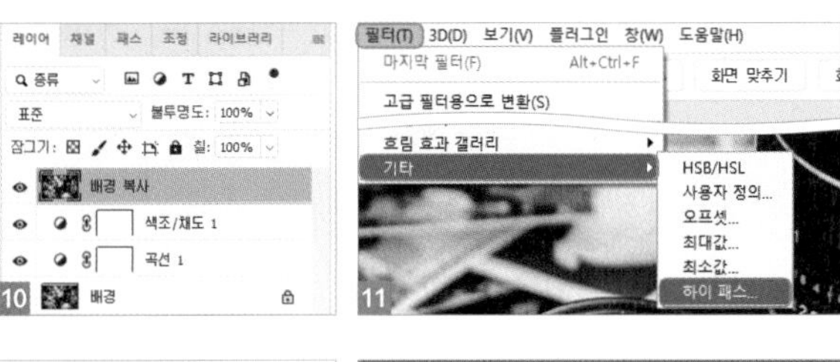

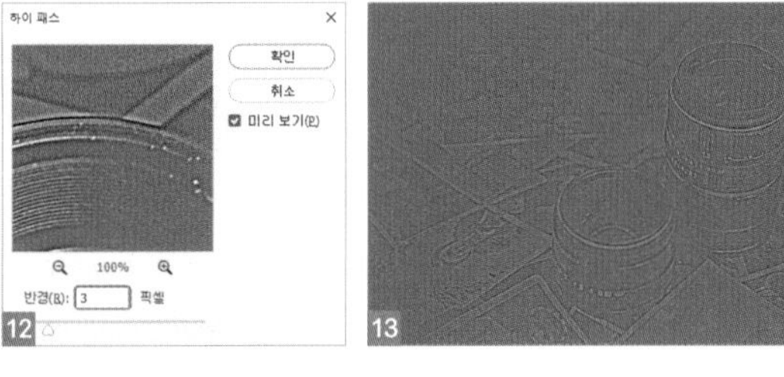

Recipe

019

수채화 느낌 표현하기

일반적인 사진을 수채화로 그린 듯한 이미지로 간단하게 만들 수 있습니다.

01 레이어를 복사해 스마트 오브젝트로 바꾸기

01 '019-정물.psd'를 불러온 후 레이어를 복사하고 이름을 '필터'로 바꿉니다.

02 [필터] 레이어를 마우스 오른쪽 버튼으로 클릭하면 나타나는 메뉴에서 [고급 개체로 변환]을 클릭합니다.

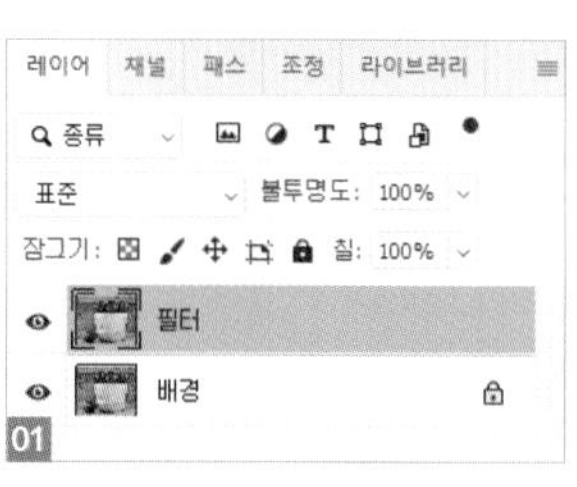

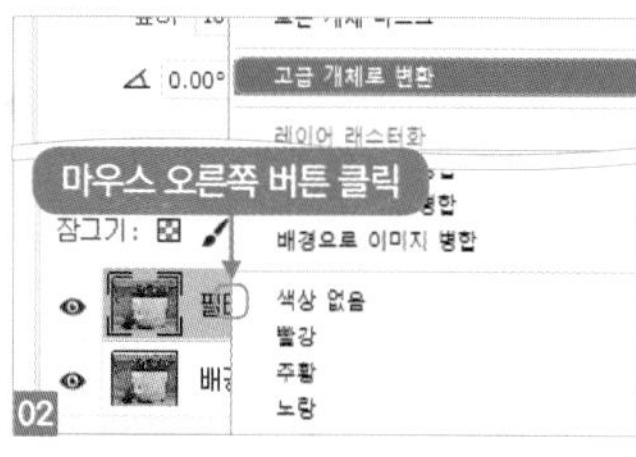

02 반전시켜 채도 조절하기

03~04 [필터] 레이어를 선택한 후 [이미지 → 조정 → 반전]을 클릭합니다.

05 [이미지 → 조정 → 색조/채도]를 선택합니다.

06~07 [색조/채도] 대화상자가 나타나면 [채도: -100]으로 설정합니다.

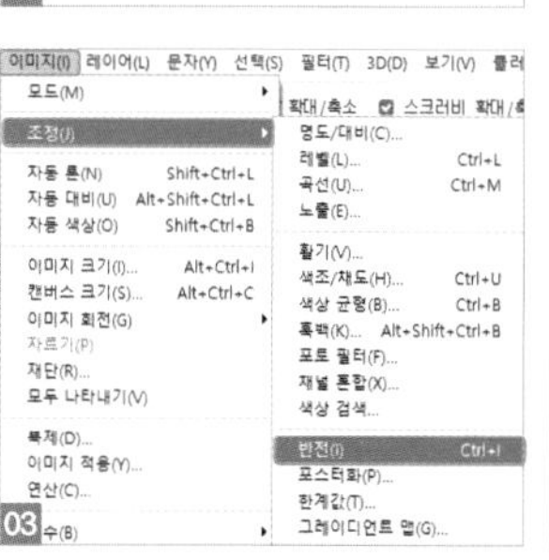

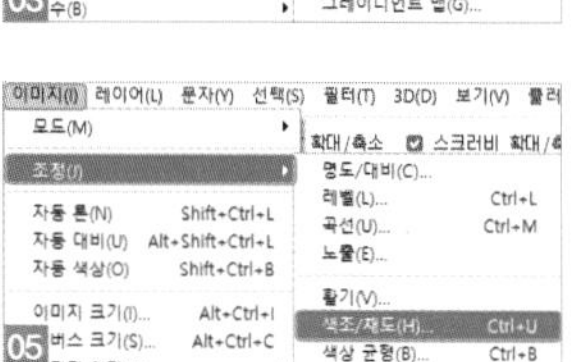

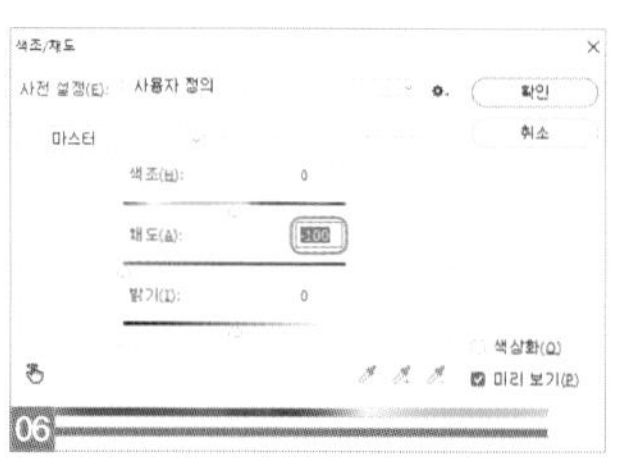

03 [필터 갤러리]로 수채화 텍스처 만들기

08 [필터 → 필터 갤러리]를 선택합니다.

09 별도로 나타나는 대화상자의 필터 목록에서 [스타일화 → 가장자리 광선 효과]를 선택한 후 [가장자리 폭: 1], [가장자리 밝기: 20], [매끄러움: 10]으로 설정합니다.

10 레이어의 순서를 조정합니다.

11 정물의 윤곽이 연필로 그린 듯한 느낌으로 보정됐습니다.

04 아날로그 질감 살리기

12 [필터] 레이어를 선택한 후 [혼합 모드]를 [곱하기]로 설정합니다.

13 수채화 스타일의 질감이 완성됐습니다.

[필터] 레이어의 대비를 조절해 질감의 느낌을 바꿔 보겠습니다.

14~15 [이미지 → 조정 → 레벨]을 선택한 후 입력 레벨의 슬라이더 위치를 왼쪽부터 [34: 0.6: 255]로 설정합니다.

16 수채화 느낌이 나는 이미지로 보정됐습니다.

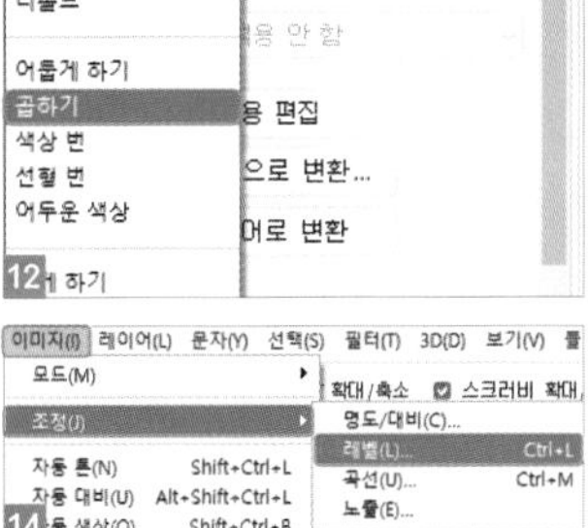

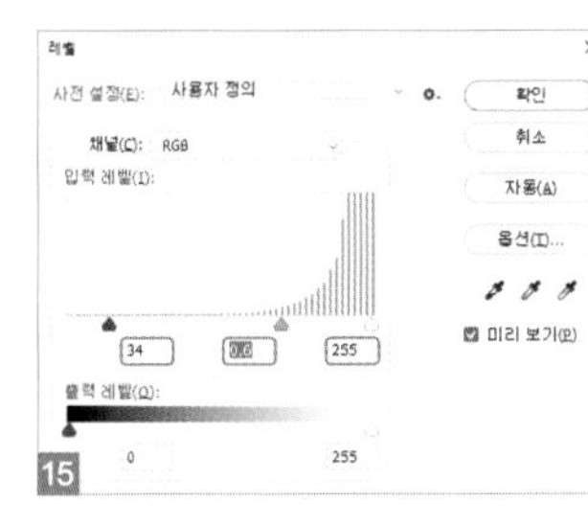

05 수채화 텍스처를 겹쳐 더욱 사실적으로 리터칭하기

17 '019-수채화텍스처.psd'를 '019-배경.psd'로 복사한 후 새로 만들어진 레이어를 가장 위쪽에 위치시키고 레이어의 [혼합 모드]를 [오버레이]로 설정합니다.

18 실제 수채화 텍스처를 겹쳐 좀 더 현실적인 느낌이 나도록 보정했습니다.

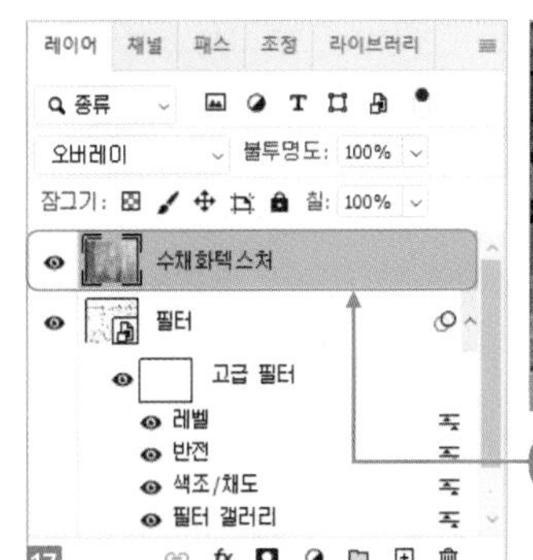

[혼합 모드]를 [오버레이]로 설정

Recipe

020

주변을 어둡게 만들어 주인공 돋보이게 하기

주변을 조금 어둡게 만들면 주인공에게 시선을 집중시킬 수 있습니다.

01 그레이디언트 만들기

01 '020-여우.psd'를 불러온 후 전경색을 검정(#000000)으로 설정합니다.
02 [레이어] 패널의 아래쪽에 있는 [조정 레이어] 버튼을 클릭한 후 [그레이디언트]를 선택합니다.

02 모서리가 어두워지도록 그레이디언트 조절하기

03 [그레이디언트 칠] 대화상자가 나타나면 [스타일: 방사형], [각도: 90°], [비율: 150%]로 설정하고 [반전] 항목에 체크 표시를 합니다.

04 [그레이디언트 견본]를 클릭하면 [그레이디언트 편집기] 대화상자가 나타납니다. 사전 설정에서 [기본 사항 → 그레이디언트 이름: 전경색에서 투명으로]를 선택한 후 [확인]을 클릭합니다. 또한 [그레이디언트 칠] 대화상자에서도 [확인]을 클릭합니다.

05~06 [그레이디언트 칠 1] 레이어를 레이어의 [혼합 모드]를 [소프트 라이트]로 설정합니다.

03 중심이 밝아지는 그레이디언트 만들기

07 전경색을 흰색(#ffffff)으로 선택합니다. **01**과 같은 방법으로 [레이어] 패널 → [조정 레이어] 버튼 → [그레이디언트]를 선택합니다.

08 [스타일: 방사형], [각도: 150°], [비율: 150%]로 설정합니다. 이번에는 [반전: 체크 표시 해제]로 설정한 후 [확인]을 클릭합니다.

09 [그레이디언트 칠 2] 레이어를 선택한 후 [혼합 모드: 오버레이], [불투명도: 30%]로 설정합니다.

10 주변은 어둡게, 중심은 밝게 바뀌어 주인공이 강조돼 보입니다.

작가의 리터치 노트

마우스와 마우스 패드를 체크해 조작의 감도와 작업 효율 높이기

포토샵과 같은 섬세한 조작이 필요한 소프트웨어에서 마우스와 마우스 패드의 조작 감도는 작업 효율과 직결됩니다.
조작의 감도는 사용자에 따라 개인차가 크기 때문에 자신과 잘 맞는 마우스와 마우스 패드를 갖출 필요가 있습니다.
필자는 가벼우면서 센서의 정확도가 높은 마우스를 선호합니다. 힘을 가볍게 주어도 원하는 위치로 움직일 수 있기 때문입니다.
마우스 패드의 소재는 천, 플라스틱, 실리콘, 금속 등 다양하며 각각 특징이 있습니다. 각자의 취향에 따라 사용하기 편한 것을 선택하는 것이 좋습니다.

Recipe

021 꽃송이를 복사해 바구니 가득 채우기

복사한 소스를 여러 번 복사해 사용할 때 배치하는 위치에 따라 흐림 효과나 밝기를 보정하면 좀 더 자연스러운 느낌으로 표현할 수 있습니다.

01 복사 원본이 될 꽃송이 선택하기

01 '021-꽃.psd'를 불러온 후 어느 한 부분을 선택하고 복사하겠습니다.

02 도구 바에서 [펜 도구]를 클릭합니다.

03 [펜 도구]를 사용해 원하는 부분의 꽃 윤곽을 선택 범위로 만듭니다.

04 [펜 도구]가 선택된 상태로 캔버스에서 [마우스 오른쪽 버튼 클릭 → 선택 영역 만들기]를 클릭합니다.

05 [렌더링]에서 [페더 반경: 0픽셀], [선택 범위: 새 선택 영역]으로 설정합니다.

06 선택 범위가 생성됐습니다.

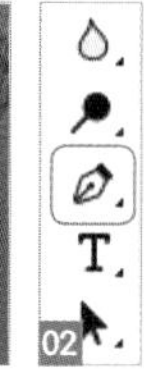

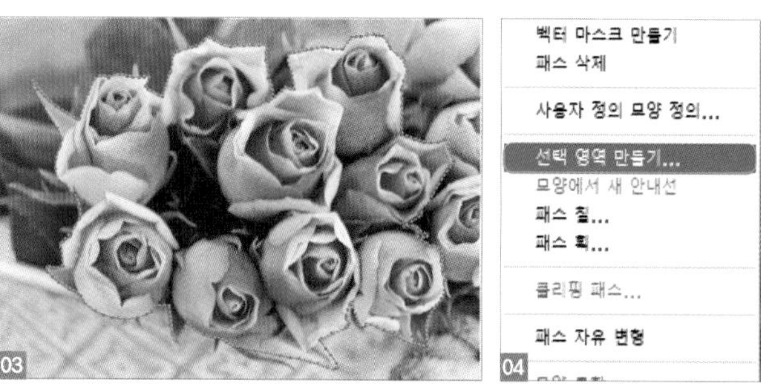

02 꽃송이 잘라 내 복사하기

07 선택 범위를 복사한 레이어를 만들기 위해 [사각형 선택 도구]를 클릭합니다.
08 캔버스에서 [마우스 오른쪽 버튼 클릭 → 복사된 레이어]를 선택합니다.
09 [레이어] 패널에 복사된 레이어가 생성됩니다. 아래쪽 레이어의 이름은 '배경', 복사한 위쪽 레이어의 이름은 '꽃1'로 바꿉니다.
10 [꽃1] 레이어를 한 번 더 복사해 아래쪽에 배치한 후 레이어의 이름을 '꽃2'로 바꿉니다.

03 꽃의 위치를 바꾸면서 꽃의 개수 늘리기

11 [꽃2] 레이어를 선택한 후 [편집 → 자유 변형]을 선택합니다.
12 선택 영역을 나타내는 바운딩 박스가 나타납니다.
13 왼쪽으로 드래그해 이동시키고 [마우스 오른쪽 버튼 클릭 → 가로로 뒤집기]를 선택합니다.
14 자연스럽게 보이도록 바구니 안쪽에 위치시킵니다.
15 [꽃2] 레이어를 복사해 아래쪽에 배치한 후 레이어의 이름을 '꽃3'으로 바꿉니다.
16 [자유 변형] 기능을 실행한 후 크기를 [80%] 전후로 축소하고 적당한 곳에 위치시킵니다.

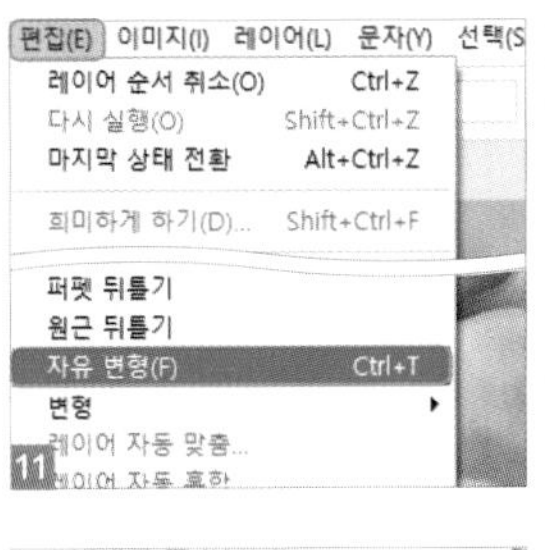

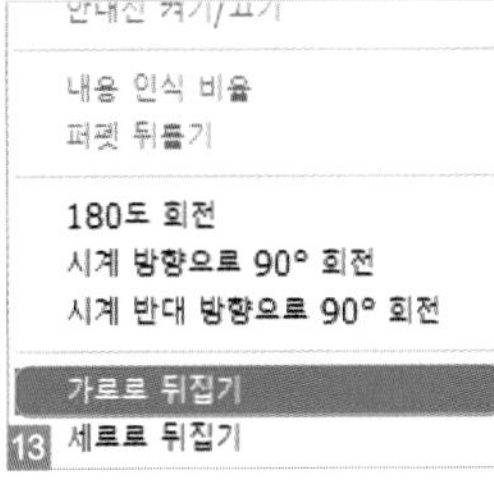

04 복사한 꽃의 위치를 바꿔 개수가 늘어난 것처럼 표현하기

17 아래쪽에 [꽃4] 레이어를 만든 후 위치를 조정합니다.

18 아래쪽에 [꽃5] 레이어를 만든 후 위치를 조정합니다.

19 레이어의 구성은 오른쪽과 같습니다.

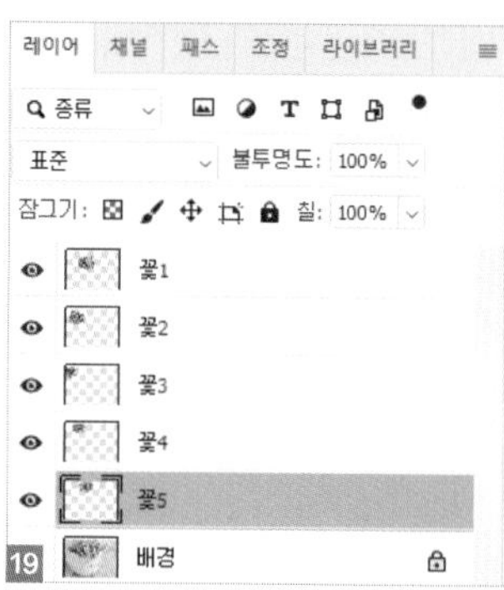

05 꽃의 위치에 따라 색의 흐림 조절하기

바구니는 가득 찼는데 이미지를 복사한 느낌이 강합니다. 밝기를 조절하거나 흐림 효과를 주어 좀 더 자연스럽게 만들어 보겠습니다.

20~21 [꽃3] 레이어를 선택한 후 [필터 → 흐림 효과 → 가우시안 흐림 효과]를 선택하고 [반경: 5.0픽셀]로 설정합니다.

[꽃4]와 [꽃5] 레이어는 더 안쪽에 있기 때문에 흐림 효과를 더 주고, 색상을 더 흐리게 해야 합니다.

22~23 [꽃4] 레이어에 [가우시안 흐림 효과]를 적용한 후 [반경: 7.0픽셀]로 설정하고, 색상을 흐리게 하기 위해 [이미지 → 조정 → 레벨]을 선택합니다.

24 위치를 [출력 레벨: 25]로 설정한 후 색상을 흐리게 보정해 원근감을 나타냅니다.

[꽃5] 레이어에도 [가우시안 흐림 효과]와 [레벨]을 적용합니다.

25 자연스러운 느낌으로 꽃을 늘려 나갈 수 있습니다.

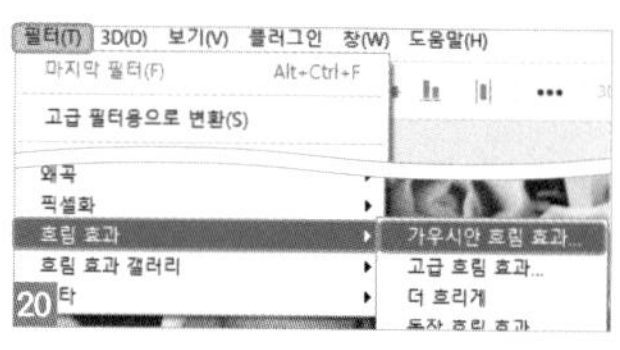

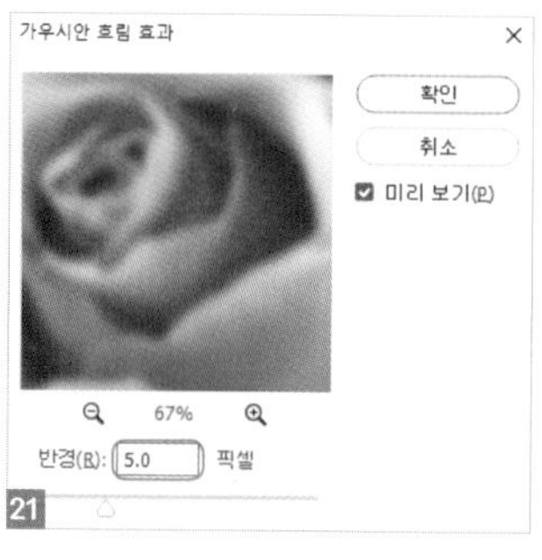

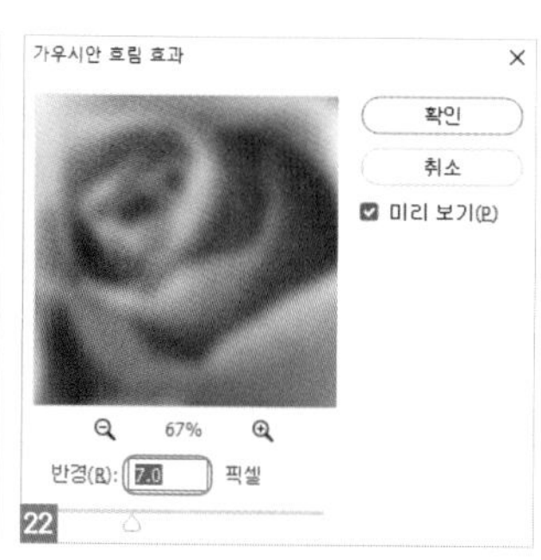

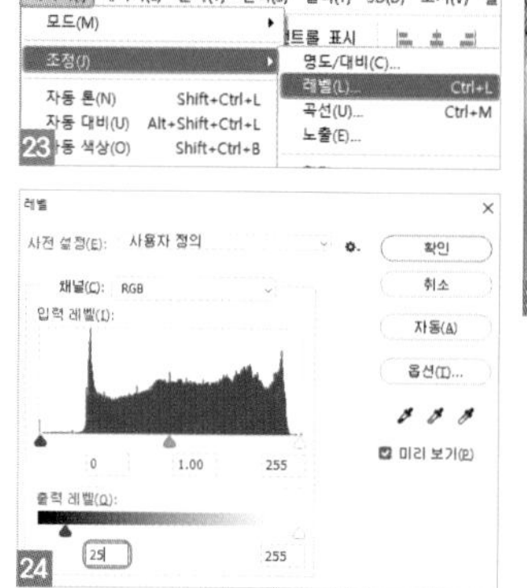

Recipe

022

[뒤틀기] 기능으로 이미지 변형하기

[뒤틀기] 기능을 사용하면 사진 속 이미지의 일부를 이동하거나 변형할 수 있습니다.

01 [뒤틀기] 기능으로 이미지 분할하기

'022-배경.psd'를 불러오면 [배경] 레이어에 열쇠 마크가 붙어 있는 것을 알 수 있습니다. 해당 레이어를 더블클릭하면 [레이어0]으로 바뀝니다.

[레이어]로 바뀌지 않으면 [뒤틀기] 기능을 사용할 수 없습니다.

01 [편집 → 변형 → 뒤틀기]를 선택합니다.
02 옵션 바에 나타나는 뒤틀기 모양 중 [수평으로 분할]을 선택합니다.
03 마우스로 병과 술잔의 경계 부분을 클릭해 분할선을 추가합니다.

02 병과 손, 술잔을 위쪽으로 이동하기

04 마우스로 그림의 화살표 방향으로 드래그합니다. 병, 술잔의 크기와 비율은 그대로 유지된 상태에서 물줄기만 늘어나는 식으로 변형됩니다.
05 유리의 거품 부분에 있는 분할선을 위쪽으로 드래그합니다.
06~07 다른 것에는 거의 영향을 미치지 않고 술잔의 길이만 조금 길게 변형됩니다.

03 물줄기 부분만 선택해 변형하기

08 Ctrl을 누른 상태에서 흐르는 물의 중심 부분을 클릭합니다.
09 만든 포인트를 오른쪽으로 드래그해 물줄기만 변형시킵니다.
10 완성입니다.

Recipe

023

빛을 강조한 밤거리 사진 만들기

사진에서 빛을 강조하는 방법을 알아보겠습니다.

01 대비가 높은 채널 선택하기

01 '023-풍경.psd'를 불러온 후 [채널] 패널을 선택합니다.
[빨강], [녹색], [파랑] 중에서 가장 음영의 대비가 높은 채널을 선택합니다.

핵심 포인트

빛의 성분을 많이 포함하고 있는 채널을 선택하기 위해 대비가 높은 채널을 선택합니다.

02 [빨강] 채널을 선택합니다.
03 [빨강]만을 선택한 상태가 됐습니다.
04~05 [빨강]의 채널 축소판을 Ctrl + 클릭해 선택 영역으로 만듭니다.

02 선택 범위에 색을 채우고 [혼합 모드] 바꾸기

06 선택 범위가 만들어진 상태에서 [레이어] 패널을 선택한 후 [조정 레이어] 버튼 → [단색]을 클릭합니다.
07 [색상 피커] 대화상자가 나타나면 색상 값에 [#ffffff]를 입력한 후 [확인]을 클릭합니다.

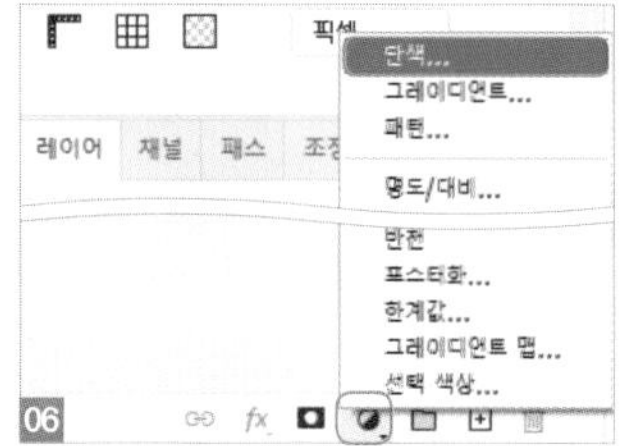

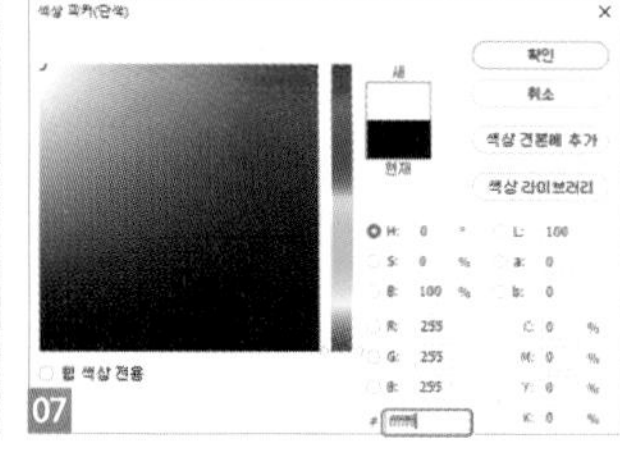

08~09 [색상 칠 1] 레이어를 선택한 후 레이어 [혼합 모드]를 [오버레이]로 설정합니다.

03 빛의 느낌을 부드럽게 만들기

10 [색상 칠 1] 레이어에서 레이어 마스크 축소판을 클릭합니다.

11~12 [필터 → 흐림 효과 → 가우시안 흐림 효과]를 클릭한 후 [반경: 50픽셀]로 설정합니다.

13 흐림이 적용돼 부드럽고 은은한 빛의 느낌이 강조됐습니다.

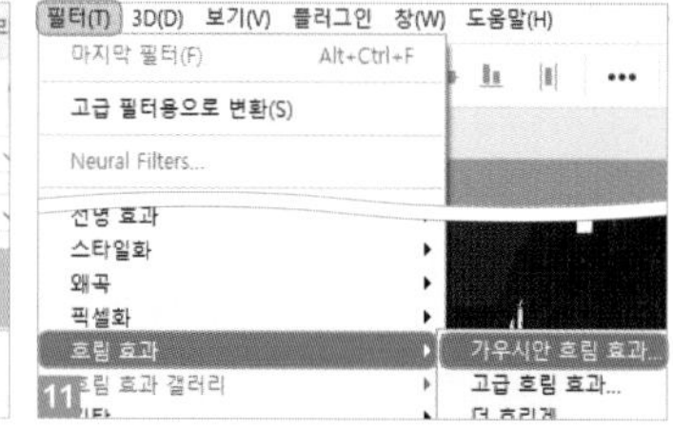

04 빛에 색을 바꾸기

14 빛의 색감을 바꿔 보겠습니다. 가장 먼저 [색상 칠 1] 레이어의 레이어 축소판을 더블클릭합니다.

15~16 [색상 피커] 대화상자에서 색상 값을 [#ff9600]으로 설정해 노랑 계열로 바꿨습니다.

17 추가한 빛이 조금 가볍게 느껴진다면 [색상 칠 1] 레이어를 복사한 후 [불투명도]를 조절하면 됩니다.

18 여기서는 [불투명도: 50%]로 조절했습니다.

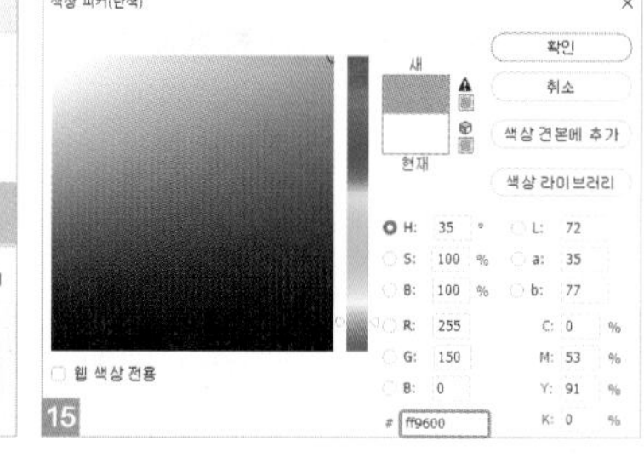

Recipe

024 스토리가 있는 콜라주 작품 만들기

1장의 사진을 바탕으로 스토리가 있는 작품을 만들어 보겠습니다.

01 1장의 사진으로 스토리 생각해 보기

스토리가 있는 작품을 만들 때는 우선 아이디어를 구상해야 합니다. 백조 사진을 바탕으로 여자아이가 백조의 등에서 쉬고 있는 설정으로 제작해 보겠습니다.

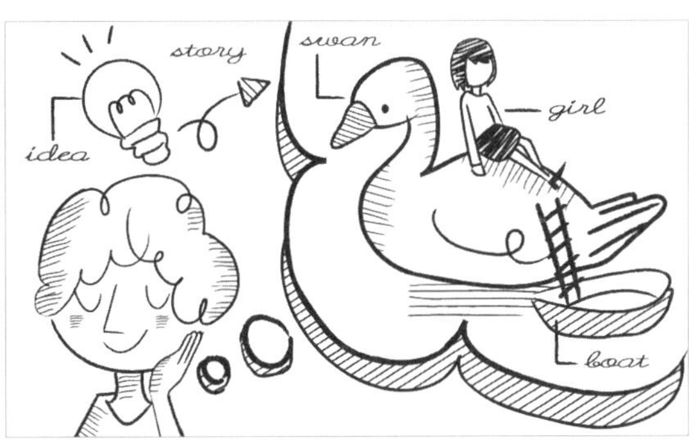

02 백조의 등에 여자아이, 수면 위에 배와 사다리 위치시키기

01 '024-백조.psd'를 불러온 후 '024-소스.psd'를 열고 여자아이를 백조의 등 위, 배, 사다리를 백조의 오른쪽에 위치시킵니다.

01

03 앉아 있는 것처럼 그림자 더하기

02 [여자아이] 레이어의 아래에 새 레이어를 추가한 후 레이어의 이름을 '그림자'로 바꿉니다.
03 [브러시 도구]를 클릭합니다.
04 전경색을 검정(#000000)으로 선택합니다. 브러시의 크기나 불투명도 값은 하나로 고정하지 않고 위치에 따라 적당히 변경합니다.
05 여자아이의 오른쪽에서 빛이 비치는 느낌으로 왼쪽에 그림자를 그립니다.
여자아이와 백조가 닿는 부분은 진하게, 여자아이에서 멀어질수록 희미해지는 느낌으로 그리면 그림자가 좀 더 사실적으로 보입니다.

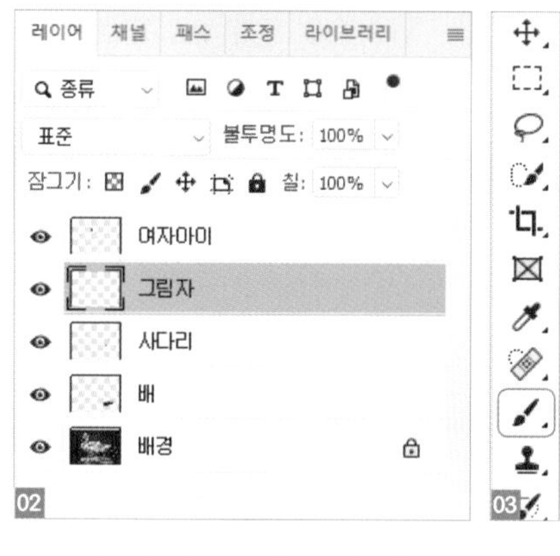

02

03

04 모드: 표준 불투명도: 30% 흐름: 100%

05

04 [펜 도구]로 선택 범위 만들기

다음으로 배에 걸친 사다리를 자연스럽게 합성해 보겠습니다.

06 [사다리] 레이어를 숨깁니다.

07 [펜 도구]를 이용해 패스로 그림과 같이 선택 범위를 만듭니다.

08~09 [펜 도구]가 선택된 상태에서 [마우스 오른쪽 버튼 클릭 → 선택 영역 만들기], [페더 반경: 0픽셀]로 설정합니다.

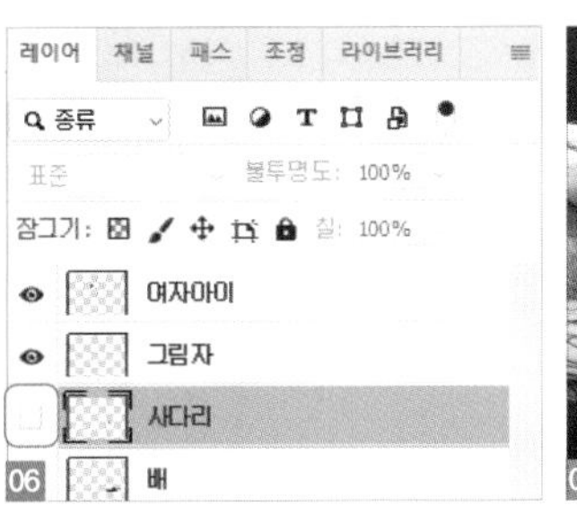

06

07

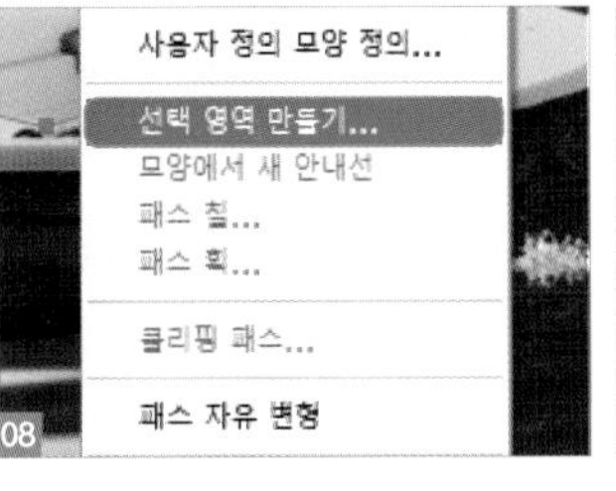

08

09

05 사다리의 그림자 자연스럽게 표현하기

10 [사다리] 레이어를 다시 나타냅니다.

11 [레이어] 패널의 아래쪽에 있는 [레이어 마스크] 버튼을 클릭합니다.

12~13 [사다리] 레이어에 레이어 마스크가 추가되고 배에 사다리가 걸려 있는 것처럼 마스크 처리됐습니다.

14 **03**에서 여자아이의 그림자를 만들 때와 마찬가지로 [사다리] 레이어의 아래쪽에 새 레이어를 만든 후 레이어의 이름을 '사다리 그림자'로 바꾸고 브러시로 백조의 깃털에 드리워진 사다리의 그림자를 그립니다.

10

11
12

13

14

마스크 처리된 범위

06 수면에 비친 배의 형상 만들기

15 현재는 수면에 배가 비치는 잔영이 없기 때문에 부자연스럽습니다.

16 [배] 레이어의 아래쪽에 새 레이어를 만든 후 레이어의 이름을 '배 비침'으로 바꿉니다.

17 [배 비침] 레이어를 선택한 상태에서 [올가미 도구]를 클릭합니다.

18 수면에 비친 배 모양을 생각하면서 선택 범위를 만듭니다.

19~20 [페인트 통 도구]를 클릭한 후 전경색을 검은색(#000000)으로 선택해 채웁니다.

21~22 [혼합 모드]를 [소프트 라이트], [불투명도]를 [65%]로 설정합니다.

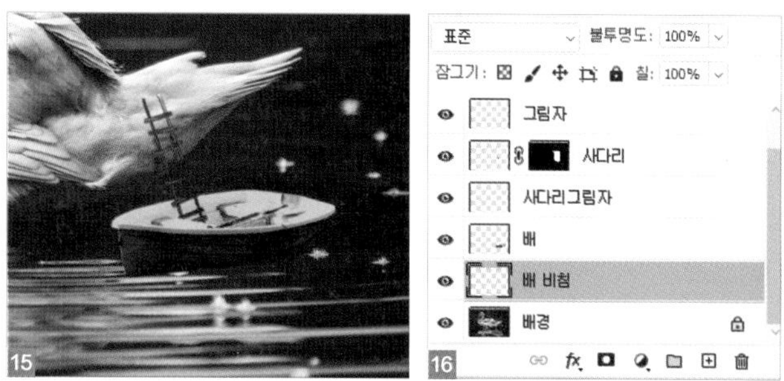

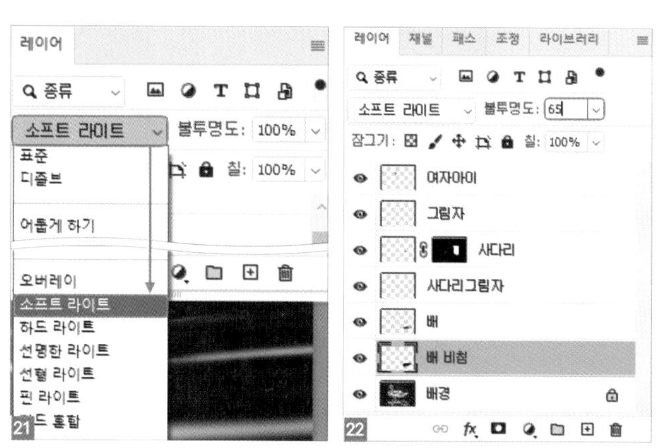

07 흔들리는 물살에 맞춰 배의 잔영 변형하기

23 [배 비침] 레이어를 선택한 후 [필터 → 픽셀 유동화]를 선택합니다.

24 [픽셀 유동화] 대화상자가 나타납니다.

25 왼쪽 도구 바에서 [뒤틀기 도구]를 클릭한 후 [속성] 패널의 [브러시 도구 옵션]에서 [크기: 20], [압력: 100], [밀도: 100], [속도: 0]으로 설정합니다. 수면의 흔들림을 생각하면서 브러시를 이용해 배의 잔영 이미지를 좌우로 변형해 본 후 [확인]을 클릭합니다.

26 배의 잔영이 흔들리는 수면에 비치는 느낌으로 변형됐습니다.

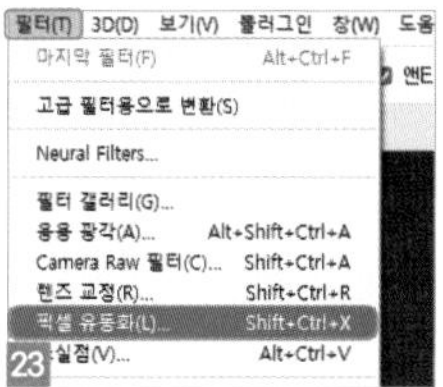

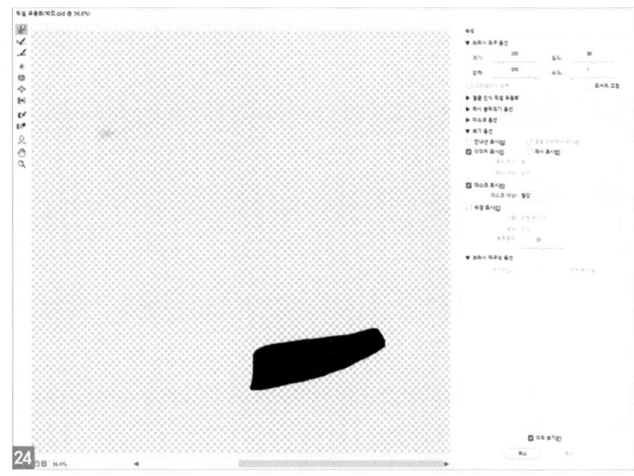

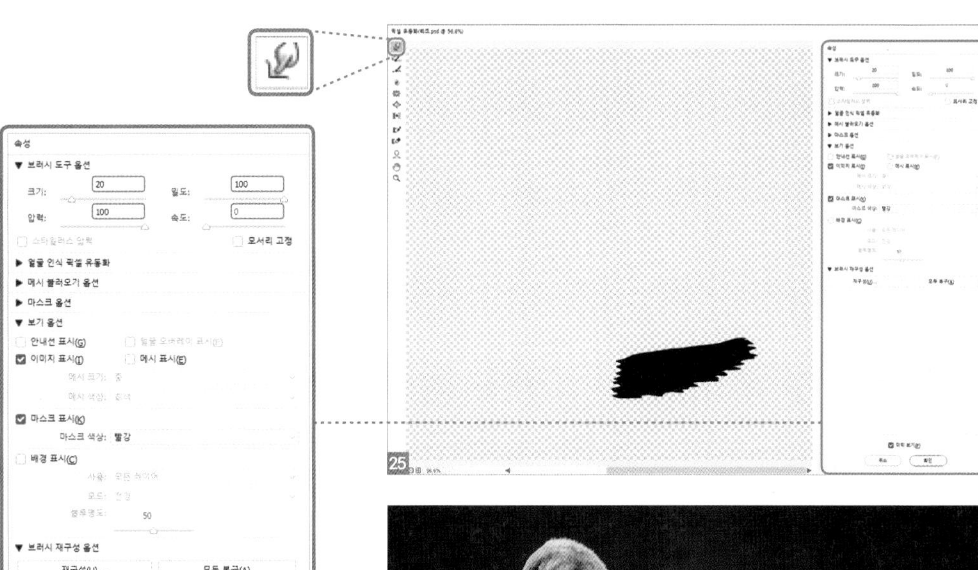

작가의 리터치 노트

[혼합 모드] 더 알아보기

[혼합 모드]는 하위 레이어에 대한 상위 레이어의 설정을 바꾸는 기능으로, 다양한 느낌으로 합성할 때 사용합니다. 이 책에서는 음영을 표현할 때 [혼합 모드]로 [오버레이], [소프트 라이트]를 많이 사용하고 있습니다. [혼합 모드]에 익숙해지려면 다양한 [혼합 모드]를 시도해 보는 것이 좋습니다. 어떤 효과를 얻을 수 있는지 실제 예를 살펴보겠습니다. 참고로 여기서는 하위 레이어의 색조를 베이스 색상, 상위 레이어의 색조를 브랜드 색상으로 지정하고 있습니다.

하위 레이어

원래 이미지입니다. 이 이미지 위에 상위 레이어를 겹칩니다.

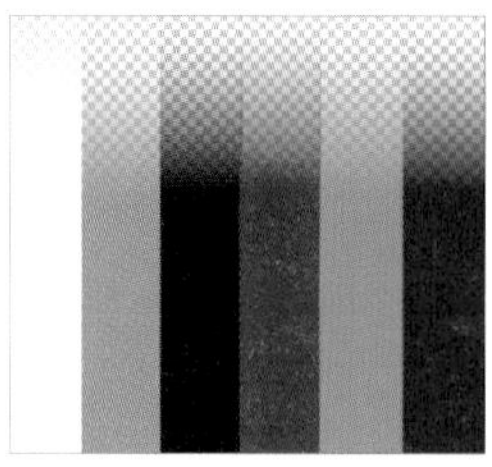

상위 레이어

왼쪽부터 흰색, 회색, 검정, 빨강, 청록, 파랑이 세로로 길게 만들어져 있습니다. 이 이미지를 하위 레이어에 겹칩니다.

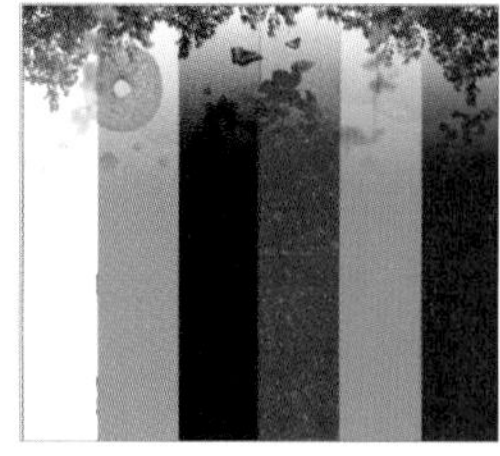

[표준]

일반 모드입니다. 하위 레이어에 상위 레이어를 겹친 상태입니다.

[어둡게 하기]

상위, 하위 레이어의 어두운 부분을 강조하며 합성합니다.

[곱하기]

상위, 하위 레이어의 색상을 곱하는 방식으로 합성합니다. 검은색을 곱하면 검은색이 되고, 흰색을 곱하면 투명해집니다.

[색상 번]

이미지가 어두워지는 방향으로 합성합니다. 흰색은 변화가 없습니다.

[어두운 색상]

색상이 있는 부분을 제외한 나머지 부분을 어둡게 만듭니다.

[밝게 하기]

상위, 하위 레이어의 색상 중 밝은 색상을 강조해 합성합니다.

[스크린]

상위, 하위 레이어의 색상 중 밝은 색은 더 밝아지고, 검은 색은 투명해집니다.

[밝은 색상]

상위, 하위 레이어의 색상 값을 비교해 밝은 색상 위주로 합성합니다.

[오버레이]

상위, 하위 레이어의 색상을 밝은 부분은 더 밝게, 어두운 부분은 더 어둡게 합성합니다.

[소프트 라이트]

합성된 색상이 50% 회색보다 밝으면 더 밝아지고, 50% 회색보다 어두우면 더 어두워집니다.

02

풍경 보정

2장에서는 맑은 하늘과 푸른 바다, 석양이 지는 풍경 사진을 보정하는 방법을 알아보겠습니다. 단순한 풍경 사진에 원근감을 나타내거나, '새벽 공기'와 같이 시간대를 느낄 수 있는 전체적인 분위기를 연출하거나, 여러 소스를 조합해 인상적인 사진으로 합성할 수도 있습니다. 풍경 사진을 좀 더 매력적으로 만들어 주는 표현 방법은 이 밖에도 무궁무진합니다.

Photoshop Recipe

01 [곡선] 기능으로 빨간색 빼고 파란색 더하기

01 '025-배경.psd'를 불러온 후 [레이어] 패널의 아래쪽에 있는 [조정 레이어] 버튼을 클릭하고 [곡선]을 클릭합니다.

02 [곡선] 패널이 나타나면 [파랑]을 선택합니다. 왼쪽 아래의 포인터(그림자 쪽)를 클릭해 [입력: 0, 출력: 22]로 설정하면 파란색이 더해집니다.

03 [빨강]을 선택한 후 중앙에 포인터를 추가해 [입력: 146, 출력: 110]으로 설정하면 붉은색이 빠집니다.

04 전체가 푸르스름한 느낌으로 보정됐습니다.

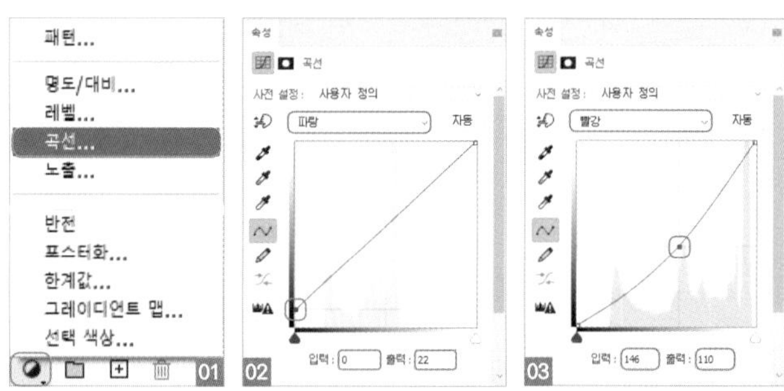

Recipe

025

맑은 새벽 공기 표현하기

다양한 그레이디언트와 포토 필터를 사용해 아침 안개가 아직 걷히지 않은 맑은 새벽의 느낌을 만들어 보겠습니다.

02 [포토 필터]를 이용해 전체적으로 파란색 추가하기

05 [레이어] 패널의 아래쪽에 있는 [조정 레이어] 버튼을 클릭한 후 [포토 필터]를 클릭합니다.
06 [필터: Cooling Filter(80)]을 선택한 후 [밀도: 30%]로 설정합니다.
07 전체적으로 파란색이 추가돼 깨끗하고 청명한 파란색에 가까워졌습니다.

03 [그레이디언트] 기능으로 파란색 더하기

08 [레이어] 패널의 아래쪽에 있는 [조정 레이어] 버튼을 클릭한 후 [그레이디언트]를 선택합니다.
09 [그레이디언트 칠 1] 레이어 축소판을 더블클릭합니다.
10 [그레이디언트 칠] 대화상자가 나타나면 [스타일: 선형], [각도: -90°], [비율: 100%]로 설정한 후 [레이어에 정렬] 항목에 체크 표시를 합니다. 그리고 [　　　] 를 클릭해 [그레이디언트 편집기] 대화상자를 나타나게 합니다.
11 [기본 사항]에서 [전경색에서 배경색으로]를 클릭한 후 그레이디언트의 색상을 왼쪽은 [색상 값: #3a87bd, 위치: 0%], 오른쪽은 [색상 값: #ffffff, 위치: 50%]로 설정합니다.
그레이디언트를 적용하기 위해 만들어진 레이어는 가장 위쪽에 위치시킵니다.

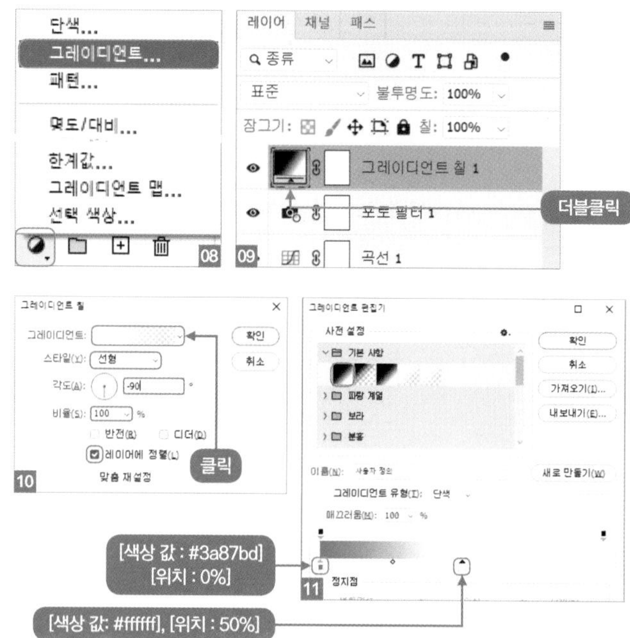

04 파란색 그레이디언트와 합성하기

12 현재 작업 화면에는 [그레이디언트 칠 1] 레이어가 가장 위쪽에 배치돼 있습니다.
13~14 [그레이디언트 칠 1] 레이어를 선택한 후 레이어의 [혼합 모드]를 [소프트 라이트]로 설정해 합성합니다.

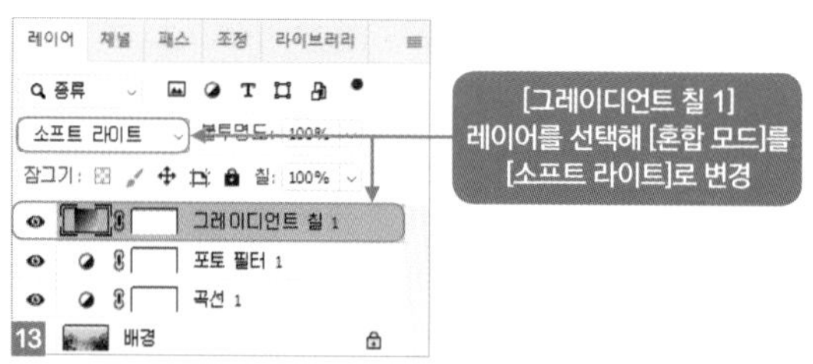

05 그레이디언트를 추가해 아침 공기 느낌 표현하기

15 **03**에서와 같이 [레이어] 패널의 아래쪽에 있는 [조정 레이어] 버튼을 클릭한 후 [그레이디언트]를 선택하고 가장 위쪽에 위치시킵니다.

16 [그레이디언트 칠] 대화상자가 나타나면 [스타일: 반사], [각도: 90°], [비율: 100%]로 설정합니다.

17 (그레이디언트 견본)를 클릭해 [그레이디언트 편집기] 대화상자를 나타나게 한 후 [기본 사항 → 전경색에서 투명]을 클릭하면 그레이디언트가 흰색에서 투명으로 바뀝니다.

15

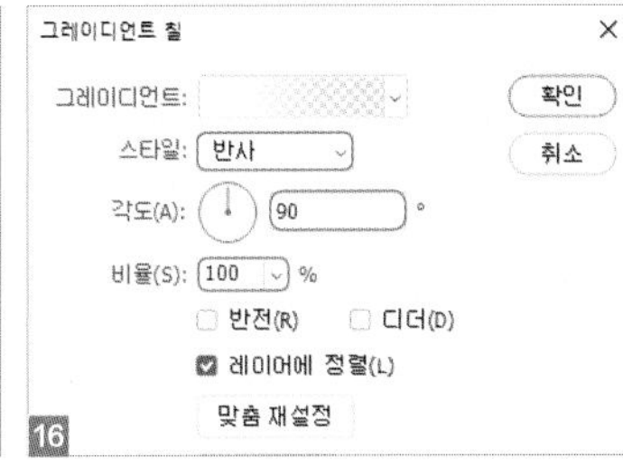

16

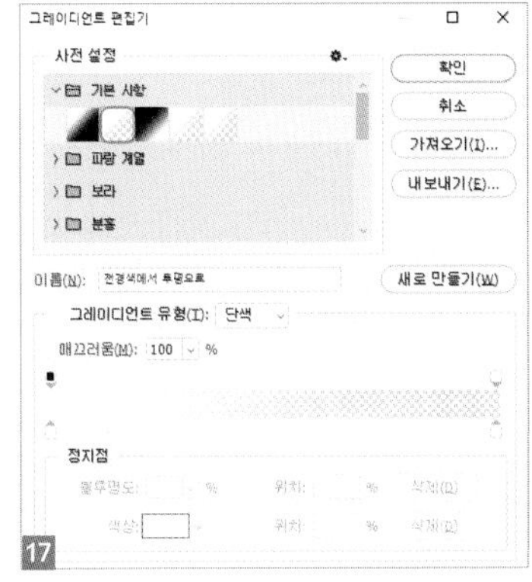

17

핵심 포인트

그레이디언트를 적용하기 전에 미리 전경색을 흰색(#ffffff)으로 설정해 두는 것이 좋습니다.

06 수면에 부드러운 흰색 추가하기

18 중앙에 흰색 그레이디언트가 만들어집니다.

19 [혼합 모드]를 [소프트 라이트]로 설정하면 완성입니다.

18

19

핵심 포인트

흰색 그레이디언트가 의도하지 않은 위치에 있다면 드래그해 위치를 변경할 수 있습니다. 단, [그레이디언트 칠] 대화상자가 나타나 있을 때만 가능합니다.

Recipe

026 미니어처 느낌의 사진 만들기

[조리개 흐림 효과] 필터를 사용해 미니어처 느낌의 사진을 만들어 보겠습니다.

01 미니어처 느낌의 [조리개 흐림 효과] 사용하기

01 '026-풍경.psd'를 불러온 후 [레이어] 패널에서 [풍경] 레이어를 마우스 오른쪽 버튼으로 클릭하고 [고급 객체로 변환]을 클릭합니다. 레이어의 이름이 [레이어 0]으로 바뀌는데, 원래대로 '풍경'으로 바꿔 놓습니다.

02 [필터 → 흐림 효과 갤러리 → 조리개 흐림 효과]를 선택합니다.

03 전용 작업 화면이 나타납니다. 오른쪽에 있는 [흐림 효과 도구] 패널에서 [조리개 흐림 효과] 항목에 체크 표시를 하면 이미지가 흐려지면서 흐리게 하고 싶지 않은 부분만 원형으로 둘러싸게 됩니다.

04 적용하는 사진에 따라 다르지만, 여기서는 [흐림 효과: 15픽셀]로 설정합니다.

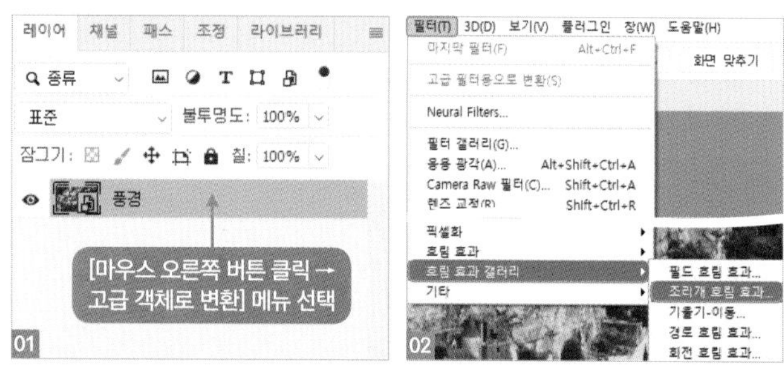

02 흐림 효과 추가하기

01에서 원하는 정도의 흐린 느낌이 만들어졌으면 **03**으로 이동해도 됩니다.

여기서는 중심부의 바다를 따라 도로와 집에 초점을 맞추고 싶기 때문에 **01**과 같이 [필터 → 흐림 효과 갤러리 → 조리개 흐림 효과]를 선택합니다.

05 [흐림 효과 도구] 패널에서 [기울기-이동] 항목을 선택한 후 그림을 참고하면서 흐림 상태를 조정합니다.

06 [흐림 효과: 20픽셀], [왜곡: 0%]로 설정합니다.

07 중심에 초점이 맞는 미니어처풍의 사진이 만들어졌습니다.

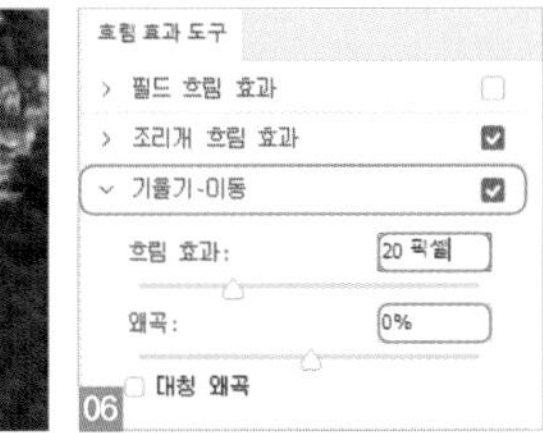

03 건물의 대비를 높여 장난감 같은 질감 표현하기

지붕의 대비를 높이고 장난감 같은 알록달록한 색감으로 바꿔 보겠습니다.

08 [이미지 → 조정 → 색조/채도]를 클릭합니다.

09 [빨강 계열]로 바꾸고 [채도: +50]으로 설정합니다.

10 [레이어] 패널의 [조정 레이어] 버튼을 클릭한 후 [활기]를 선택하고 추가되는 레이어를 가장 위쪽에 위치시킵니다.

11 [활기] 패널에서 [활기: +60], [채도: 0]으로 설정합니다.

12 전체적으로 채도가 올라가 강조된 이미지가 만들어졌습니다.

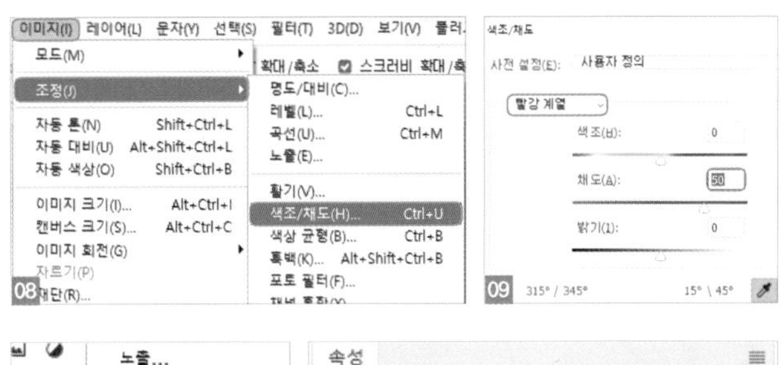

Recipe

027 푸른 바다색을 아름답게 표현하기

밋밋하거나 어둡게 촬영된 바다 색이라도 좀 더 선명하고 푸른 느낌으로 바꿀 수 있습니다.

01 [곡선] 기능으로 밝기와 파란색 조정하기

01 '027-바다.psd'를 불러온 후 [레이어] 패널의 아래쪽에 있는 [조정 레이어] 버튼을 클릭하고 [곡선]을 선택합니다.

02 새로 만들어진 레이어를 가장 위쪽에 위치시킵니다.

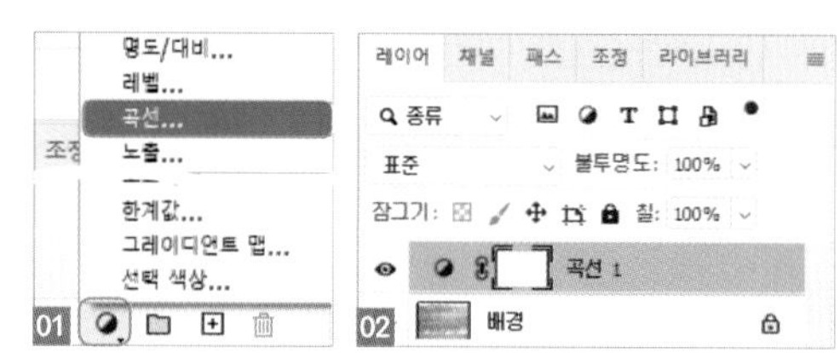

03 [속성] 패널에 [곡선] 패널이 나타나면 직선의 중앙을 클릭해 포인터를 추가한 후 [입력: 123, 출력: 133]으로 설정합니다.

04 바다의 푸른색을 깨끗하게 표현하기 위해 곡선의 채널을 [RGB]에서 [파랑]으로 바꾼 후 왼쪽 아래쪽의 포인터를 [입력: 0, 출력: 18]로 설정합니다.

05 전체가 밝고 푸른 이미지로 보정됐습니다.

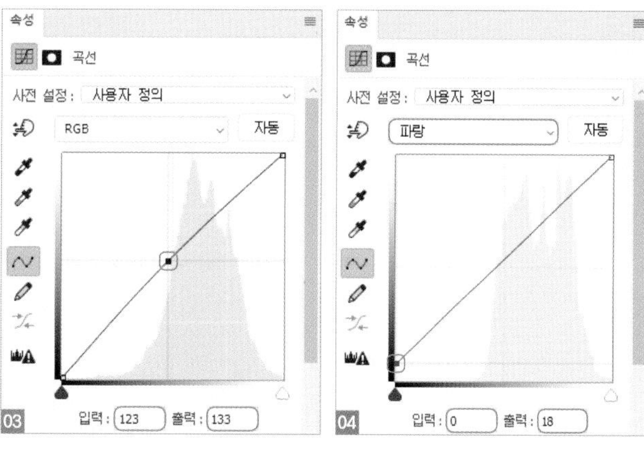

02 [선택 색상] 기능으로 모래 사장의 색상 보정하기

06~07 [레이어] 패널의 아래쪽에 있는 [조정 레이어] 버튼을 클릭한 후 [선택 색상]을 선택하고 만들어진 [선택 색상 1] 레이어를 가장 위쪽에 위치시킵니다.

08 [속성] 패널에 [선택 색상] 패널이 나타나면 [절대치] 항목에 체크 표시를 합니다. [색상: 빨강 계열]을 선택한 후 [녹청: -30%, 검정: +35%]로 설정합니다.

09 [색상: 노랑 계열]을 선택한 후 [노랑: +51%, 검정: +20%]로 설정합니다.

10 모래 사장의 빨강 계열, 노랑 계열의 색상이 강조됐습니다.

03 [선택 색상] 기능으로 선명한 바다와 푸른 하늘 만들기

11 [색상: 녹청 계열]을 선택한 후 [녹청: +30%, 마젠다: -20%, 노랑: -50%, 검정: +20%]로 설정합니다.

12 [색상: 파랑 계열]을 선택한 후 [노랑: -45%]로 설정합니다.

13 [색상: 흰색 계열]을 선택한 후 [검정: -10%]로 설정합니다.

14 [색상: 중간색]을 선택한 후 [녹청: +5%]로 설정합니다.

15 [선택 색상]의 범위를 조정해 다른 색상은 손상시키지 않고 선명하고 푸른 바다색을 만들었습니다.

04 자연스러운 채도로 더욱 생생하게 만들기

16 [레이어] 패널의 아래쪽에 있는 [조정 레이어] 버튼을 클릭한 후 [활기]를 선택합니다.

17 만들어지는 레이어가 가장 위쪽에 있어야 합니다.

18 [속성] 패널에서 [활기] 패널이 나타나면 [활기: +45, 채도: +5]로 설정합니다.

19 [선택 색상] 기능으로 보정할 수 없었던 낮은 채도 부분이 더욱 선명해졌습니다.

Recipe

028

노을 지는 사진에 태양 추가하기

[렌즈 플레어] 필터로 자연스러운 석양을 만들어 석양이 수면에 비친 모습을 표현해 보겠습니다.

원본

01 [렌즈 플레어] 필터로 석양 만들기

01 '028-풍경.psd'를 불러온 후 새 레이어를 만들고 레이어의 이름을 '석양'으로 바꾼 다음 가장 위쪽에 위치시킵니다.

02 도구 바에서 [페인트 통 도구]를 선택한 후 전경색의 색상을 검정(#000000)으로 설정합니다.

03 작업 화면을 클릭해 검은색으로 채웁니다.

04 [필터 → 렌더 → 렌즈 플레어]를 선택합니다. [렌즈 플레어] 패널에서 빛나는 부분을 클릭&드래그하면 빛의 위치와 방향을 바꿀 수 있습니다.

05 빛의 위치를 중심으로 되도록이면 원형으로 보이도록 이동한 후 [명도: 100%, 렌즈 유형: 50-300mm 확대/축소]로 설정합니다.

06 빛이 원 모양으로 만들어졌습니다.

07~08 [석양] 레이어의 [혼합 모드]를 [스크린]으로 설정한 후 화면의 오른쪽 위에 배치합니다.

02 석양의 크기와 빛의 상태 조정하기

09 석양을 좀 더 강하게 빛나게 하기 위해 [이미지 → 조정 → 레벨]을 선택합니다.

10 [입력 레벨]을 [25: 0.75: 209]로 설정합니다.

11 대비가 높고 강한 빛이 됐습니다.

12 일몰의 크기도 자연스럽게 커져야 합니다. [편집 → 자유 변형]을 선택합니다.

13 바운딩 박스가 나타납니다. 네 모퉁이에 조절 핸들이 나타나면 Alt를 누르면서 드래그해 중심점을 기준으로 확대/축소합니다.

14 배치한 위치를 중심점으로 크기를 확대할 수 있습니다.

핵심 포인트

크기를 조절할 때 Alt를 누른 상태에서 드래그하면 중심점을 기준으로 확대/축소할 수 있습니다.

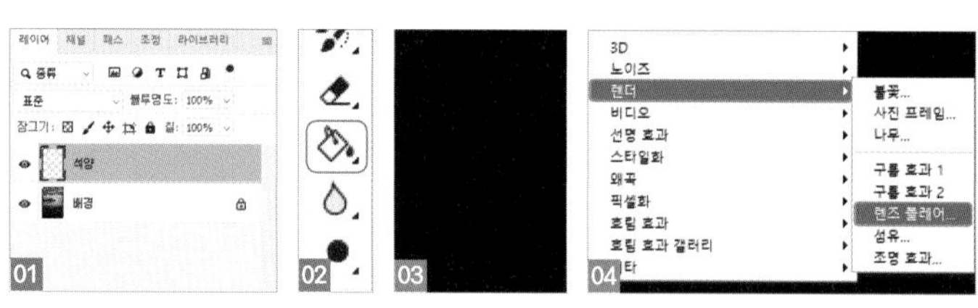

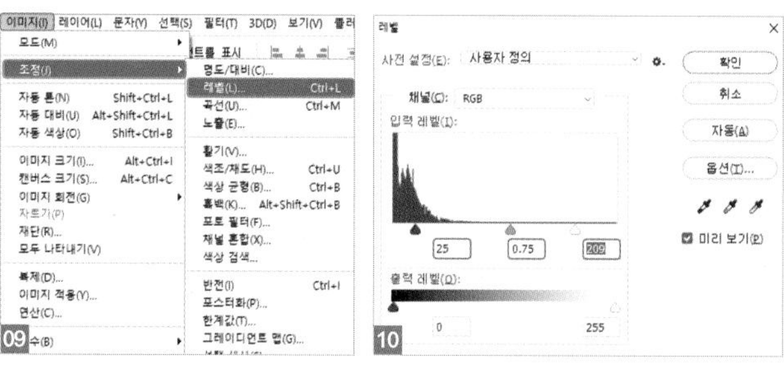

03 수면에 비치는 일몰 만들기

15 [석양] 레이어를 복사한 후 레이어의 이름을 '석양 반영'으로 바꿉니다.

16 02와 같은 방식으로 [자유 변형] 기능을 실행합니다. 크기는 그대로 두고 수평선 밑으로 이동합니다.

17 Shift + Alt를 누른 상태에서 좌우 핸들을 안쪽으로 드래그합니다.

18~19 세로 길이의 원형으로 변형되면 [필터 → 왜곡 → 파형]을 선택합니다.

20 [제너레이터 수: 5], [파장: 최소: 1, 최대: 20], [진폭: 최소: 1, 최대: 17], [비율: 수평: 100%, 수직: 1%]로 설정합니다.

21 수면에 흔들리는 빛이 만들어지면 적당한 위치로 이동시킵니다.

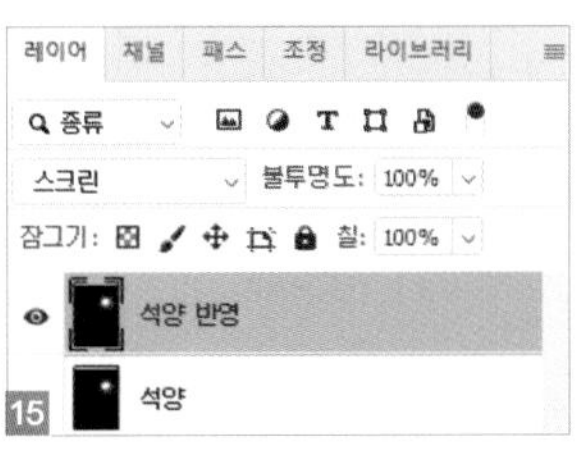

15

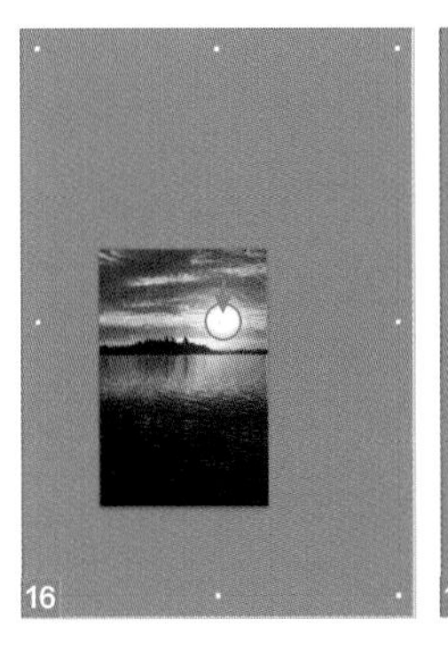
16

17

18

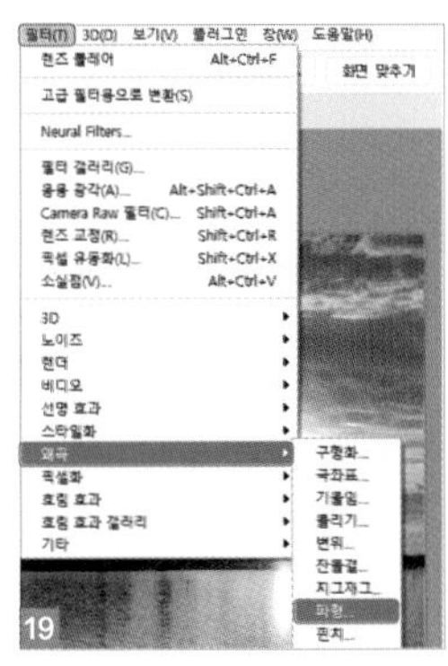
19

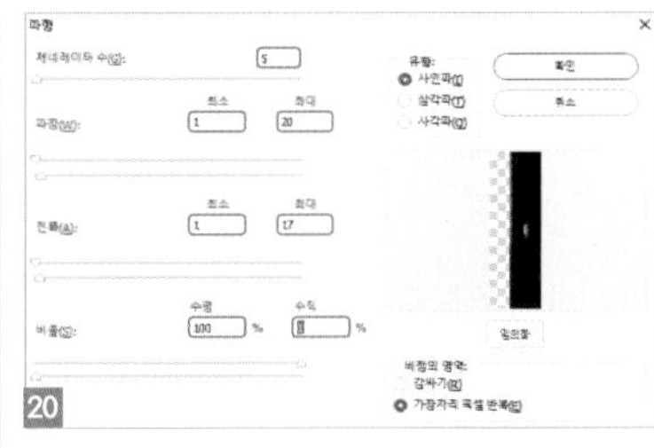
20

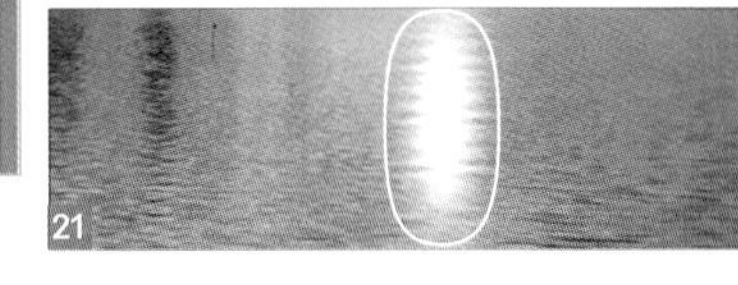
21

04 석양을 흐리게 해 자연스러운 느낌 표현하기

22 [석양] 레이어를 선택한 후 [필터 → 흐림 효과 → 가우시안 흐림 효과]를 선택합니다.

23 [반경: 9픽셀]로 설정합니다.

24 자연스런 느낌의 석양이 있는 풍경이 만들어졌습니다.

핵심 포인트

[석양 반영] 레이어에 [가우시안 흐림 효과]를 적용하지 않은 이유는 이미 [파형] 필터를 적용했기 때문입니다. [파형] 필터를 적용하면 흐릿한 느낌이 납니다.

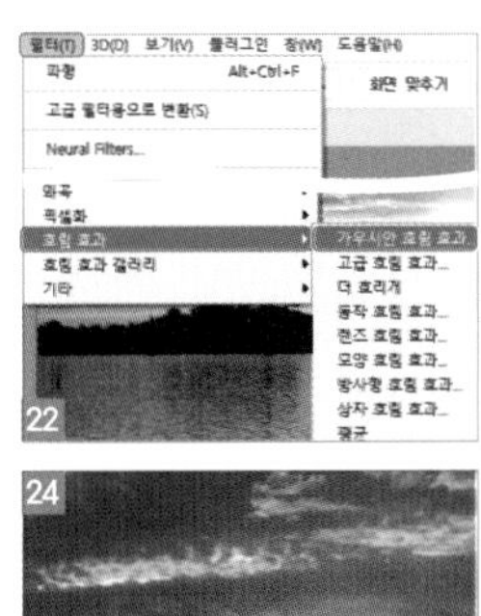
22

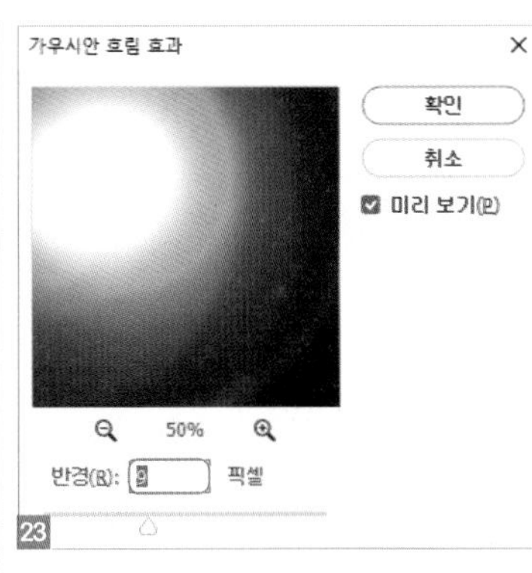

23

24

Recipe

029

수면에 비치는 물속 풍경 만들기

풍경을 자연스럽게 수면에 비치게 하면 인상 깊은 사진을 만들 수 있습니다.

원본

01 수면에 비치는 범위 선택하기

01 '029-풍경.psd'를 불러온 후 레이어를 복제하고 레이어의 이름을 각각 '풍경'과 '수면'으로 바꿉니다. 그런 다음 [풍경] 레이어를 위쪽에 배치하고 [수면] 레이어는 숨겨 둡니다.

02 도구 바에서 [펜 도구]를 선택합니다.

03 수면을 따라 경로를 만듭니다.

04 ~ 05 [마우스 오른쪽 버튼 클릭 → 선택 영역 만들기]를 선택한 후 [페더 반경: 0픽셀]로 설정합니다.

06 수면 부분이 선택됐습니다.

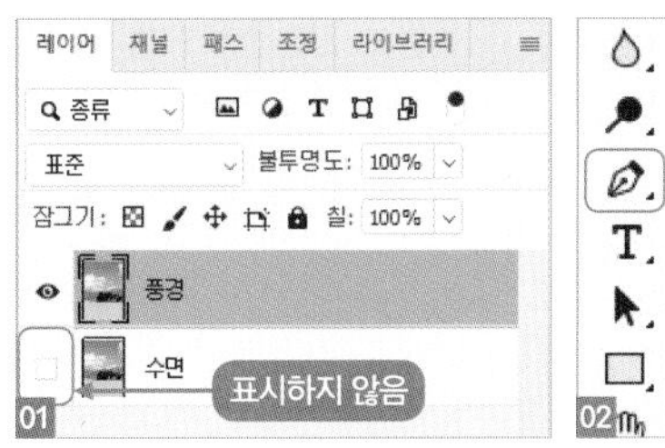

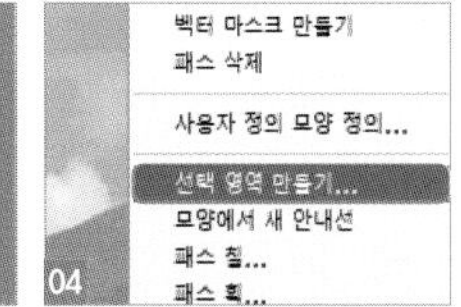

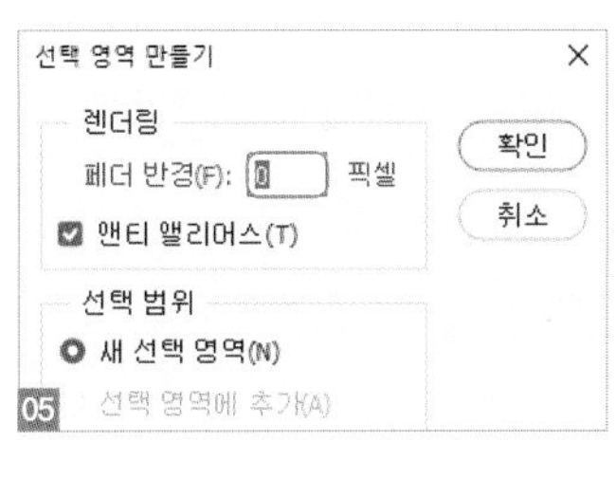

02 나무의 틈에 남아 있는 수면까지 선택하기

07 [풍경] 레이어를 선택한 후 도구 바에서 [사각형 선택 도구]를 선택합니다.

08 화면 위쪽의 옵션 바에서 [선택 및 마스크]를 선택합니다.

09 [선택 및 마스크] 전용 화면으로 전환되고 앞에서 선택한 부분이 투명 부분 100%로 지정돼 있으며 09와 같이 표시됩니다.

10 [속성] 패널의 [전역 다듬기] 항목에서 [반전] 버튼을 클릭합니다.

11 선택 범위가 반전돼 표시됩니다.

12 [가장자리 다듬기 브러시 도구]를 클릭한 후 브러시의 크기를 [20픽셀]로 설정합니다.

13~14 나무 틈새에 남아 있는 수면 부분을 브러시로 선택합니다. Enter를 누르거나 [확인]을 클릭합니다.

15 수면 이외의 부분이 선택됐습니다.

03 레이어에 마스크 추가하기

16 선택 영역이 만들어진 상태에서 [풍경] 레이어를 선택한 후 [레이어] 패널의 아래쪽에 있는 [마스크] 버튼을 클릭합니다.

17~18 레이어에 마스크가 추가돼 수면을 제외한 부분에 마스크됐습니다.

19 레이어 마스크 축소판 위에서 [마우스 오른쪽 버튼 클릭 → 레이어 마스크 적용]을 선택합니다.

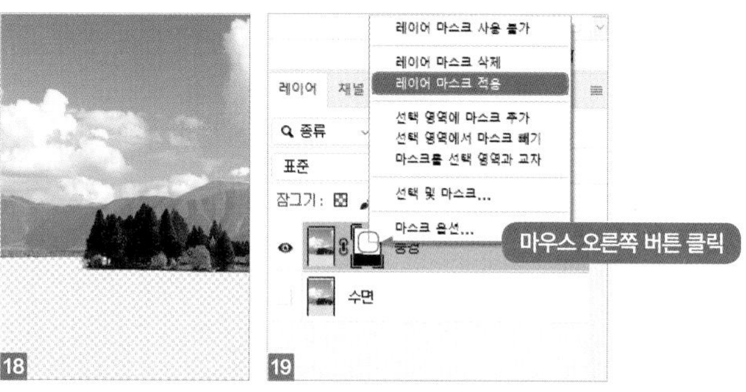

04 수면에 반사되는 모습 만들기

20 숨어 있던 [수면] 레이어를 다시 표시해 선택한 후 [편집 → 변형 → 세로로 뒤집기]를 선택합니다.

21~22 세로로 반전된 풍경을 아래쪽으로 옮겨 적당한 위치에 자리 잡습니다.

05 나무의 반사 이미지를 디테일하게 표현하기

나무와 차는 따로 잘라 반사시키겠습니다.

23~24 작업하기 쉽도록 [수면] 레이어를 다시 숨긴 후 [풍경] 레이어를 선택합니다. 그런 다음 도구 바에서 [빠른 선택 도구]를 클릭하고 앞의 나무를 선택합니다.

25 선택 영역이 만들어지면 [마우스 오른쪽 버튼 클릭 → 복사한 레이어]를 선택합니다.

26 [풍경] 레이어의 아래쪽에 위치시키고 레이어의 이름을 '나무'로 바꿉니다.

27 [수면] 레이어를 반전했을 때와 같은 방법으로 [나무] 레이어를 반전한 후에 위치시킵니다.

06 수면에 비치는 느낌을 위한 왜곡 추가하기

27 [나무], [수면] 레이어를 한꺼번에 선택한 후 [마우스 오른쪽 버튼 클릭 → 레이어 병합]을 선택해 합칩니다. 레이어의 이름을 다시 '수면'으로 바꿉니다.

29 [필터 → 왜곡 → 파형]을 선택합니다.

30 [제너레이터 수: 30], [파장: 최소: 1, 최대: 15], [진폭: 최소: 1, 최대: 15], [비율: 수평 10%, 수직: 1%]로 설정합니다.

31 잔잔한 파형이 추가됐습니다.

32~33 [필터 → 흐림 효과 → 동작 흐림 효과]를 선택한 후 [각도: 90°], [거리: 10픽셀]로 설정합니다.

34~35 [이미지 → 조정 → 색상 균형]을 선택합니다. [색상 균형]의 [중간 영역] 항목에 체크 표시를 하고, [색상 균형]을 왼쪽에서 [-50: +15: +50]으로 설정합니다.

36 수면의 색감을 조정하면 완성입니다.

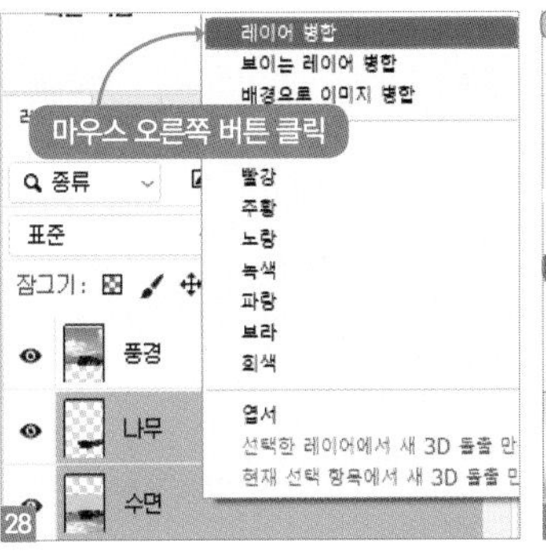

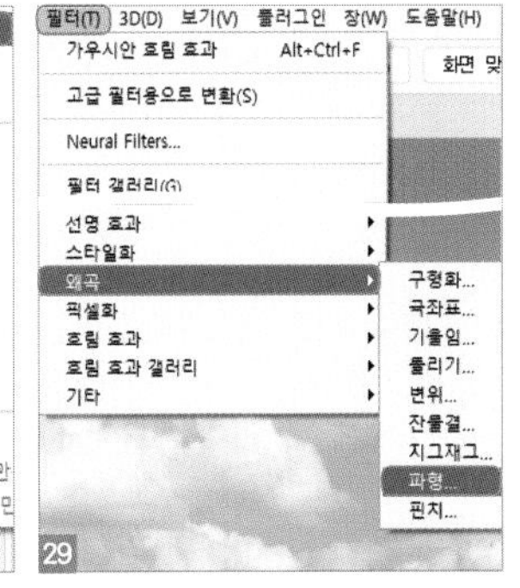

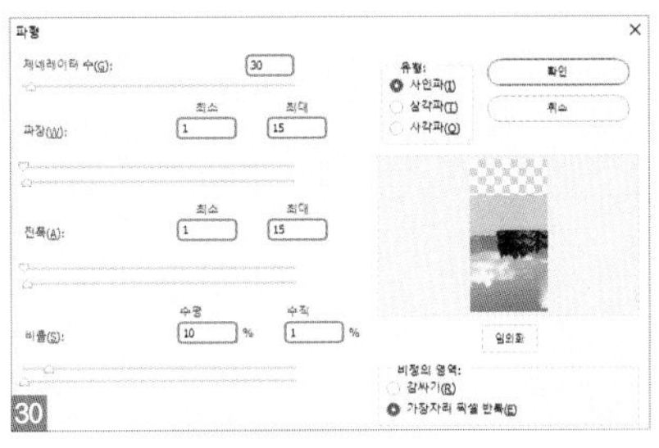

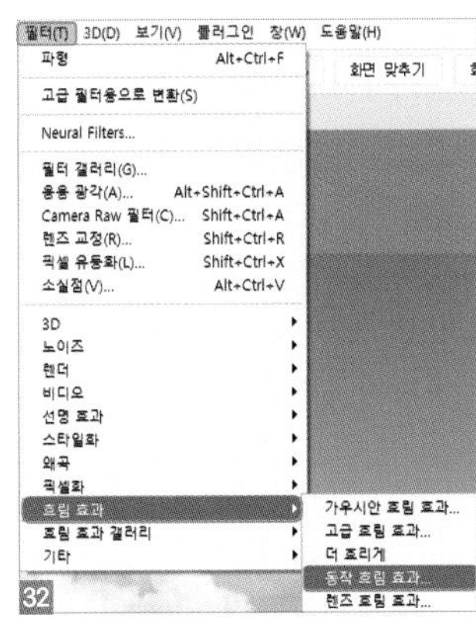

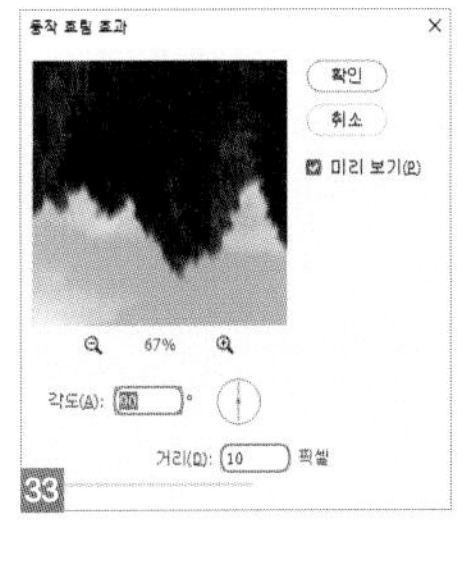

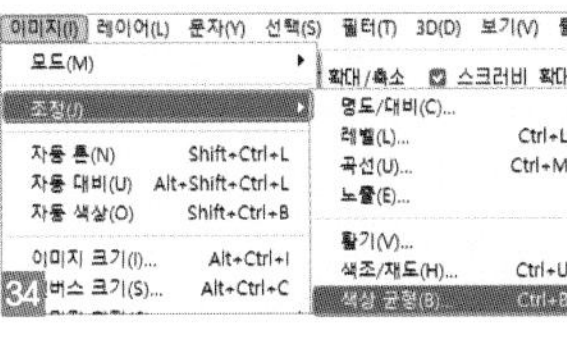

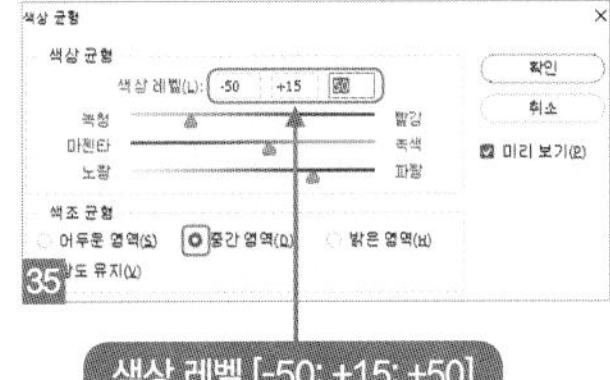

원본

Recipe

030 사진 왜곡 바로잡기

[렌즈 교정] 필터를 사용하면 사진의 왜곡을 수정할 수 있습니다.

01 원본 이미지의 기울기 및 왜곡 상태 확인하기

01 '030-풍경.psd'를 살펴보면 광각 렌즈로 촬영한 사진이기 때문에 좌우 건물의 기울기나 왜곡이 신경 쓰입니다. 수직 방향의 원근감을 보정해 되도록이면 수직 건물로 보이도록 보정해 보겠습니다.

02 [렌즈 교정] 필터로 보정하기

02 [필터 → 렌즈 교정]을 선택합니다.
03 [렌즈 교정] 대화상자가 나타나면 왼쪽 아래에 있는 [격자 표시] 항목에 체크 표시를 합니다. 그런 다음 오른쪽의 [자동 교정]과 [사용자 정의] 탭 중에서 [사용자 정의] 탭을 선택합니다.

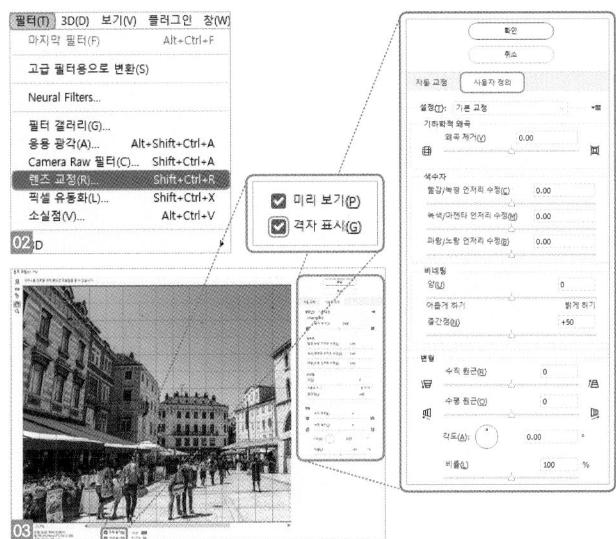

03 화면에 나타나는 그리드로 왜곡 수정하기

04 [변형] 항목을 [수직 원근: -25]로 설정합니다.
05 화면 주변의 왜곡이 신경 쓰이기 때문에 [기하학적 왜곡] 항목을 [왜곡 제거: +7.00]으로 설정합니다.
06 사진의 왜곡이 수정됐습니다.

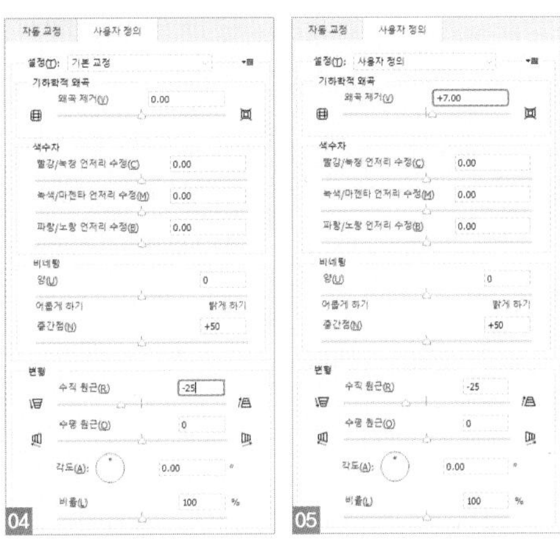

핵심 포인트

[렌즈 교정] 필터를 너무 극단적으로 적용하면 이미지가 부자연스러워지고 어색해집니다. 따라서 전체적인 상태를 보면서 조금씩 보정하는 것이 좋습니다.

Recipe

031 하늘 사진 합성으로 깊이 있는 하늘 만들기

하늘의 이미지를 합성할 때 여러 가지 하늘 사진을 조합하면 독특하고 깊이 있는 분위기를 표현할 수 있습니다.

01 [마스크] 기능으로 하늘 이외의 부분 표시하기

01~02 '031-풍경.psd'를 불러온 후 도구 바에서 [펜 도구]를 선택해 하늘을 제외한 나머지 부분을 선택 영역으로 만듭니다.

03 [사각형 선택 도구]를 선택한 후 위쪽에 나타나는 옵션 바에서 [선택 및 마스크]를 선택합니다.

04~05 [가장자리 다듬기 브러시 도구]를 사용해 인물의 머리카락, 산속, 화면 오른쪽의 나무 등을 디테일하게 선택합니다.

06 [확인]을 클릭해 선택 영역이 만들어지면 [레이어] 패널의 아래쪽에 있는 [마스크] 버튼을 클릭합니다.

07~08 레이어에 마스크가 추가돼 배경 이외의 부분만 표시됩니다. 레이어의 이름이 [레이어 0]으로 바뀝니다.

● [선택 및 마스크]와 [가장자리 다듬기 브러시 도구]의 사용법은 85쪽을 참조하세요.

01

02

03
04

05

06
07

08

02 [혼합 모드]를 이용해 2가지 이미지 겹치기

09 '031-하늘1.psd'와 '031-하늘2.psd'를 불러온 후 [레이어 0]의 아래쪽에 위치시킵니다.

10 [하늘 1] 레이어의 [혼합 모드]를 [스크린]으로 설정합니다.

09

10

03 하늘색에 맞춰 바다색 조정하기

[레이어 0]의 이름을 '배경'으로 바꾼 후 위쪽에 새 레이어를 만들고 레이어의 이름을 '바다색'으로 바꾼 다음 [혼합 모드]를 [오버레이]로 설정합니다.

11 도구 바에서 [브러시 도구]를 선택한 후 전경색을 [#a1def6]으로 설정합니다.

12~13 브러시의 크기와 불투명도를 변경하면서 바다 부분만 그려 줍니다. 너무 많이 칠한 경우에는 [지우개 도구]로 지웁니다. 레이어의 [불투명도]를 [75%]로 설정하면 완성입니다.

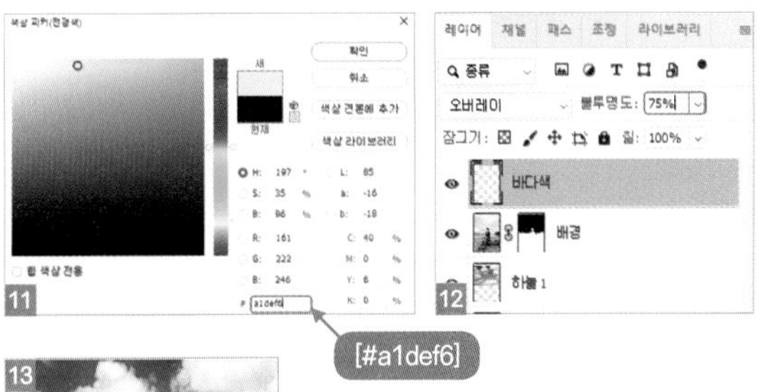

11
12

13

Recipe

032

노을 빛을 더욱 인상적으로 만들기

풍경 사진에 있는 빛을 더욱 인상적으로 만들어 보겠습니다.

01 레이어를 만들고 색상 설정하기

01 '032-풍경.psd'를 불러온 후 새 레이어를 위쪽에 추가하고 레이어의 이름을 '주황색'으로 바꿉니다.

02 도구 바에서 [브러시 도구]를 선택합니다.

03 [전경색 설정] 버튼을 클릭하면 나타나는 [색상 피커] 대화상자에서 색상 값을 [#d77951]로 설정합니다.

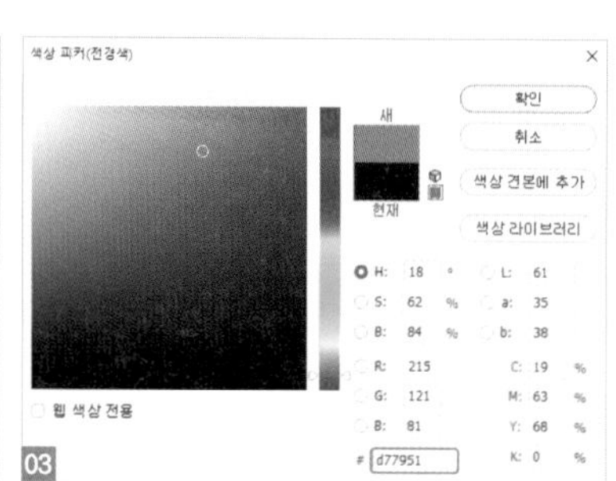

02 [브러시 도구]로 오렌지 빛 그리기

04 [주황색] 레이어를 선택한 후 [레이어] 패널의 [혼합 모드]를 [오버레이]로 설정합니다.

05 [브러시] 패널에서 브러시의 크기를 조절한 후 태양 주변에 빛을 더합니다.

06 오렌지 빛이 추가됩니다.

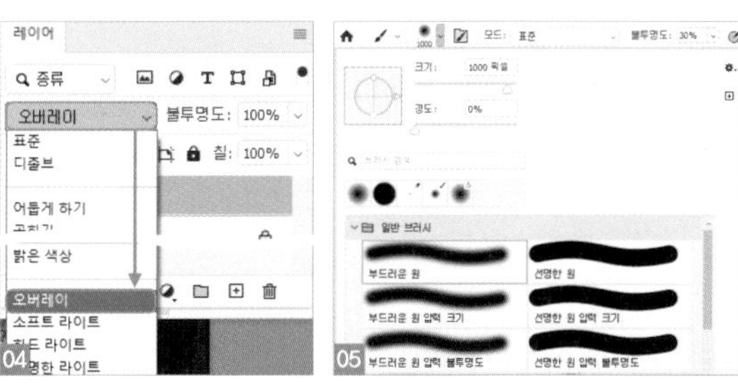

단축키

브러시 크기 줄이기: [

브러시 크기 키우기:]

03 [브러시 도구]로 하이라이트 그리기

07 새 레이어를 만든 후 위쪽에 위치시킵니다. 레이어의 이름을 '강조'로 바꾼 후 [레이어] 패널의 [혼합 모드]를 [오버레이]로 설정합니다.

08 [브러시 도구]를 선택한 후 전경색을 흰색(#ffffff)으로 설정합니다.

태양 주위에 흰색 빛을 그려 빛을 더욱 강하게 강조합니다.

04 곡선을 사용해 색감 조정하기

09 [레이어] 패널의 아래쪽에 있는 [조정 레이어] 버튼을 클릭한 후 [곡선]을 선택합니다.

10 곡선이 보이면 왼쪽 아래에 포인터를 추가해 [입력: 23], [출력: 15]로 설정합니다.

11 가운데에 포인터를 하나 더 추가한 후 [입력: 70], [출력: 53]으로 설정합니다.

12 오른쪽 위의 포인터는 [입력: 216], [출력: 255]로 설정합니다.

13 주위를 어둡게 하면 인상적인 빛을 표현할 수 있습니다.

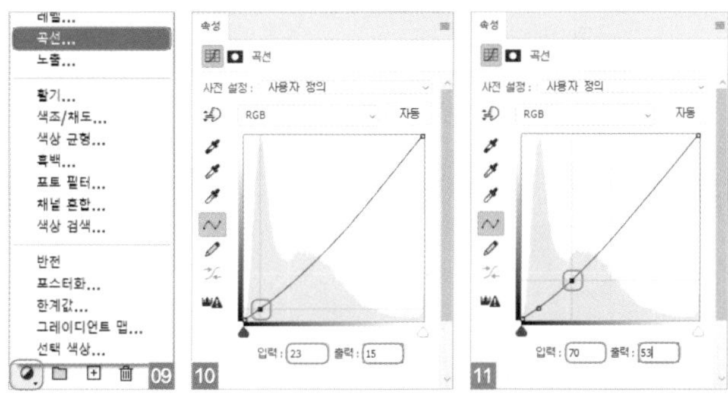

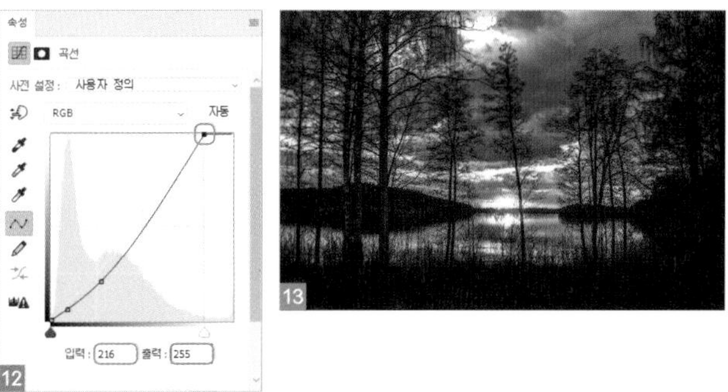

Recipe

033 풍경에 무지개 합성하기

그레이디언트를 이용해
무지개를 추가한 풍경을 만들어 보겠습니다.

01 [그레이디언트 도구]로 무지개 만들기

01 '033-풍경.psd'를 불러온 후 새 레이어를 만들고 레이어의 이름을 '무지개'로 바꿉니다.

02~03 [그레이디언트 도구]를 선택한 후 위쪽에 나타나는 옵션 바에서 [그라디언트]를 클릭해 [그레이디언트 편집기] 대화상자가 나타나도록 합니다.

04 [기존 그레이디언트 → 레거시 기본 그레이디언트 → 투명 무지개]를 선택합니다.

05 [무지개] 레이어 작업 화면에서 위에서 아래로 클릭&드래그하면 무지개 색상의 선이 생성됩니다.

핵심 포인트

초기 설정에서는 사전 설정 항목에 [투명(무지개)]이 없습니다. [창 → 그레이디언트]를 선택해 [그레이디언트] 패널이 나타나도록 한 후 오른쪽 위에 있는 옵션 버튼(≡)을 클릭하고 [기본 그레이디언트 첨부]를 선택해 추가합니다.

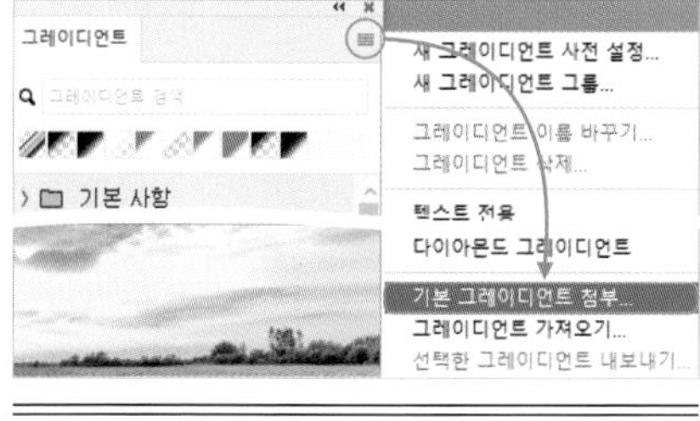

02 [뒤틀기] 기능으로 무지개 모양 만들기

06~07 [편집 → 자유 변형]을 선택하면 나타나는 바운딩 박스에서 [마우스 오른쪽 버튼 클릭 → 뒤틀기]를 선택합니다.

08 위쪽에 나타나는 옵션 바에서 [뒤틀기: 부채꼴]로 설정합니다.

09 부채꼴 모양으로 자동 변형됩니다. 무지개의 가운데 핸들을 위아래로 움직이면 부채꼴의 모양을 조정할 수 있습니다. Enter를 눌러 확정합니다.

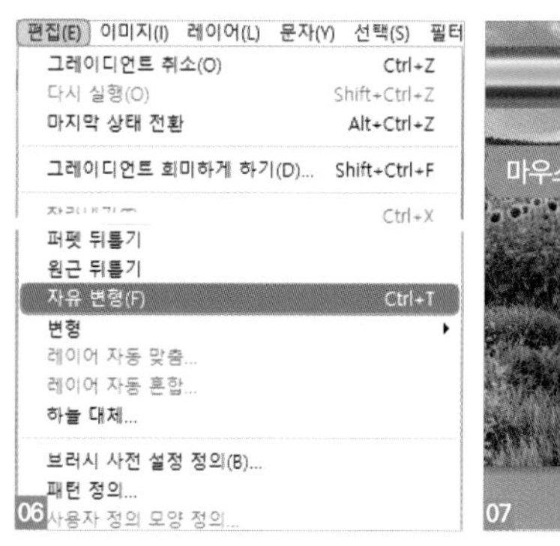

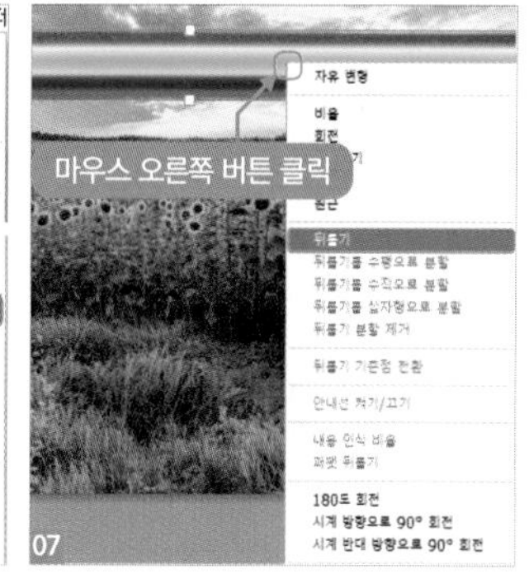

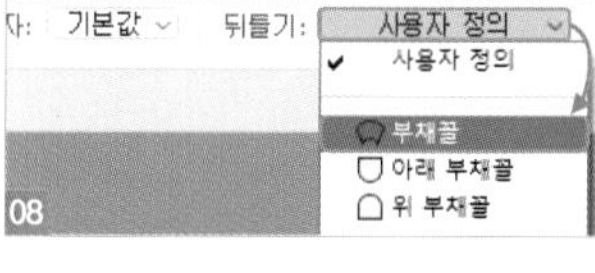

03 자연스러운 무지개 설정하기

10~11 [무지개] 레이어를 선택한 후 [혼합 모드]를 [스크린], [불투명도]를 [75%]로 설정합니다.
12 [자유 변형]을 사용해 크기와 위치를 조정합니다.
13 해바라기 밭에 드리워진 부분은 [지우개 도구]로 삭제합니다.

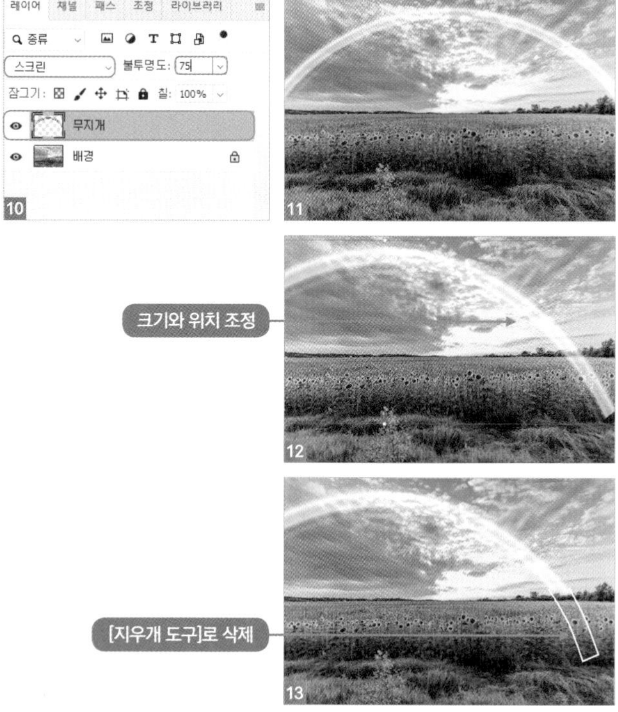

04 [흐림 효과]로 하늘에 자연스럽게 합성하기

14~15 무지개의 인상이 너무 강하므로 [필터 → 흐림 효과 → 가우시안 흐림 효과]를 선택한 후 [반경: 8픽셀]로 설정합니다.
16 자연스러운 느낌의 무지개가 완성됐습니다.

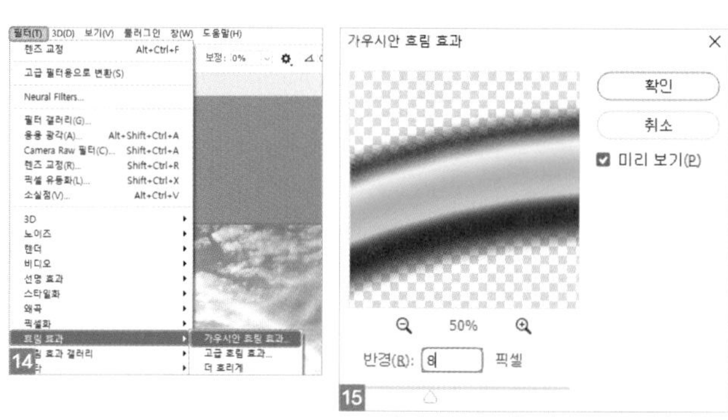

원본

Recipe

034

배경의 지나가는 사람 지우기

선택한 범위의 요소를 배경에 맞는 조건으로 채워 사람을 지워 보겠습니다.

01 선택 범위 만들기

'034-인물.psd'를 불러온 후

01 도구 바에서 [올가미 도구]를 사용해 대략적인 인물의 범위를 선택합니다.

02 [편집 → 내용 인식 채우기]를 선택합니다.

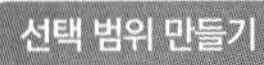

01

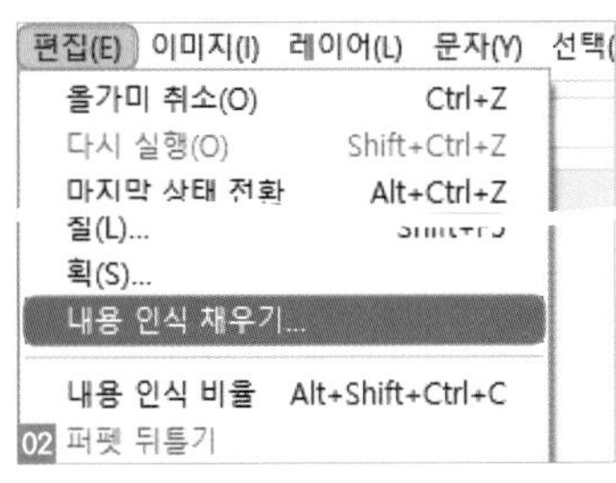

02

02 결과 확인하기

03 좌우 2개의 창으로 나뉜 대화상자가 나타납니다. 화면의 오른쪽에 미리 보기가 나타나므로 결과를 보고 [확인]을 클릭합니다.

04 선택한 범위에 배경과 자연스럽게 어울리도록 색칠됐습니다.

05 [레이어] 패널을 확인하면 새 레이어가 생성된 것을 확인할 수 있습니다.

03

04

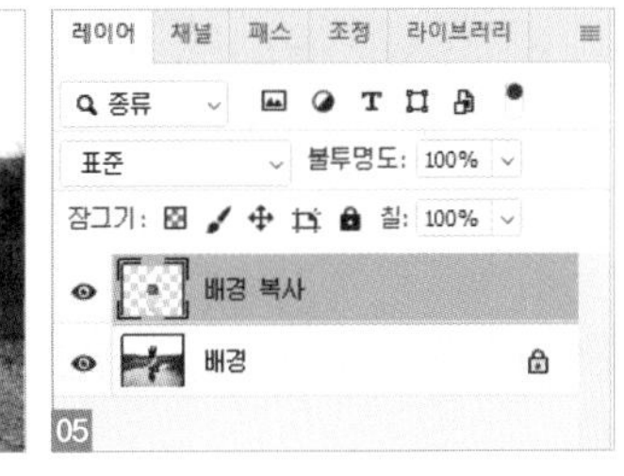

05

Recipe

035 폭포 이미지 합성하기

풍경과 폭포 사진을 자연스럽게 합성해 보겠습니다.
[브러시 도구]를 사용해 떨어지는 폭포의 물보라까지 구현해 보겠습니다.

01 대비가 높은 이미지 만들기

01~02 '035-폭포.psd' 파일에서 폭포 부분만 선택해 복사하려고 합니다. [이미지 → 조정 → 레벨]을 클릭한 후 [입력 레벨]을 [34: 0.90: 235]로 설정합니다.

03 대비가 높은 이미지로 변경됩니다.

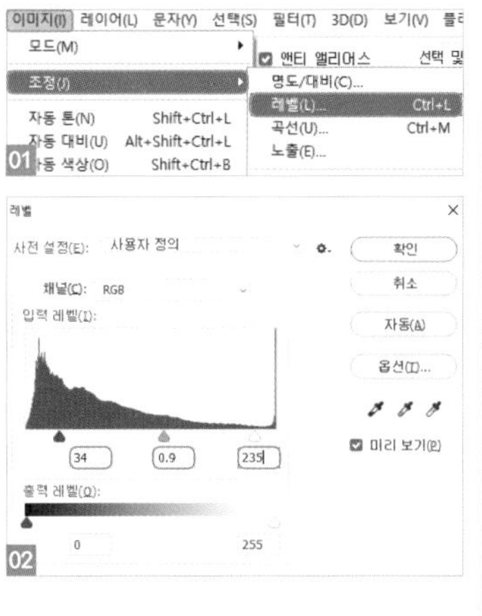

02 풍경에서 폭포만 잘라 내기

04 [선택 → 색상 범위]를 선택합니다. 폭포 한가운데를 클릭하면 유사한 색이 선택되는데 여기서는 흰색이 선택됩니다.

05 자동으로 설정된 [스포이트 도구]에서 선택하려는 위치를 클릭하면서 허용치를 조정합니다. 여기서는 [허용량: 130]으로 설정했습니다.

06 선택 범위가 만들어졌습니다.

핵심 포인트

선택 색상을 추가할 때는 Shift를 누르고(또는 ✚을 선택), 제외할 때는 Alt를 누른(또는 ━을 선택) 상태에서 계속 선택하면 선택 색상을 추가하거나 삭제할 수 있습니다.

03 폭포를 제외한 불필요한 부분 삭제하기

07 [사각형 선택 도구]나 [올가미 도구]를 클릭한 후 Alt를 누른 상태에서 불필요한 부분을 선택해 폭포만 선택되도록 조정합니다.

08 [선택 → 반전]을 클릭한 후 Delete를 눌러 폭포 이외의 것을 모두 삭제합니다.

Delete를 누르면 [칠] 대화상자가 나타나 전경색이나 배경색으로 칠할 수 있습니다. Ctrl + X로 지우면 그 자리가 투명해집니다.

09 폭포만 잘라 냈습니다.

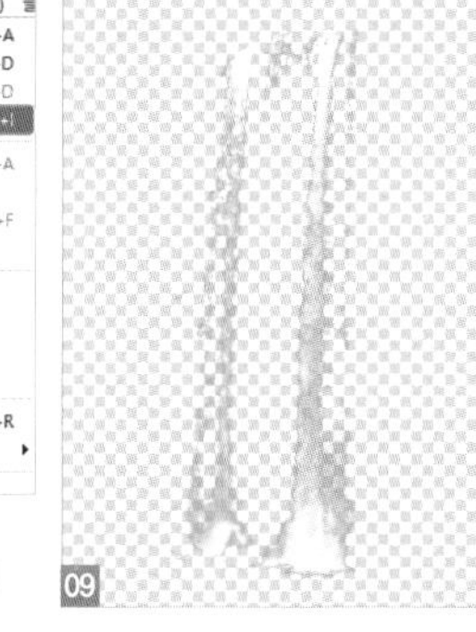

04 풍경에 폭포 합성하기

10 '035-풍경.psd'를 불러온 후 잘라 낸 폭포 이미지를 겹칩니다.

11 레이어의 이름을 '폭포 1'로 바꿉니다.

12 [폭포 1] 레이어를 선택한 후 [편집 → 자유 변형]을 클릭하고 오른쪽 절벽 쪽에 위치시킵니다.

13 가로/세로 비율은 신경 쓰지 말고 변형해 보세요.

14~15 [폭포 1] 레이어의 [혼합 모드]는 [스크린]으로 설정합니다.

10

11

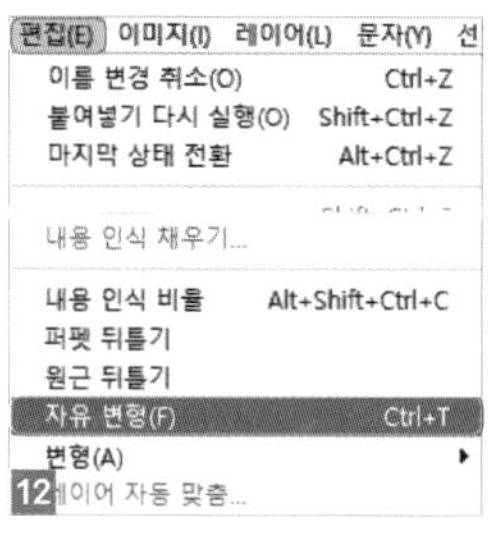

12

13

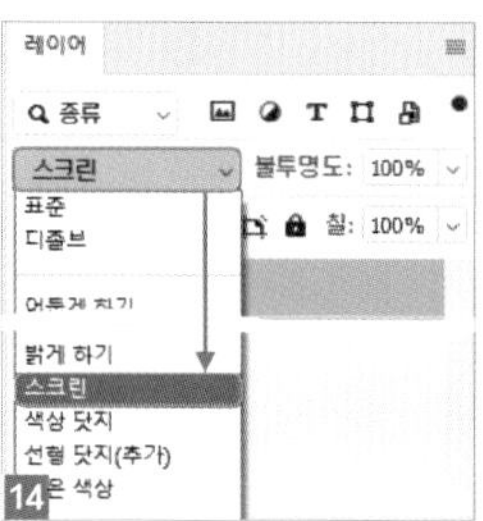

14

15

05 폭포의 불필요한 부분 지우기

16~17 [지우개 도구]를 클릭한 후 불필요한 부분을 정리합니다.

폭포를 좀 더 강조하기 위해 밝기를 조정하겠습니다.

18~19 [이미지 → 보정 → 레벨]을 선택해 입력 레벨을 [0: 1.6: 255]로 설정합니다.

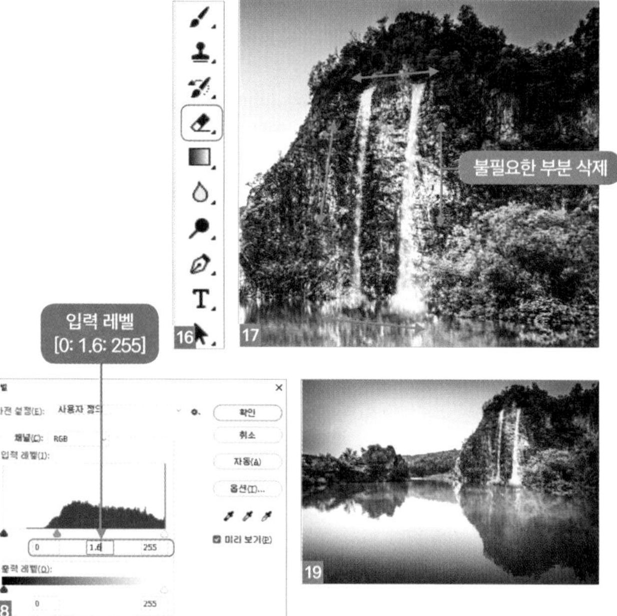

16 17 18 19

06 다른 절벽에 폭포 추가하기

20 [폭포 1] 레이어를 복사한 후 레이어의 이름을 '폭포 2'로 바꿉니다.

21~22 Ctrl + T를 눌러 [자유 변형]을 선택하면 나타나는 바운딩 박스에서 [마우스 오른쪽 버튼 클릭 → 가로로 뒤집기]를 선택합니다. 폭포가 반전되면 왼쪽에 있는 절벽에 위치시킵니다.

23 복사한 이미지가 나란히 2개 있어 부자연스럽게 보이므로 오른쪽 폭포는 [사각형 선택 도구]나 [지우개 도구] 등으로 삭제합니다.

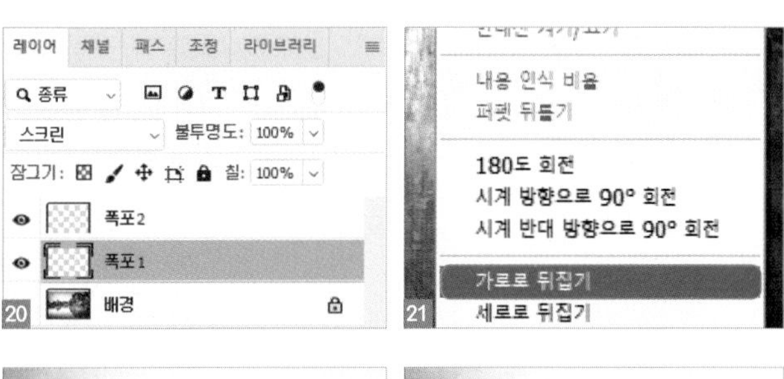

07 [브러시 도구]로 물보라 추가하기

24 가장 위쪽에 새 레이어를 만든 후 레이어의 이름을 '물보라'로 바꿉니다.

[브러시 도구]를 클릭한 후 전경색을 흰색(#ffffff)으로 설정하고 물보라를 그립니다.

25~26 브러시의 크기를 [150픽셀] 전후로 설정하고, 불투명도를 [10~30%]로 낮춰 그립니다.

[물보라] 레이어의 불투명도를 조정합니다. 여기서는 불투명도를 [90%]로 설정했습니다.

08 수면에 비친 느낌을 표현하기 위해 반전시키기

[폭포 1]과 [폭포 2] 레이어를 한꺼번에 선택한 후 [마우스 오른쪽 버튼 클릭 → 레이어 병합]을 선택해 레이어 2개를 합칩니다.

27 레이어의 [혼합 모드]가 원래대로 돌아가므로 다시 [스크린]을 적용합니다. 레이어의 이름은 위쪽에 있던 [폭포 1]이 됩니다. [폭포 1] 레이어를 복사해 아래쪽에 위치시키고 이름을 '폭포 투영'으로 바꿉니다.

28 [자유 변형]을 사용해 경계 상자가 표시되면 [마우스 오른쪽 버튼 클릭 → 세로로 뒤집기]를 선택하고 그림과 같이 배치합니다.

29 레이어의 [불투명도]를 [30%]로 설정하면 완성입니다.

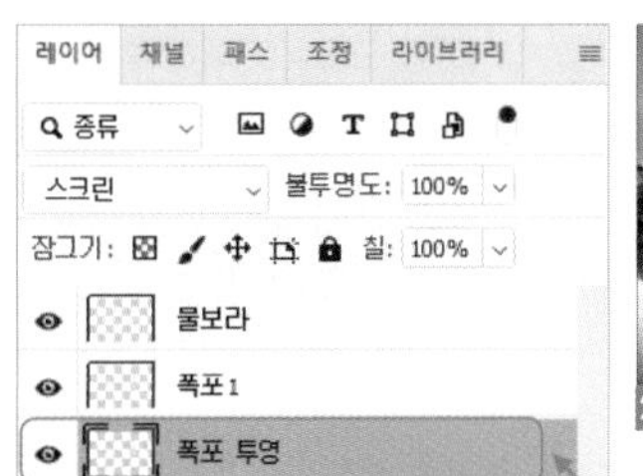

Recipe

036

창문으로 비치는 햇빛 표현하기

[구름 효과] 필터로 비스듬히 비치는 햇빛(사광)을 만든 후
[혼합 모드]를 이용해 사실적인 빛을 만들어 보겠습니다.

원본

01 햇빛이 비치는 창문 밝게 만들기

01 '036-풍경.psd'를 불러온 후 [펜 도구] 등을 사용해 오른쪽 창의 선택 범위를 만듭니다. 새 레이어를 만들어 위쪽에 위치시키고 레이어의 이름을 '창문'으로 바꿉니다.

02 [페인트 통 도구]를 클릭한 후 전경색을 흰색(#ffffff)으로 설정하고 선택 영역을 채웁니다.

03 [창문] 레이어의 [혼합 모드: 오버레이], [불투명도: 60%]로 설정합니다.

01

02

03

02 [구름] 필터 적용하기

04 새 레이어를 만든 후 레이어의 이름을 '경사'로 바꾸고 가장 위쪽에 위치시킵니다.

05 전경색과 배경색을 기본 설정으로 만들어 둡니다.

06 [필터 → 렌더 → 구름 효과 1]을 클릭합니다.

07 화면 전체에 구름 모양이 적용됩니다.

08~09 [이미지 → 조정 → 한계값]을 클릭해 [한계값 레벨: 128]로 설정합니다.

04 05 06

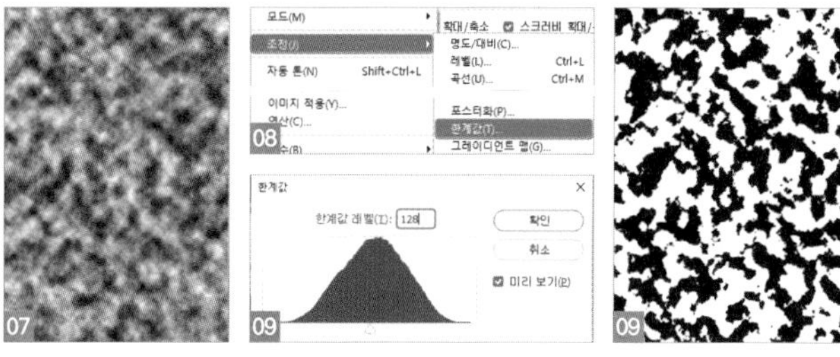

07 08 09 09

03 비스듬히 비치는 햇빛 만들기

10 [필터 → 흐림 효과 → 방사형 흐림 효과]를 클릭합니다.

11~12 [방사형 흐림 효과] 대화상자가 나타나면 [양: 100], [흐림 효과 방법: 돋보기]로 설정하고 [흐림 효과 중심] 항목에서 중심을 드래그해 오른쪽 위로 이동시킵니다.

10~11 을 다시 적용합니다.

13 [방사형 흐림 효과]를 두 번 적용하면 얼룩이 줄어듭니다.

14 레이어의 [혼합 모드]를 [스크린]으로 설정합니다.

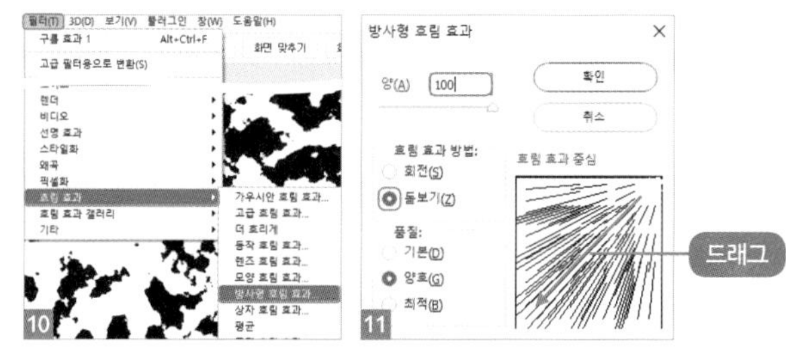

10 11

12

13

14

04 햇빛에 [마스크] 만들기

15 [경사] 레이어를 숨긴 후 [펜 도구]로 창문에서 빛이 새어 들어오는 부분을 선택 범위로 만듭니다.

16 숨어 있는 [경사] 레이어를 표시한 후 [레이어] 패널의 아래쪽에 있는 [마스크] 버튼을 클릭합니다.

17 창문에서 빛이 새어 들어오는 것처럼 마스크가 적용됐습니다.

15

16
17

05 자연스러운 햇빛으로 조절하기

현재는 레이어 마스크의 윤곽이 너무 선명하므로 약간 흐리게 해서 자연스럽게 만들어 보겠습니다.

18 [경사] 레이어에서 [레이어 마스크 축소판]을 클릭합니다.

19~20 [필터 → 흐림 효과 → 가우시안 흐림 효과]를 클릭해 [반경: 10픽셀]로 설정합니다.

21 도구 바에서 [그레이디언트 도구]를 클릭합니다. 그레이디언트 색상은 [기본 사항]의 [전경색에서 투명으로]를 선택합니다.

22 레이어 마스크 축소판을 선택한 상태로 화면 아래쪽에서 위에서 아래로 드래그해 마스크를 추가합니다.

23 [경사] 레이어에서 [레벨]을 실행하고 [출력 레벨]을 [0: 110]으로 설정합니다.

24 자연스러운 느낌이 되도록 레벨을 보정했습니다.

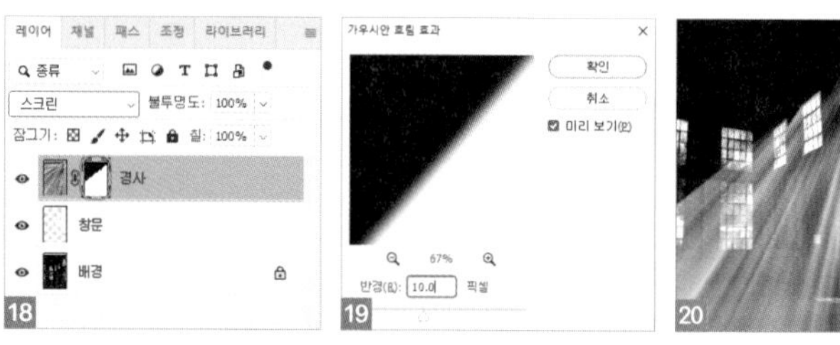

18
19
20

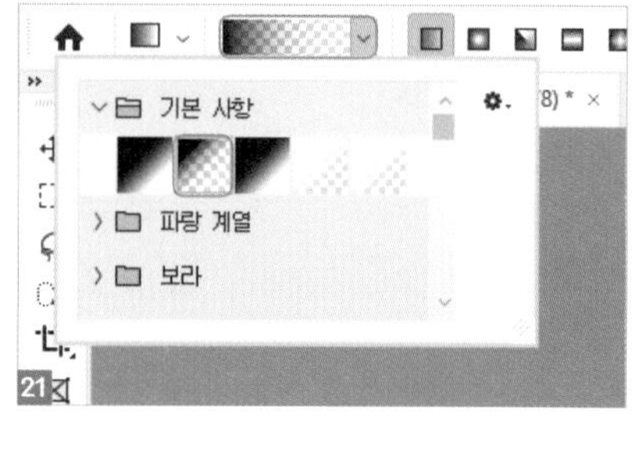

21

22

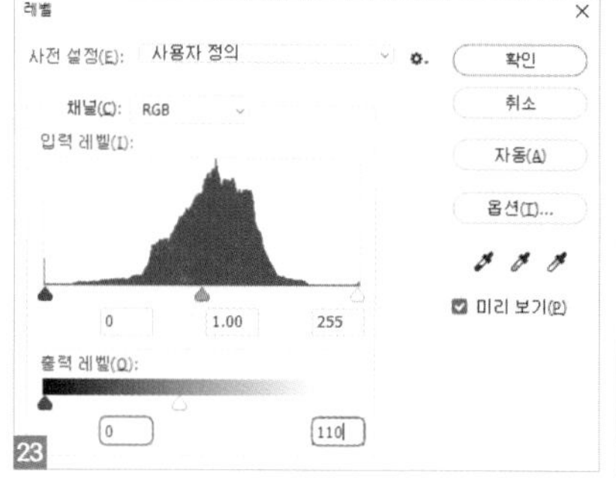

23

24

06 빛의 강도와 색감 조절하기

빛이 좀 더 강하게 보이도록 노랑을 추가해 보겠습니다.
[창문] 레이어를 복사해 레이어 아래쪽에 위치시킵니다.
25 [색조/채도]를 선택한 후 [색상화] 항목을 클릭해 체크 표시를 하고 [색조: +30], [채도: +80], [밝기: -30]으로 설정합니다.
26~27 [경사] 레이어도 복사해 아래쪽 레이어에 위치시킵니다. 레이어의 [불투명도: 100%], [혼합 모드: 색상 닷지]로 설정합니다. [색조/채도]를 선택한 후 [색상화] 항목을 클릭해 체크하고 [색조: +40], [채도: +70], [밝기: 0]으로 설정합니다.

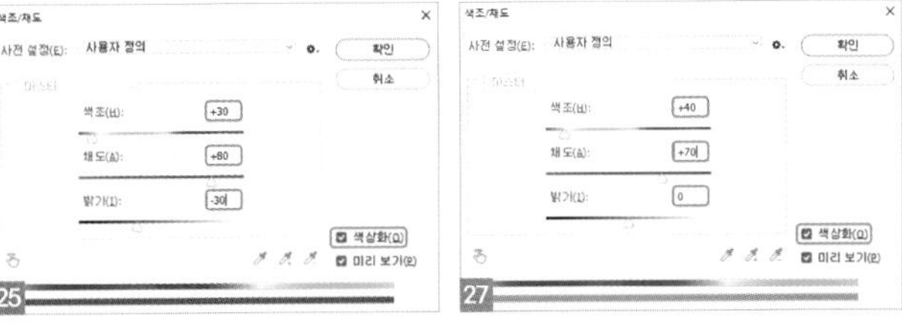

25 27

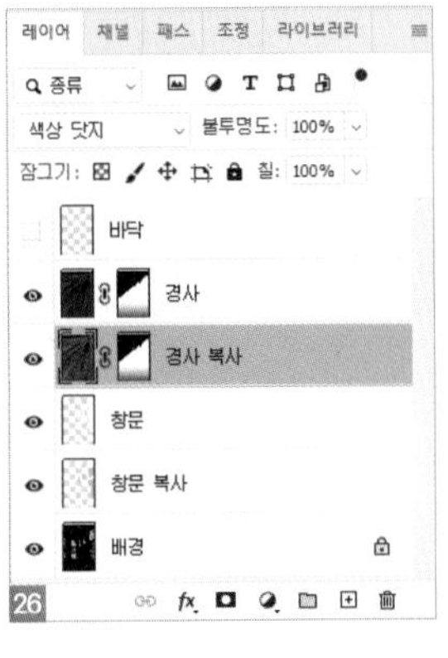

26

28

07 바닥에 그림자 그려 넣기

[바닥] 레이어를 새로 만든 후 [혼합 모드]를 [오버레이]로 설정합니다.
28 [브러시 도구]를 클릭한 후 바닥에 창문 그림자를 그려 넣습니다.

작가의 리터치 노트

멀티 모니터를 추천해요!

포토샵에 익숙해지면 많은 패널이 화면을 점령해 버려 문서 창이 좁다고 느낄 수 있습니다.
이럴 때 멀티 모니터를 사용해 메인 모니터에는 작업 화면, 서브 모니터에는 각 패널을 배치하면 효율적으로 작업할 수 있습니다.

필자는 트리플 모니터를 사용하며 왼쪽 모니터에는 사진 자료, 가운데 모니터에는 작업 화면, 오른쪽 모니터에는 각종 패널을 나열해 놓고 작업합니다.

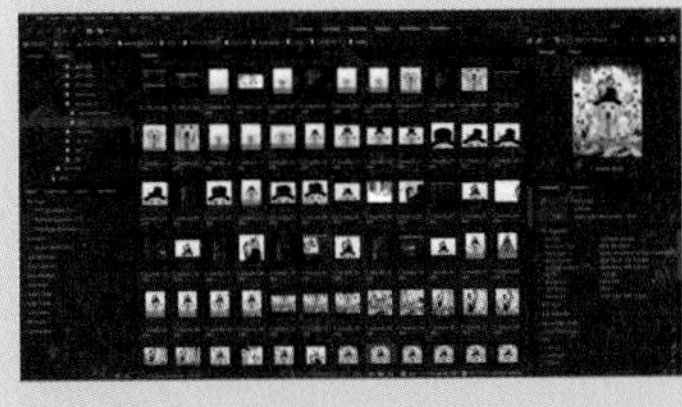

● 사용하는 컴퓨터에 따라 멀티 모니터에 대응하는 비디오 카드(그래픽 카드)가 필요한 경우가 있습니다. 사전에 컴퓨터의 스펙을 확인해야 합니다.

Recipe

037

[원근 뒤틀기]로 카메라 시점 바꾸기

[원근 뒤틀기] 기능을 사용하면 건물을 입체적으로 표현하거나 카메라 촬영의 시점을 바꾸는 등 대담한 가공을 할 수 있습니다.

01 [원근 뒤틀기] 기능 실행하기

01 '037-건물.psd'를 불러온 후 [편집 → 원근 뒤틀기]를 클릭합니다.

02 위쪽에 나타나는 옵션 바에서 [레이아웃]이 선택돼 있는지 확인합니다.

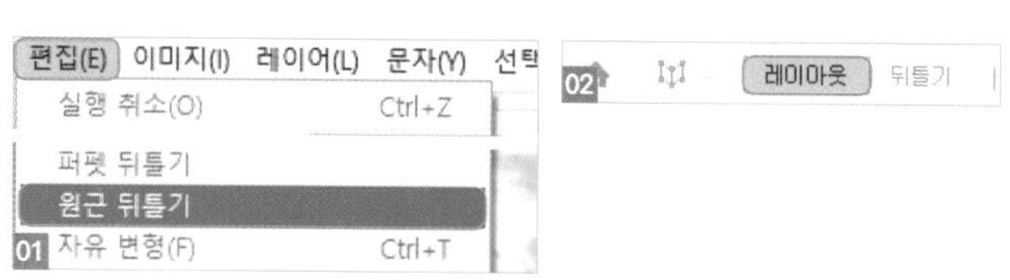

02 건물의 분할 선 설정하기

03 그리드를 건물의 모양에 맞게 만들겠습니다. [원근 뒤틀기] 기능을 사용하려면 2개 이상의 면이 필요하므로 그림의 위치에 따라 분할 선이 되는 그리드를 작성합니다. 그리드는 클릭하면서 드래그해 만들 수 있습니다.

03 건물의 모양에 맞게 그리드 만들기

04 분할 선으로 건물 중앙의 왼쪽에 그리드를 만듭니다.
05 분할 선의 오른쪽에도 그리드를 만듭니다. 왼쪽의 그리드 근처에 그리드를 만들면 2개의 그리드가 자동으로 붙은 상태가 됩니다.
06 각 포인터를 건물의 모양에 따라 이동합니다. 이때에는 그리드를 건물의 모양에 딱 맞게 만들지 말고 그림과 같이 조금 여유 있게 만드는 것이 좋습니다.

04

05

06

04 건물의 입체감 바꾸기

07 위쪽에 나타나는 옵션 바에서 [뒤틀기]를 선택합니다.
08 Shift를 누른 상태에서 중심선을 선택하면 노란색 선이 표시됩니다.
09 이 상태에서 위나 아래 포인터를 왼쪽으로 움직입니다. Enter를 눌러 확인합니다.

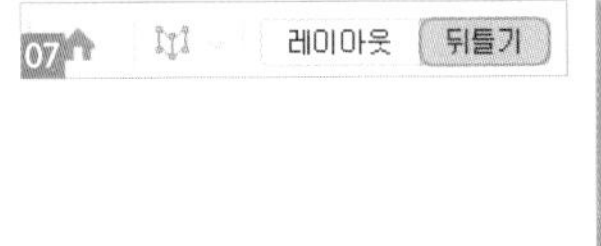

07

08

09

05 [자르기 도구]로 자르기

10 도구 바에서 [자르기 도구]를 클릭합니다.
11 왜곡된 부분이나 끊어진 부분이 없도록 잘라냅니다.
12 건물을 오른쪽에서 찍은 것과 같이 가공했습니다.

10

11

12

Recipe

038

공장 굴뚝의 연기 만들기

연기는 다양한 방법으로 만들 수 있습니다. 여러 과정을 통해 연기를 좀 더 사실적으로 만들어 보겠습니다.

01 구름 이미지에서 원본 브러시 만들기

01 '038-구름.psd'를 불러온 후 잠겨 있는 [배경] 레이어를 더블클릭해 이름을 '구름'으로 바꾸고 [확인]을 클릭합니다. [올가미 도구]를 사용해 일정하지 않은 어느 한 부분의 구름을 선택하고 잘라 냅니다.

02 잘라 낸 부분은 원본 브러시로 사용하기 위한 것이므로 되도록이면 원형이 좋습니다.

03~04 [레벨]을 사용해 대비를 높입니다. [입력 레벨]을 [20: 0.5: 210]으로 설정합니다.

02 원본 브러시 만들기

05 배경을 투명하게 유지한 상태에서 [편집 → 브러시 사전 설정 정의]를 클릭합니다.

06 [브러시 이름] 대화상자가 나타나면 이름을 '038-구름.psd'로 바꿉니다.

03 레이어를 만들고 구름 브러시 선택하기

'038-공장.psd'를 불러온 후 위쪽에 새 레이어를 만들고 이름을 '연기'로 바꿉니다.

07 [브러시 도구]를 선택한 후 전경색은 검정(#000000)으로 설정합니다. 방금 만든 '038-구름.psd'를 선택한 후 [크기: 30픽셀]로 설정합니다.

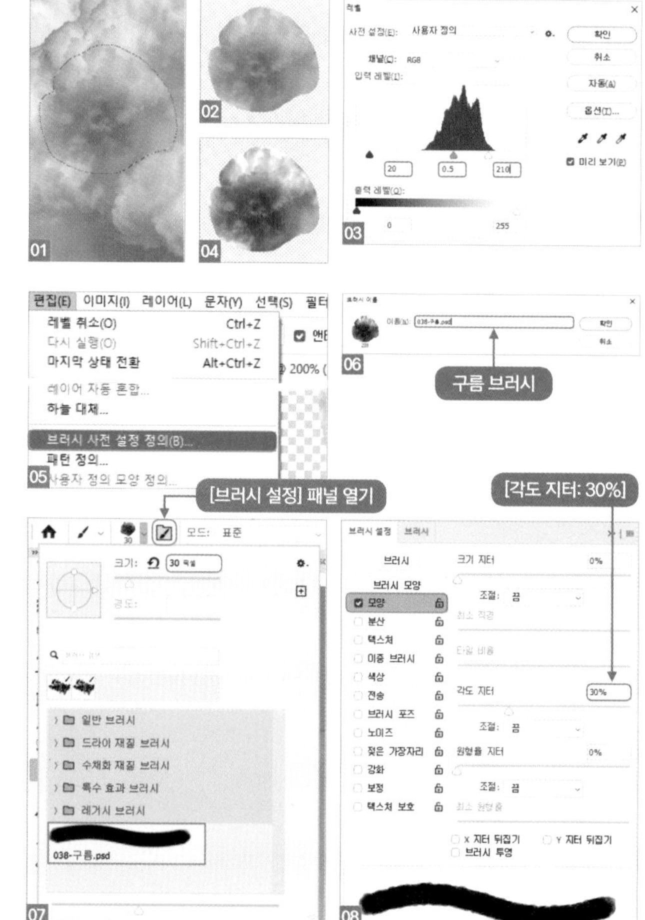

04 각도 지터 지정하기

이전 페이지의 08과 같이 [브러시 설정] 패널에서 [모양]을 선택한 후 [각도 지터: 30%]로 설정합니다.

● [각도 지터]를 지정하면 클릭할 때마다 브러시가 해당 각도만큼 회전합니다.

09 굴뚝의 끝에서 연기를 그립니다. 연기가 퍼져 나가는 느낌으로 굴뚝 끝에서 서서히 브러시의 크기를 크게 하면서 그립니다.
10 선을 그리듯이 그리지 않고 점을 찍듯이 얼룩덜룩하게 그리는 것이 포인트입니다.

09

10

05 구름 모양 필터 적용하고 모양 정돈하기

11 [연기] 레이어를 선택한 후 레이어의 축소판을 Ctrl을 누른 상태에서 클릭하면 선택 영역이 만들어집니다.
12~13 [필터 → 렌더 → 구름 효과 1]을 클릭합니다.
14 [필터 → 흐림 효과 → 가우시안 흐림 효과]를 선택해 [반경: 2.0픽셀]로 설정합니다.
15 [지우개 도구]를 선택한 후 불투명도를 [30%] 전후로 설정하고 연기의 윤곽을 흐리게 해서 지웁니다.

11

12
13

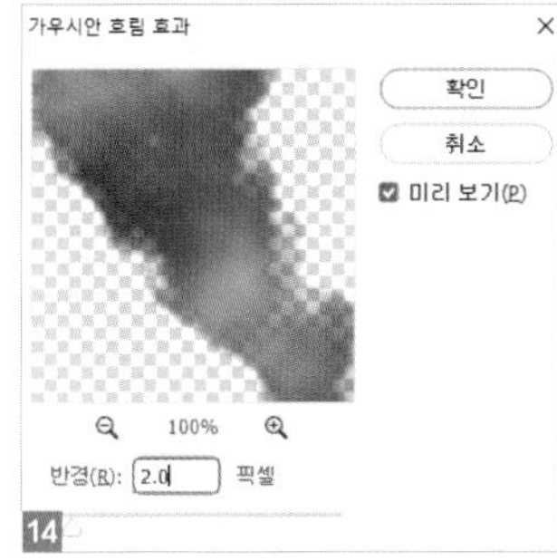

14

15

06 연기에 음영 넣어 완성하기

16 도구 바에서 [닷지 도구]를 클릭합니다.
17 옵션 바에서 [범위: 중간 영역], [노출: 100%]로 설정합니다.
18 연기의 오른쪽을 클릭해 밝게 만듭니다.
19 도구 바에서 [번 도구]를 클릭합니다.
20 옵션 바에서 [범위: 중간 영역], [노출: 100%]로 설정하고, 연기의 왼쪽을 클릭해 어둡게 만듭니다.
21 전체 상태를 보면서 [닷지 도구], [번 도구]로 음영을 만든 후 [지우개 도구]로 얼룩덜룩한 모양을 조절합니다.

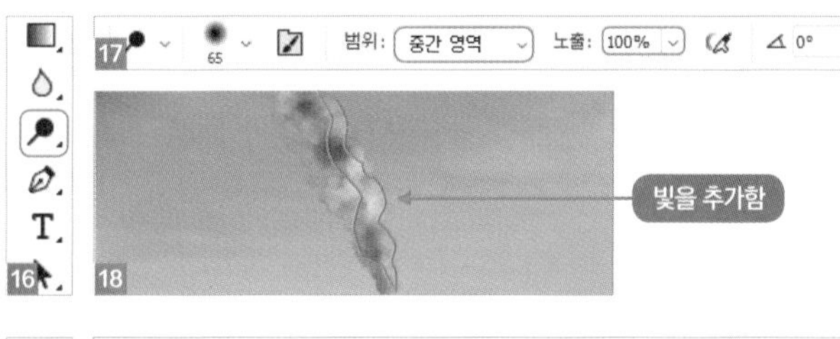

16
17
18

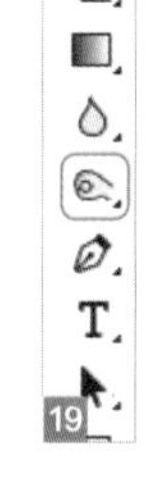
19

20
21

Recipe

039

수면 위에 비친 달 만들기

달 이미지를 왜곡하거나 변형해 수면에 비친 모습을 구현해 보겠습니다.

01 달을 변형해 수면의 원근감 맞추기

01 '039-풍경.psd'를 불러온 후 '039-달.psd'를 열어 달 이미지를 이동시킵니다.

02 [자유 변형]을 선택하면 나타나는 바운딩 박스에서 [마우스 오른쪽 버튼 클릭 → 뒤틀기]를 선택합니다.

03 수면 위에 비친 달의 느낌을 생각하면서 그림과 같이 변형합니다.

마우스 오른쪽 버튼 클릭

02 달을 왜곡해 파동 만들기

04 [필터 → 픽셀 유동화]를 선택합니다.

05 [픽셀 유동화 전용] 대화상자가 나타나면 [브러시 도구 옵션] 항목에서 파동을 생각하면서 [크기: 50]으로 설정합니다. 달을 드래그해 왜곡을 추가합니다.

06 레이어의 [혼합 모드]를 [스크린]으로 설정해 수면에 흔들리는 모습을 구현합니다.

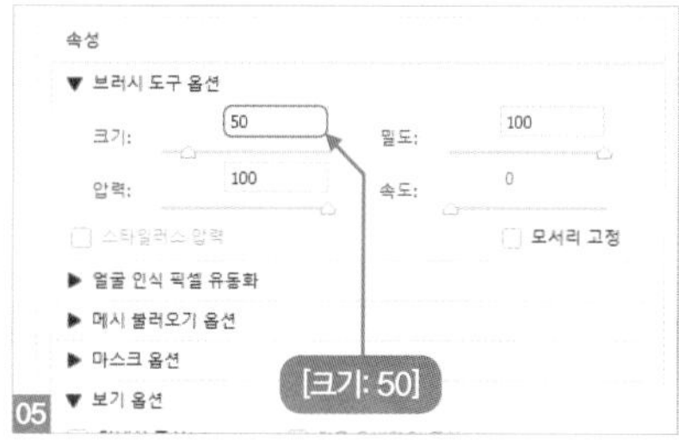

03 달빛 더하기

위쪽에 새 레이어를 만들어 이름을 '달빛 1'로 바꾸고, 그 위에 [달빛 2] 레이어도 새로 만듭니다.

07 둘 다 레이어의 [혼합 모드]를 [오버레이]로 설정합니다.

08 [달빛 1] 레이어는 달의 윤곽 부분을 브러시를 사용해 전경색을 흰색(#ffffff)으로 그려 빛나는 느낌을 추가합니다. 레이어의 [불투명도]는 [60%]로 설정합니다.

09 [달빛 2]도 브러시를 사용해 흰색으로 달 주변을 넓게 그립니다. 이 레이어의 [불투명도]는 [60%]로 설정합니다.

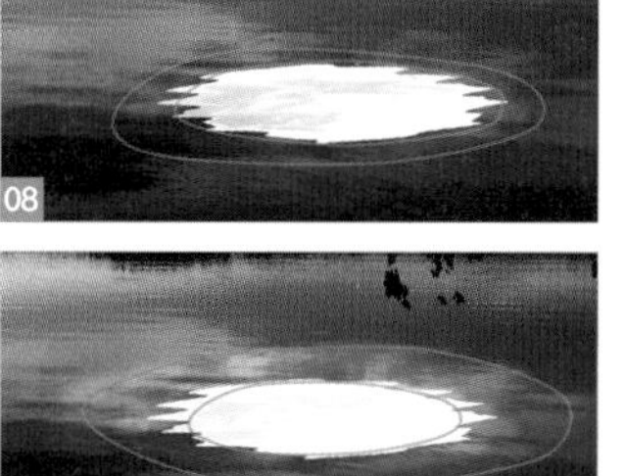

04 달을 수면 위에 자연스럽게 합성하기

10 [달] 레이어를 선택한 후 [이미지 → 조정 → 색상 균형]을 선택합니다. 그런 다음 색조 균형 항목의 [어두운 영역]에 체크 표시를 하고 색상 레벨 항목에 [-40: 0: +70]을 입력합니다. 그림자 측면의 푸른색을 더합니다.

11 [이미지 → 조정 → 레벨]을 선택한 후 [입력 레벨] 항목을 [0: 0.5: 255]로 설정해 대비를 높입니다.

12~13 [필터 → 왜곡 → 파형]을 선택한 후 [제너레이터 수: 20], [파장: 최소: 1, 최대: 60], [진폭: 최소: 1, 최대: 80], [비율: 수평: 100, 수직: 1]로 설정합니다.

14 작은 왜곡이 추가됐습니다.

15 레이어의 [불투명도]를 [65%]로 설정해 완성합니다.

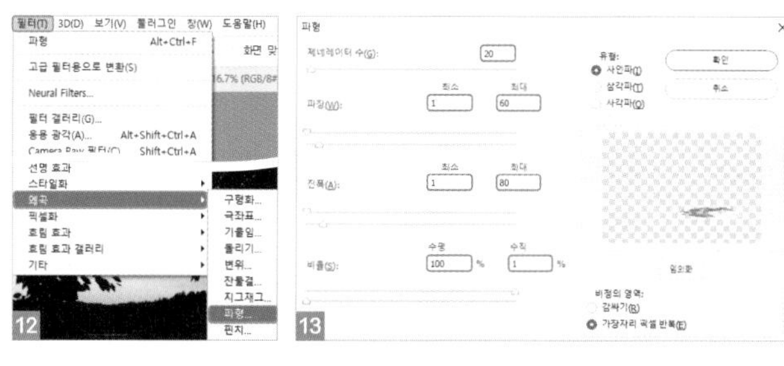

040

흩날리는 꽃잎으로 원근감 표현하기

꽃잎이 흩날리는 모습을 이용해 원근감을 표현해 보겠습니다. 위치에 따라 흐림의 정도나 밝기를 달리하면 풍경을 입체적으로 표현할 수 있습니다.

01 꽃잎의 대략적인 위치 정하기

01 '040-배경.psd'를 불러온 후 '040-꽃잎.psd' 파일에서 [꽃잎 1~6] 레이어를 이동시켜 배치합니다.

02 각 꽃잎은 [자유 변형]을 사용해 확대, 축소, 회전, 반전시켜 크기와 위치를 정해 놓습니다.

단축키

자유 변형: Ctrl + T

02 위치에 따라 [흐림 효과] 적절히 가감하기

03 [꽃잎 1] 레이어를 선택한 후 [필터 → 흐림 효과 → 동작 흐림 효과]를 선택합니다.

04 꽃잎이 춤추는 움직임을 내고 싶기 때문에 [각도: 45°], [거리: 40픽셀]로 설정합니다.

05 대각선 방향 45도로 흔들리는 필터가 적용됐습니다.

06 [꽃잎 2] 레이어를 선택한 후 [동작 흐림 효과]를 적용하고 [각도: -45°], [거리: 20픽셀]로 설정합니다.

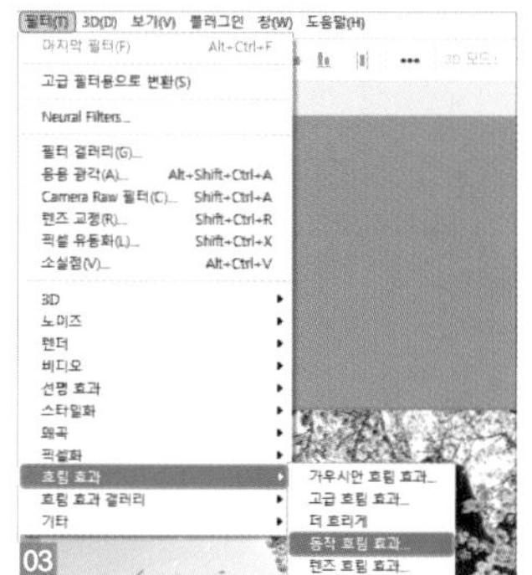

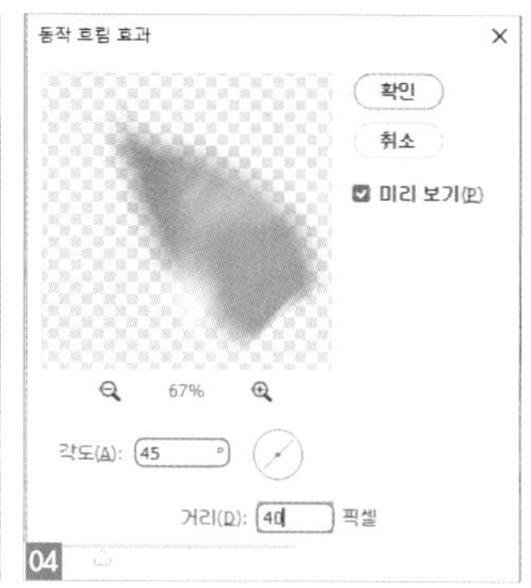

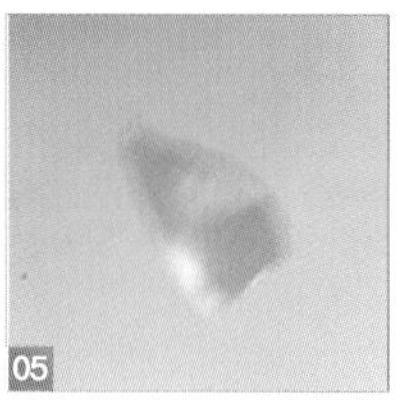

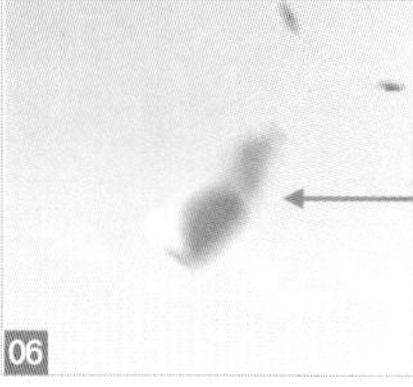

03 어두운 꽃잎의 흐림과 밝기 조정하기

화면 오른쪽 아래에 배치한 [꽃잎 4] 레이어를 선택합니다. 나무의 그늘이 지는 곳에 있으므로 배경에 맞춰 어둡게 하겠습니다.

07 [동작 흐림 효과]를 선택한 후 [각도: -68°], [거리: 20픽셀]로 설정합니다.

08 [이미지 → 조정 → 레벨]을 선택한 후 [출력 레벨]을 [0: 125]로 설정합니다.

09 꽃잎에 나무의 그림자가 드리운 것처럼 표현됩니다.

10 꽃잎의 개수를 늘리고 크기, 흐림, 밝기를 조정합니다.

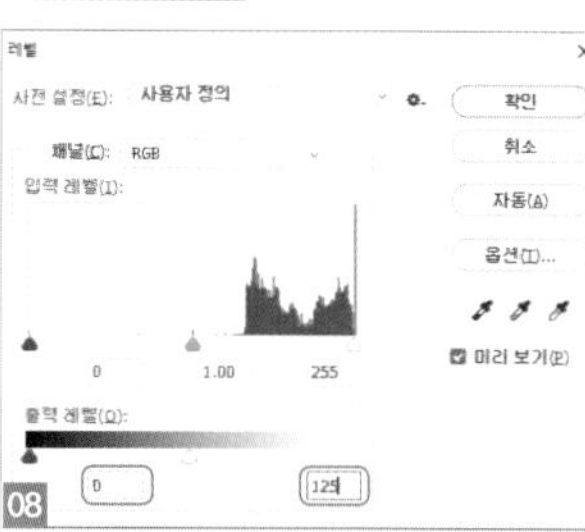

04 [뒤틀기] 기능으로 꽃잎 모양 변형하기

[꽃잎 3] 레이어를 선택합니다. [자유 변형]을 클릭하면 나타나는 경계 상자에서 [마우스 오른쪽 버튼 클릭 → 뒤틀기]를 선택합니다.

11 뒤틀기 편집 모드 상태에서 각 핸들을 움직이면 다양한 형태로 변형할 수 있습니다.

12 꽃잎의 움직임을 생각하면서 둥글게 휘어진 느낌으로 [뒤틀기] 기능을 적용합니다.

13 [동작 흐림 효과]를 선택한 후 [각도: 73°], [거리: 30픽셀]로 설정합니다.

11

12

13

[마우스 오른쪽 버튼 클릭 → 뒤틀기]

14

05 멀리 보이는 꽃잎의 거리감 표현하기

14 [꽃잎 6] 레이어를 선택합니다. [자유 변형]을 사용해 멀고 작은 원근감을 표현해 보겠습니다.

15 [레벨]을 선택해 [출력 레벨]을 [140: 235]로 설정하고, [동작 흐림 효과] 메뉴에서 [각도: -60°], [거리: 7픽셀]로 설정합니다.

16 아련한 거리감이 더해졌습니다.

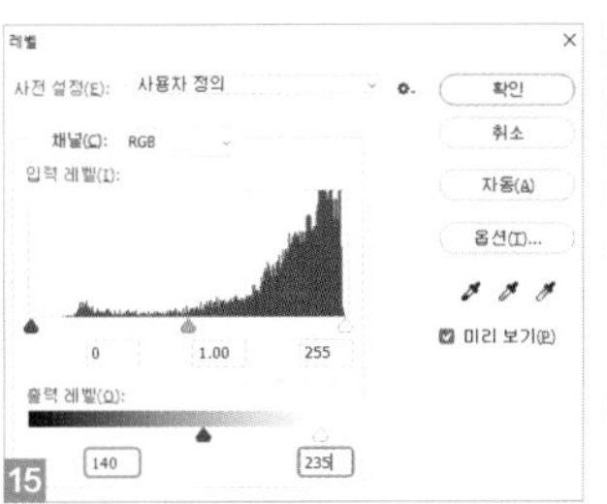

15

16

멀리 있어 아득한 느낌

06 02~05를 반복해 꽃잎의 개수 늘리기

17 [자유 변형]이나 [뒤틀기] 메뉴 등으로 모양을 변형한 후 [동작 흐림 효과]나 [레벨]로 꽃잎이 흩날리는 모습을 만듭니다.

꽃잎의 배치는 벚꽃나무를 중심으로 소용돌이 치는 느낌으로 배치합니다.

18~19 마무리 단계로 꽃잎의 레이어를 1개에 통합한 후 레이어의 이름을 '꽃잎'으로 바꿉니다. [레이어] 패널의 아래쪽에 있는 [조정 레이어] 버튼에서 [활기]를 선택해 [활기: +90], [채도: +3]으로 설정합니다. [레이어] 패널의 아래쪽에 있는 [조정 레이어] 버튼에서 [곡선]을 선택해 중앙에 포인터를 추가한 후 [입력: 120], [출력: 137]로 설정합니다.

17

18

19

핵심 포인트

꽃잎을 랜덤으로 배치하는 것이 아니라 라인을 그리듯이 규칙성 있게 배치해야 움직임을 표현할 수 있습니다. 또한 앞쪽에는 큰 꽃잎을 배치하고 그림자가 드리운 곳에는 꽃잎을 어둡게 보정해야 합니다.

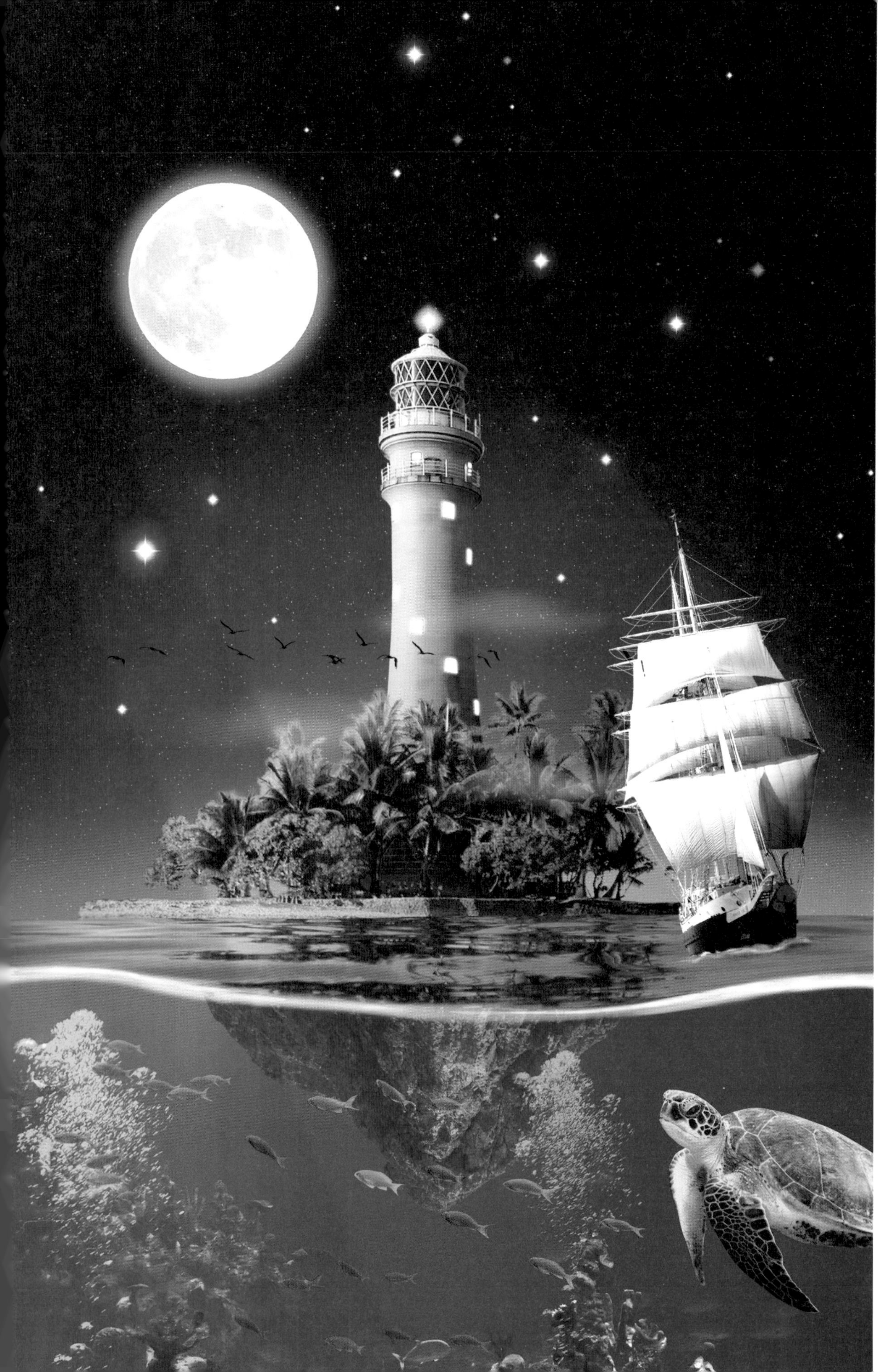

Recipe

041 지상과 수중 이미지를 합성한 콜라주

지상과 수중 이미지를 합성해 환상적인 풍경을 만들어 보겠습니다.

01 [그레이디언트]로 배경이 되는 밤하늘 만들기

01 '041-풍경.psd'를 불러온 후 [레이어] 패널의 아래쪽에 있는 [조정 레이어] 버튼을 클릭해 [그레이디언트]를 선택합니다. [그레이디언트 칠] 대화상자가 나타나면 [스타일: 방사형], [각도: 90°], [비율: 300%]로 설정합니다.

를 클릭해 [그레이디언트 편집기] 대화상자가 나타나게 합니다.

02 색상 정지점을 왼쪽으로부터 [위치: 0%]에 [색상: #8476a2], [위치: 17%]에 [색상: #1f1f76], [위치: 32%]에 [색상: #060617]로 설정합니다. 불투명도 정지점은 [위치: 0%], [위치: 100%]로 설정하고, 둘 다 [불투명도: 100%]로 설정합니다. [확인]을 클릭하면 [그레이디언트 칠] 대화상자로 돌아옵니다.

03 원형 그레이디언트가 중앙에서 바깥쪽으로 만들어집니다.

레이어의 이름은 자동으로 [그레이디언트 칠 1]이 됩니다. 아래쪽 레이어에 배치한 후 레이어 축소판을 더블클릭합니다.

04 캔버스 위에서 드래그해 그레이디언트의 위치를 조정합니다.

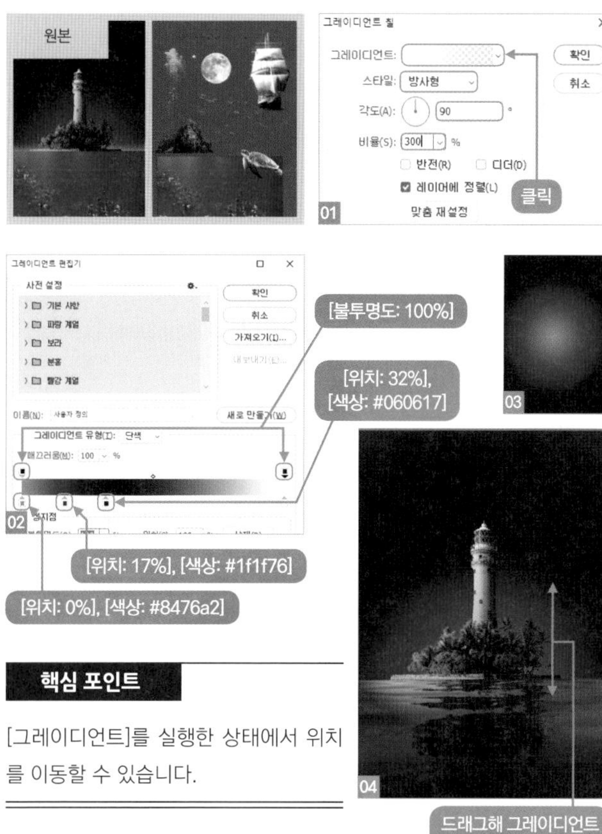

핵심 포인트

[그레이디언트]를 실행한 상태에서 위치를 이동할 수 있습니다.

02 한 번 더 [그레이디언트] 만들기

[그레이디언트 1] 레이어를 선택한 상태에서 **01**과 같이 [레이어] 패널의 아래쪽에 있는 [조정 레이어] 버튼에서 [그레이디언트]를 선택합니다.

05 [그레이디언트 1] 레이어의 위쪽에 [그레이디언트 2] 레이어가 자동으로 만들어집니다.

06 [그레이디언트 칠] 대화상자가 나타나면 [스타일: 선형], [각도: 90°], [비율: 100%]로 설정합니다.

레이어 채널 패스 조정 라이브러리
종류
표준 불투명도: 100%
잠그기: 칠: 100%
배경
그레이디언트 칠 2
그레이디언트 칠 1
05

07 [그레이디언트 편집기] 대화상자를 연 후 색상 정지점은 [위치: 0%], [색상: #fdc6b3]으로 설정합니다. 불투명도 정지점은 [위치: 0%]에 [불투명도: 100%], [위치: 12%]에 [불투명도: 0%]로 설정한 후 [확인]을 클릭합니다.

08 [그레이디언트 칠] 대화상자로 돌아오면 캔버스에서 드래그해 위치를 그림과 같이 조정합니다.

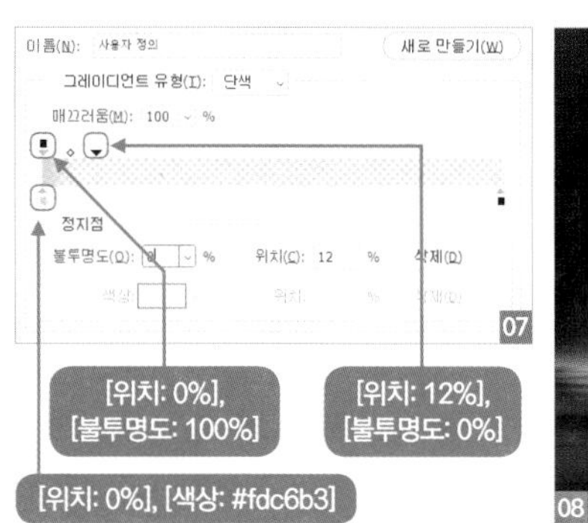

03 밤하늘에 별 추가하기

09 [배경] 레이어의 아래쪽에 새 레이어를 만든 후 레이어의 이름을 '별'로 바꿉니다.

10 [페인트 통 도구]를 사용해 흰색(#ffffff)으로 채웁니다.

11 전경색은 흰색(#ffffff), 배경색은 검정(#000000)으로 설정합니다.

12 [필터 → 필터 갤러리]를 선택합니다.

13 대화상자가 나타나면 [스케치 효과]의 [망사 효과]를 선택한 후 [조밀도: 45], [전경색 레벨: 0], [배경색 레벨: 0]으로 설정합니다.

14 적용이 끝나면 [레벨] 기능을 실행한 후 [입력 레벨]을 [43: 0.69: 121]로 설정합니다.

15 대비가 높아지고 큰 흰색 입자가 강조됩니다.

16 현재는 입자의 느낌이 강하기 때문에 [가우시안 흐림 효과] 기능을 실행한 후 [반경: 0.5픽셀]로 적용합니다.

17 [별] 레이어의 [혼합 모드]를 [스크린]으로 설정하면 **02**의 그레이디언트와 자연스럽게 합성됩니다.

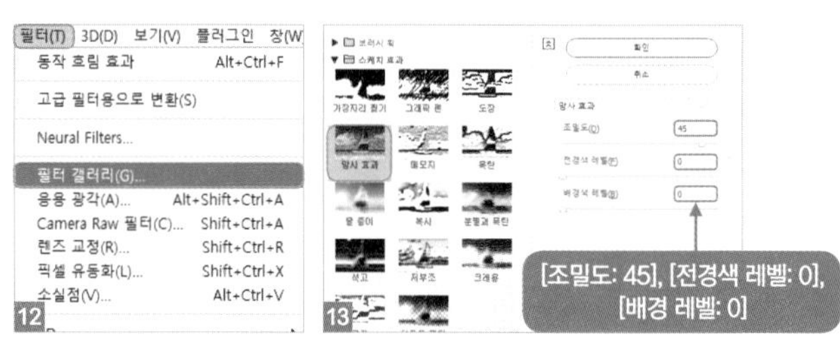

04 수중 이미지 합성하기

18 '041-소스.psd'를 불러온 후 [수중] 레이어를 옮겨와 레이어 가장 위쪽에 위치시키고 화면상에서 아래쪽에 배치합니다.
이대로는 지상과 수중의 경계가 부자연스럽기 때문에 경계를 자연스럽게 만들겠습니다.
19 [수중] 레이어를 선택한 상태에서 [올가미 도구]를 사용해 파도의 느낌을 생각하면서 선택 범위를 만듭니다.
20~21 [레이어] 패널의 아래쪽에 있는 [마스크] 버튼을 클릭해 마스크를 추가합니다.
22 새 레이어를 추가한 후 레이어의 이름을 '경계'로 바꿉니다.
23 [브러시 도구]를 선택해 전경색을 흰색으로 설정한 후 수면과의 경계를 그립니다. 브러시의 불투명도와 크기를 바꾸면서 자연스럽게 그립니다. [지우개 도구]를 사용해 불투명도를 낮추거나 높이면서 지우는 방식으로 얼룩을 표현합니다.

핵심 포인트

Ctrl + Z로 취소하면서 그려 보세요.

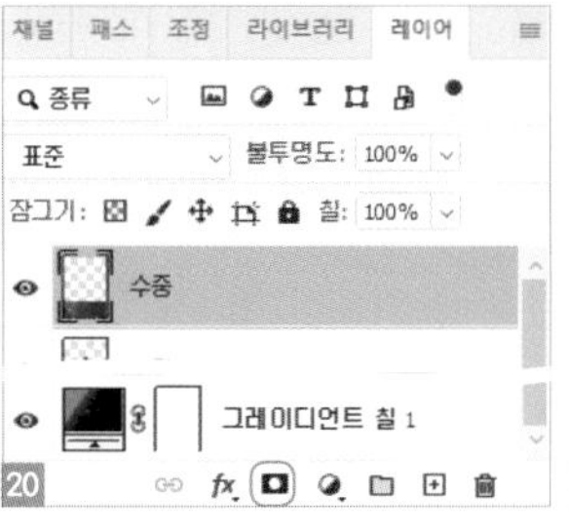

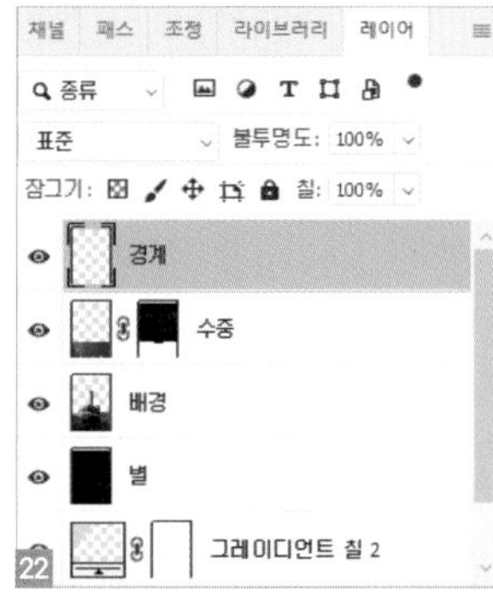

05 바위가 수중에만 보이도록 마스크 추가하기

24 '041-소스.psd' 파일에서 [바위] 레이어를 이동시켜 [수중] 레이어의 위쪽에 배치합니다.
25 바위를 수중에서만 볼 수 있도록 하기 위해 [수중] 레이어의 레이어 마스크 축소판을 Alt를 누른 상태에서 클릭해 [바위] 레이어로 드래그합니다. 레이어 마스크가 복사됩니다.

핵심 포인트

레이어와 레이어 마스크 사이에 있는 링크(체인 마크)는 해제해 둡니다. 링크돼 있으면 마스크도 함께 이동합니다.

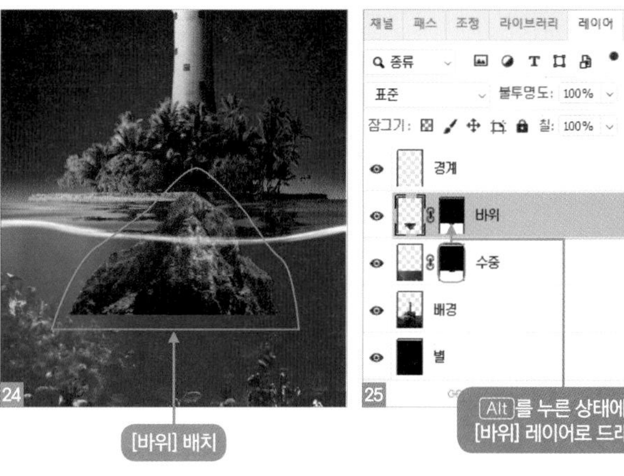

06 수중 색감에 맞춰 보정하고 불투명도 바꾸기

26 [바위] 레이어를 수직으로 뒤집어 위치를 조정합니다. 등대가 있는 섬의 수중 상태를 표현하려고 합니다.

27~28 이대로의 색감으로는 수중에 있는 것처럼 보이지 않기 때문에 [색상 균형]을 실행해 색감을 보정하겠습니다. [색상 균형] 대화상자가 나타나면 [색조 균형: 어두운 영역]을 클릭한 후 [색상 레벨]을 [-20: 0: +30], [색조 균형: 중간 영역]을 [0: 0: +50]으로 설정합니다. 그림자에 시안과 블루, 중간 영역에 블루를 더했습니다.

29 레이어의 [불투명도]를 [70%]로 설정해 바다의 색과 합성합니다.

30 '041-소스.psd' 파일에서 [거북이], [물고기] 레이어도 이동시켜 배치합니다.

가장 안쪽에 배치한 [바위] 레이어를 기준으로 보정하겠습니다.

31 [거북이] 레이어가 가장 앞에 있기 때문에 각각의 보정을 소극적으로 해야 하고, 조금 안쪽에 배치한 [물고기] 레이어에도 소극적으로 보정하는 등 배치하는 소스의 위치에 주의하면서 [색상 균형]과 [불투명도]를 변경해 보정합니다.

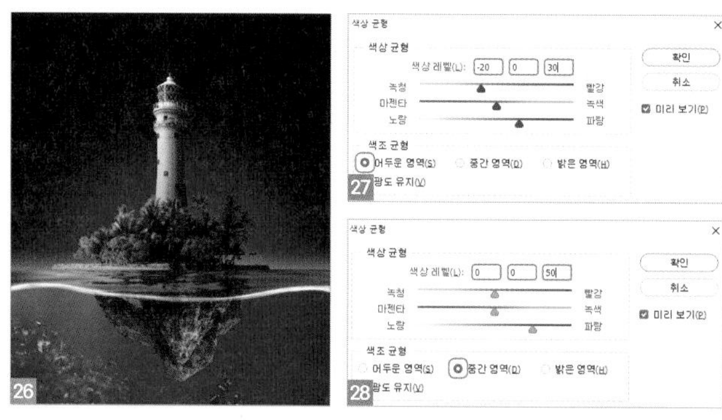

07 원하는 위치에 각 소재 배치하기

[배경] 레이어에 [색상 균형]을 사용해 노랑 계열과 빨강 계열의 색을 빼 보겠습니다.

32~33 [색상 균형]에서 [색조 균형: 중간 영역]을 [-55: 0: +65]로 설정합니다.

34 각 소스를 원하는 위치에 배치한 후 전체적으로 밝기와 색감을 정돈합니다.

35 [브러시 도구]로 구름을 그리거나 레이어의 [혼합 모드]를 [오버레이]로 설정해 자연스러운 빛을 연출하는 등과 같은 보정을 한 후에 완성합니다.

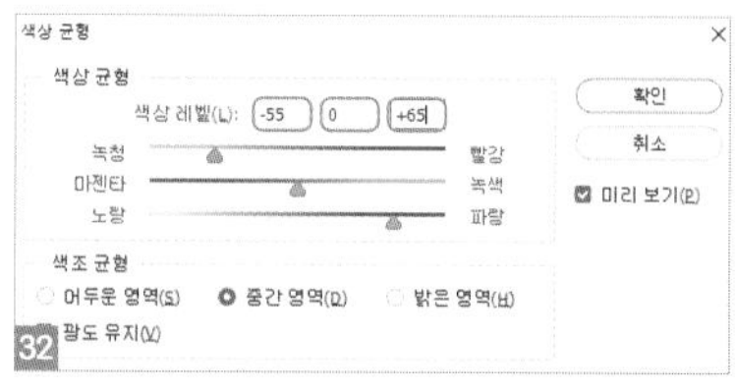

03

인물 보정

정밀하고 디테일한 인물 보정은 광고 퀄리티를 더욱 좋게 만들어 줍니다. 모델의 피부나 입술을 매끈하게 만들거나 머리색을 바꾸는 등 각 요소마다 가장 많이 사용하는 리터치 방법이 따로 있습니다. 3장에서는 인물 사진을 효과적으로 보정해 품위 있고 깊이 있는 사진을 연출하는 기법을 알아보겠습니다.

Photoshop Recipe

Recipe

042

잡지처럼 광택 없는 매트한 인물 사진

패션 잡지에서 볼 수 있는 광택을 억제하는 매트한 질감의 사진을 만들어 보겠습니다.

원본

01 [곡선] 조정 레이어 추가하기

01 '042-인물.psd'를 불러온 후 [레이어 → 새 조정 레이어 → 곡선]을 선택합니다.

02 [새 레이어] 대화상자에서 [확인]을 클릭하면 [레이어] 패널에 [곡선] 조정 레이어가 추가됩니다.

핵심 포인트

조정 레이어는 [레이어] 패널의 아래쪽에 있는 [조정 레이어] 버튼으로도 추가할 수 있습니다. 자신이 사용하기 쉬운 방법을 선택하면 됩니다.

02 [곡선] 기능으로 색상 단계 줄이기

03 [곡선 1] 레이어의 조정 레이어 축소판을 더블클릭하면 [속성] 패널에 [곡선] 패널이 나타납니다.

04 왼쪽 아래에 있는 포인터를 선택한 후 위로 이동하고 [출력: 50]으로 설정합니다.

05 어두운 영역을 밝은 영역으로 이동시켰더니 계조 폭이 좁아졌습니다.

06 이대로는 계조 폭이 좁아 사진이 가벼워 보입니다. 어두운 영역에 포인터를 추가한 후 [입력: 70], [출력: 70]으로 설정합니다.

07 어두운 영역에 포인터를 추가해 좁아진 계조 폭 상태에서 대비가 추가됐습니다.

● '계조'란 사진이나 인쇄물에서 밝은 부분부터 어두운 부분까지 변화하는 농도의 단계를 말합니다.

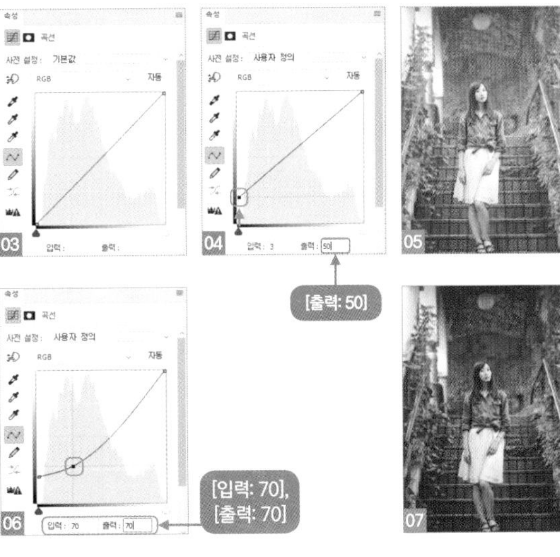

03 채도 낮추고 완성하기

08 [레이어] 패널의 아래쪽에 있는 [조정 레이어] 버튼을 클릭해 [활기]를 선택합니다.

09 [활기] 조정 레이어가 추가됐습니다.

10 [활기 1] 레이어를 더블클릭하면 나타나는 [속성] 패널에서 [활기: -15]로 설정합니다.

11 광택감이 없는 매트한 질감의 사진으로 보정됐습니다.

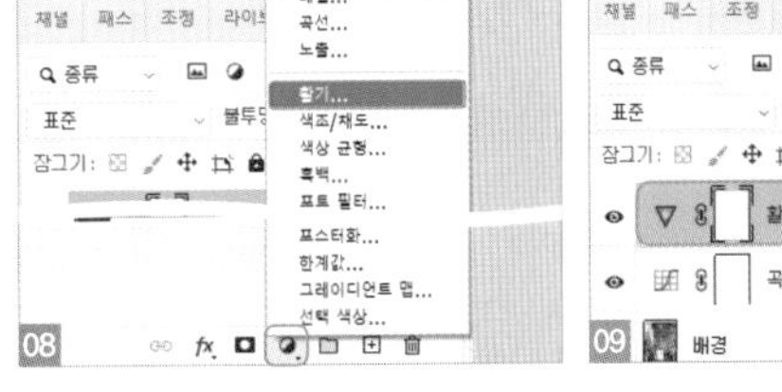

작가의 리터치 노트

[채도]와 [활기]의 차이점

[채도]는 전체 이미지의 채도를 균일하게 조절합니다. 한편 [활기]는 채도가 높은 색상에 미치는 영향이 적고 채도가 낮은 색상에 맞게 조정됩니다. 따라서 채도가 낮은 사진이나 여러 가지 색상을 지니고 있는 사진을 자연스럽게 보정하고 싶을 때는 [활기]를 이용하는 것이 좋습니다.

원래 이미지

채도: 100%

전체 채도가 균일하게 상승합니다.

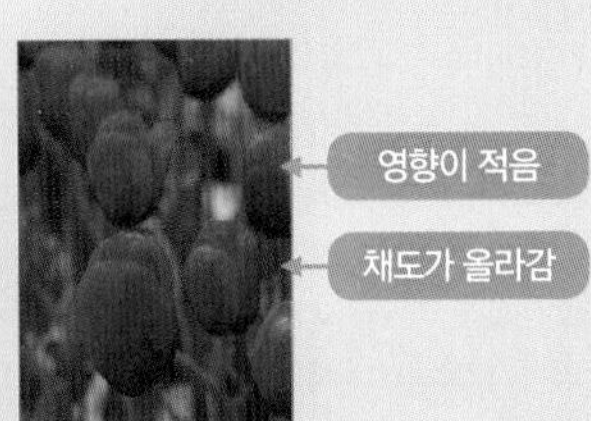

활기: 100%

채도가 높은 꽃(빨간색)에는 영향이 거의 없고 채도가 낮은 잎(초록색)의 채도만 올라갑니다.

Recipe

043

깊이 있는 흑백 사진 만들기

밝고 어두운 음영에 신경 써서 보정하면 좀 더 깊이 있고 스타일리시한 흑백 사진을 만들 수 있습니다.

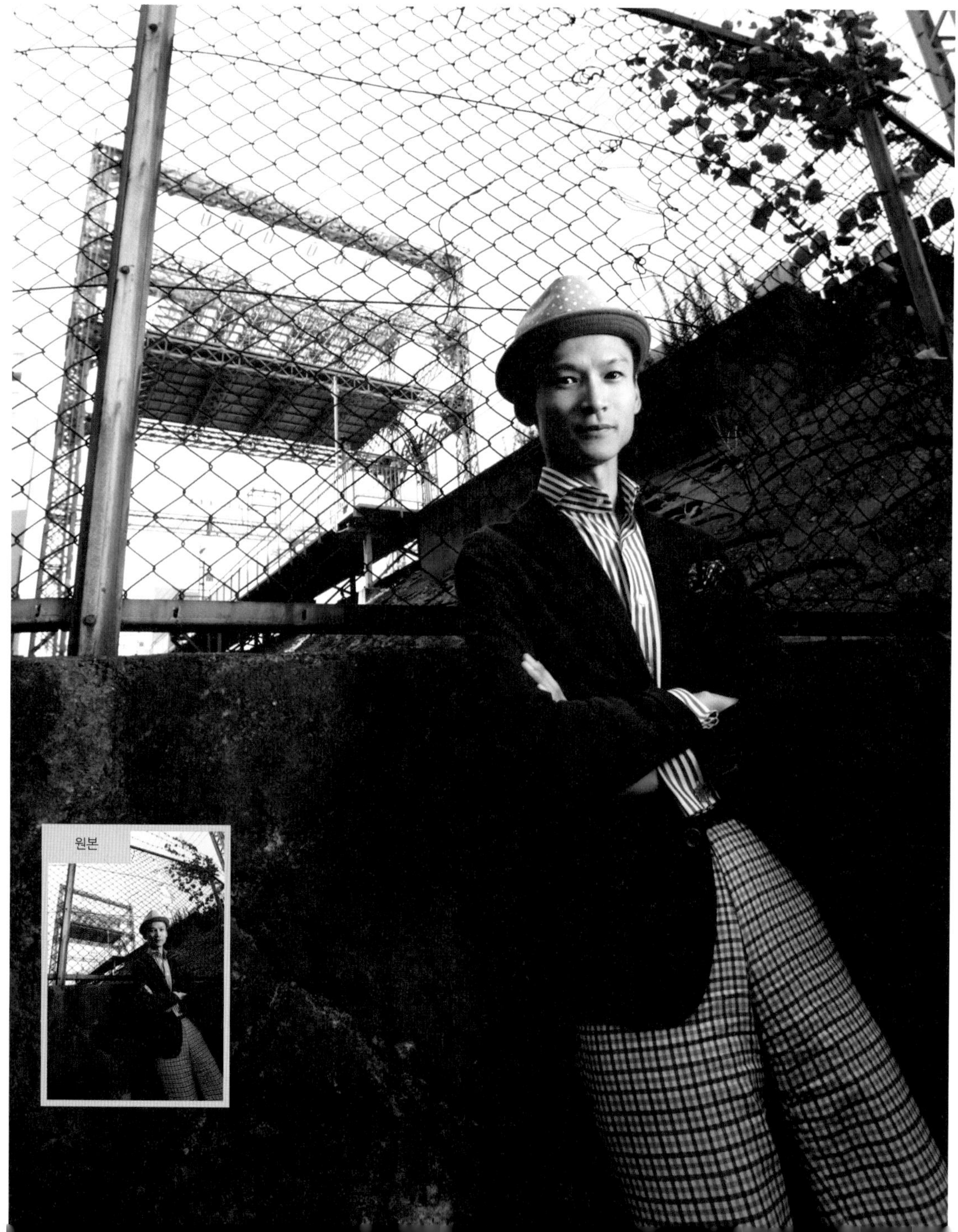

01 [그레이디언트 맵]으로 흑백 이미지 만들기

'043-인물.psd'를 불러온 후

01 [레이어] 패널의 아래쪽에 있는 [조정 레이어] 버튼에서 [그레이디언트 맵]을 선택합니다.

02 사전 설정에서 [그레이디언트 이름: 검정, 흰색]을 선택합니다.

03 컬러 사진이 흑백 사진이 됐습니다.

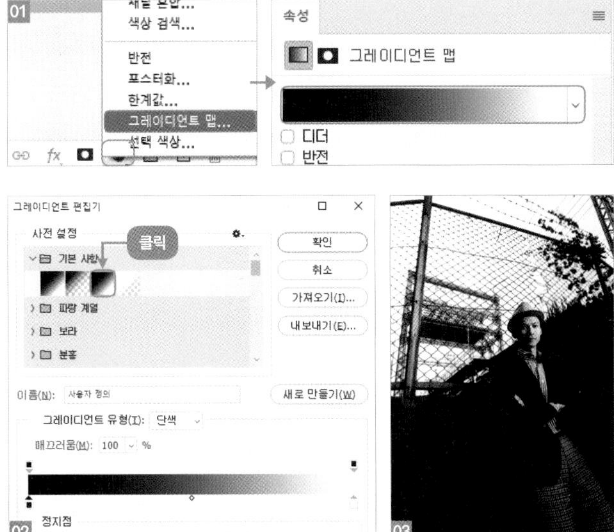

02 [선택 색상]으로 깊이 있는 흑백 사진 만들기

얼굴의 어두운 영역이 날아가지 않을 정도로만 보정하겠습니다.

04 [조정 레이어] 버튼에서 [선택 색상]을 선택합니다.

05 [선택 색상 속성] 대화상자에서 [색상: 흰색 계열]을 선택한 후 [검정: -40%]로 설정합니다.

06~07 [색상: 중간색]에서 [검정: -15%]로 설정한 후 전체의 밝기를 조정하기 위해 [색상: 검정 계열]은 [검정: 5%]로 설정해 검은색을 빼줍니다.

08~09 [이미지 → 모드 → 회색 음영]으로 흑백으로 변환한 이미지에 비해 고급스러운 흑백 사진이 됐습니다.

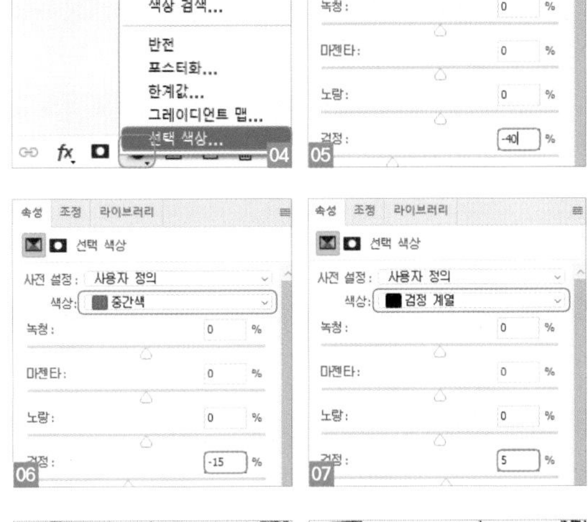

Recipe

044

깔끔한 인상으로 인물 보정하기

인물 사진을 HDR 느낌으로 보정하면 샤프하고 깔끔한 이미지가 됩니다.

원본

01 기본 바탕이 되는 사진의 대비 높이기

01 '044-인물.psd'를 불러온 후 [이미지 → 조정 → 레벨]을 선택합니다.

02 [입력 레벨] 항목을 [15: 1.00: 235]로 설정합니다.

03 대비가 약간 올라가면서 깊이감이 느껴집니다.

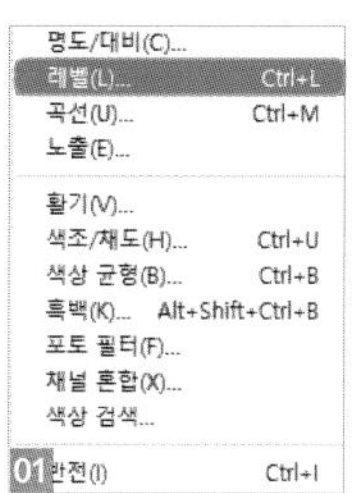
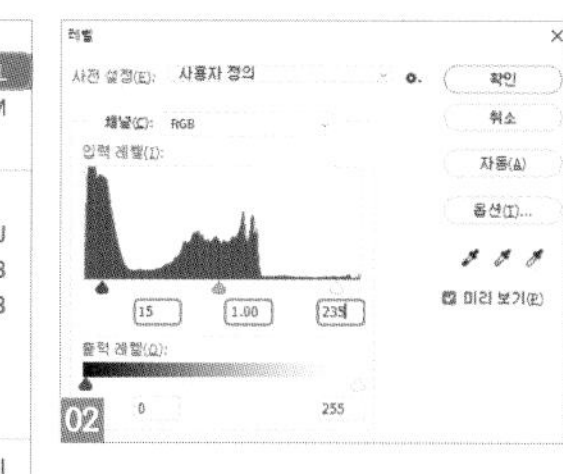

02 채도를 떨어뜨려 차분한 인상으로 보정하기

04 [이미지 → 조정 → 색조/채도]를 선택합니다.

05 [채도: -35]로 설정합니다.

06 채도를 떨어뜨려 조금 빛이 바랜 듯한 느낌이 됐습니다.

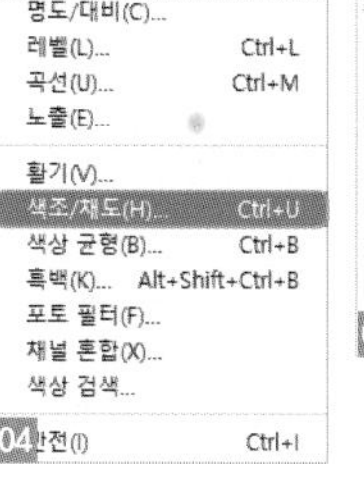
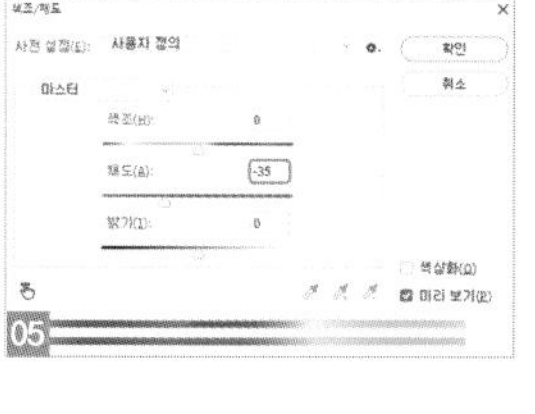

03 HDR 스타일의 샤프한 느낌 더하기

07 레이어를 복사한 후 레이어의 이름을 'HDR'로 바꿉니다.

08 [HDR] 레이어를 선택한 후 [필터 → 기타 → 하이 패스]를 선택합니다.

09 인물의 실루엣이 선명한 부분을 기준으로 반경을 조절합니다. 여기서는 [반경: 9픽셀]로 설정합니다.

10 [HDR] 레이어를 선택한 후 레이어의 [혼합 모드]를 [오버레이]로 설정합니다.

11 전체적으로 명암 대비가 높은 샤프한 인상이 됐습니다.

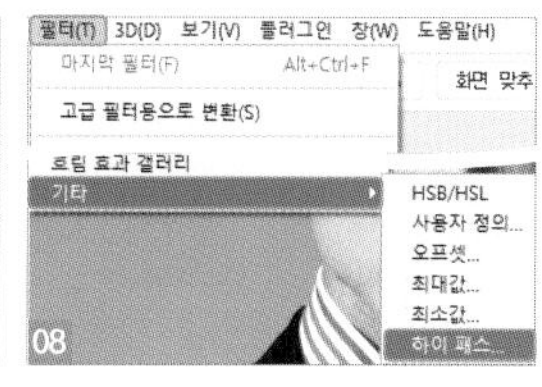
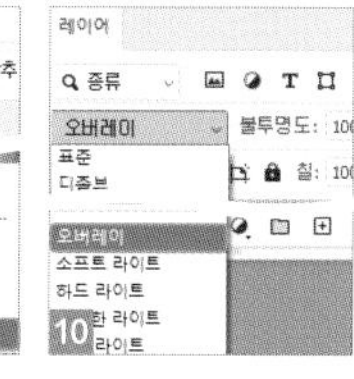
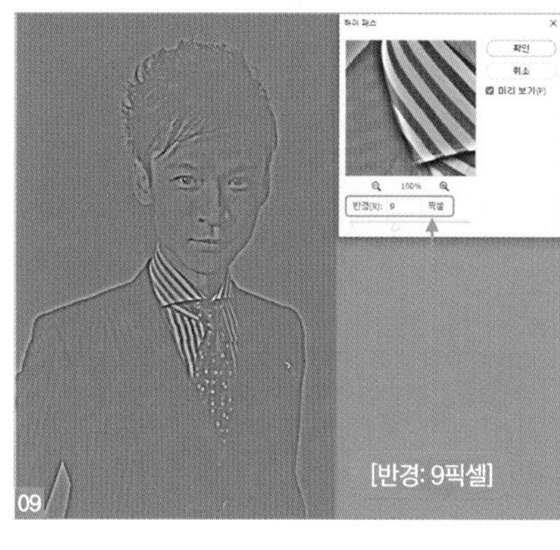

04 추가로 [언샵 마스크] 적용하기

모델의 헤어스타일을 살리기 위해 선명함을 추가해 보겠습니다.

12 [배경] 레이어를 선택한 후 [필터 → 선명 효과 → 언샵 마스크]를 선택합니다.

13 [양: 75%], [반경: 1.5픽셀]로 설정합니다.

14 머리카락과 피부 등에 선명함이 추가돼 더욱 샤프한 인상이 됐습니다.

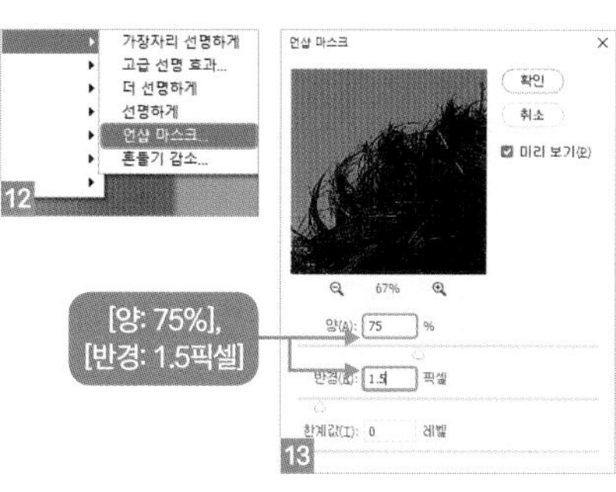

Recipe

045

환한 피부색으로 보정하기

인물 사진을 따뜻한 계열로 보정하면 피부색이 더욱 건강해 보입니다.
여기서는 원래 이미지의 색감을 고려해 고급스럽게 보정해 보겠습니다.

원본

01 밝은 인상으로 만들기

01 '045-인물.psd'를 불러온 후 레이어를 마우스 오른쪽 버튼으로 클릭하고 [고급 개체로 변환]을 선택합니다. 레이어의 이름을 '인물'로 바꿉니다.

02 [이미지 → 조정 → 곡선]을 선택합니다.

03 [채널: RGB]가 선택된 상태에서 중심에 포인터를 추가한 후 왼쪽 위에 커브를 그리도록 [출력: 144], [입력: 115]로 설정합니다.

04 밝은 인상으로 보정됐습니다.

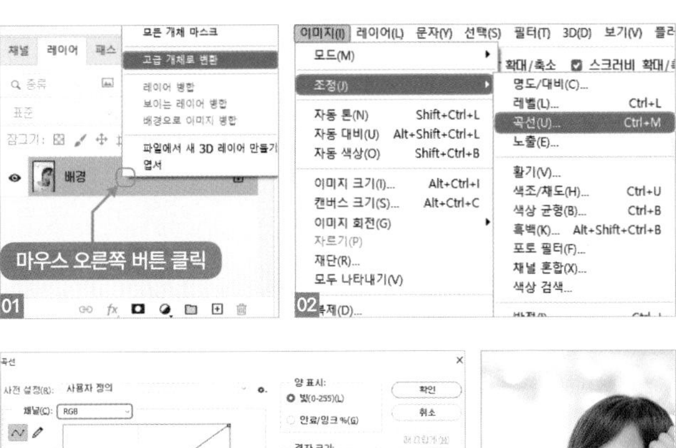

02 빨간색을 추가해 건강한 느낌 표현하기

05 레이어의 [고급 필터] 밑에 있는 [곡선] 부분을 더블클릭해 [곡선] 패널을 다시 나타냅니다.

06 피부의 밝은 부분에 빨간색을 추가하겠습니다. [채널: 빨강]을 선택한 후 오른쪽 위에 있는 포인터를 왼쪽으로 움직여 밝은 영역에 빨간색을 추가합니다. 여기서는 [출력: 255], [입력: 242]로 설정했습니다.

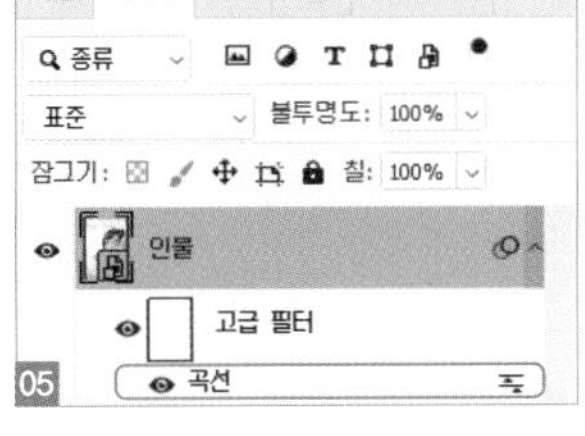

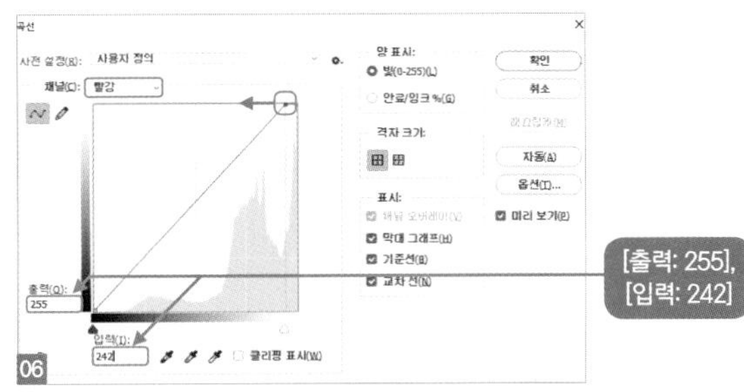

03 어두운 영역에서 파란색 삭제하기

07 [채널: 파랑]을 선택한 후 왼쪽 아래에 있는 포인터를 오른쪽으로 이동합니다. [출력: 0], [입력: 12]로 설정해 목과 어깨의 어두운 부분에 있던 파란색을 삭제합니다.

08 전체적으로 따뜻한 색감으로 보정해 고급스럽고 건강한 피부색으로 완성됐습니다.

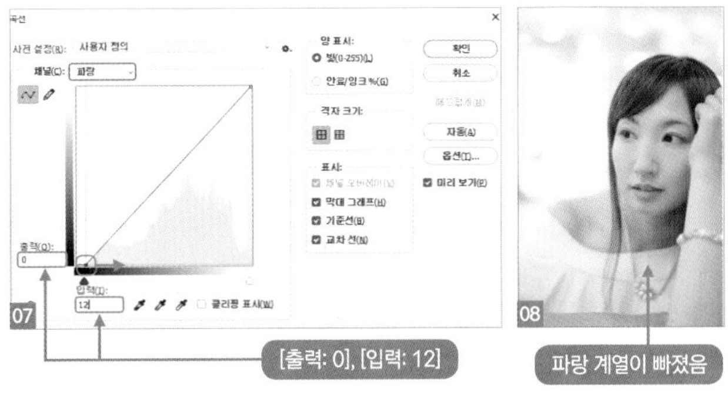

핵심 포인트

이미지에 투명한 느낌을 내거나 깨끗한 인상을 만들고 싶다면 파란색을 추가합니다. 다만, 인물의 피부를 보정할 때 파란색을 지나치게 강조하면 피부가 칙칙해 보이므로 주의하기 바랍니다.

Recipe

046 역광 필터로 드라마틱한 분위기 표현하기

[역광] 필터를 사용해 드라마틱하고 임팩트 있는 사진으로 만들어 보겠습니다.

01 역광 만들기

'046-호수.psd'를 불러온 후 위쪽에 새 레이어를 만들고 레이어의 이름을 '역광'으로 바꿉니다. [역광] 레이어를 선택한 후 전경색을 검은색(#000000)으로 설정하고 [페인트 통 도구]로 화면 전체를 채웁니다.

01 [필터 → 렌더 → 렌즈 플레어]를 선택합니다.

02 [명도: 100%], [렌즈 유형: 50-300mm 확대/축소] 항목을 선택한 후 미리 보기에서 빛을 클릭&드래그해 원형이 되도록 하고 [확인]을 클릭합니다.

03 원형 빛이 만들어집니다.

04 [역광] 레이어를 선택한 후 [혼합 모드]를 [스크린]으로 설정합니다.

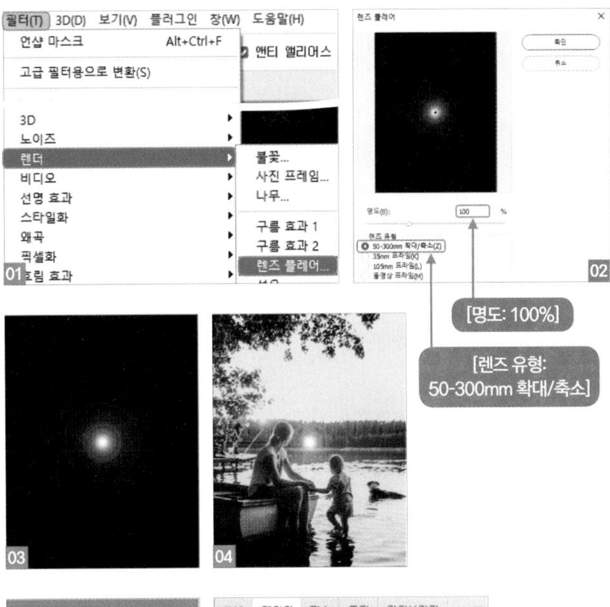

02 역광의 크기 조절하기

05 [역광] 레이어를 선택한 후 [자유 변형]을 사용해 [500%] 전후까지 확대합니다.

06~07 중심을 화면 왼쪽 위(바탕 이미지에 일몰이 보이는 위치)에 배치한 후 레이어의 [불투명도]를 [75%]로 설정합니다.

08 [필터 → 흐림 효과 → 가우시안 흐림 효과]를 선택한 후 [반경: 20픽셀]로 설정합니다.

09~10 [역광] 필터의 선명했던 원형 라인이 흐려지면서 바탕 이미지와 자연스럽게 어우러집니다.

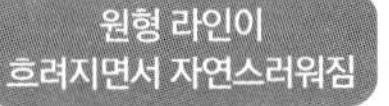

Recipe

047

윤기 나는 입술 표현하기

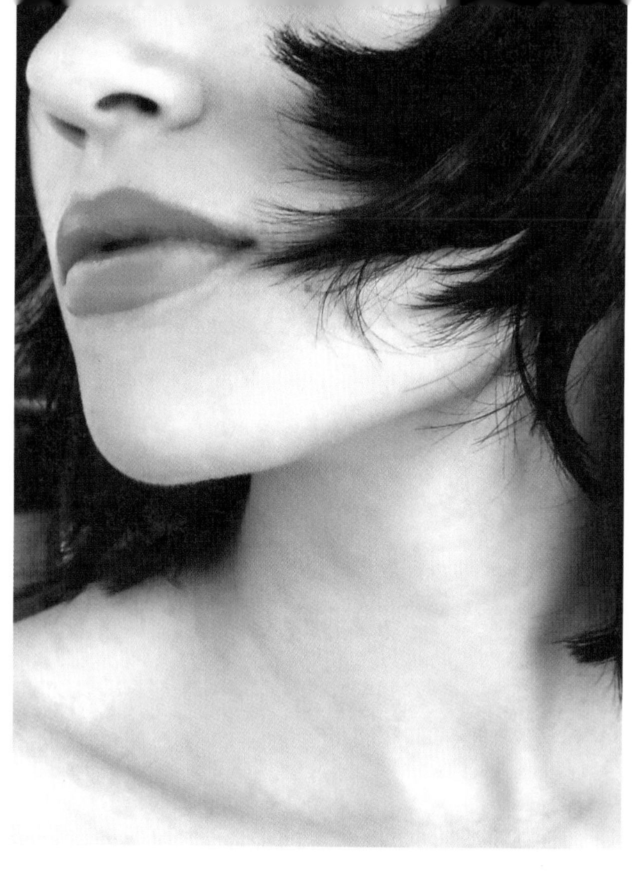

건강하고 윤기 나는
입술 보정법을 알아보겠습니다.

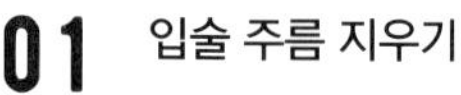

01 입술 주름 지우기

01 '047-인물.psd'를 불러온 후 [스팟 복구 브러시 도구]를 선택하고 입술 주름을 지웁니다. 브러시의 크기를 조절하면서 큰 주름과 눈에 띄는 부분을 수정합니다.
02 자연스러운 인상이 됩니다.

02 입술 부분만 복사한 레이어 만들기

03 [빠른 선택 도구]를 선택합니다.
선택 범위를 깨끗하게 만들면 좋으니 브러시의 크기는 10픽셀 전후로 설정합니다.
04 선택 범위가 만들어졌습니다.
05 선택 범위가 설정된 상태에서 [마우스 오른쪽 버튼 클릭 → 복사한 레이어]를 클릭합니다.
06 복사한 레이어의 이름을 '입술'로 바꿉니다.

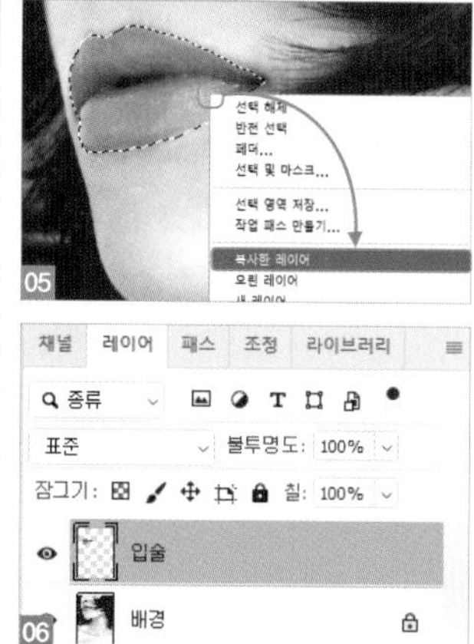

03 입술 색 보정하기

07 [입술] 레이어를 선택한 상태에서 [이미지 → 조정 → 색조/채도]를 선택합니다.

08~09 이번에는 붉으면서 채도가 높은 색으로 보정하기 위해 [색상: 15], [채도: 15]로 설정합니다.

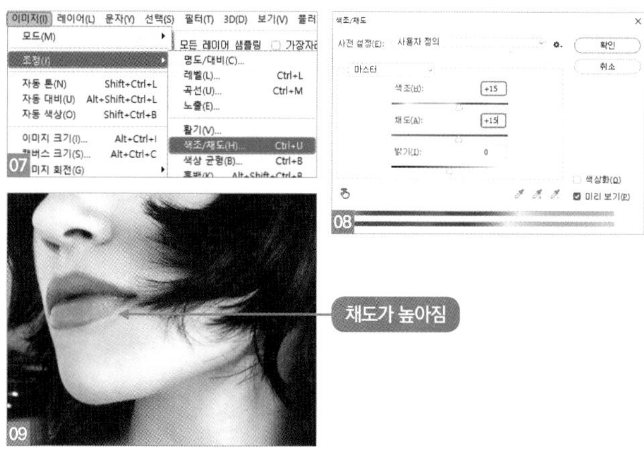

04 입술 색 흐리게 하기

10 [입술] 레이어를 선택한 상태에서 [필터 → 흐림 효과 → 표면 흐림 효과]를 선택합니다.

11 [반경: 15픽셀], [한계값: 10레벨]로 설정합니다.

12 [표면 흐림 효과]를 사용하면 [가우시안 흐림 효과] 기능처럼 바깥쪽으로 흐리게 하지 않고서도 입술의 표면을 흐리게 할 수 있습니다.

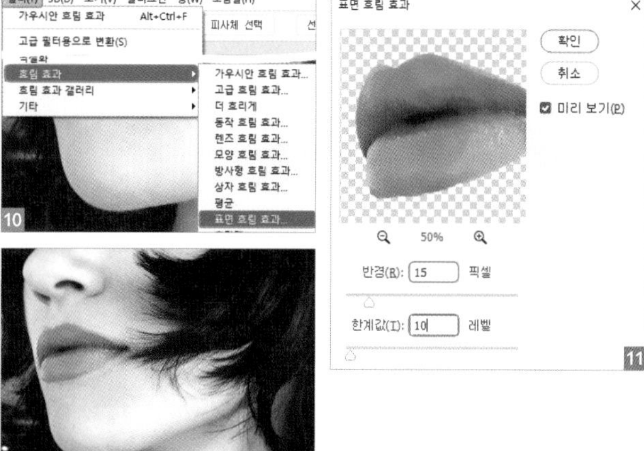

05 밝은 영역 강조해 광택 있는 입술로 완성하기

레이어의 가장 위쪽에 새 레이어를 만듭니다.

13 레이어의 이름을 '강조'로 바꾼 후 [혼합 모드]를 [오버레이]로 설정합니다.

14 [브러시 도구]를 선택한 후 전경색을 흰색(#ffffff)으로 설정합니다.

15 [강조] 레이어를 선택한 상태에서 원래 강조된 영역을 중심으로 [브러시 도구]로 칠합니다. 이때 브러시의 크기와 브러시 불투명도를 조절하면서 작업합니다.

리터치한 부분이 너무 빛나면 레이어의 불투명도를 낮춥니다. 여기서는 레이어의 불투명도를 [60%]로 설정했습니다.

16 자연스러운 느낌의 촉촉한 입술로 보정됐습니다.

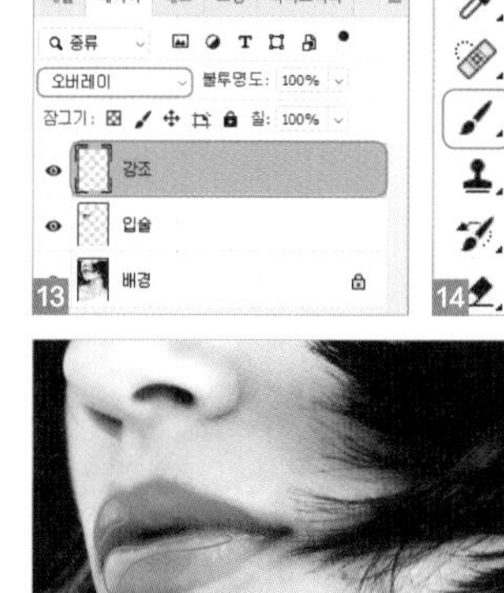

Recipe

048

픽셀 유동화로 얼굴 보정하기

[픽셀 유동화] 패널의 [얼굴 인식] 기능을 사용하면 얼굴 생김새를 간단하게 바꿀 수 있습니다. 인물을 보정할 때 많이 사용하는 간편하면서 강력한 기능을 소개합니다.

01 [픽셀 유동화] 패널 열기

01 '048-인물.psd'를 불러온 후 [필터 → 픽셀 유동화]를 선택합니다.

02 [픽셀 유동화] 패널의 오른쪽에 있는 [얼굴 인식 픽셀 유동화] 항목을 사용해 얼굴의 생김새를 조정하겠습니다.

필터(T) 3D(D) 보기(V) 플러그인 창(W)
표면 흐림 효과 Alt+Ctrl+F
고급 필터용으로 변환(S)
응용 광각(A)... Alt+Shift+Ctrl+A
Camera Raw 필터(C)... Shift+Ctrl+A
렌즈 교정(R)... Shift+Ctrl+R
픽셀 유동화(L)... Shift+Ctrl+X
소실점(V)... Alt+Ctrl+V

01

02 얼굴 윤곽 정돈하기

03 턱은 가늘게 하고 얼굴은 작게 만들어 보겠습니다. [얼굴 모양] 항목에서 [턱 높이: 100], [턱선: -46], [얼굴 너비: -55]로 설정합니다.

03

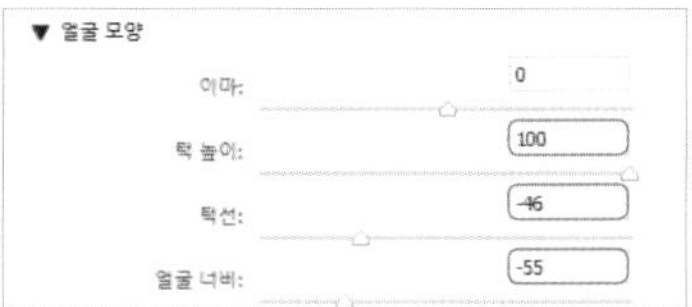

03 입 정돈하기

미소 지은 표정으로 만들기 위해 [입] 항목에서 [미소: 15]로 설정합니다.
얼굴의 윤곽을 가늘게 만들었으므로 입도 조금 작게 만듭니다.
04 [윗입술: -20], [아랫입술: 25], [입 너비: -30], [입 높이: -52]로 설정합니다.

04

04 코 정돈하기

코도 조금 작게 만듭니다.
05 [코] 항목에서 [코 높이: 25], [코 너비: -75]로 설정합니다.

05

05 눈 크기 정돈하고 완성하기

화면에서 오른쪽 눈(인물의 왼쪽 눈)을 기준으로 왼쪽 눈을 정돈합니다.
06~07 [눈] 항목에서 왼쪽 눈에 [눈 높이: 30], [눈 너비: 30]을 입력하고 전체를 조정하기 위해 [눈 거리: -10]으로 설정합니다.

06

07

핵심 포인트

패널 왼쪽의 도구 바에 있는 [얼굴 도구]를 사용할 수도 있습니다. 얼굴의 각 파트에 마우스 커서를 맞춰 클릭&드래그하는 것으로도 각 파트의 크기와 각도를 바꿔 얼굴 생김새를 변경할 수 있습니다. 슬라이더로 수정하는 것처럼 섬세한 작업은 하기 어렵지만, 직접 보면서 수정할 수 있어 편리합니다.

Recipe

049

사랑스러운 분위기로 보정하기

샤프한 이미지와 흐릿한 이미지를 겹치면 부드럽고
여성스러운 분위기의 사진을 만들 수 있습니다.

원본

01 기본이 되는 선명한 사진 만들기

01 '049-인물.psd'를 불러온 후 레이어에서 마우스 오른쪽 버튼을 클릭하고 [고급 개체로 변환]을 선택합니다.

02 고급 개체로 변환된 레이어를 복사합니다. 상위 레이어의 이름을 '필터', 하위 레이어의 이름을 '기본'으로 바꿉니다.
[필터] 레이어를 숨깁니다.

03 [기본] 레이어를 선택한 후 [필터 → 선명 효과 → 언샵 마스크]를 선택합니다. [양: 100%], [반경: 2.0픽셀], [한계값: 0레벨]로 설정합니다.

04 기본이 되는 선명한 사진이 만들어졌습니다.

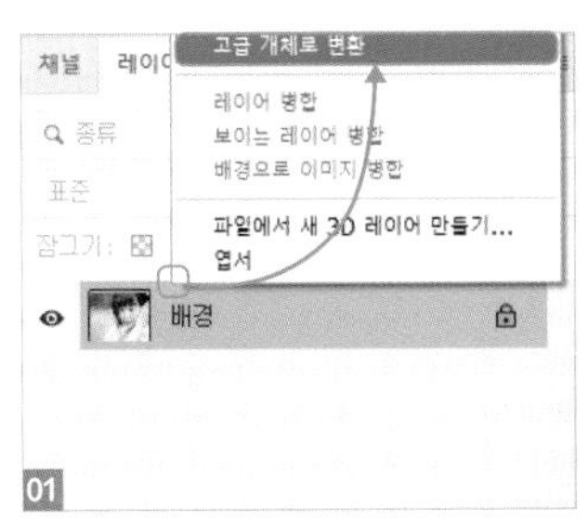

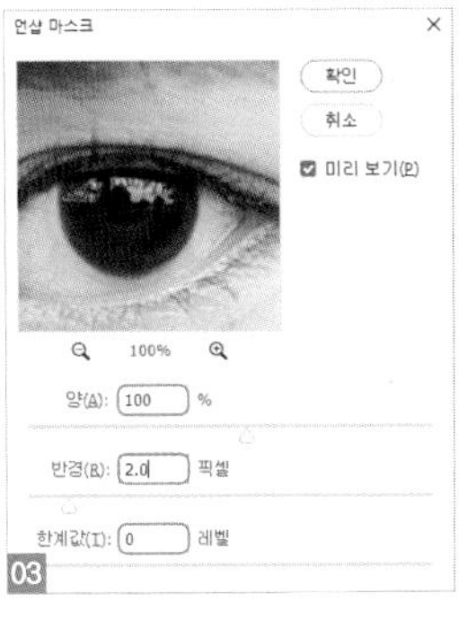

02 밝기와 명료도 조절하기

05 [필터] 레이어를 나타나게 한 후에 선택합니다.

06 [필터 → Camera Raw 필터]를 선택합니다.

07 먼저 밝기를 조정합니다. [노출: +0.30]으로 설정합니다. 어두운 영역의 대비를 낮춰 부드러운 인상으로 표현하기 위해 [검정 계열: +30]으로 설정합니다. 그다음으로 [명료도: -100]으로 설정해 부드러운 느낌을 표현합니다.

08 [필터] 레이어를 선택한 후 [불투명도: 70%]로 설정합니다.

09 아래쪽 [기본] 레이어의 선명함은 남기면서 [필터] 레이어의 부드러운 느낌이 어우러져 너무 흐리지 않은 부드럽고 매력적인 사진이 완성됩니다.

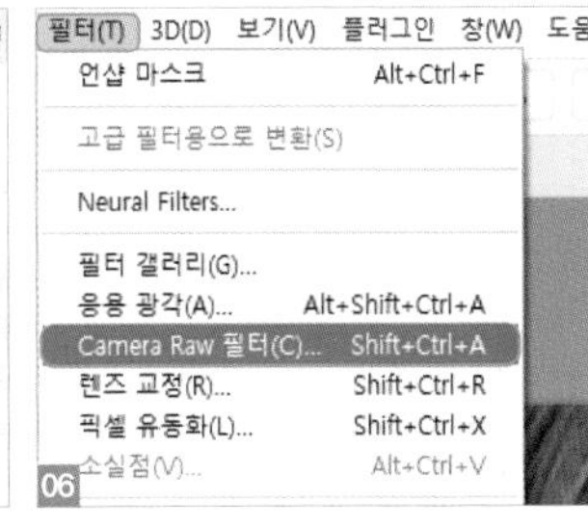

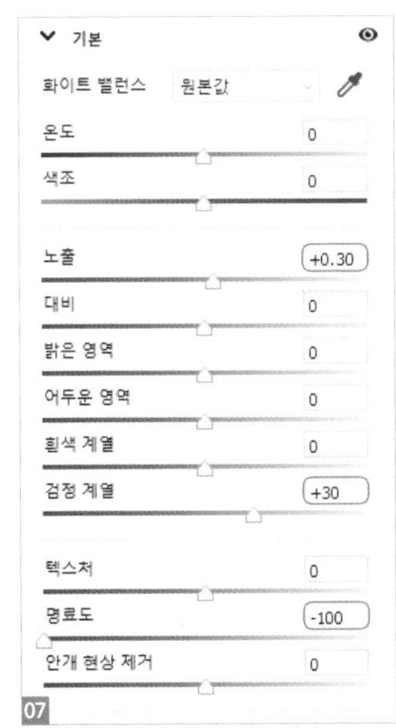

핵심 포인트

다른 이미지를 보정할 때는 그 사진에 맞는 밝기와 레이어 불투명도로 조절해야 합니다.

Recipe

050

[퍼펫 뒤틀기] 기능으로 인물의 자세 바꾸기

[퍼펫 뒤틀기] 기능을 사용해
인물의 자세를 바꿔 보겠습니다.

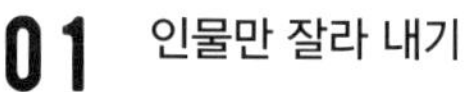

01 인물만 잘라 내기

01 '050-인물.psd'를 불러온 후 레이어를 복사하고 복사된 레이어의 이름을 '인물'로 바꿉니다. [펜 도구]나 [자동 선택 도구] 등을 사용해 인물만 선택하고 잘라 냅니다.

02 배경 그레이디언트 만들기

02 도구 바에서 [그레이디언트 도구]를 선택한 후 원본 이미지의 배경과 같은 그레이디언트를 만들겠습니다.
03 옵션 바에서 를 클릭해 [그레이디언트 편집기] 대화상자가 나타나게 합니다.

03 그레이디언트 배색 만들기

04~05 사전 설정에서 [기본 사항: 전경색에서 배경색으로] 등과 같이 2색 그레이디언트로 만들 수 있는 것을 선택합니다. 왼쪽 아래의 [위치: 0%]에 있는 정지점을 선택한 후 [색상]을 클릭하면 [색상 피커] 대화상자가 나타납니다.

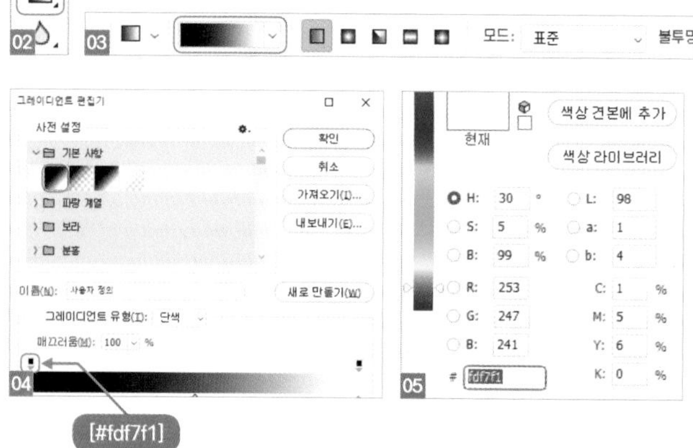

마우스 커서를 작업 영역으로 이동하면 [스포이트 도구]로 자동 변경됩니다. 이미지의 배경에서 밝은 부분을 [스포이트 도구]로 클릭합니다.

06 [그레이디언트 편집기] 대화상자로 돌아와 오른쪽의 [위치: 100%]에 있는 정지점을 클릭해 이미지의 어두운 부분을 [스포이트 도구]로 클릭합니다.

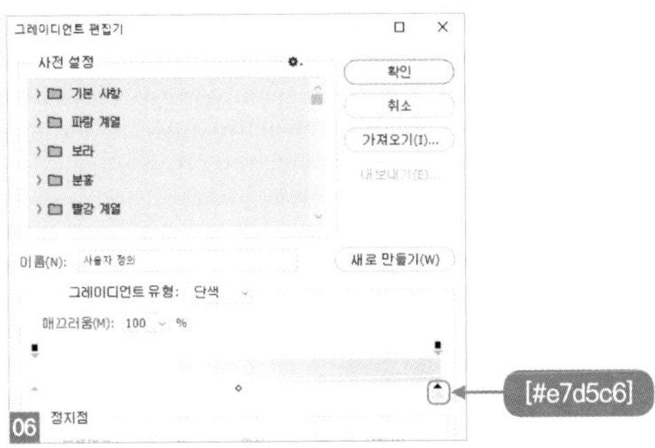

04 배경 채우기

새 레이어를 만든 후 [인물] 레이어의 아래쪽에 배치합니다.

07 원래 사진에서는 왼쪽 위에서 오른쪽 아래 방향으로 어두워지고 있으므로 [그레이디언트 도구]를 선택한 후 왼쪽 위에서 오른쪽 아래를 향해 클릭&드래그해 색을 채웁니다.

레이어의 이름을 '인물 배경'으로 바꿉니다.

08 인물과 배경을 분리한 2개의 레이어가 만들어졌습니다.

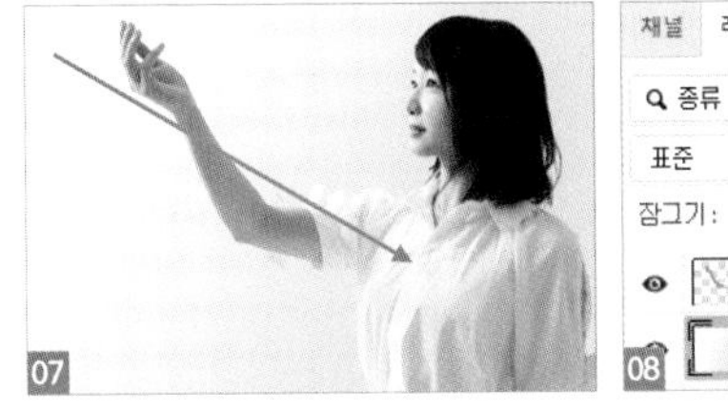

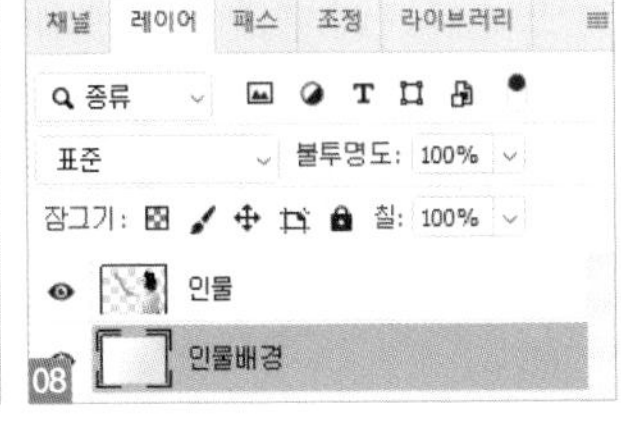

핵심 포인트

그레이디언트를 만들 때 옵션 바의 [반전]에 체크 표시가 돼 있으면 그레이디언트가 반대 방향으로 만들어지기 때문에 주의해야 합니다.

05 [퍼펫 뒤틀기]로 인물의 자세 바꾸기

09 [인물] 레이어를 선택한 후 [편집 → 퍼펫 뒤틀기]를 선택합니다.

10 메시가 나타나면 관절이 되는 부분을 클릭해 변형 핀을 추가합니다.

11 손목, 팔꿈치, 겨드랑이, 머리, 목, 허리 등에 변형 핀을 설정합니다.

12 변형 핀을 움직여 시선을 왼쪽 위로 조금 올린 후 손을 약간 내린 자세로 바꿉니다. Enter 를 눌러 변형을 완료합니다.

13 '050-새.psd'를 불러온 후 새를 배치하면 완성입니다.

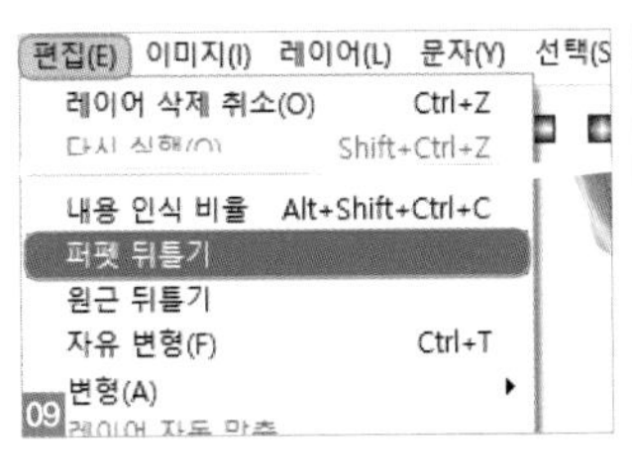

핵심 포인트

Alt 를 눌러 커서가 가위 모양으로 바뀌었을 때 변형 핀을 클릭하면 변형 핀이 지워집니다.

Recipe

051

머리 색상 바꾸기

사람의 머리카락이나 동물의 털을 수정·가공하는 작업은 얼마나 예쁘고 깔끔하게 선택 범위를 설정하느냐가 작업의 품질을 좌우합니다. 약간 번거롭고 인내가 필요한 작업이지만, 세심하게 선택 범위를 만들어 보정해 보세요.

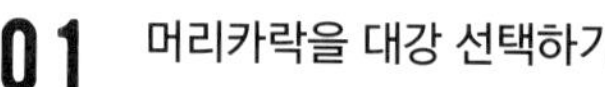

01 머리카락을 대강 선택하기

01 '051-인물.psd'를 불러온 후 [빠른 선택 도구]를 선택합니다. 머리카락을 대강 선택합니다.
02 브러시의 크기를 바꿔가면서 복잡한 부분은 [5픽셀] 전후, 단순하고 면적이 넓은 부분은 [15픽셀] 전후로 설정해 선택합니다.

02 [가장자리 다듬기 브러시 도구]로 머리카락의 윤곽선 선택하기

03 [빠른 선택 도구]가 선택된 상태에서 옵션 막대의 [선택 및 마스크]를 선택합니다.
04 전용 창으로 전환합니다.
05 [가장자리 다듬기 브러시 도구]를 선택합니다.
06 세밀하게 선택해야 하는 머리카락의 윤곽을 브러시로 드래그하면 경계선이 자동으로 보정됩니다. 불필요한 부분이 추가됐을 때는 [브러시 도구]에서 Alt를 누른 상태로 드래그하면 지울 수 있습니다.
07 반대로 머리카락이 너무 사라지면 [브러시 도구]로 바꾼 후에 드래그하는 식으로 선택 범위를 추가할 수 있습니다.

08~09 [보기 모드]를 [흑백]을 선택해 경계선이 잘 선택돼 있는지 확인합니다.

● 처음에는 [어니언 스킨]이 선택돼 있습니다.

10 어느 정도 선택되면 [확인]을 클릭합니다.

03 머리색을 빨간색으로 바꾸기

11 선택 범위가 선택된 상태에서 [레이어 → 새 조정 레이어 → 색조/채도]를 선택합니다.
12 추가된 [색조/채도 1]이라는 레이어의 이름을 '머리색'으로 바꾼 후 레이어 축소판을 더블클릭합니다.
13 [색상화] 항목에 체크 표시를 한 후 [색상: 0], [채도: 50], [명도: 0]으로 설정합니다.
14 머리카락이 빨간색으로 바뀌었습니다.

04 머리카락 디테일하게 수정하기

[머리색] 레이어의 [레이어 마스크] 축소판을 선택한 상태에서 [브러시 도구]를 클릭합니다.
15 작업할 이미지를 확대한 후 브러시의 크기와 불투명도를 적당히 조절합니다.
16 뺨이나 목의 머리카락 주변의 잘못 선택된 부분을 브러시를 검은색으로 설정한 후 칠해 마스크를 씌웁니다.
17 살려야 하는 얇은 머리카락은 [브러시의 크기: 1픽셀], [불투명도: 100%]로 설정한 후 흰색으로 마스크를 씌웁니다.
18 흐림 도구를 사용해 경계를 자연스럽게 합니다.

05 원하는 머리색으로 바꾸고 완성하기

19 피부색 등과의 밸런스를 생각하면서 어울리는 머리색으로 바꾸면 완성입니다.

Recipe

052

피부에 타투한 느낌 표현하기

사람의 피부에 일러스트를 합성해 타투한 것처럼 표현해 보겠습니다. [뒤틀기] 기능으로 팔 모양에 맞춰 변형하면 됩니다.

01 타투할 범위 경로로 만들기

01 '052-인물.psd'를 불러온 후 [펜 도구]를 선택해 타투 이미지를 배치할 팔 부분의 범위를 패스로 만듭니다.

02 [패스] 패널을 연 후 패스의 이름을 '팔'로 바꿉니다.

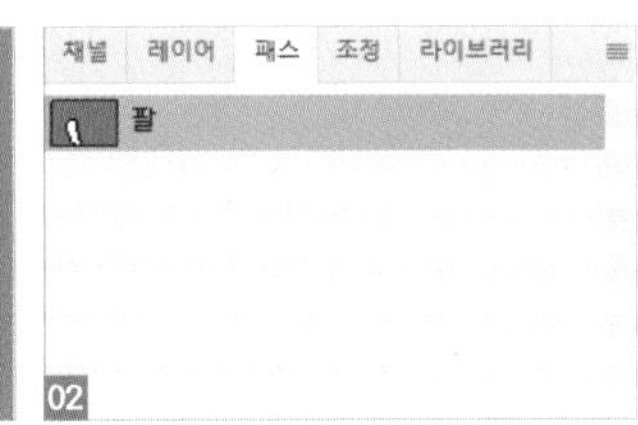

02 [뒤틀기] 기능으로 일러스트 변형하기

03 '052-장미.psd'를 불러온 후 장미 이미지를 이동시킵니다.

04~05 [패스] 패널의 [패스 축소판]을 Ctrl을 누른 상태에서 클릭해 선택 영역으로 만듭니다.

06~07 선택 범위가 작성되면 [장미] 레이어를 선택한 후 [레이어] 패널의 아래쪽에 있는 [마스크] 버튼을 클릭해 마스크를 만듭니다.

08 [자유 변형]을 실행하고 대략적인 크기와 각도를 조정합니다.

09 [마우스 오른쪽 버튼 클릭 → 뒤틀기]를 선택합니다.

10 일러스트를 팔 모양에 맞게 변형합니다.

03 일러스트에 질감 넣기

11 [필터 → 필터 갤러리]를 선택합니다.

12 대화상자에서 [텍스처 → 그레인]을 선택한 후 [강도: 65], [대비: 50]으로 설정합니다.

13 [필터 → 흐림 효과 → 가우시안 흐림 효과]를 선택해 [반경: 0.6픽셀]로 설정합니다.

14 [레이어] 패널에서 [불투명도: 80%]로 설정한 후 [혼합 모드: 곱하기]로 설정합니다.

04 다른 소스 추가하고 완성하기

15 '052-장미.psd' 파일에서 다른 소스도 이동해 배치합니다. **02**와 같은 방법으로 레이어 마스크를 사용해 '자유 변형 → 뒤틀기'의 흐름으로 소스를 변형합니다.

빛의 방향을 생각하면서 각 소스에 [레벨] 기능을 적용합니다. 빛을 강하게 받는 오른쪽 소스는 밝게 하고 어두운 영역에 있는 소스는 어둡게 보정해 완성합니다.

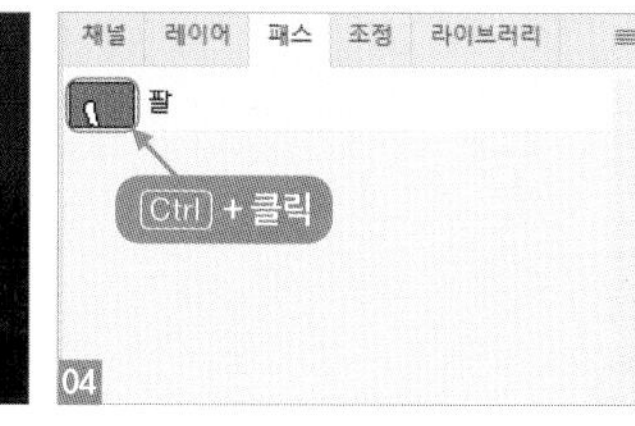

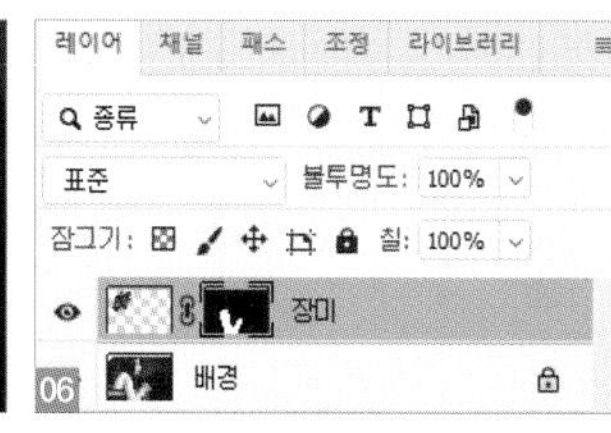

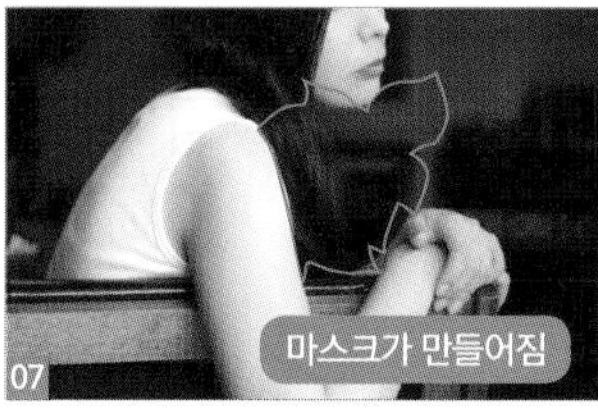

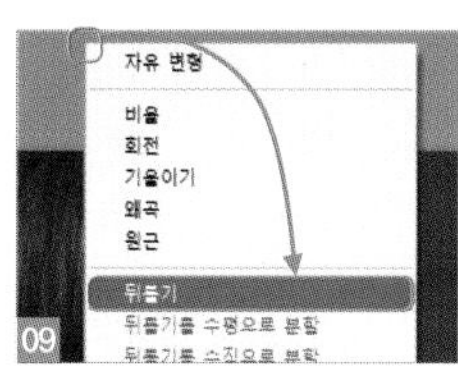

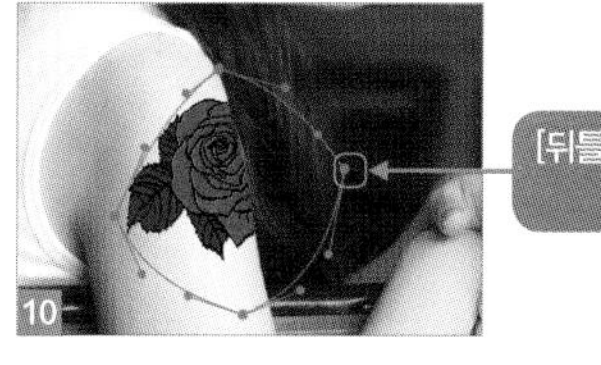

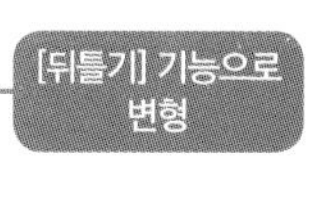

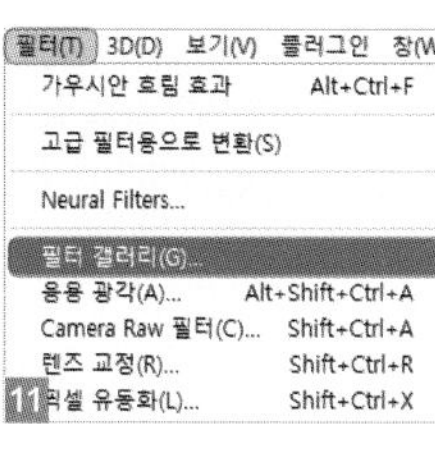

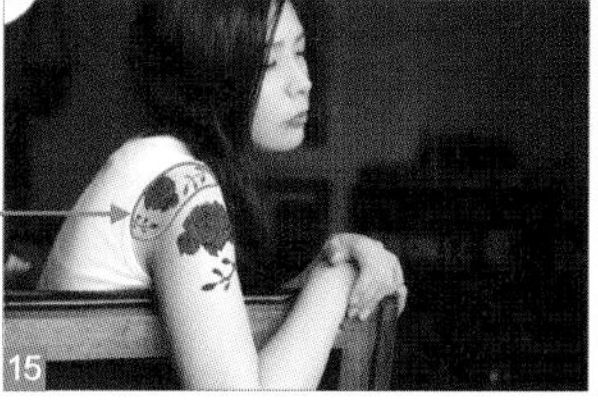

Recipe

053

머리카락 정돈하기

튀는 머리카락이나 얼굴에 걸린 머리카락을 정리해 보겠습니다.

원본

01 [스팟 복구 브러시]로 튀는 머리카락 지우기

01 '053-인물.psd'를 불러옵니다. 튀는 머리카락을 1개씩 지우겠습니다.

02 [스팟 복구 브러시 도구]를 선택합니다.

03 이미지를 확대한 후 1개씩 추적해 지웁니다. 브러시의 크기를 [10픽셀] 전후로 조정하면서 작업합니다. 되도록 가늘게 그리면 더욱 깨끗하게 지울 수 있습니다.

추가로 지워야 하는 부분이 있다면, 다시 확대해 작업합니다.

04 번거롭게 느낄 수 있지만, 반복 작업하는 것이 전체적인 분위기를 유지하는 데 도움이 됩니다. 확대한 상태에서 작업하면 전체를 파악할 수 없으니 화면을 축소해 전체적인 느낌을 확인하며 진행합니다.

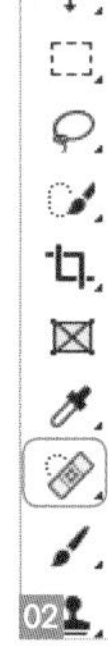

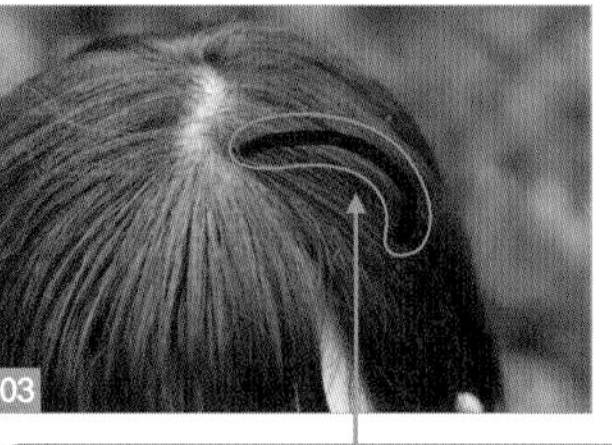

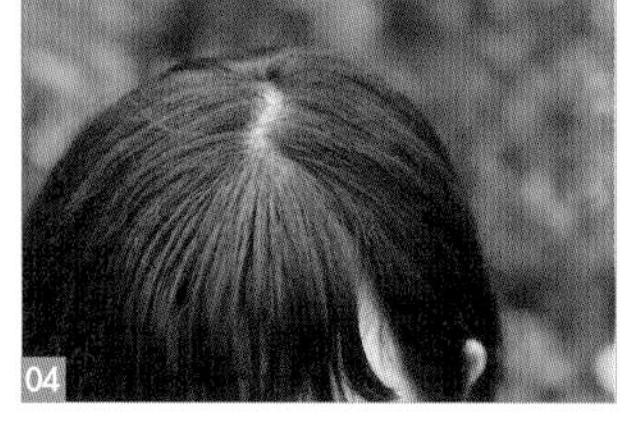

밖으로 튀어나온 한 올의 머리카락을 빗질하듯이 단정하게 만듦

02 눈 주위에 보이는 머리카락 지우기

05 [스팟 복구 브러시 도구]를 사용해 얼굴에 걸쳐 있는 머리카락을 지웁니다.

06 이마 부분은 깨끗하게 지우기 어려우므로 대강 정돈합니다.

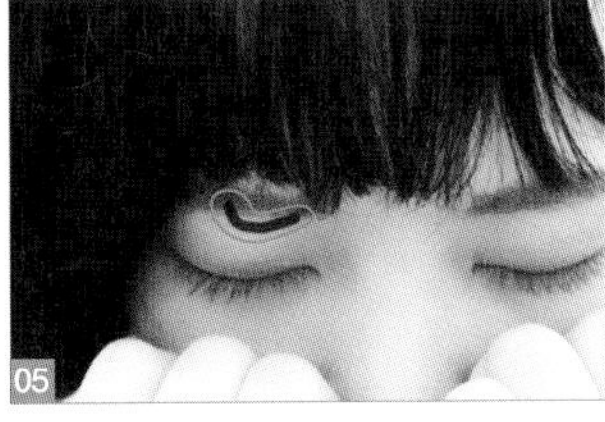
05

06

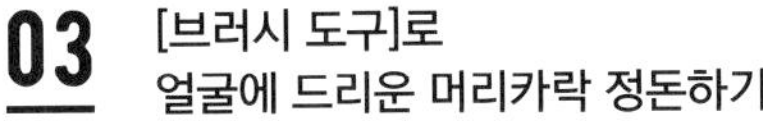

03 [브러시 도구]로 얼굴에 드리운 머리카락 정돈하기

피부색 브러시로 머리카락을 지우겠습니다.

07 가장 위쪽에 새 레이어를 만든 후 레이어의 이름을 '이마'로 바꿉니다.

[브러시 도구]를 선택한 후 옵션 바에서 [종류: 부드러운 원]을 선택합니다.

08 브러시의 크기는 수정 부분에 맞게 조정하면 됩니다.

[브러시 도구]가 선택된 상태에서 Alt를 누르면 마우스 커서가 브러시에서 스포이트로 바뀝니다. 이때 칠하고자 하는 곳과 가장 가까운 피부색을 선택합니다. Alt에서 손을 떼면 브러시 커서로 돌아옵니다.

브러시로 그릴 때 불투명도를 낮추고 칠하면 자연스럽게 칠해집니다. 스포이트와 브러시를 바꿔가면서 피부색으로 칠합니다.

09 너무 칠했을 때는 [지우개 도구]로 조정합니다.

10 [이마] 레이어를 [불투명도: 70%]로 바꿉니다.

07

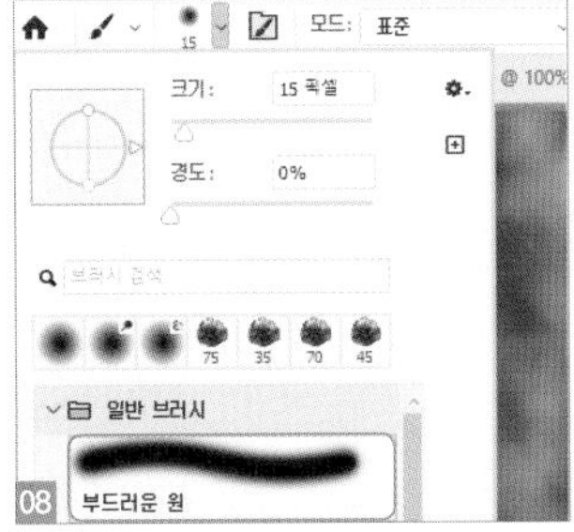

08

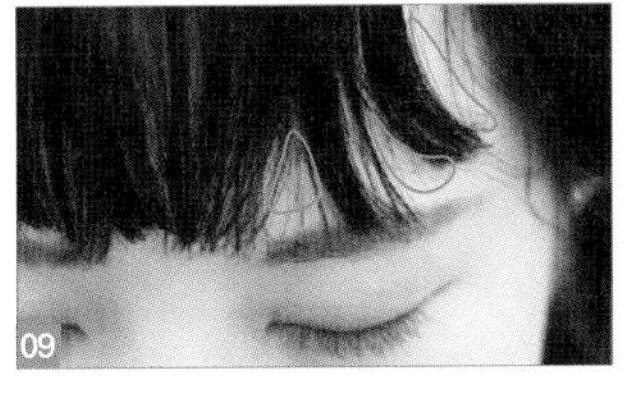
09

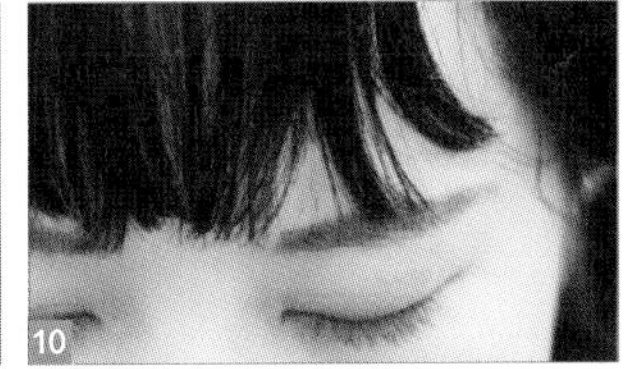
10

04 속눈썹 선명하게 만들기

[오른쪽 눈썹]이라는 새 레이어를 만든 후 **03**과 같은 방법으로 오른쪽 눈썹에 걸려 있는 머리카락을 정돈합니다.

11 [속눈썹]이라는 새 레이어를 만든 후 가장 위쪽에 위치시킵니다.

12 [속눈썹] 레이어의 [혼합 모드]를 [소프트 라이트]로 설정합니다. 검은색(#000000) 전경색으로 속눈썹을 칠합니다. 속눈썹의 뿌리에서 끝쪽으로 칠하면 자연스러운 느낌이 됩니다.

13 [속눈썹] 레이어를 [불투명도: 70%]로 설정한 후 완성합니다.

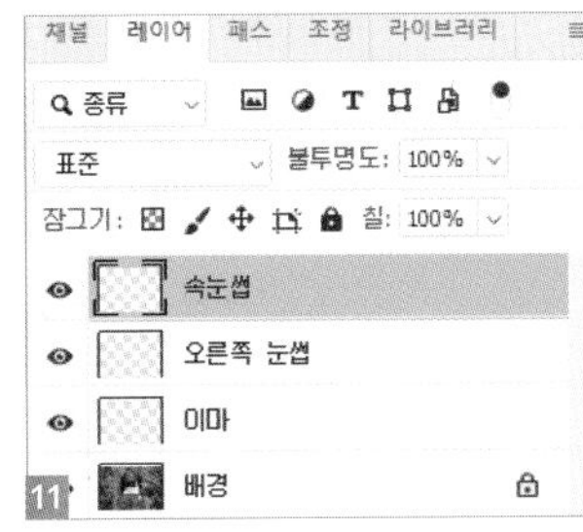

11

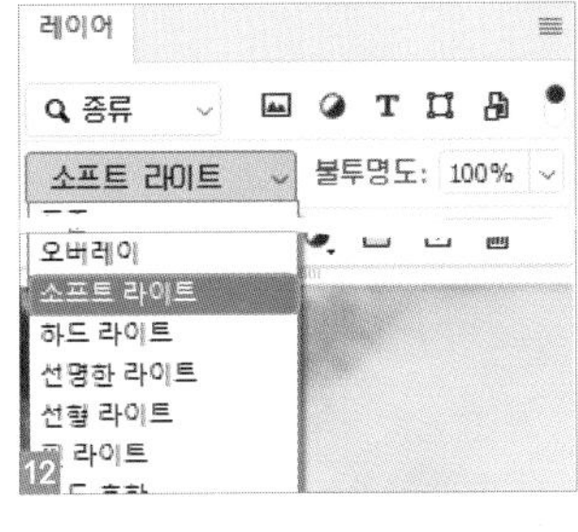

12

13

Invisible Effect

Recipe

054

몸의 일부를 투명하게 만들기

인물의 일부를 투명하게 만들어 보겠습니다.

01 레이어 복사하기

01 '054-인물.psd'를 불러온 후 [배경] 레이어를 복사하고 위쪽 레이어의 이름을 '인물', 하위 레이어의 이름을 '배경'으로 바꿉니다. 일단 [인물] 레이어를 숨깁니다.

02 [배경] 레이어를 선택한 후 도구 바에서 [스팟 복구 브러시 도구]를 선택합니다.

03 옵션 바에서 [크기: 250픽셀], [유형: 내용 인식]으로 설정합니다.

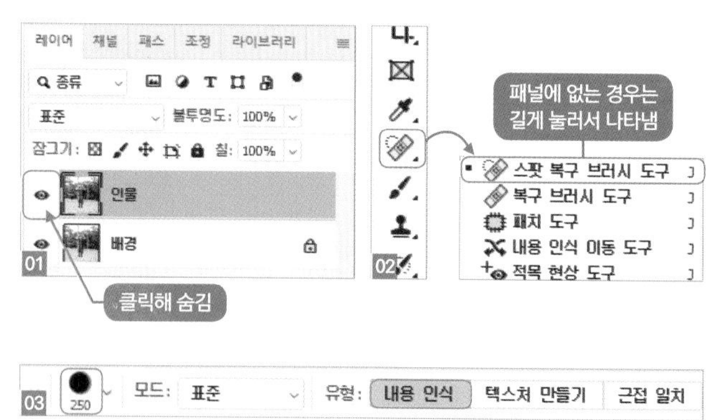

02 [스팟 복구 브러시 도구]로 인물 없애기

04~05 없애고자 하는 인물을 선택하면 이미지에서 그 부분만 사라집니다.

이미지에 눈에 거슬리는 부분이 보이거나 부자연스러워 보이면 다시 [스팟 복구 브러시 도구]로 자연스러워질 때까지 반복합니다.

03 인물에 [마스크] 적용하기

06 [인물] 레이어를 선택한 후 [마스크]를 생성합니다.

07 레이어 마스크 축소판이 선택된 상태에서 [사각형 선택 도구]로 가슴의 아래쪽에 선택 범위를 만듭니다.

08 [페인트 통 도구]를 선택한 후 [전경색: #000000]으로 채웁니다.

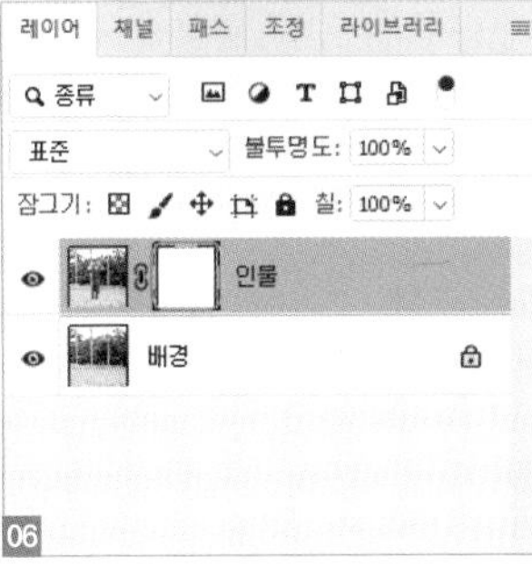

04 [마스크]의 위치 조정하기

09 [인물] 레이어의 링크 표시(레이어 마스크와 레이어에 대한 링크)를 클릭해 없앱니다.

레이어 마스크 축소판을 선택한 후 마스크를 원하는 위치로 이동시켜 완성합니다.

10 이번 예제에서는 마스크를 [-15°] 회전시키고 마스크의 경계에 라인을 그린 후 텍스트로 장식해 완성했습니다.

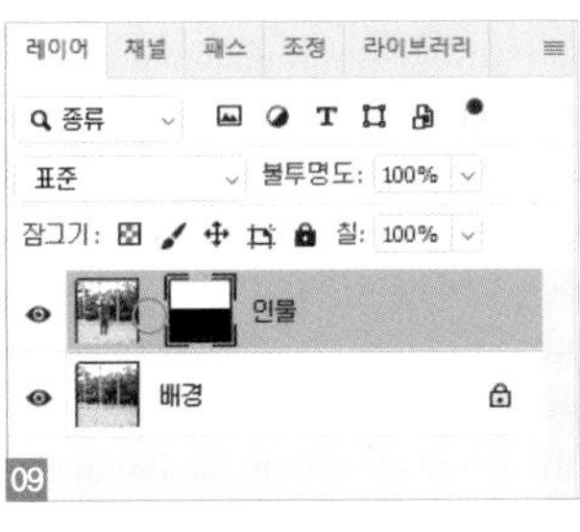

핵심 포인트

[레이어 마스크]의 링크 표시를 없애면 마스크만 이동, 변형할 수 있습니다. 또한 복수의 이미지를 정리한 그룹에도 [레이어 마스크]를 적용할 수 있고 링크 표시를 온·오프로 변경할 수도 있습니다. 여러 이미지에 마스크를 일괄적으로 적용하고 싶을 때도 사용할 수 있습니다.

Recipe

055

토이 카메라로 촬영한 느낌 내기

대비를 조절하면 토이 카메라로 촬영한 느낌의 사진으로 만들 수 있습니다.

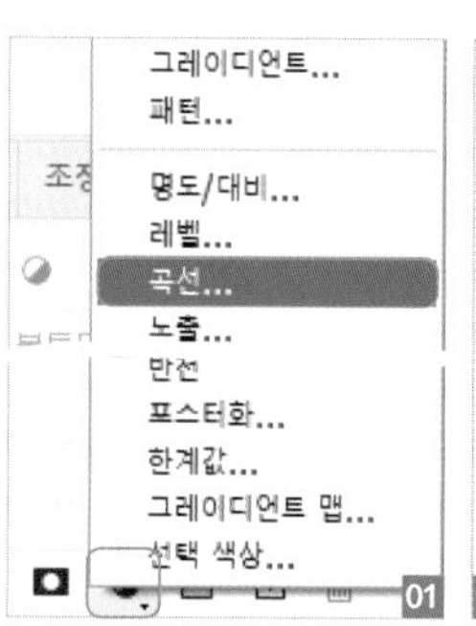

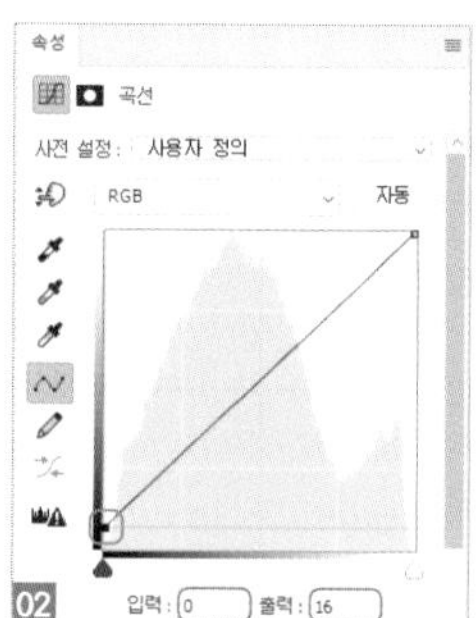

01 [곡선] 기능으로 대비 조절하기

01 '055-인물.psd'를 불러온 후 [레이어] 패널의 아래쪽에 있는 [조정 레이어] 버튼에서 [곡선]을 선택합니다.
02 [속성] 패널에 [곡선]이 나타나면 왼쪽 아래에 있는 포인터를 [입력: 0], [출력: 16]으로 설정합니다.
03~05 포인터를 3개 추가하는데 왼쪽부터 [입력: 69, 출력: 57], [입력: 128, 출력: 129], [입력: 185, 출력: 199]로 설정합니다.
06 대비를 높였습니다.

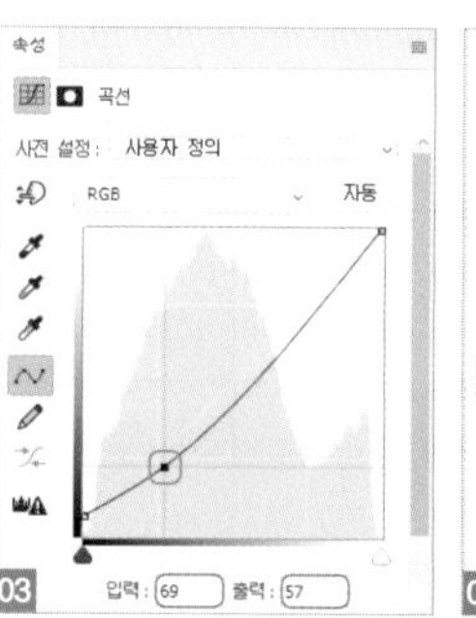

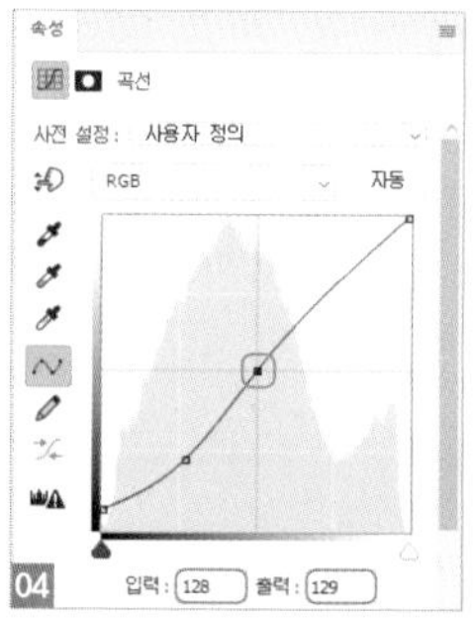

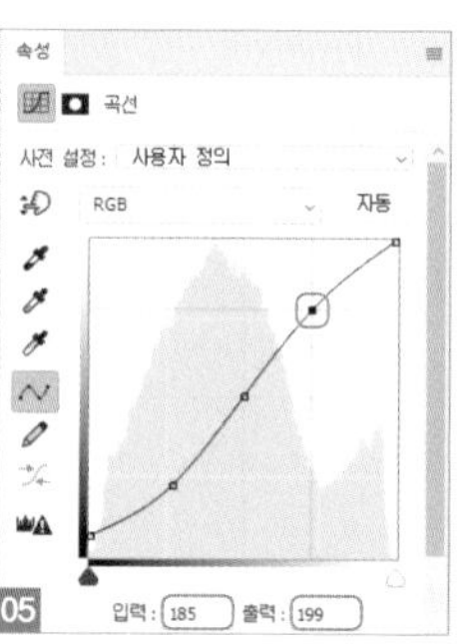

02 [곡선] 기능으로 빨간색 조절하기

[곡선] 채널을 [RGB]에서 [빨강]으로 바꿉니다.

07~09 포인터를 3개 추가한 후 왼쪽부터 [입력: 74, 출력: 57], [입력: 128, 출력: 126], [입력: 179, 출력: 196]으로 설정합니다.

10 빨간색을 조절했습니다.

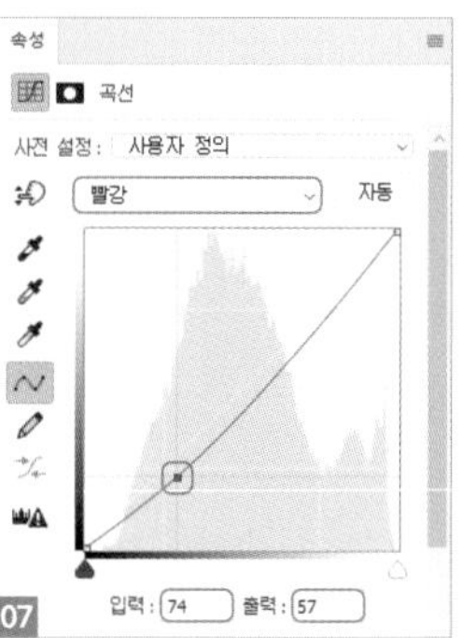

07

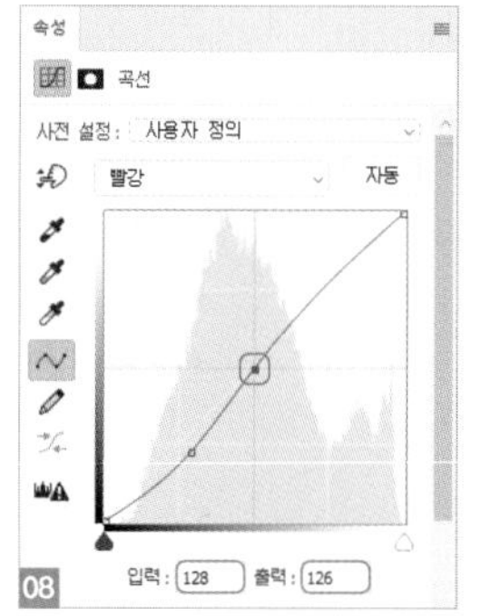

08

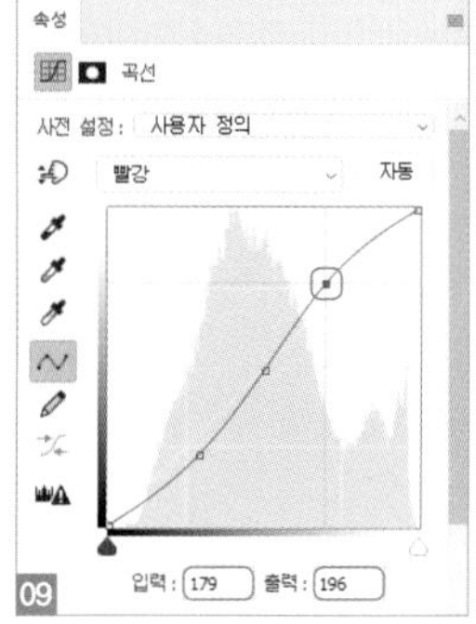

09

10

03 [곡선] 기능으로 초록색 조절하기

[곡선] 채널을 [녹색]으로 바꿉니다.

11~13 포인터를 3개 추가한 후 왼쪽부터 [입력: 70, 출력: 57], [입력: 128, 출력: 128], [입력: 184, 출력: 203]으로 설정합니다.

14 초록색을 조절했습니다.

11

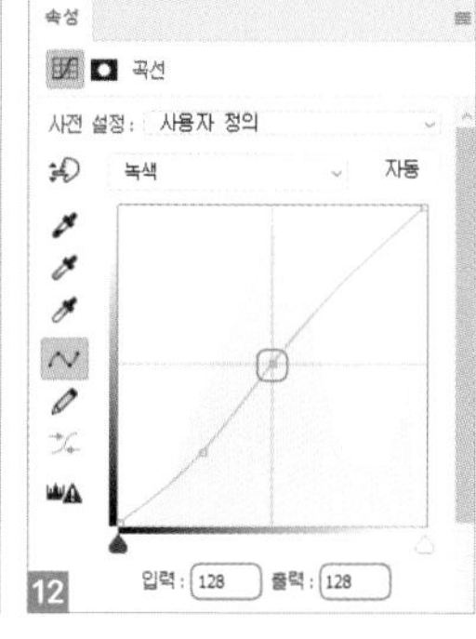

12

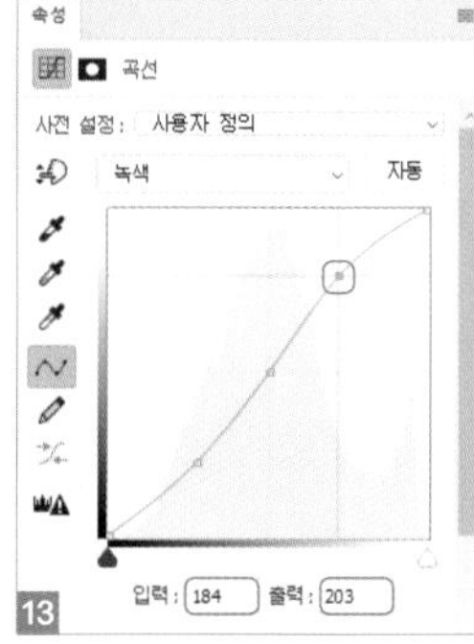

13

14

04 [곡선] 기능으로 파란색 조절하기

[곡선] 채널을 [파랑]으로 바꿉니다.

15~17 포인터를 3개 추가한 후 왼쪽부터 [입력: 62, 출력: 77], [입력: 125, 출력: 127], [입력: 200, 출력: 188]로 설정합니다.

18 파란색을 강조했습니다.

05 보라색 [그레이디언트] 추가하기

[레이어] 패널의 아래쪽에 있는 [조정 레이어] 버튼에서 [그레이디언트]를 선택합니다.

19 [그레이디언트 칠] 대화상자가 나타나면 그레이디언트의 색상 부분을 클릭합니다.

20 [그레이디언트 편집기] 대화상자가 나타나면 왼쪽의 정지점 색상을 [#762f8a]로 설정합니다.

21 [그레이디언트 칠] 대화상자로 돌아와 [스타일: 방사형]으로 설정한 후 [반전] 항목에 체크 표시를 합니다.

22 사진의 네 모퉁이가 보라색이 됐습니다.

23 [그레이디언트 칠 1] 레이어의 [혼합 모드]를 [소프트 라이트]로 설정합니다.

24 토이 카메라로 촬영한 것 같은 색감으로 보정됐습니다.

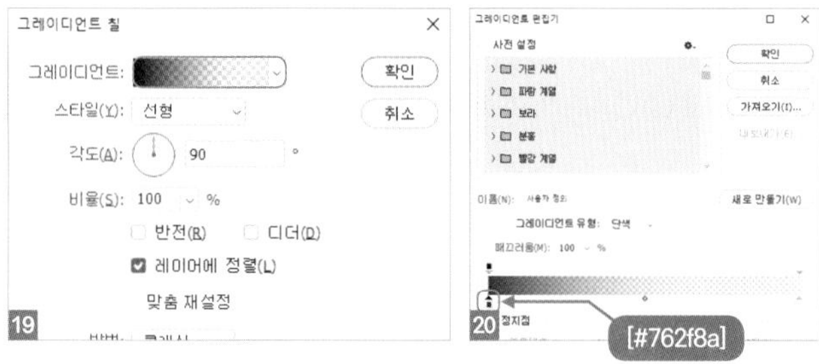

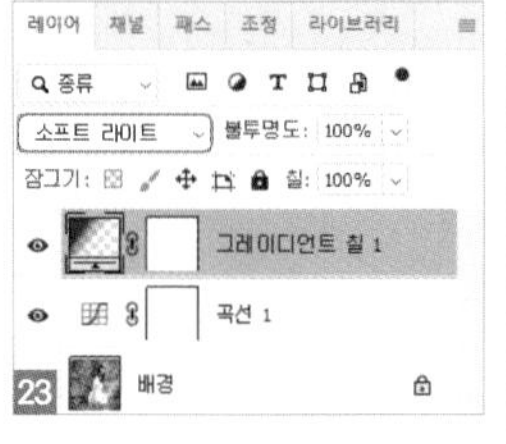

Recipe

056

피부 주름 보정하기

[스팟 복구 브러시 도구]와 [복제 도장 도구]를 사용해 피부 주름을 자연스럽게 줄여 보겠습니다.

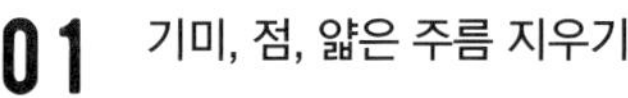

01 기미, 점, 얇은 주름 지우기

01 '056-인물.psd'를 불러온 후 도구 바에서 [스팟 복구 브러시 도구]를 선택합니다.

02 기미, 점, 얇은 주름 등을 덧칠해 지웁니다.
이때는 브러시의 크기가 지우려는 대상보다 약간 큰 것이 좋습니다. 작은 점이나 모공 등은 덧칠하지 말고 점을 찍듯이 지워 나갑니다.

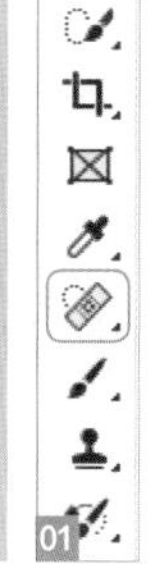

02 [복제 도장 도구]로 피부 부드럽게 만들기

03 [복제 도장 도구]를 선택합니다.

04 수정하고 싶은 부분에 가까운 피부색이나 질감(대부분 바로 옆이나 가까운 부분)을 Alt 를 누르면서 선택한 후 수정하고 싶은 부분을 칠합니다.
이때 브러시의 크기와 불투명도를 조절하면서 작업합니다.

03 전체적으로 정돈하고 완성하기

01과 **02**를 반복합니다.

05 [스팟 복구 브러시 도구]로 칠한 부분을 [복제 도장 도구]로 자연스럽게 복구하는 경우도 있고 그 반대의 경우도 있습니다. 마지막으로 손가락의 주름까지 정돈하면 완성입니다.

핵심 포인트

모공 등과 같은 섬세한 부분은 화면을 확대해 놓고 작업하는 것이 좋습니다. 중간중간 화면을 축소해 전체적인 느낌을 보면서 작업하면 자연스럽게 보정하는 데 도움이 됩니다. 주름을 극단적으로 지우면 부자연스러워 보이므로 원래 이미지와 비교하면서 작업하는 것이 좋습니다.

작가의 리터치 노트

[필터 갤러리] 더 알아보기

[필터 → 필터 갤러리]를 사용하면 이미지에 다양한 효과를 적용할 수 있습니다. 반복해서 적용할 수도 있고 다양하게 표현할 수도 있습니다. 어떤 효과가 있는지 몇 가지만 소개하겠습니다.

원본 / 예술 효과 → 오려 내기 / 예술 효과 → 문지르기 효과 / 예술 효과 → 드라이 브러시

예술 효과 → 팔레트 나이프 / 예술 효과 → 거친 파스텔 효과 / 예술 효과 → 페인트 바르기 / 스케치 효과 → 물 종이

텍스처 → 균열 / 텍스처 → 채색 유리 / 텍스처 → 텍스처화 / 왜곡 → 유리

예술 효과 → 스폰지 / 스케치 효과 → 하프톤 패턴 / 스케치 효과 → 저부조 / 브러시 획 → 어두운 획

스케치 필터에는 전경색, 배경색이 반영됩니다. 전경색에는 흰색(#ffffff), 배경색에는 검은색(#000000)을 반영한 결과입니다.

04

귀엽고 아기자기한 느낌의 콜라주

4장에는 앤티크한 질감과 테이스트한 보정의 실용적인 예를 살펴보겠습니다. 4장의 목적은 귀여운 분위기를 바탕으로 좀 더 퀄리티 높은 콜라주 이미지를 표현해 보는 것입니다. 다양한 장르에 응용할 수 있는 방법이므로 알아 두면 폭넓은 이미지 제작에 도움이 될 것입니다.

Photoshop Recipe

Recipe

057

병 속에 여러 가지 이미지 합성해 넣기

병, 동물 사진 등을 합성해 미니어처와 같은 이미지를 만들어 보겠습니다.

01 유리병을 투명하게 표현하기

'057-병.psd'를 불러옵니다. 이 파일에는 유리병 부분만 잘라낸 [병] 레이어가 별도로 만들어져 있습니다.

01~02 [병] 레이어를 선택해 [레벨]을 실행합니다. [입력 레벨]을 [0, 1.0, 235]로 설정해 병을 투명하게 표현합니다. 이때 병의 오른쪽 색이 하얗게 날아가버리기 때문에 [출력 레벨]을 [0, 245]로 설정하고 하얗게 날아간 병의 윤곽을 되돌립니다.

03 [색상 균형]을 실행합니다. [밝은 영역]에 체크 표시를 한 후 [색상 레벨]을 [0, 0, 10]으로 설정해 파랑을 더합니다.

04~05 [어두운 영역]에 체크 표시를 한 후 [색상 레벨]을 [10, 0, 0]으로 설정해 흙 부분에 빨강을 더합니다.

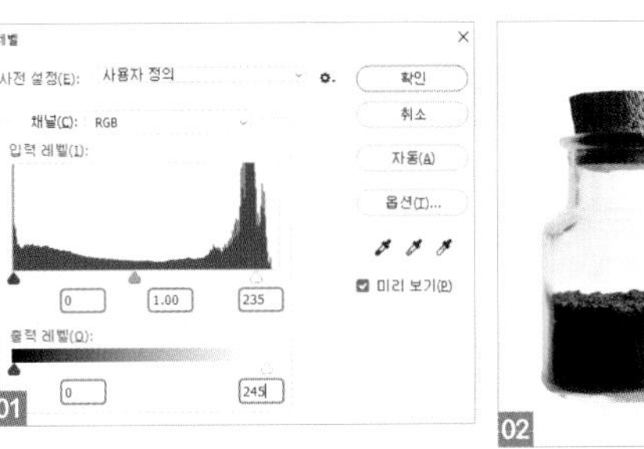

02 병 속에 들어갈 소스를 위한 패스 만들기

06 [펜 도구]를 선택한 후 병의 안쪽에 경로를 만듭니다.

07 [패스] 패널을 나타나게 한 후 완료된 패스의 이름을 '병 속'으로 바꿉니다.

03 지면이 될 꽃밭 만들기

08 '057-소스.psd' 파일에 있는 [꽃밭] 레이어를 이동시킵니다.

09 **02**에서 만든 [병 속] 패스의 [패스 섬네일]을 Ctrl을 누른 상태에서 클릭해 선택 범위로 만듭니다.

10 선택 범위가 만들어지면 [꽃밭] 레이어를 선택한 후 [레이어] 패널의 아래쪽에 있는 [마스크] 버튼을 클릭합니다.

11 꽃밭과 흙이 만나는 경계가 직선이므로 부자연스러워 보이네요. [꽃밭] 레이어의 [마스크 축소판]을 클릭한 후 [브러시 도구]를 선택하고 전경색을 검정(#000000)으로 설정해 마스크를 수정합니다.

모양이 완성되면 [마스크 축소판]을 실행한 상태에서 [흐림 효과 도구]를 선택한 후 테두리를 흐리게 합니다.

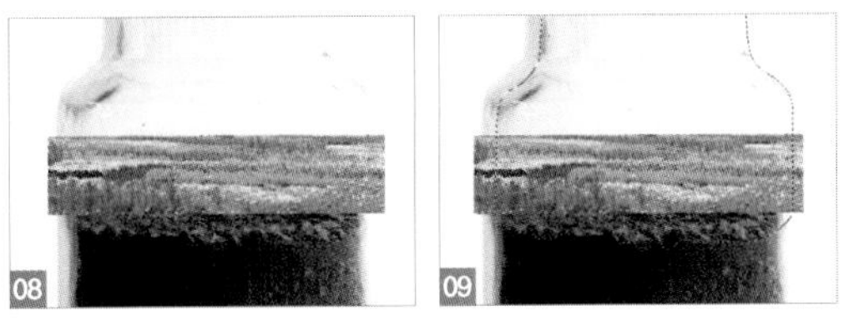

핵심 포인트

[브러시 도구], [흐림 효과 도구] 모두 직선 방향으로 칠하지 말고 브러시의 종류나 불투명도를 바꿔가면서 보정하는 것이 좋습니다.

04 위쪽에 나뭇잎 이미지 추가하기

12 **03**과 동일한 방식으로 [잎사귀] 레이어를 이동한 후 **02**에서 만든 패스를 선택 범위로 만들고 [마스크]를 추가합니다.
[마스크 축소판]을 선택한 후 [브러시 도구]를 클릭해 전경색을 검정(#000000)으로 설정하고 마스크를 수정합니다.
마스크를 수정할 때는 병 속에 있는 것처럼 보이기 위해 [브러시 도구]로 병의 양쪽을 반투명한 느낌으로 보정합니다.
13 브러시의 불투명도와 크기를 조정하면서 칠합니다.

05 동물이나 나무 이미지 배치하기

14~15 '057-소스.psd' 파일에서 [사슴] 레이어를 이동해 위치시킵니다. 꽃밭에 서 있는 것처럼 보이도록 [레이어] 패널의 아래쪽에 있는 [마스크] 버튼을 클릭합니다. 사슴의 발 밑을 브러시로 정돈한 후 꽃과 잔디 모양에 따라 마스크를 추가하면서 자연스럽게 표현합니다.
16 '057-소스.psd'의 각 소스를 원하는 곳에 위치시킵니다.

06 병의 빛과 그림자 그리기

가장 위쪽에 새 레이어를 만들어 추가한 후 레이어의 이름을 '병빛'으로 바꿉니다. 레이어의 [혼합 모드]를 [오버레이]로 설정한 후 [브러시 도구]로 빛을 그립니다.
17 병의 코르크 캡을 살펴보면 오른쪽에서 빛이 비치는 것을 알 수 있습니다.
[브러시 도구]로 병의 오른쪽에 빛을 그려 넣습니다.
[배경] 레이어 바로 위에 새 레이어를 만든 후 레이어의 이름을 '병그림자'로 바꿉니다.
18 [브러시 도구]를 선택한 후 그림자를 그립니다. 병과 바닥이 닿는 곳에 가장 어두운 그림자가 생기고 멀어질수록 그림자가 흐려지도록 그립니다.

Recipe

058 주인공에 초점을 맞춘 콜라주 만들기

주변의 심도를 낮추고 주인공을 강조하는 콜라주 이미지를 만들어 보겠습니다.

01 각 소스 배치하기

'058-풍경.psd' 파일과 '058-소스.psd'를 불러온 후 [인물], [개], [버섯]을 위치시킵니다.

01 배경과 각 소스의 원근감이 자연스럽게 보이도록 적당한 위치를 찾아 배치합니다.

02 소스들을 그룹화하고 브러시로 그림자 추가하기

[인물], [개], [버섯]을 그룹화한 후 그룹의 이름을 '캐릭터'로 바꿉니다.

02 그룹의 가장 아래쪽에 새 레이어를 추가한 후 레이어의 이름을 '그림자'로 바꿉니다.

03 [그림자] 레이어를 선택한 후 전경색을 검정(#000000)으로 설정합니다. 왼쪽 위에 태양이 있다고 가정하고 [브러시 도구]로 소녀의 발 밑, 개, 버섯의 오른쪽에 그림자를 그려 넣습니다.

04 레이어의 [불투명도]를 [65%]로 설정해 초원 이미지와 자연스럽게 어우러지도록 합니다.

03 초원과의 자연스러운 경계를 위해 [마스크] 추가하기

05~06 [캐릭터] 그룹을 선택한 후 [레이어] 패널의 아래쪽에 있는 [마스크] 버튼을 클릭합니다.

07 [마스크 축소판]을 선택한 상태에서 [브러시 도구]를 선택한 후 [레거시 브러시 → 기본 브러시 → 풀]로 설정합니다.

08 전경색과 배경색은 모두 검정(#000000)으로 설정합니다.

09 초원과 닿는 이미지의 경계가 자연스럽게 파묻혀 있는 것처럼 보이기 위해 [마스크]를 추가합니다. 브러시의 크기는 [30~130픽셀] 전후로 조정하면서 마스크를 추가해 나갑니다. **02**에서 그린 그림자 부분도 잊지 않고 마스크 처리합니다.

04 [조명 효과]로 인물의 빛 살리기

[인물] 레이어를 선택한 후 [마우스 오른쪽 버튼 클릭 → 고급 객체로 변환]을 선택합니다.

10 [필터 → 렌더 → 조명 효과]를 선택합니다.

11 [속성] 패널의 위쪽에 있는 [스팟]을 선택한 후 미리 보기 창에 나타나는 스팟 라이트의 모양을 원형으로 만들고 왼쪽으로 드래그합니다.

12 [속성] 패널에서 [조도: 45], [핫스폿: 20], [노출: 30], [광택: -100], [금속: -100], [주변광: 35]로 설정합니다.

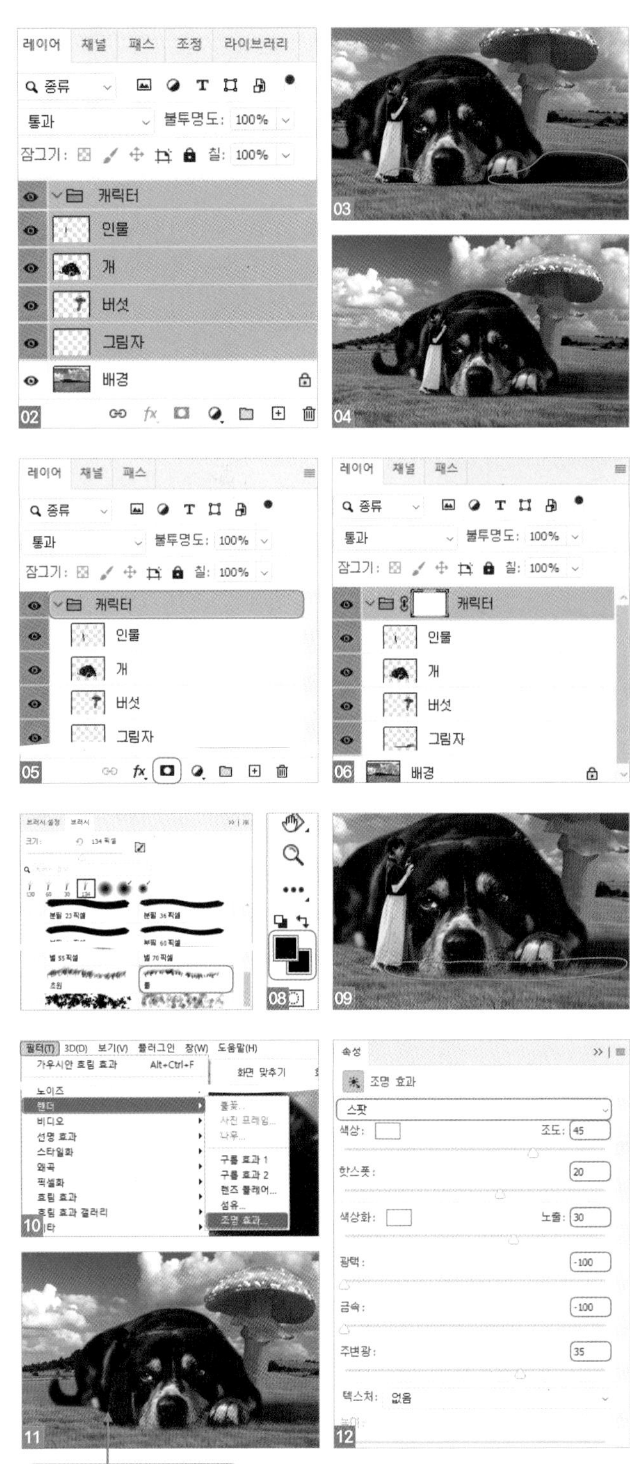

포토샵 버전에 따라 3D 기능이 작동하지 않을 수 있습니다. 문제가 발생하면 336쪽 내용을 참고해 포토샵 22.2 버전으로 설치해 실습해 보세요.

05 배경에 [흐림 효과] 추가하기

[배경] 레이어를 마우스 오른쪽 버튼으로 클릭한 후 [고급 객체로 변환]을 선택합니다.

13 [필터 → 흐림 효과 갤러리 → 조리개 흐림 효과]를 선택합니다.

14 인물과 개의 얼굴에 초점이 맞는 것처럼 보여주고 싶으므로 오른쪽 그림과 같이 흐림 범위를 맞춘 후 [흐림 효과: 12픽셀]로 설정합니다.

06 버섯의 빛을 살리고 [흐림 효과] 추가하기

[버섯] 레이어를 마우스 오른쪽 버튼으로 클릭한 후 [고급 객체로 변환]을 선택합니다.

15 **04**와 동일한 방법으로 [필터 → 렌더 → 조명 효과]를 선택한 후 스팟 라이트를 버섯의 왼쪽 위로 드래그합니다.

16 [속성] 패널의 설정은 [조도: 20], [핫스폿: 20], [노출: 0], [광택: -100], [금속: -100], [주변광: 25]로 설정합니다.

17 [필터 → 흐림 효과 → 가우시안 흐림 효과]를 선택한 후 [반경: 7픽셀]로 설정합니다.

07 개 이미지의 대비 조절하기

[개] 레이어를 마우스 오른쪽 버튼으로 클릭한 후 [고급 객체로 변환]을 선택합니다.

[이미지 → 조정 → 레벨]을 선택합니다.

18 입력 레벨을 [0: 0.85: 230]으로 설정해 대비를 높입니다.

19 심도를 낮춰 주인공에 포커스를 맞춘 이미지가 완성되었습니다.

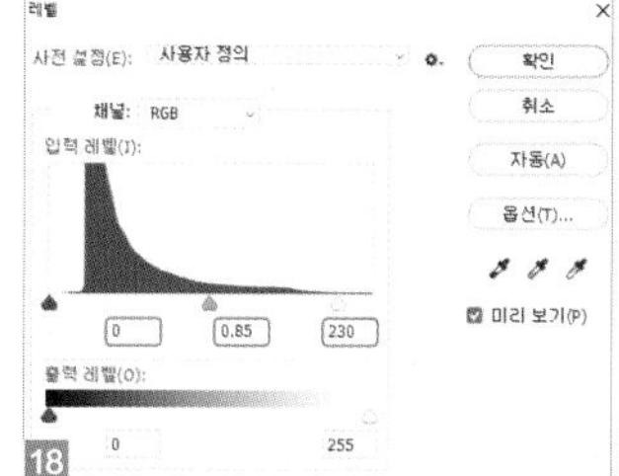

핵심 포인트

[풀] 브러시를 찾을 수 없을 때는 [창 → 브러시]를 클릭해 [브러시] 패널이 나타나게 합니다. 그런 다음 옵션 메뉴 버튼 ≡을 클릭하고 [레거시 브러시]를 선택해 레거시 브러시를 복원시킵니다. [레거시 브러시 → 기본 브러시 → 풀]에서 선택할 수 있습니다.

핵심 포인트

필터의 [조명 효과]와 [흐림 갤러리]를 사용할 때는 적용하는 레이어를 [스마트 객체]로 변환해 두면 나중에 필터를 다시 쓰거나 미세 조정할 수 있습니다.

Little Red Riding Hood

POP-UP BOOK

Recipe

059 종이를 찢어 붙인 느낌의 콜라주 만들기

소스에 다듬어지지 않은 거친 윤곽을 추가해 종이 공예나 찢어 붙인 콜라주와 같은 느낌의 이미지를 만들어 보겠습니다.

01 [펜 도구]로 바탕 모양 만들기

'059-배경.psd'를 불러옵니다.

01 [펜 도구]를 선택한 후 위쪽의 옵션 바에서 [모드]를 [모양]으로 설정합니다. [칠] 항목의 색상을 차가운 계열의 전경색(#655f53)으로 설정합니다.

02 풀밭 느낌이 나도록 거친 지그재그 모양으로 선택한 후 레이어의 이름을 '지면1'로 바꿉니다.

02 레이어 복사하고 어긋나게 배치하기

03 [지면 1] 레이어를 복사한 후 레이어의 이름을 '지면 2'로 변경하고 아래쪽에 위치시킵니다.

04 [지면 2] 레이어의 [레이어 축소판]을 더블클릭하면 [색상 피커] 대화상자가 나타나는데, 여기서 전경색을 흰색(#ffffff)으로 설정합니다.

05 [이동 도구]를 선택합니다.

06 [지면 2]를 선택한 후 약간 위로 이동합니다.

03 [레이어 스타일]로 그림자 넣기

07 [지면 2] 레이어를 선택한 후 레이어 이름 옆 빈 곳을 더블클릭하면 [레이어 스타일] 패널이 나타납니다.

08 [혼합 옵션]이 기본값으로 선택돼 있는데 여기서 [드롭 섀도]를 선택합니다. 체크 박스에 자동으로 체크 표시됩니다.
[각도: 45°], [크기: 30픽셀]로 설정합니다.

09 가장자리에 흰색 테두리와 그림자가 있는 3차원 모양이 생겼습니다.

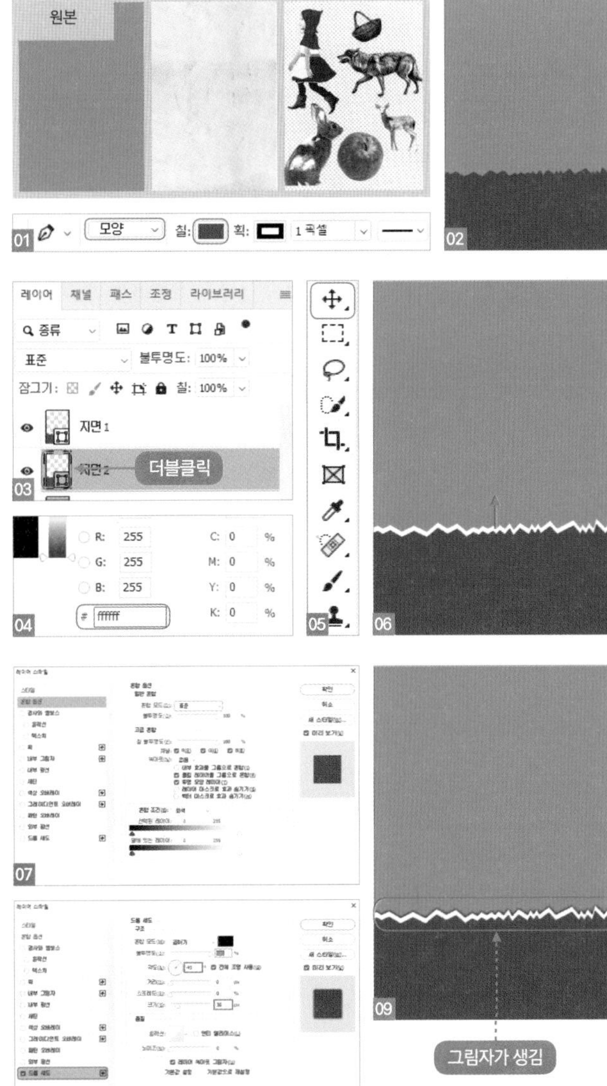

04 나뭇잎 실루엣 만들기

복잡한 모양의 거친 테두리를 만들어 보겠습니다.

10 01과 동일한 방식으로 나뭇잎의 실루엣을 만듭니다. 전경색을 [#e5bd41]로 설정한 후 이전보다 패스를 복잡하게 넣은 부채꼴 모양으로 만듭니다. 레이어의 이름을 '잎 1'로 바꾼 후 [배경] 레이어의 위쪽에 놓습니다.

11 [잎 1] 레이어의 밑에 01과 같은 방법으로 거친 모양을 만듭니다. 이때 레이어의 이름은 '잎 2'로 바꿉니다.

12 03에서 만든 [드롭 섀도] 레이어 스타일을 복사해 보겠습니다. [지면 2] 레이어를 [마우스 오른쪽 버튼 클릭 → 레이어 스타일 복사]를 선택합니다.

13 [잎 2] 레이어를 선택한 후 [마우스 오른쪽 버튼 클릭 → 레이어 스타일 붙여 넣기]를 선택합니다. 똑같은 레이어 스타일이 복사돼 적용됐습니다.

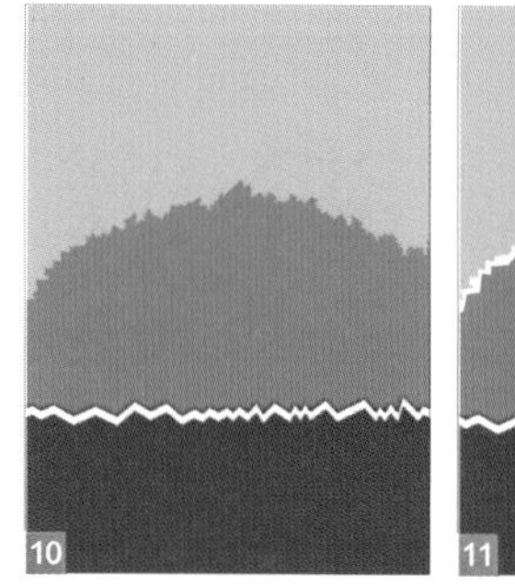

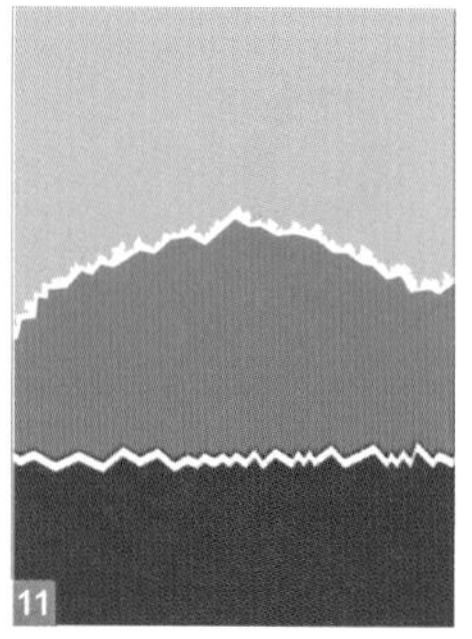

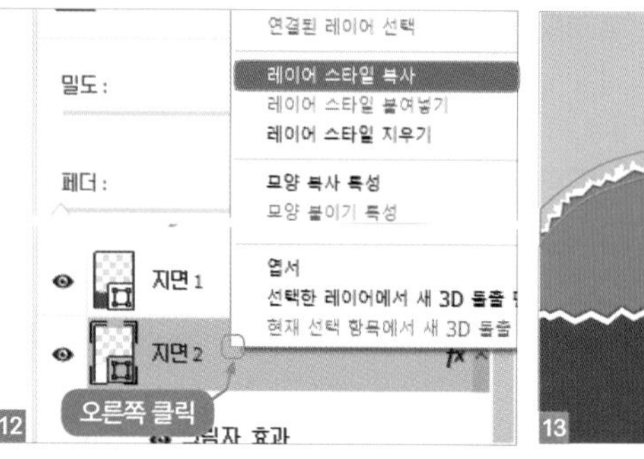

05 소녀와 동물 등의 소스 배치하기

14 '059-소스.psd' 파일에서 모든 소스를 이동시킵니다.

15 04와 같은 방법(하위 레이어에 흰색의 러프한 모양을 작성 → 각 레이어의 이름의 끝에 '2'를 붙여 알기 쉽게 하기 → 레이어 스타일(드롭 섀도)을 복사 & 붙여 넣기)으로 각 소스에 적용합니다.

핵심 포인트

16~17 [바구니] 레이어의 손잡이 부분은 가운데 부분을 잘라 내야 합니다. 먼저 이름이 [바구니 2]로 지정된 흰색 테두리와 그림자 레이어를 선택한 상태에서 도구 바의 [펜 도구]를 선택합니다. 위쪽에 있는 옵션 바에서 [패스 작업]을 [전면 모양 빼기]로 선택한 후 손잡이 부분을 잘라 내면 됩니다.

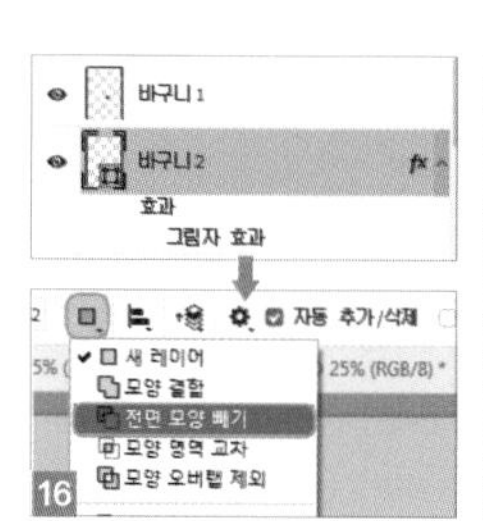

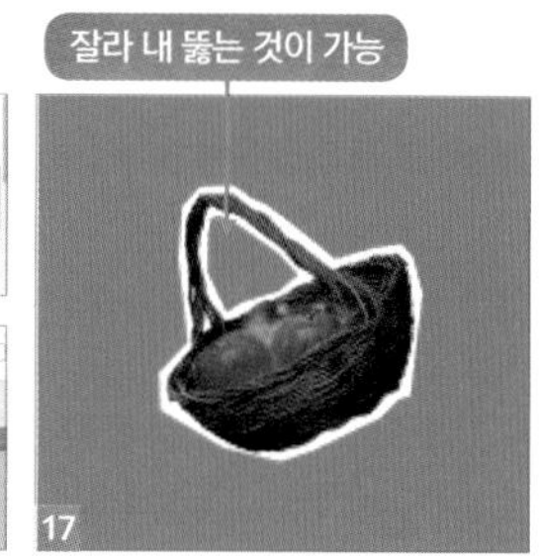

06 마스크 추가하고 소녀 바구니 배치하기

18 [레이어] 패널의 아래쪽에 있는 [그룹] 버튼을 클릭합니다.

19 [바구니 1], [바구니 2] 레이어를 드래그해 방금 만들어진 [그룹] 레이어로 이동합니다. 그룹의 이름은 '바구니'로 바꿉니다.

20 [바구니] 그룹을 소녀의 손으로 옮겨 놓습니다. [바구니] 그룹을 선택한 상태에서 [이동 도구]를 선택한 후 드래그하면 그룹 전체를 함께 이동합니다. 또한 마우스 커서에 십자 모양이 나타났을 때 드래그하거나 키보드에 있는 화살표 키로 위치를 미세하게 조정할 수 있습니다.

21 [바구니] 그룹을 선택한 후 [마스크]를 추가합니다.

22 [브러시 도구] 또는 [올가미 도구]를 사용해 소녀의 손과 겹치는 부분을 없앱니다.

핵심 포인트

[바구니 1], [바구니 2] 레이어를 그룹화해 놓으면 이동이나 배치, [마스크]를 만들 때 편리합니다.

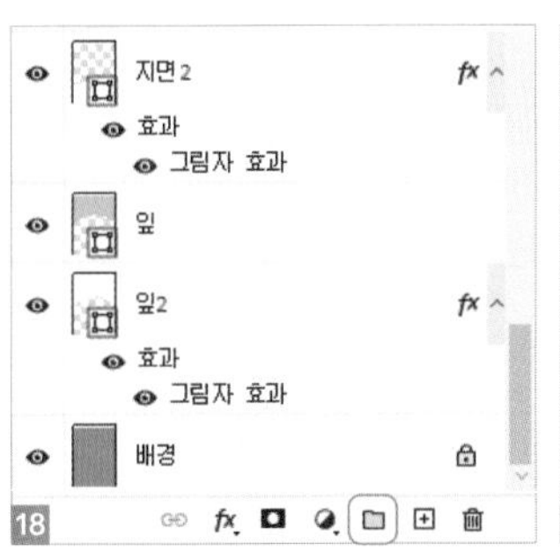

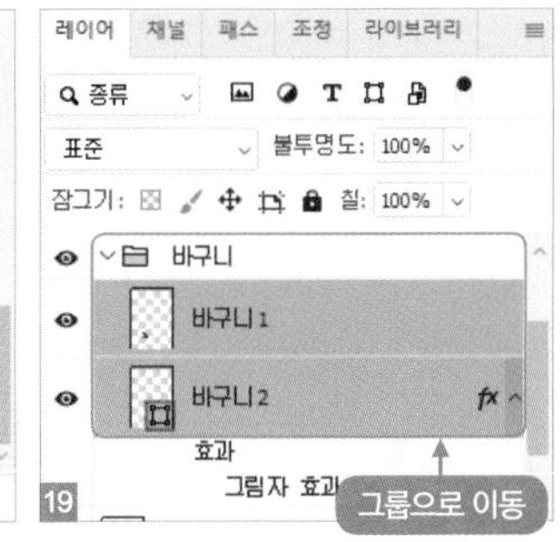

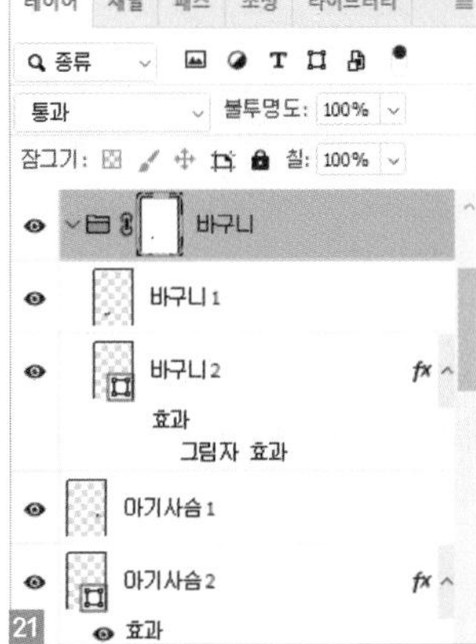

07 필요한 만큼 오브젝트 복사하기

23 나무 모양을 만들거나 사과를 복사해 화면을 구성합니다.

01~04를 반복하는 것으로 모든 작업을 할 수 있습니다.

08 종이 질감 추가하기

'059-텍스처.psd'를 불러온 후 레이어의 가장 위쪽에 배치합니다.

24 레이어의 [혼합 모드]를 [곱하기]로 설정해 질감을 더하면 완성입니다.

낡은 팝업 그림책의 표지 느낌이 나도록 문자를 넣으면 완성입니다.

Recipe

060

콘크리트 벽에 그린 낙서 느낌 표현하기

이번에는 콘크리트 벽에 페인트로 낙서한 느낌을 표현해 보겠습니다. [레이어 스타일]을 이용해서 긁힌 듯한 느낌을 표현하는 방법도 알아보겠습니다.

01 [레이어 스타일] 적용하기

01 '060-풍경.psd'를 불러옵니다. 이 파일에는 인물이나 비, 우산, 무지개 등 콜라주에 사용할 이미지가 포함돼 있습니다.

02 [레이어] 패널은 오른쪽 그림과 같습니다. [비]라는 레이어의 빈 곳을 더블클릭해 [레이어 스타일] 대화상자를 나타나게 합니다.

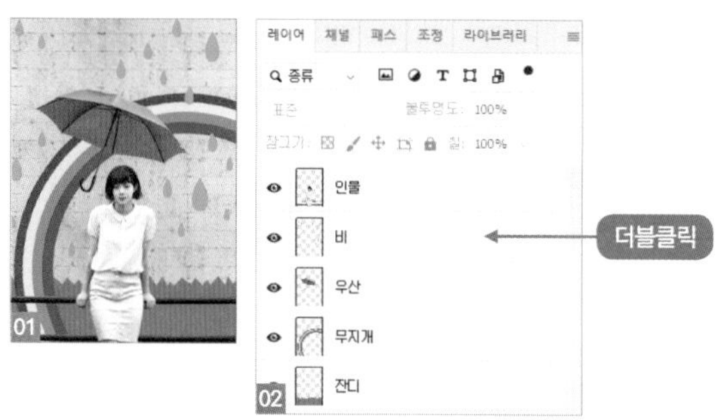

02 [레이어 스타일]로 콘크리트 벽에 그린 낙서 느낌 만들기

03 [혼합 옵션] 항목을 선택한 후 [혼합 조건]에서 [밑에 있는 레이어]를 [140, 218]로 설정합니다.

04~05 오른쪽에 있는 컨트롤 포인터를 Alt+클릭하면 컨트롤 포인터가 2개로 나뉩니다. 드래그해 [140, 197/218]로 설정합니다.

03 각 레이어에 [레이어 스타일] 적용하기

06 **01, 02**와 같은 방법으로 [무지개] 레이어를 선택한 후 [혼합 옵션 → 혼합 조건] 항목에서 [밑에 있는 레이어]를 [180/200, 210/215], 레이어의 [불투명도]를 [80%]로 설정합니다.

07 [우산] 레이어는 [밑에 있는 레이어]를 [135/163, 197/218]로 설정합니다.

08~09 [잔디] 레이어는 [밑에 있는 레이어]를 [140, 197/218]로 설정합니다.

핵심 포인트

[혼합 조건]에서 컨트롤 포인터를 2개로 나눠서 만들면 그 사이에는 그레이디언트가 만들어져 배경에 자연스럽게 겹쳐집니다. 컨트롤 포인터마다 바깥쪽이 마스킹되는 구조입니다.

이번 예에서 [비] 레이어에는 [밑에 있는 레이어]에서 어두운 영역의 [0(최소)~140]과 밝은 영역의 [218~255(최대)]가 마스크돼 [197~218]은 그레이디언트로 자연스러워집니다. [밑에 있는 레이어]의 컨트롤 포인터를 움직이면서 가장 자연스러워 보이는 지점을 찾아보세요.

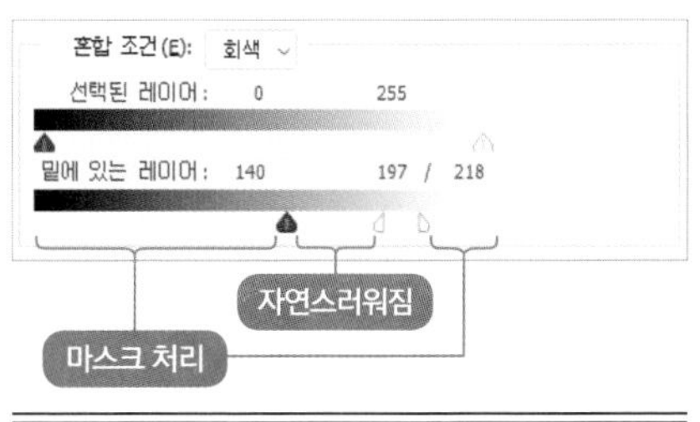

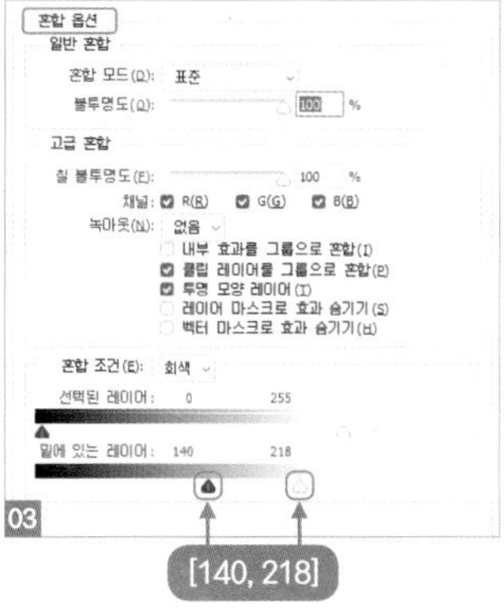

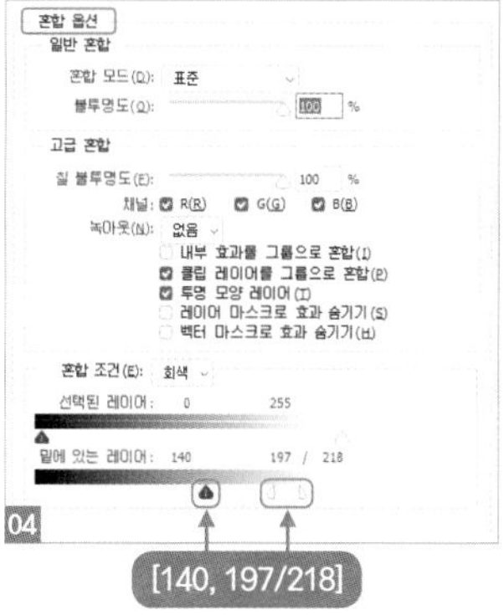

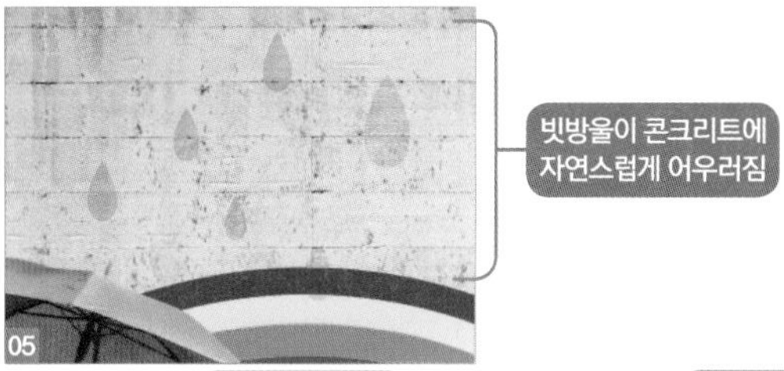

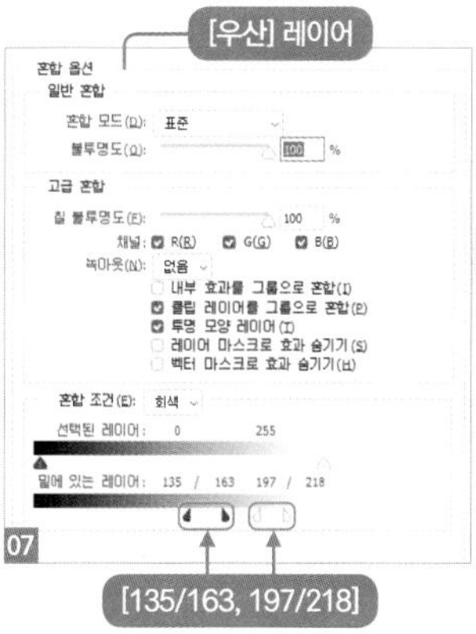

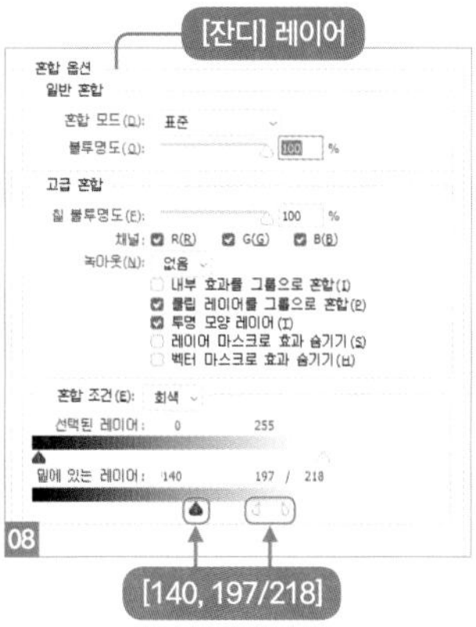

[140, 218]

[140, 197/218]

빗방울이 콘크리트에 자연스럽게 어우러짐

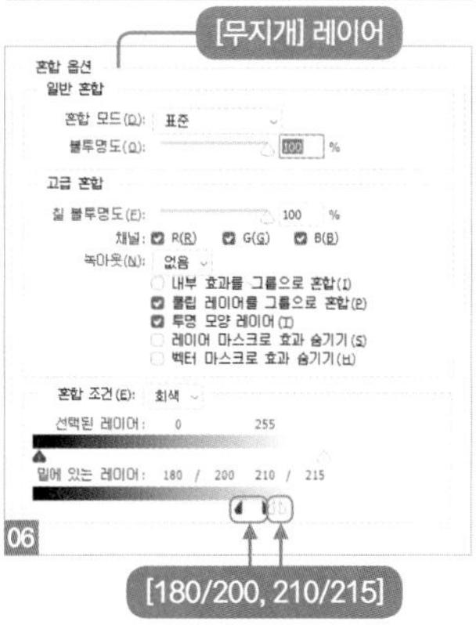

[무지개] 레이어

[180/200, 210/215]

[우산] 레이어

[135/163, 197/218]

[잔디] 레이어

[140, 197/218]

04 [무지개] 레이어에 마스크 걸기

우산과 무지개가 겹치기 때문에 [무지개] 레이어에 우산 실루엣으로 마스크를 만들겠습니다.

10 Ctrl 을 누른 상태에서 [우산] 레이어의 [레이어 섬네일]을 클릭해 선택 범위를 만듭니다.

11~12 [선택 → 반전]을 클릭한 후 [무지개] 레이어를 선택한 상태에서 [레이어] 패널의 아래쪽에 있는 [마스크] 버튼을 클릭합니다.

13 우산 실루엣으로 마스크를 만들었습니다.

14 문자를 넣어 완성합니다.

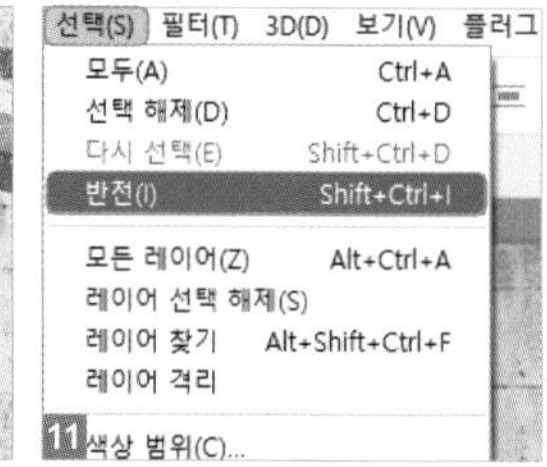

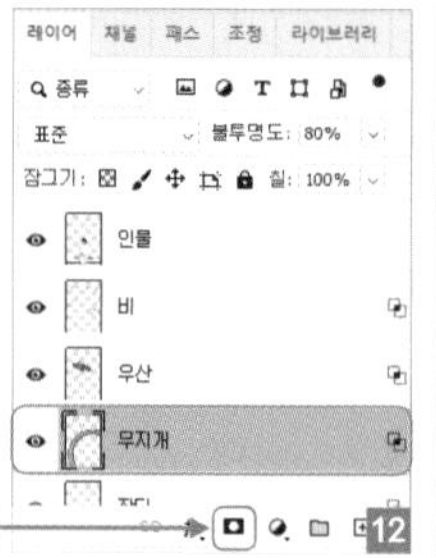

[마스크] 버튼 선택

작가의 리터치 노트

사진 소스를 찾을 때 촬영 구도를 고려하세요!

평면적인 포토 콜라주 작품을 만들 때는 모아 놓은 소스에서 잘라 내야 하는 실루엣과 함께 소스가 갖고 있는 색이나 질감에 특히 신경 써야 합니다. 물론 작품 전체의 조화도 생각해야 합니다.

필자는 오른쪽 그림과 같이 입체감 등은 신경 쓰지 않고 자유롭게 붙이는 느낌으로 제작합니다.

한편, 리얼한 풍경 등을 합성할 때는 패스를 생각하면서 소스를 모으거나 촬영할 필요가 있습니다.

오른쪽 그림과 같이 기본이 되는 사진 소스나 주인공이 되는 소스와 비교하면서 추가되는 소스가 올려다본 앵글인지, 내려다본 앵글인지, 앞에 배치할지, 안쪽에 배치할지를 고려하면서 모으는 것이 좋습니다.

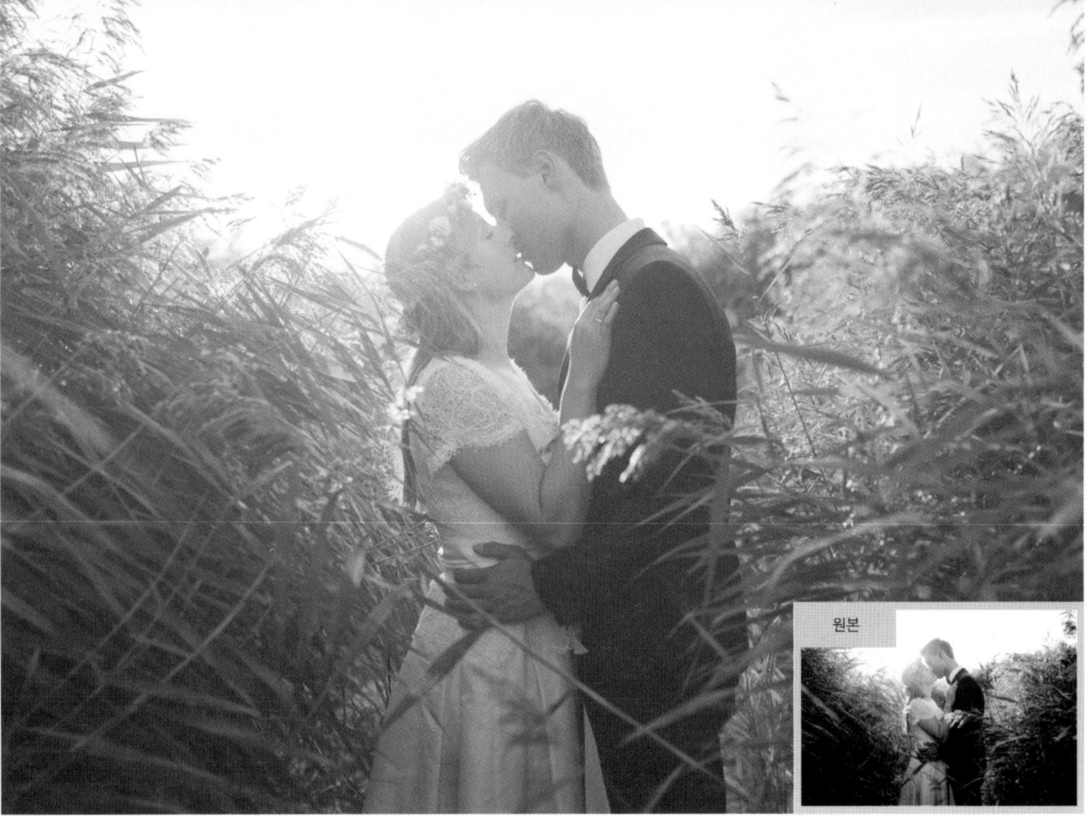

Recipe 061 분홍색 톤으로 낭만적인 분위기 연출하기

여러 가지 보정이나 그레이디언트 등을 겹친 후 레이어의 [혼합 모드]를 사용하면 단순한 보정으로 구현할 수 없는 사랑스러운 사진으로 보정할 수 있습니다.

01 [곡선] 기능으로 매트한 질감 만들고 마젠타 색감으로 보정하기

01 '061-인물.psd'를 불러온 후 [레이어] 패널의 아래쪽에 있는 [조정 레이어]에서 [곡선]을 선택합니다.

02 왼쪽 아래의 포인터를 [입력: 0], [출력: 21]로 설정한 후 포인터를 1개 더 추가하고 [입력: 21], [출력: 33]으로 설정합니다.

03~04 [녹색] 채널을 선택해 2개의 포인터를 추가한 후 [입력: 71], [출력: 53]과 [입력: 135], [출력: 122]로 설정합니다.

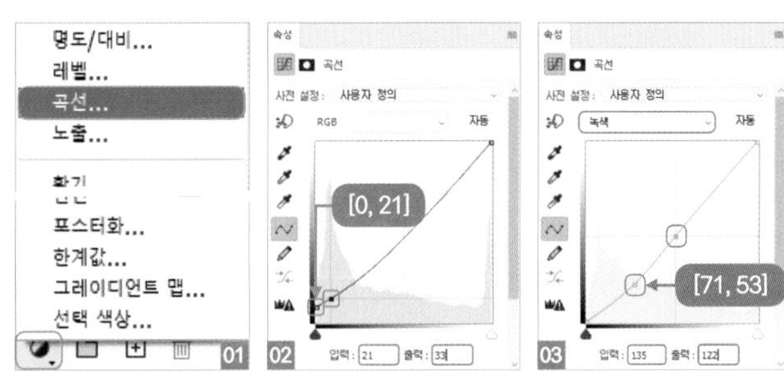

02 [그레이디언트 맵]으로 밝은 분홍과 노랑 추가하기

[레이어] 패널의 아래쪽에 있는 [조정 레이어]에서 [그레이디언트 맵]을 선택한 후 [레이어] 패널의 가장 위쪽에 위치시킵니다.

[속성] 패널에서 [그레이디언트 편집]을 클릭해 [그레이디언트 편집기] 대화상자를 나타나게 합니다.

05 왼쪽 색상 정지점을 [#f4ead3], 오른쪽 색상 정지점을 [#dfa4bd]로 설정합니다. 불투명도의 정지점은 둘 다 [100%]로 설정합니다. [사전 설정]의 [전경색에서 배경색으로]를 선택한 후 색상만 편집해도 됩니다.

06~07 오른쪽 그림과 같이 그레이디언트 맵이 적용되면 레이어의 [혼합 모드]를 [소프트 라이트]로 설정합니다.

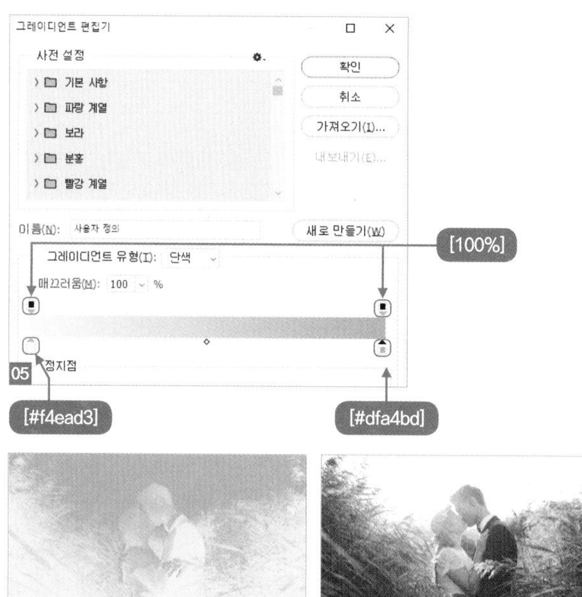

03 단색을 [곱하기]로 겹쳐 통일감과 깊이감 표현하기

[레이어] 패널의 아래쪽에 있는 [조정 레이어] 버튼에서 [단색]을 선택해 [레이어] 패널의 가장 위쪽에 위치시킵니다.

08 [레이어 섬네일]을 더블클릭해 [색상 피커] 대화상자를 나타나게 한 후 [#cea96b]로 설정합니다.

09 [색상 칠 1] 레이어의 [혼합 모드]를 [곱하기], [불투명도]를 [10%]로 설정합니다.

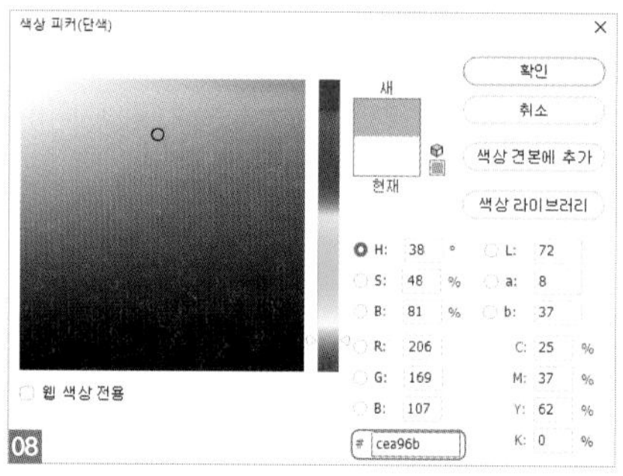

04 흰색 그레이디언트 추가하기

전경색을 흰색(#ffffff)으로 설정한 상태에서 [레이어] 패널의 아래쪽에 있는 [조정 레이어]에서 [그레이디언트]를 선택해 [레이어] 패널의 가장 위쪽에 위치시킵니다.

10 [그레이디언트 칠] 패널이 자동으로 표시되면 [그레이디언트 견본]를 클릭해 [그레이디언트 편집기] 대화상자를 나타나게 합니다. 사전 설정에서 [전경색에서 투명으로]를 선택합니다.

11 [확인]을 클릭한 후 [그레이디언트 칠] 패널로 돌아가 [스타일: 선형], [각도: -90°], [비율: 100%]로 설정합니다.

12 [그레이디언트 칠] 패널이 나타나 있는 동안 캔버스에서 드래그해 그레이디언트의 위치를 조절할 수 있습니다.

조절이 끝난 [그레이디언트 1] 레이어의 [불투명도]를 [20%]로 설정합니다.

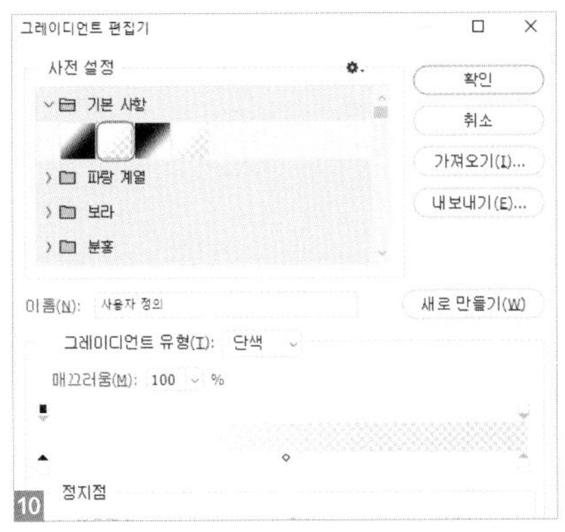

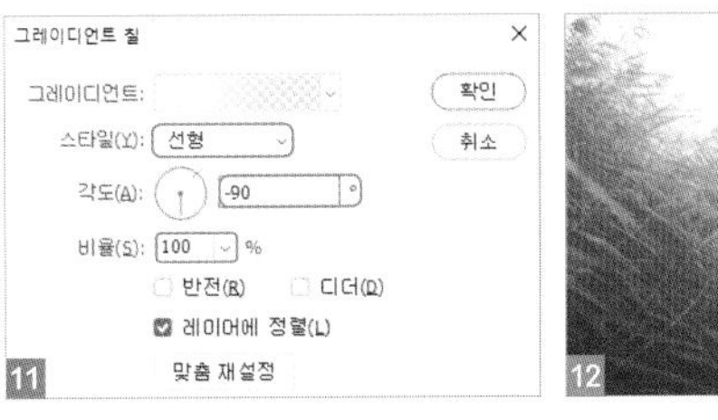

05 [선택 색상]으로 전체 색상 정돈하기

[레이어] 패널의 아래쪽에 있는 [조정 레이어]에서 [선택 색상]을 선택해 [레이어] 패널의 가장 위쪽에 위치시킵니다.

13 [상대치] 항목을 클릭한 후 [색상: 노랑 계열]을 선택하고 [녹청: -100%], [노랑: -100%]로 설정합니다.

14 [색상: 흰색 계열]을 선택한 후 [노랑: +50%]로 설정합니다.

15 [색상: 중간색]을 선택한 후 [마젠타: +10%], [노랑: -20%]로 설정합니다.

16 여러 조정 레이어를 겹쳐 분위기가 있고 깊이가 느껴지는 사랑스러운 사진이 완성됐습니다.

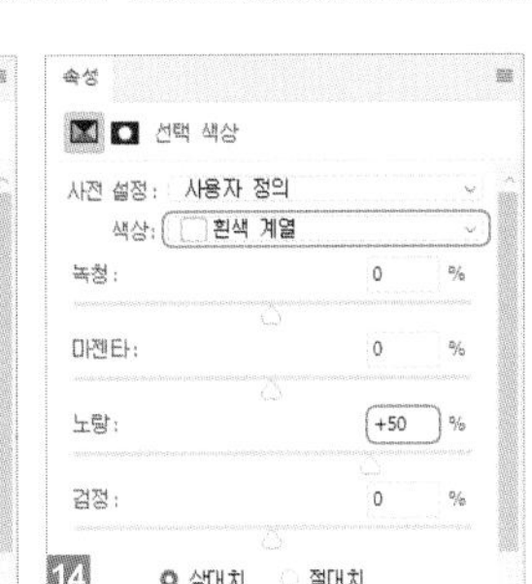

핵심 포인트

[상대치] 항목을 클릭하면 현재 색상의 성분에 대한 퍼센트(%)가 변경됩니다. [절대치] 항목을 클릭하면 지정한 퍼센트만큼 증감합니다.

Recipe

062

앤티크한 느낌의 사진 만들기

평범한 사진에 주름이 있거나 살짝 찢어진 느낌, 주름 잡힌 구깃구깃한 빈티지 느낌을 더해 보겠습니다.

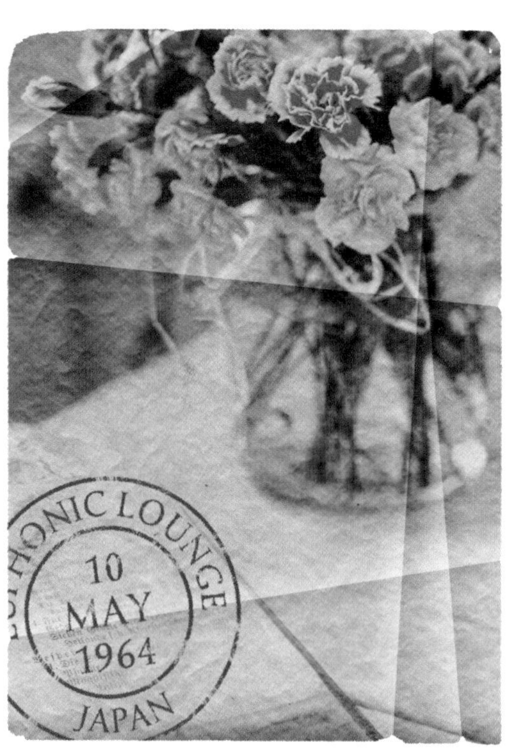

01 [구름 모양] 필터로 주름 잡힌 종이 텍스처 만들기

01 '062-꽃.psd'를 불러온 후 위쪽에 새 레이어를 만들고 레이어의 이름을 '주름'으로 바꿉니다.
02 전경색을 검정(#000000), 배경색을 흰색(#ffffff)으로 설정합니다([기본 전경색] 아이콘을 클릭해도 됩니다).
03~04 [주름] 레이어를 선택한 후 [필터 → 렌더 → 구름 효과 1]을 적용하고, 계속 [필터 → 렌더 → 구름 효과 2]를 적용합니다.
05 [필터 → 스타일화 → 엠보스]를 선택한 후 [각도: 90°], [높이: 13픽셀], [양: 75%]로 적용합니다.
06 주름 잡힌 종이와 같은 질감이 만들어졌습니다.
07 레이어의 [혼합 모드]를 [오버레이]로 설정한 후 텍스처를 배경과 겹칩니다.

02 사용감 있는 종이 텍스처 겹치기

08 '062-종이.psd'를 불러온 후 [주름] 레이어의 아래쪽으로 이동합니다.
09 레이어의 이름을 '종이'로 바꾼 후 [혼합 모드]를 [곱하기]로 설정합니다.

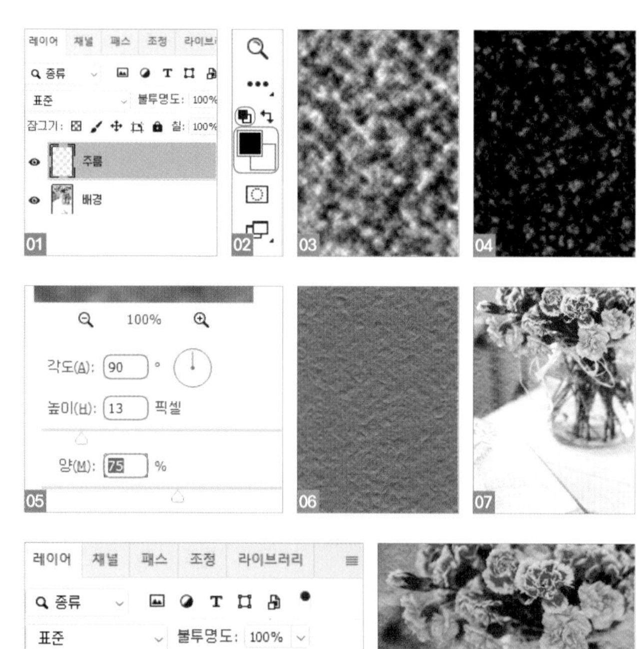

03 그레이디언트로 종이 주름 구현하기

10 가장 위쪽에 새 레이어를 만든 후 레이어의 이름을 '접은선'으로 바꿉니다.

11 [그레이디언트 도구]를 클릭한 후 옵션 바의 그레이디언트 설정을 [흰색에서 투명으로]로 설정하고 [유형: 선형 그레이디언트], [모드: 표준]으로 설정합니다.

12 캔버스의 왼쪽 절반을 [사각형 선택 도구]로 선택합니다.

13 선택 범위의 오른쪽에서 왼쪽으로 드래그해 그레이디언트를 만듭니다.

14 선택 범위를 반전시킨 후 그레이디언트를 [검정에서 투명]으로 설정하고, 선택 범위의 왼쪽에서 오른쪽으로 드래그해 그레이디언트를 만듭니다. 이때 흰색과 검은색 그레이디언트의 너비는 같아야 합니다.

15 레이어의 [혼합 모드: 오버레이], [불투명도: 40%]로 설정합니다.

04 [접은선] 레이어 복사하기

16 [접은선] 레이어를 복사해 각도와 크기를 변경하면서 위치시킵니다.

17 모든 레이어를 그룹화한 후 그룹의 이름을 '효과'로 바꿉니다. [레이어] 패널의 아래쪽에 있는 [마스크] 버튼을 클릭합니다.

18 그룹 밖의 하위에 새 레이어 [배경]을 만든 후 [페인트 통 도구]를 이용해 흰색으로 채웁니다.

네 모퉁이에 찢어진 것 같은 보정을 추가하겠습니다. [효과] 그룹 레이어의 [마스크 섬네일]을 클릭한 후 [브러시 도구]를 선택합니다.

19~20 브러시의 종류는 사전 설정에서 [분필: 60픽셀]을 선택한 후 [모양]을 선택합니다. [각도 지터: 30%]로 설정하면 찢어진 느낌으로 그릴 수 있습니다.

브러시로 사진 안쪽을 칠해 마스크 처리합니다.

21 오래된 스탬프 이미지를 넣어 완성합니다.

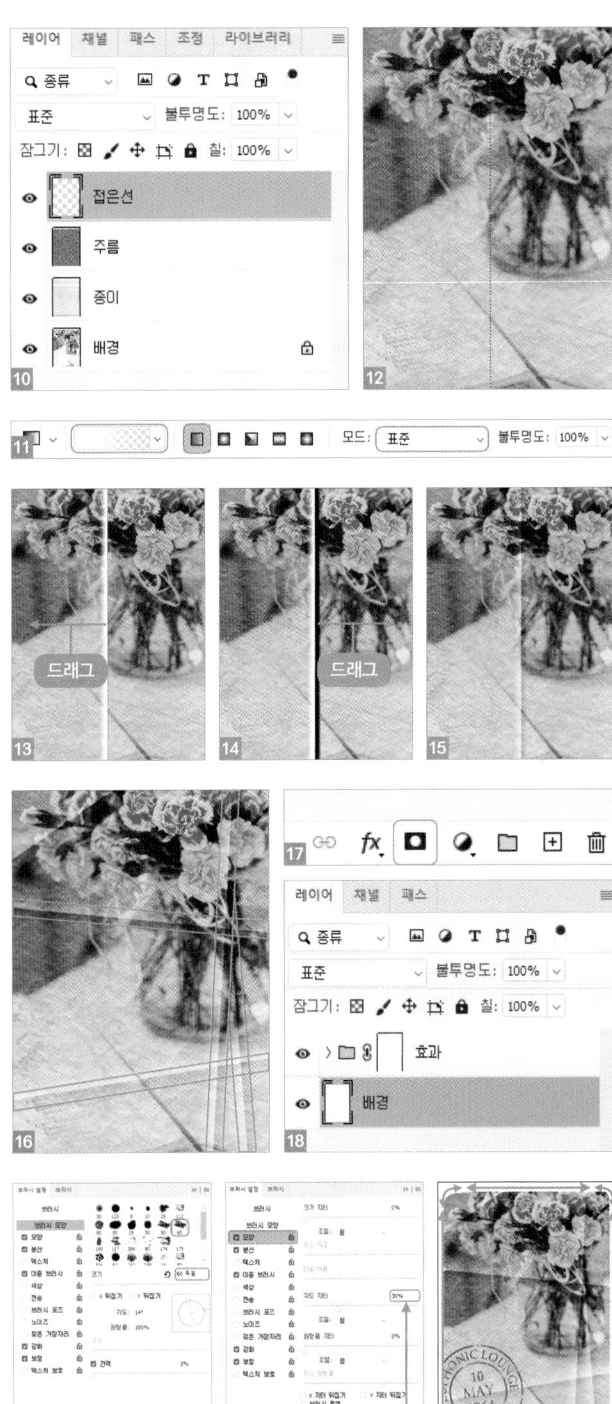

Recipe

063 반짝반짝 빛나는 입자 표현하기

브러시로 반짝반짝 빛나는 장식을 추가해 보겠습니다.
기본 브러시로 등록해 두면 유용하게 사용할 수 있습니다.

원본

01 입자 형태로 무작위로 확산되는 브러시 만들기

01~02 '063-인물.psd'를 불러온 후 [브러시 도구]를 클릭하고 [창 → 브러시]를 선택해 [브러시] 패널을 엽니다.

03 브러시 목록에서 [종류: 부드러운 원]을 선택한 후 [크기: 20픽셀], [간격: 200%]로 설정합니다.

04 [모양]을 선택한 후 [크기 지터: 100%]로 설정합니다.

05 [분산]을 선택한 후 [양 축: 1000%]로 설정합니다.

크고 작은 알갱이가 흩날리는 브러시가 만들어졌습니다. 브러시는 앞으로도 사용할 수 있으므로 등록해 두는 것이 편리합니다. [브러시] 패널의 오른쪽 아래에 있는 [새 브러시 만들기] 버튼을 선택한 후 원하는 브러시 이름을 지정합니다.

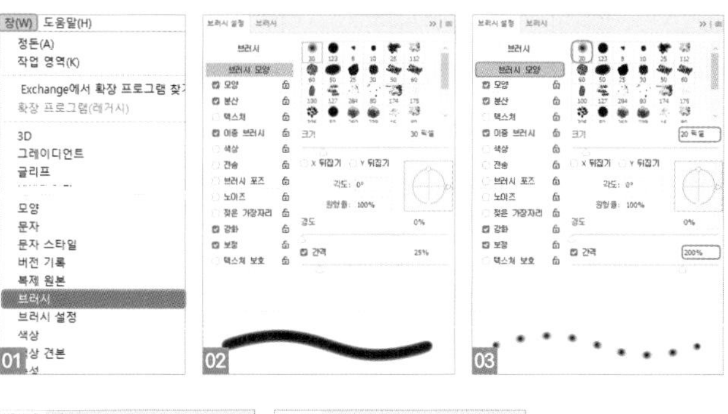

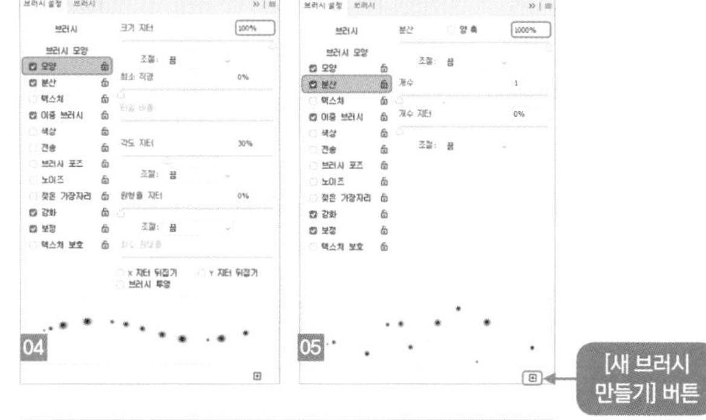

02 만든 브러시로 빛나는 입자 그리기

새 레이어를 만든 후 레이어 이름을 '입자들'로 바꾸고 가장 위쪽에 위치시킵니다.

06 **01**에서 만든 브러시로 빛나는 입자를 그립니다. 민들레 솜털의 흐름을 고려해 브러시의 크기를 바꾸거나 라인을 만들면서 그리면 됩니다.

03 [레이어 스타일]로 더 넓게 확산시키기

[입자들] 레이어를 선택한 후 레이어 이름의 오른쪽 빈 곳을 더블클릭해 [레이어 스타일] 패널이 나타나게 합니다.

07~08 [외부 광선] 항목을 선택합니다. [불투명도: 100%], 배경과 어우러지도록 노랑 계열의 색상(#fefa90), [크기: 15픽셀], [범위: 50%]로 설정해 완성합니다.

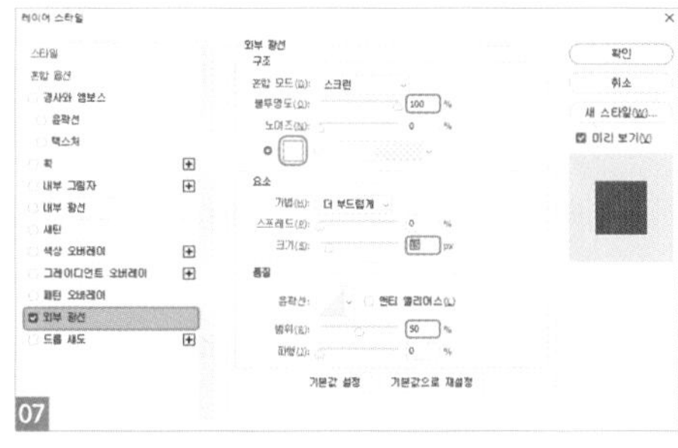

EYEWEAR SUMMER COLLECTION

Recipe

064

망점이 보이는 인쇄물 느낌의 사진 만들기

사진에 인쇄물에서 볼 수 있는 망점을 나타내 아날로그 질감으로 보정해 보겠습니다.

01 인물에 인쇄물 느낌 추가하기

01 '064-인물.psd'를 불러온 후 레이어를 복사해 위쪽 레이어 이름을 '색상 하프톤', 아래쪽 레이어를 '인물'로 바꿉니다.
02 위쪽 레이어를 선택한 후 [필터 → 픽셀화 → 색상 하프톤]을 선택합니다.
03 [최대 반경: 4픽셀], [스크린 각도]를 채널별로 각각 [45]로 설정합니다.
04 인쇄물 느낌이 나는 망점이 추가됐습니다.

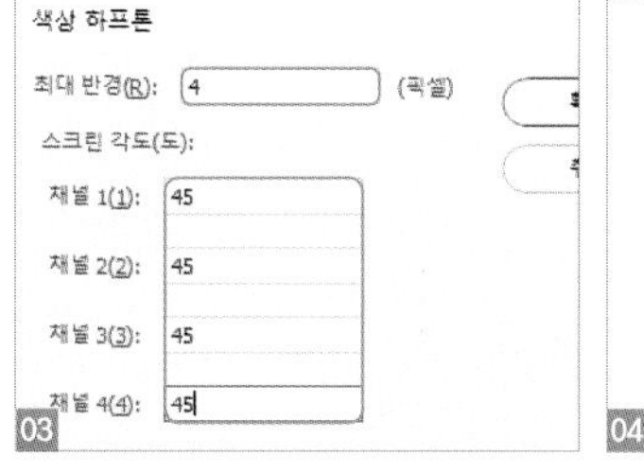

02 [그레이디언트 맵]으로 듀오톤 이미지 만들기

05 [레이어] 패널의 아래쪽에 있는 [조정 레이어]에서 [그레이디언트 맵]을 선택한 후 가장 위쪽에 위치시킵니다.
06~07 [그레이디언트 맵] 패널에서 를 클릭해 [그레이디언트 편집기] 대화상자가 나타나게 합니다.
보라색 계열(#fc00f9)에서 노란색 계열(#fff100)의 그레이디언트를 만듭니다.
08 보라색 계열과 노란색 계열의 듀오톤 이미지가 완성됐습니다.

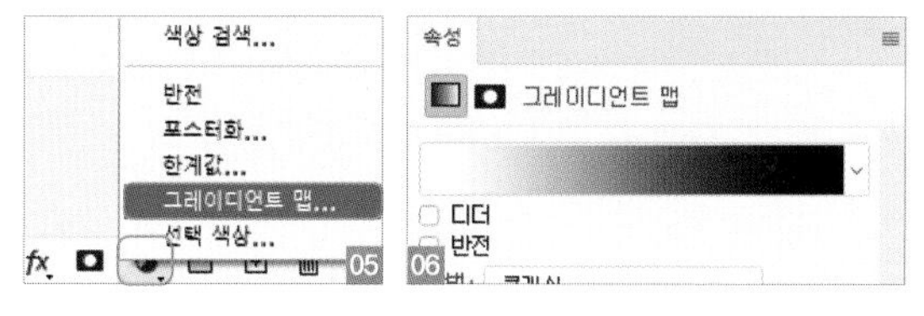

03 [불투명도]로 도트 겹치기

09 [색상 하프톤] 레이어를 선택한 후 [불투명도]를 [30%]로 설정합니다.
10 불투명도를 변경하면 원래의 강했던 도트의 느낌이 좀 더 부드럽게 바탕과 겹쳐집니다.

Recipe

065

팝 아트 스타일의 이미지 만들기

인물 사진을 미국 팝 아트 스타일의 이미지로 보정해 보겠습니다.

01 흑백으로 만들고 균일한 밝기로 보정하기

'065-인물.psd'를 불러온 후 레이어를 선택하고 [마우스 오른쪽 버튼 클릭 → 고급 개체로 변환]을 선택합니다.

01 레이어를 3개 복사한 후 레이어 이름을 위에서부터 '윤곽', '도트', '인물'로 바꿉니다. [인물] 레이어를 선택한 후 다른 레이어는 숨겨 둡니다.

02 [이미지 → 조정 → 흑백]을 선택한 후 [초기 설정] 그대로 적용합니다. [이미지 → 조정 → 어두운 영역/밝은 영역]을 선택합니다.

03 [어두운 영역]에서 [양: 68%], [색조: 38%], [반경: 49픽셀], [밝은 영역]에서 [양: 37%], [색조: 50%], [반경 6픽셀], [조정]에서 [색상: 0], [중간 색조: 19]로 설정합니다.

04 전체가 균일하게 밝아지도록 보정했습니다.

레이어 채널 패스 조정 라이브러리
종류
표준 불투명도: 100%
잠그기: 칠: 100%
윤곽
도트
인물
01

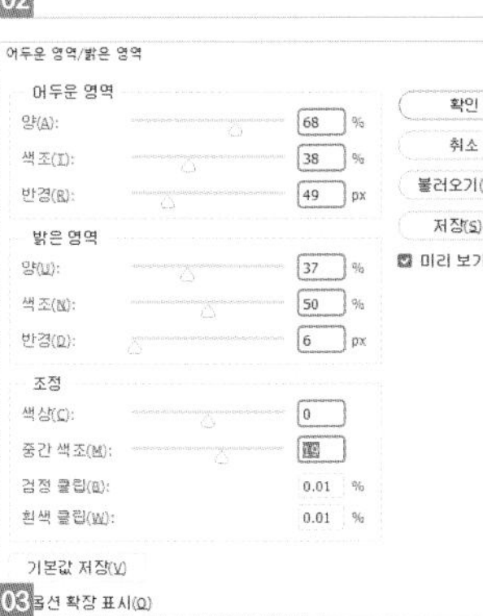

02 [포스터화] 기능으로 일러스트 느낌 표현하기

05 [필터 → 흐림 효과 → 가우시안 흐림 효과]를 선택한 후 [반경: 1.5픽셀]로 설정합니다.

06 [이미지 → 조정 → 포스터화]를 선택한 후 [레벨: 4]로 설정합니다.

07 [가우시안 흐림 효과]를 먼저 적용해 두면 [포스터화]를 적용할 때 좀 더 부드럽게 표현됩니다.

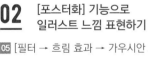

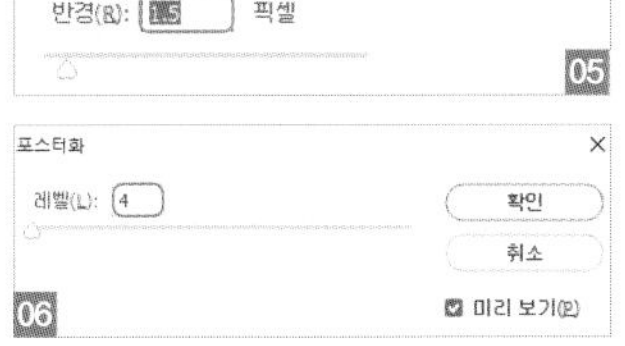

03 이미지에 인쇄물 느낌이 나는 도트 추가하기

[도트] 레이어를 나타나게 한 후에 선택합니다. **01**과 같이 흑백을 적용합니다.

08 [필터 → 픽셀화 → 색상 하프톤]을 선택한 후 [최대 반경: 5픽셀], [스크린 각도]는 채널별로 [50]으로 설정합니다.

09 [필터 → 흐림 효과 → 동작 흐림 효과]를 선택한 후 [각도: 45°], [거리: 8픽셀]을 적용해 인쇄물과 같은 질감을 만듭니다.

10 레이어의 [혼합 모드]를 [소프트 라이트]로 설정합니다.

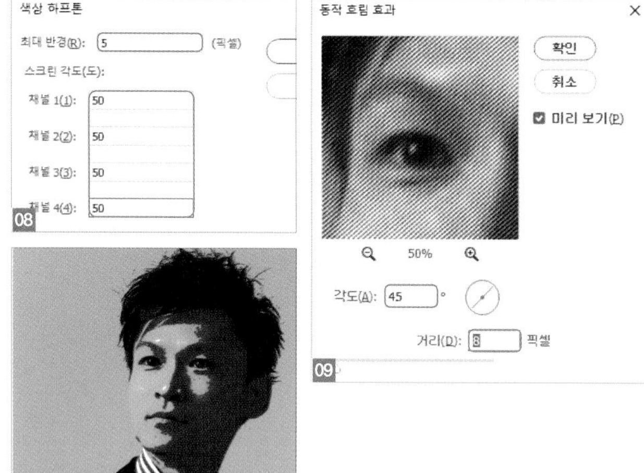

04 윤곽 강조하기

[윤곽] 레이어를 나타나게 한 후 선택합니다.

11~**12** [필터 → 스타일화 → 가장자리 찾기]를 선택합니다.

13 윤곽을 강조하기 위해 [레벨 보정]에서 [입력 레벨]을 [0: 0.2: 210]으로 설정합니다.

14 레이어의 [혼합 모드]를 [곱하기]로 바꿉니다.

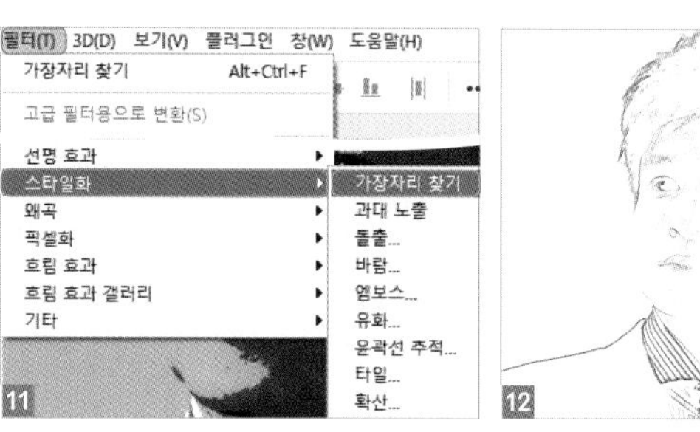

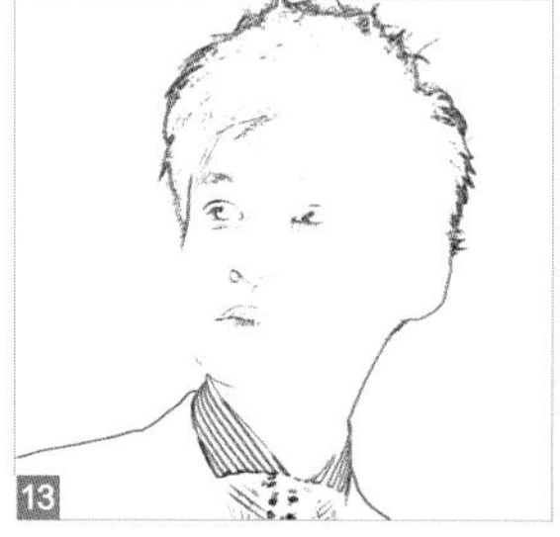

05 [단색] 레이어를 겹쳐 색감 통일하기

15 [레이어] 패널의 아래쪽에 있는 [조정 레이어] 버튼에서 [단색]을 선택해 가장 위쪽에 위치시킵니다.

[레이어 섬네일]을 더블클릭한 후 전경색을 [#00b4ff]로 설정합니다.

16 레이어의 [혼합 모드]를 [소프트 라이트]로 설정하면 인물 보정은 완성됩니다.

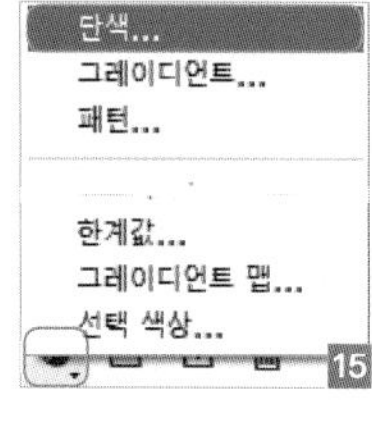

06 만화적인 요소와 인물의 형태로 마스크 추가하기

17 '065-장식.psd'를 불러온 후 [도트 블루] 레이어를 가장 위쪽에 배치하고 [혼합 모드]를 [소프트 라이트]로 설정합니다.
[펜 도구]를 사용해 인물을 뺀 나머지 영역의 패스를 만든 후 [마우스 오른쪽 버튼 클릭 → 선택 영역 만들기]를 선택합니다.
18~19 선택 범위를 만든 상태에서 [도트 블루] 레이어를 선택한 후 [레이어] 패널의 아래쪽에 있는 [마스크] 버튼을 클릭해 적용합니다.
[집중 효과 선] 레이어를 [도트 블루] 레이어의 위쪽에 위치시킵니다.
20 [도트 블루] 레이어의 [마스크 섬네일]을 Alt 를 누른 상태에서 [집중 효과 선] 레이어로 드래그해 레이어 마스크를 복제합니다.
21 [line 2] 레이어를 이동시켜 가장 위쪽에 배치한 후 [마스크 섬네일]을 복사합니다.

07 나머지 요소 추가하기

22 [도트 보라색] 레이어를 [line 2] 레이어의 밑에 위치시킵니다.
[line 2] 레이어의 위쪽으로 [도트 노란색] 레이어를 이동시킵니다.
23 더 위쪽에 [line], [bang], [!], [what] 레이어를 순서대로 배치해 완성합니다.

Recipe

066 비눗방울 표현하기

배경 사진을 일부 잘라 내 실제와 똑같은 비눗방울을 만들어 보겠습니다.

01 배경 이미지 잘라 내기

'066-인물.psd'를 불러옵니다.

01 도구 바에서 [사각형 선택 도구]를 클릭한 후 Shift를 누른 상태에서 꽃과 녹색 배경이 포함되도록 정사각형 선택 범위를 만듭니다.

02 선택 범위를 만든 상태에서 [마우스 오른쪽 버튼 클릭 → 복사한 레이어]를 선택한 후 만들어진 레이어의 이름을 '비누거품'으로 바꿉니다.

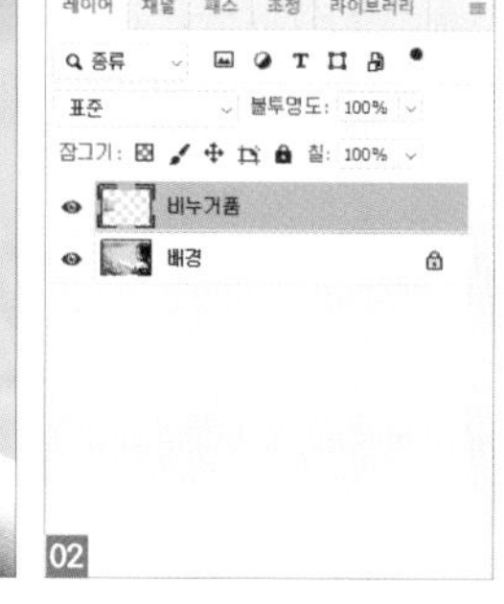

02 비누거품 만들기

03 Ctrl 을 누른 상태에서 [비누거품] 레이어의 [레이어 섬네일]을 클릭해 선택 범위가 다시 나타나게 합니다.

04 선택 범위가 만들어진 상태에서 [필터 → 왜곡 → 극좌표]를 선택합니다.

05~06 [직교좌표를 극좌표로]를 클릭해 적용합니다.

03

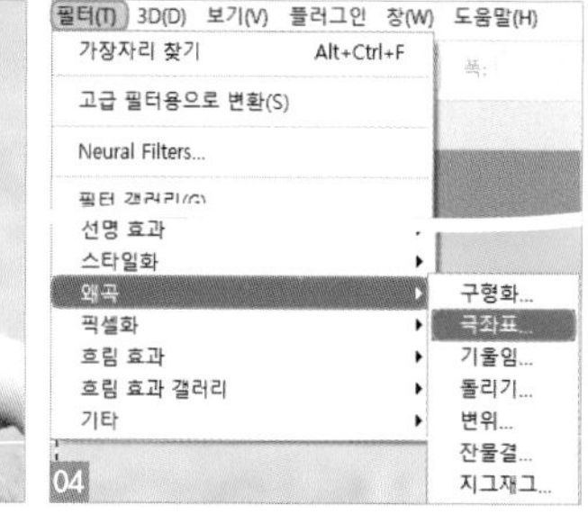

04

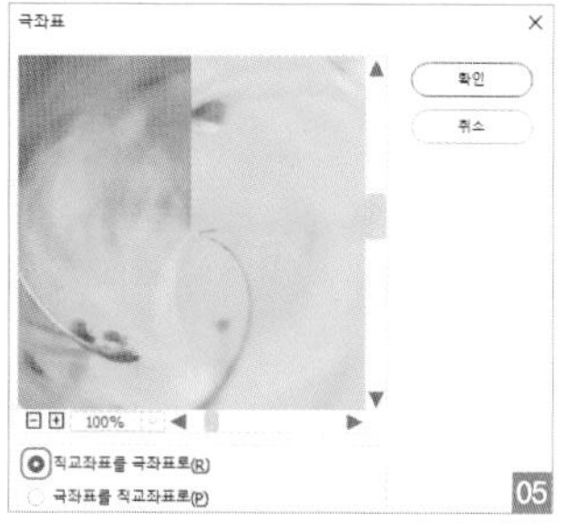

05

06

03 [번 도구]로 경계면 라인을 풀어 주고 비누거품의 형태로 잘라 내기

07 중앙에 세로 라인이 들어가 있네요. 이것을 풀어 주기 위해 [번 도구]를 클릭합니다.

08 위쪽의 옵션 바에서 [브러시 크기: 50픽셀], [강도: 50%]로 설정하고, 라인의 왼쪽에서 오른쪽으로, 오른쪽에서 왼쪽으로, 서로 교차하듯이 살짝 눌러 풀어 줍니다.

09 [원형 선택 도구]를 클릭한 후 Shift 를 누른 상태에서 드래그해 정원의 선택 범위를 만듭니다.

10 [마우스 오른쪽 버튼 클릭 → 반전 선택]을 클릭한 후 Delete 로 원 바깥을 삭제합니다.

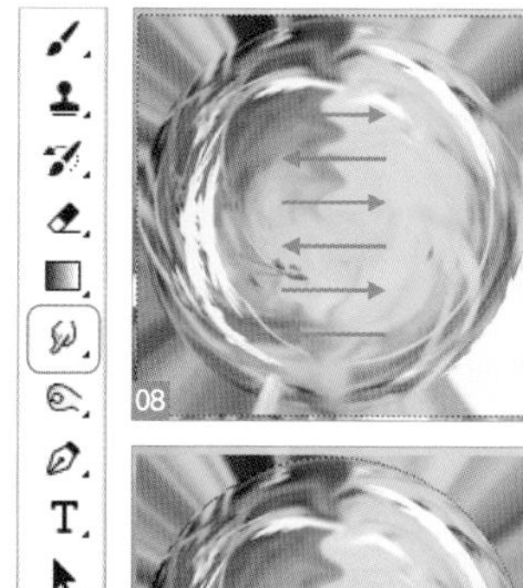

07 08

09

10

원 바깥으로 이미지 삭제됨

04 입체적인 공 모양으로 다듬고 가운데를 투명하게 만들기

Ctrl 을 누른 상태에서 [비누거품] 레이어의 [레이어 섬네일]을 클릭해 선택 범위를 만듭니다.

11~12 [필터 → 왜곡 → 구형화]를 선택한 후 [양: 100%], [모드: 표준]으로 설정합니다.

11

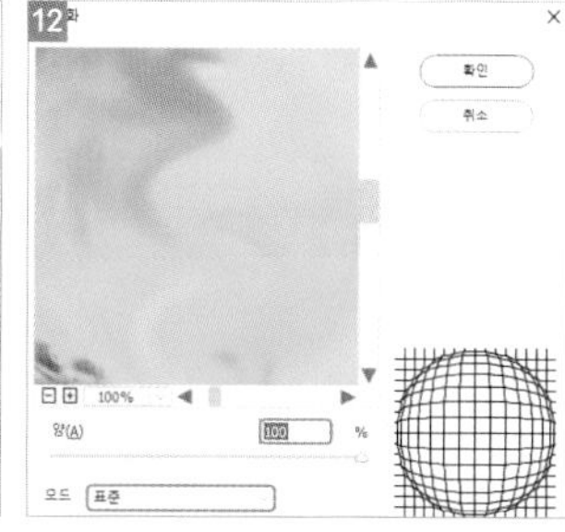

12

13 선택 범위가 만들어진 상태에서 [레이어] 패널의 아래쪽에 있는 [마스크] 버튼을 클릭합니다.

14 [비누거품] 레이어의 [마스크 섬네일]을 클릭합니다.

[그레이디언트 도구]를 선택한 후 전경색을 검정(#000000)으로 설정합니다.

15 옵션 바에서 그레이디언트를 사전 설정돼 있는 [전경색에서 투명으로], [방사형 그레이디언트]를 선택합니다.

16 비누거품의 중앙에서 바깥쪽으로 그레이디언트를 만들어 마스크를 추가합니다.

가운데가 투명한 비누거품이 됐습니다.

04 밝게 만들고 무지개 추가해 비눗방울 느낌 표현하기

[비누거품] 레이어를 선택한 후 [이미지 → 조정 → 레벨]을 선택합니다.

17 [입력 레벨]을 [0: 1.3: 190]으로 설정합니다.

[비누거품] 레이어의 빈 곳을 더블클릭해 [레이어 스타일] 대화상자가 나타나게 합니다.

18~19 [그레이디언트 오버레이]를 선택한 후 [혼합 모드: 소프트 라이트], [불투명도: 100%], [그레이디언트: 스펙트럼(사전 설정)], [스타일: 방사형], [각도: 90°], [비율: 150%]로 설정합니다.

05 비눗방울 복사해 위치시키기

20 비누거품을 복제한 후 [자유 변형]을 사용해 크기를 바꾸고 적당한 곳에 위치시킵니다.

21~22 앞쪽과 뒤쪽에 배치한 비누거품은 [필터 → 흐림 효과 → 가우시안 흐림 효과]를 선택한 후 [반경: 3픽셀] 정도로 설정해 완성합니다.

핵심 포인트

[편집 → 변형 → 뒤틀기]로 왜곡하면 비누거품의 말랑거리는 질감도 표현할 수 있습니다.

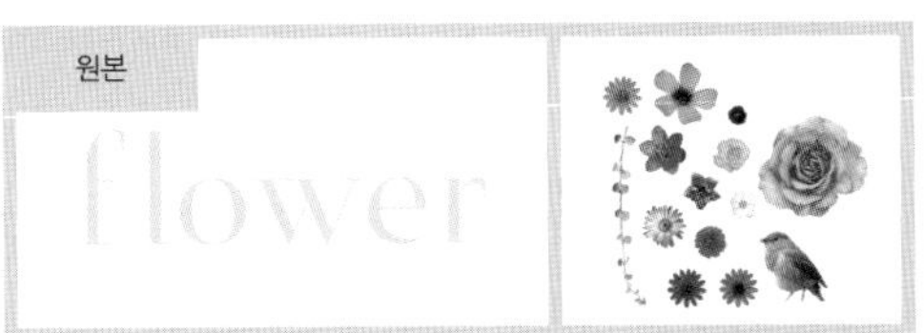

Recipe

067

식물과 꽃으로 글자 로고 만들기

식물이나 꽃으로 로고를 만들어 보겠습니다.

01 기준이 되는 글자를 따라 이미지 배치하기

01 '067-배경.psd'를 불러옵니다. [flower] 글자를 기준으로 식물을 위치시키겠습니다.

02 '067-소스.psd'를 불러온 후 [잎] 레이어를 [flower]의 [l]자 위에 위치시킵니다.

03 [자유 변형]이나 [퍼펫 뒤틀기(138쪽, '퍼펫 뒤틀기 기능으로 인물의 자세 바꾸기' 참조)] 기능을 사용하면서 문자의 기준이 되는 부분을 만들어 나갑니다.

02 글자를 이미지로 대치하고 꽃을 추가해 볼륨 표현하기

[꽃(0)] 레이어를 [o]자 위에 위치시킵니다.

04 [꽃(기본)] 레이어는 [자유 변형]을 사용해 [확대], [축소], [회전]시켜 적당히 위치시킵니다.

바탕에 흰 꽃을 추가하는 이유는 문자의 볼륨을 표현하면서 다음에 배치할 화려한 꽃의 색상을 돋보이게 하기 위해서입니다.

03 전체 균형을 생각하면서 꽃 배치하기

05 꽃 소스를 위치시킵니다. 맨 첫 문자 [f]에 큰 꽃을 배치하거나 밀도가 높은 부분과 낮은 부분을 적절히 섞어 만드는 것이 좋습니다. 잎만 남은 부분도 살려 두면 밋밋함이나 지루함을 없앨 수 있습니다.

06 포인트로 새를 배치하고 완성합니다.

Recipe

068

램프처럼 반짝이는 버섯 만들기

[오버레이] 모드 레이어를 여러 개 겹쳐 조명처럼 빛나는 버섯을 만들어 보겠습니다.

01 가장자리에 그레이디언트 추가하기

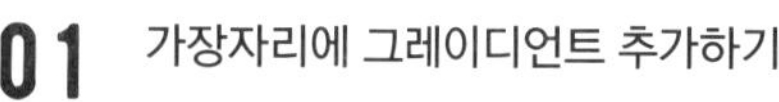

01 '068-버섯.psd'를 불러온 후 전경색을 검정(#000000)으로 설정하고 [레이어] 패널의 아래쪽에 있는 [조정 레이어]에서 [그레이디언트]를 선택합니다.

02 [그레이디언트 칠] 대화상자가 나타나면 그레이디언트를 사전 설정의 [전경색에서 투명으로]를 선택하고 [스타일: 방사형], [각도: 90°], [비율: 70%], [반전]에 체크 표시를 합니다.

03 화면의 네 모서리를 어둡게 해두면 다음에 차례대로 추가하는 빛이 눈에 더 잘 띕니다.

02 버섯의 중심에 빛 추가하기

새 레이어를 가장 위쪽에 만든 후 레이어 이름을 '가운데 빛'으로 바꿉니다.

04 [원형 선택 도구]를 선택해 버섯의 중심에 원형 선택 범위를 만듭니다.

05 [페인트 통 도구]를 선택한 후 전경색을 흰색 [#ffffff]로 채웁니다.

06 [필터 → 흐림 효과 → 가우시안 흐림 효과]를 [반경: 10.0픽셀]로 설정합니다.

07 레이어의 [혼합 모드]를 [오버레이]로 설정합니다.

03 빛에 색깔 넣기

02와 동일한 방식으로 색이 있는 큰 빛을 만들겠습니다. [색이 있는 빛] 레이어를 새로 만든 후 [가운데빛] 레이어 아래에 위치시킵니다.

08 [원형 선택 도구]로 원형 선택 범위를 만든 후 전경색을 [#ffca1f]로 설정하고 채웁니다.

09 선택 범위를 해제한 후 [필터 → 흐림 효과 → 가우시안 흐림 효과]를 [반경: 30픽셀], 레이어의 [혼합 모드]를 [오버레이]로 설정합니다.

10 작성한 2개의 [가운데빛], [색이 있는 빛] 레이어를 그룹화한 후 그룹의 이름을 '빛나는 버섯'으로 바꿉니다. 그룹의 색상을 노란색으로 만듭니다.

04 빛 복사하기

11 [빛나는 버섯] 그룹을 복사한 후 나머지 3개의 버섯에도 겹칩니다. [편집 → 자유 변형]을 사용해 버섯의 크기에 맞게 조절합니다.

05 전체적으로 불빛 그려 넣기

[그레이디언트 칠 1] 레이어의 위쪽(그룹 레이어 4개의 아래쪽)에 [전체빛(흰색)] 레이어를 새로 만듭니다. 레이어의 [혼합 모드]를 [오버레이]로 설정합니다.

12~13 [브러시 도구]를 선택한 후 전경색을 흰색(#ffffff)으로 설정합니다. 그런 다음 [부드러운 원] 모양의 브러시로 버섯의 중심에 우산 모양으로 빛을 그립니다. [브러시 크기]를 [15~50픽셀], 브러시 [불투명도]를 [30~100%]로 조절하면서 그립니다.

06 전체 불빛에 색상 넣기

05와 같은 요령으로 전경색을 [#ffca1f]로 설정하고, 큰 빛을 생각하면서 그립니다.

14 브러시 크기는 버섯 등과 같은 작은 면은 [30픽셀] 전후, 나무에 떨어지는 빛은 [100픽셀] 전후, 불투명도는 [30%] 전후로 설정해 그립니다.

15 가장 위쪽에 새 레이어 [빛의 입자]를 만든 후 172쪽의 '반짝반짝 빛나는 입자 표현하기'에서 만든 브러시를 사용해 버섯 주위에 반짝이는 입자를 장식하면 완성입니다.

Recipe

069

모자와 선글라스를 쓴 강아지

원본

01 소스 균형 있게 배치하기

01 [파일 → 새로 만들기]를 클릭한 후 문서의 크기를 [폭: 2500픽셀], [높이: 1760픽셀]로 설정합니다.

02 '069-dog.psd'를 불러온 후 중앙에 위치시킵니다.

03~04 새 레이어를 만든 후 [올가미 도구]를 클릭해 강아지 몸의 라인을 생각하면서 선택 범위를 만듭니다.

05~06 [페인트 통 도구]를 클릭한 후 전경색을 검정(#000000)으로 설정해 채웁니다.

02 모자 합성하기

07~08 '069-모자.psd'를 문서로 불러온 후 마스크를 추가합니다.
[모자] 레이어에서 [브러시 도구]로 마스크를 적용해 나갑니다.
[모자] 레이어의 [레이어 표시/숨기기]를 전환하면서 아래쪽에 있는 [dog] 레이어의 위치를 확인합니다. 강아지가 모자를 잘 쓰고 있도록 조절합니다.
09 마스크를 대강 조절한 후 일단 작업을 멈춥니다.
10~11 모자를 좀 더 안정된 위치로 조절해 보겠습니다. [레이어 마스크]의 [레이어 링크]를 클릭해 해제한 후 [편집 → 자유 변형]을 선택해 위치를 조절합니다.
12 모자의 위치를 결정했다면 [모자] 레이어의 마스크에서 다시 추가하거나 삭제해 모자를 쓴 모습을 정돈합니다.

핵심 포인트

모자 그림자의 음영을 고려하면서 브러시의 [불투명도]를 조절해 마스크를 적용하면 좀 더 자연스럽게 보정할 수 있습니다.

03 안경 합성하기

13 '069-안경.psd'를 불러온 후 문서로 가져옵니다.
14 [편집 → 자유 변형]을 클릭하면 나타나는 바운딩 박스에서 [마우스 오른쪽 버튼 클릭 → 뒤틀기]를 선택합니다.
15 강아지 얼굴의 각도에 맞게 왼쪽 눈 쪽이 뒷면, 오른쪽 눈 쪽이 전면으로 튀어나오도록 변형합니다.
16 안경의 각도가 잘 정돈됐으면 [안경] 레이어에 마스크를 추가합니다.
17 코끝 등과 같이 가려져야 하는 부분을 마스크로 가립니다.

04 안경에 있는 렌즈 표현하기

18 [안경] 레이어를 선택한 후 도구 바에서 [자동 선택 도구]를 클릭하고 안경 내부를 선택 범위로 만듭니다.

19 [안경] 레이어의 아래에 새 레이어를 만든 후 이름을 '렌즈'로 바꿉니다.

20 [페인트 통 도구]를 선택한 후 흰색으로 채웁니다.

21 [안경] 레이어에 마스크를 추가한 것처럼 [렌즈] 레이어에도 마스크를 추가하고 [브러시 도구]를 사용해 코 모양을 살리면서 지웁니다.

22 [렌즈] 레이어를 [불투명도: 25%]로 설정해 렌즈의 투명한 느낌을 살려 줍니다.

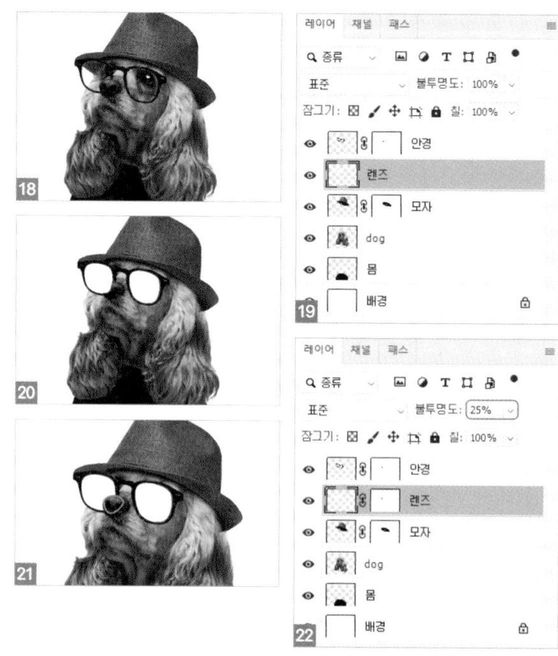

05 배경 합성 및 배치하기

23 '069-책장.psd'를 불러온 후 레이어의 가장 아래에 위치시킵니다.

24~25 캐릭터와의 원근감을 표현하기 위해 흐림 효과를 적용합니다. [필터 → 흐림 효과 → 가우시안 흐림 효과]를 선택한 후 [반경: 4.0픽셀]로 설정합니다.

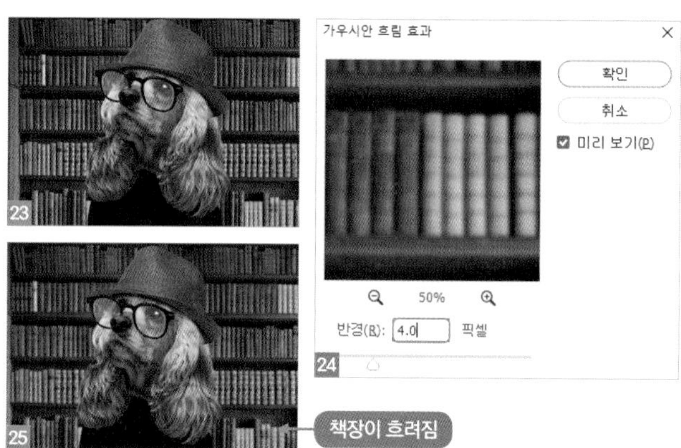

06 모자 색을 조정한 후 방향에 따라 빛 추가하기

전체적으로 갈색의 평범한 인상을 주고 있습니다. 모자 색을 빨간색 계열로 바꿔 보겠습니다. [모자] 레이어를 선택한 후 [조정 레이어 → 색조/채도]를 선택합니다.

26 [이전 레이어를 사용하여 클리핑 마스크 만들기] 항목에 체크 표시를 합니다.

27~28 [색조: -22]로 설정해 모자를 빨간색으로 바꿉니다.

29 모자에 빛이 비치는 방향을 바꾸겠습니다. [모자] 레이어를 선택한 후 [필터 → 렌더 → 조명 효과]를 선택합니다. 왼쪽 위의 빛이 닿는 이미지에서 [라이트 컨트롤]의 원을 움직여 위치를 결정합니다.

30 [속성] 패널에서 오른쪽 그림과 같이 설정합니다.

31 조명 효과로 빛과 음영이 생겨 모자에 입체감이 살아났습니다.

29

31

30

07 가장자리를 어둡게 해 시선을 가운데로 집중시키기

32 가장 위쪽에 [네 모서리 그림자] 레이어를 추가합니다.

33 [그레이디언트 도구]를 선택한 후 전경색을 검정(#000000)으로 설정합니다. 화면 위쪽의 옵션 바에서 [원형 그레이디언트]로 설정한 후 [반전]에 체크 표시를 합니다. 를 클릭해 [그레이디언트 편집기] 대화상자가 나타나게 합니다.

34 [기본 사항]의 [전경색에서 투명으로]를 선택합니다.

35 [네 모서리 그림자] 레이어를 선택한 상태에서 화면의 중심에서 오른쪽 위로 그레이디언트를 그립니다.

36 [혼합 모드: 소프트 라이트]로 설정합니다.

37 네 모서리가 어두워지면서 중앙에 있는 캐릭터에 시선이 가는 이미지가 완성됐습니다.

32

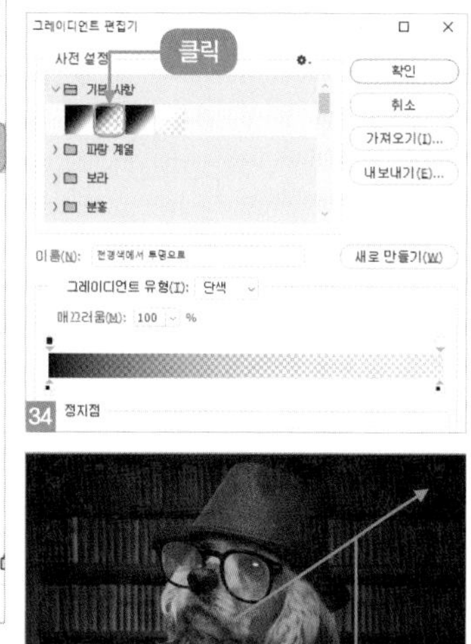

33
34

35

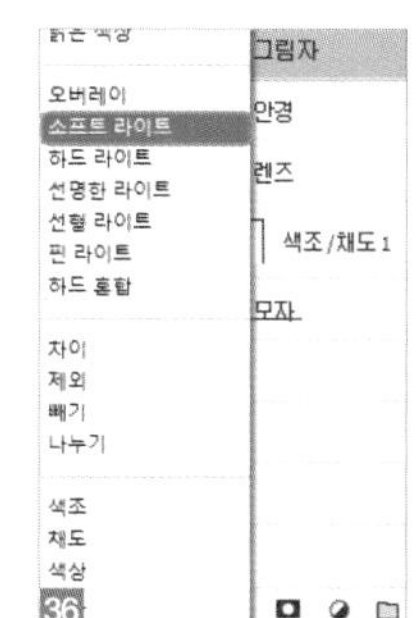

36

37

LET'S GO ON A TRIP

Recipe

070

사진과 어우러진 문자 디자인

[레이어 마스크]를 사용해 글자를 사진에 맞게 입체적으로 배치하는 방법을 알아보겠습니다.

01 인물만 잘라 내기

'070-인물.psd'를 불러옵니다.

01 [펜 도구]를 선택합니다. 인물들의 윤곽을 패스로 만듭니다.

02 [펜 도구]를 선택한 상태에서 [마우스 오른쪽 버튼 클릭 → 선택 영역 만들기]를 누릅니다. [페더 반경: 0픽셀]로 설정하고 [확인]을 누릅니다.

03 [사각형 선택 도구]와 [배경] 레이어를 선택한 후 캔버스에서 [마우스 오른쪽 버튼 클릭 → 복사한 레이어]를 선택합니다.

만들어진 레이어의 이름을 '실루엣'으로 바꿉니다.

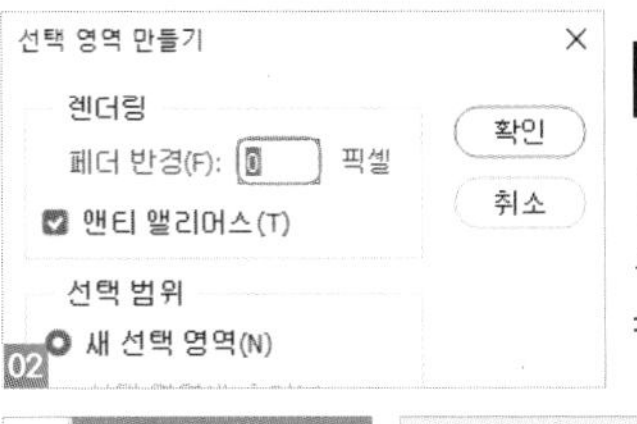

핵심 포인트

[Ctrl]+[J]를 클릭해도 선택 범위를 복사해 레이어가 만들어집니다.

02 텍스트 입력하기

04 [수평 문자 도구]를 선택합니다.

05 [LET'S GO ON A TRIP]이라는 글자를 입력합니다.

[글꼴: 돋움], [크기: 149pt], [행간: 175pt], [색상: #fff08c]로 설정합니다.

06 ~ 07 [LET'S]는 [자간: 20], [GO ON A TRIP]은 [자간: -70]으로 설정합니다.

08 텍스트 레이어는 가장 위쪽에 위치시킵니다.

03 텍스트에 마스크 추가하기

09 [LET'S GO ON A TRIP] 레이어를 선택한 후 [레이어] 패널의 아래쪽에 있는 [마스크] 버튼을 클릭합니다.

10 [마스크 섬네일]을 클릭합니다.

[브러시 도구]를 선택한 후 전경색을 검정(#000000)으로 설정합니다.

11 오른쪽 그림과 같이 인물과 문자가 겹치는 부분에 마스크를 추가합니다. '모자와 겹치는 글자 O', '왼쪽 인물의 겨드랑이 부분과 겹치는 글자 O', '오른쪽 인물의 오른쪽 다리와 겹치는 P'와 같은 부분을 가려서 입체감을 살립니다.

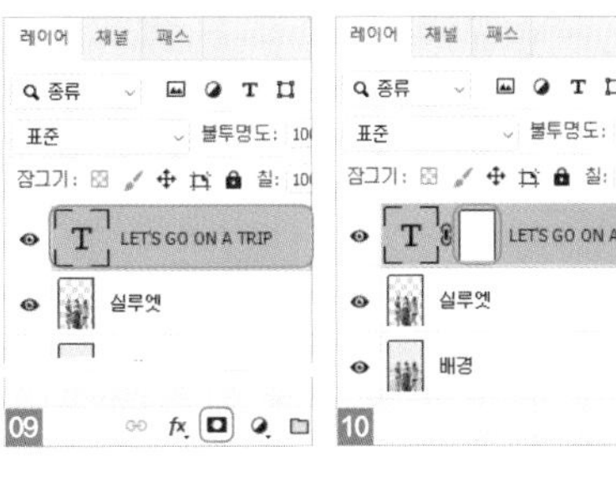

04 텍스트에 그림자 넣기

[LET'S GO ON A TRIP] 레이어를 복사해 아래쪽에 위치시킵니다.

12 복사한 [LET'S GO ON A TRIP 복사] 레이어를 선택한 후 [마우스 오른쪽 버튼 클릭 → 문자 래스터화]를 클릭합니다. 또한 [마스크 섬네일]을 [마우스 오른쪽 버튼 클릭 → 레이어 마스크 적용]을 클릭합니다.

13 [이미지 → 조정 → 레벨]을 선택한 후 [출력 레벨: 0, 0]으로 설정합니다.

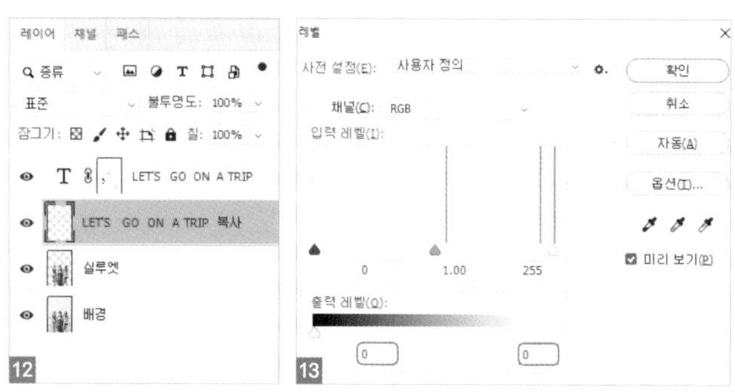

05 인물 실루엣에 텍스트 그림자 적용하기

14 [실루엣] 레이어의 섬네일을 Ctrl + 클릭해 선택 범위를 만듭니다.

15 [LET'S GO ON A TRIP 복사]를 선택한 후 [레이어] 패널의 아래쪽에 있는 [마스크] 버튼을 클릭합니다.

16~**17** [레이어 섬네일]과 [마스크 섬네일] 사이에 있는 링크 아이콘(🔗)을 클릭해 보이지 않게 합니다. [이동 도구]를 클릭한 후 조금 아래로 이동시킵니다.

그림자가 인물 위에만 나타납니다.

06 그림자 흐리게 표현하기

18 [LET'S GO ON A TRIP 복사] 레이어를 선택한 후 [필터 → 흐림 효과 → 가우시안 흐림 효과]를 클릭하고 [반경: 7.0픽셀]을 적용합니다.

19 [LET'S GO ON A TRIP 복사] 레이어의 [불투명도]를 [30%]로 설정합니다.

20 [LET'S GO ON A TRIP] 레이어의 [불투명도]도 [85%]로 설정합니다.

05

감각적이고 스타일리시한 합성 아이디어

5장에서는 감각적이면서 스타일리시한 표현과 합성 아이디어를 살펴보겠습니다. 앞부분에서는 필터를 이용한 텍스처 만들기나 대비가 높은 빛의 연출 등과 같은 기본 방법을 알아보고, 뒷부분에서는 콜라주 작품을 통한 실제 제작 기법을 살펴보겠습니다.

Photoshop Recipe

Recipe

071

비 표현하기

비 내리는 느낌은 몇 단계만 작업하면 간단히 구현할 수 있습니다.

01 새 레이어 만들고 검은색으로 채우기

'071-인물.psd'를 불러온 후 위쪽에 새 레이어를 만들고 레이어 이름을 '비'로 바꿉니다.

01 [페인트 통 도구]를 클릭한 후 전경색을 검정(#000000)으로 설정해 채웁니다.

02 하얀 알갱이 만들기

02~03 [필터 → 필터 갤러리]를 선택한 후 [스케치 효과 → 망사 효과]를 선택합니다. [조밀도: 10], [전경색 레벨: 0], [배경색 레벨: 0]으로 설정합니다.

04~05 [레벨] 기능을 선택한 후 [입력 레벨]을 [90, 1.00, 150]으로 설정합니다.

06 [비] 레이어의 [혼합 모드]를 [스크린]으로 설정합니다. 사진에 자잘한 하얀 알갱이들이 만들어집니다.

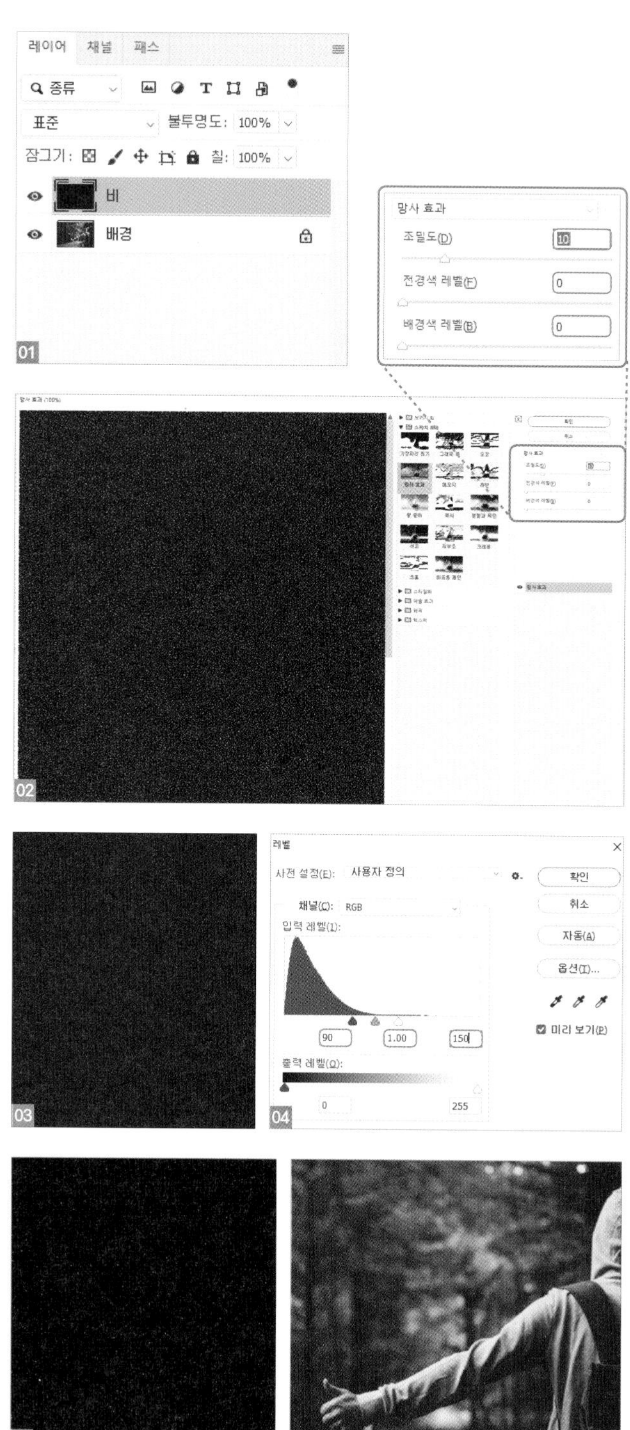

03 [동작 흐림 효과]를 사용해 비 구현하기

07 [필터 → 흐림 효과 → 동작 흐림 효과]를 선택해 [각도: -75°], [거리: 85픽셀]로 설정합니다.
08 [레벨] 기능을 선택한 후 [입력 레벨]을 [6, 1.69, 167]로 설정합니다.
09 가장자리에 색상이 다른 부분이 생깁니다.
10~11 [자유 변형]을 실행하고 가장자리가 보이지 않도록 가로 폭(W)과 높이(H)를 모두 [105%]로 설정합니다.

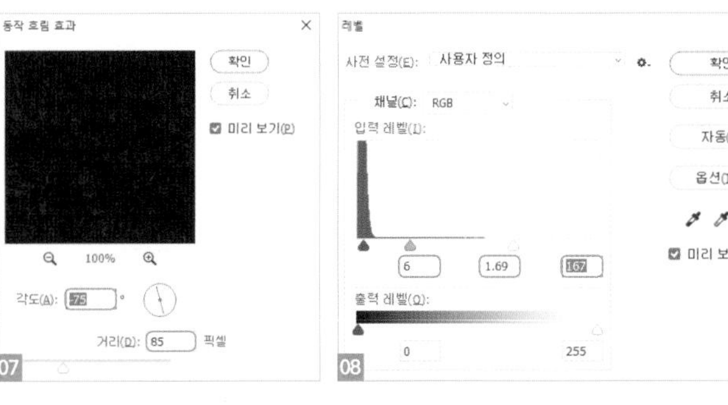

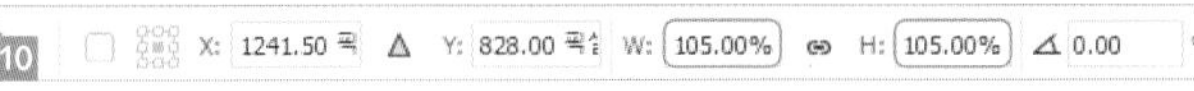

04 인물의 몸에 빗물이 닿는 모습 구현하기

가장 위쪽에 새 레이어를 만든 후 레이어 이름을 '물보라'로 바꿉니다.
12 [브러시 도구]를 선택한 후 브러시 사전 설정에서 [뿌리기] 브러시를 선택합니다.
전경색을 흰색(#ffffff)으로 설정하고 비가 닿는 부분을 칠합니다.
13 이때 브러시로 덧칠하듯이 그리지 말고 점을 찍는 느낌으로 클릭하세요. 브러시의 크기와 불투명도를 조절한 후 얼룩을 더하면 좀 더 실감나게 구현할 수 있습니다.

점을 찍듯이 그리기

05 [색상 균형]으로 톤 보정하기

14 새 레이어를 추가한 후 [레이어] 패널의 아래쪽에 있는 [조정 레이어]에서 [색상 균형]을 선택합니다. [톤: 중간 영역], [녹청: -30], [마젠타: 0], [노랑: 46]으로 설정합니다. 사이안과 블루를 강조해 비의 차가운 느낌을 나타내면 완성입니다.

Recipe

072

인물과 풍경 사진을 겹친 그래픽 디자인

합성 테크닉으로 인물과 풍경을 겹쳐 줌으로써
독특한 느낌을 만들어 내는 이중 노출 기법(double exposure)을 알아보겠습니다.

01 인물과 풍경 사진 겹치기

01 '072-인물.psd'와 '072-풍경.psd'를 불러온 후 '072-풍경.psd'를 '072-인물.psd'의 위쪽으로 이동시킵니다.
02 [풍경] 레이어를 선택한 후 레이어의 [혼합 모드]를 [스크린]으로 설정합니다.
03 [스크린]은 아래쪽 레이어의 흰색에는 영향을 미치지 않기 때문에 [인물] 레이어의 색이 있는 부분에만 겹쳐집니다.

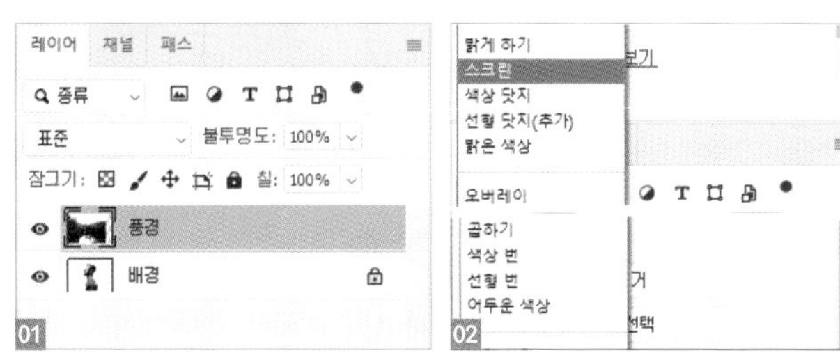

02 [풍경] 레이어에 마스크 적용하기

04 [풍경] 레이어를 선택한 후 [레이어] 패널의 아래쪽에 있는 [마스크] 버튼을 선택합니다.
05 생성된 [마스크 섬네일]을 선택합니다.
06 [브러시 도구]를 선택한 후 인물의 얼굴 주변과 몸 부분에 겹쳐진 풍경에 마스크를 추가해 정리합니다.

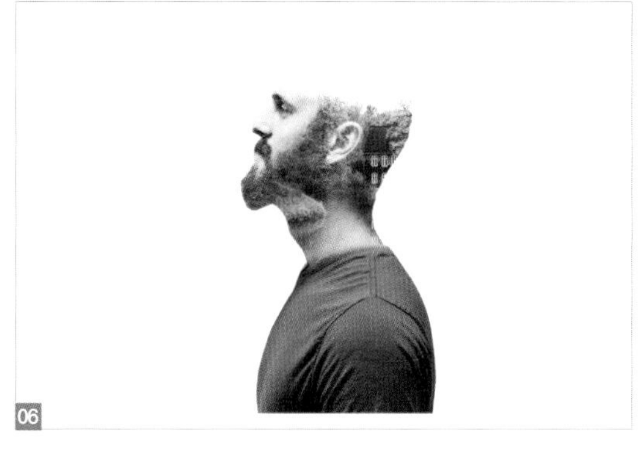

핵심 포인트

브러시 종류는 [부드러운 원]으로 설정합니다. 눈, 코, 몸 부분을 칠할 때는 브러시의 [불투명도]를 [100%]로 설정한 후 작업하고, 수염 등과 같이 단면이 아닌 경우에는 [불투명도]를 낮추거나 조절하면서 작업하는 것이 좋습니다.

03 몸에 풍경 이미지 한 번 더 겹치기

07 [풍경] 레이어를 복사한 후 레이어 이름을 '풍경 2'로 바꾸고 [마스크 섬네일]에서 [마우스 오른쪽 버튼 클릭 → 레이어 마스크 삭제]를 선택합니다.

08~09 [풍경 2] 레이어를 선택한 후 [편집 → 변형 → 세로로 뒤집기]를 선택하고 세로로 뒤집힌 이미지의 위치를 정돈합니다.

10 **02**와 같이 [풍경 2] 레이어에 레이어 마스크를 적용해 불필요한 부분을 마스크 처리합니다.

[혼합 모드]가 [스크린]으로 설정돼 있어 이미지가 복잡하게 겹쳐집니다. 마스크를 여러 번 다시 적용하면서 원하는 이미지를 만들어 나갑니다.

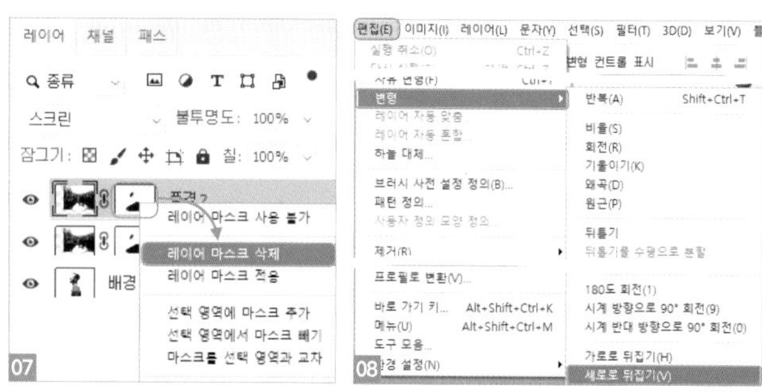

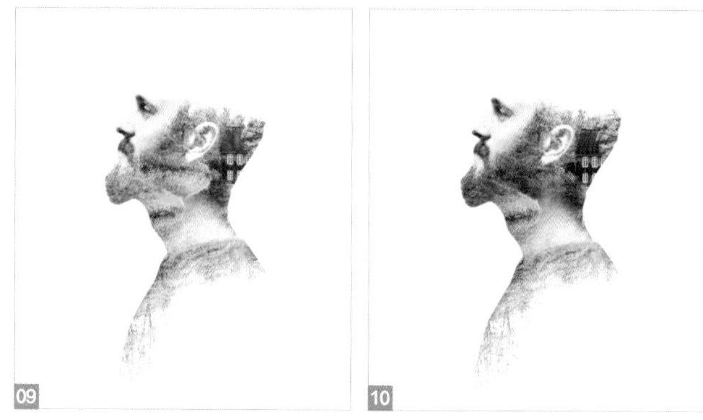

04 색상 보정하고 장식 추가하기

11~12 [레이어] 패널의 아래쪽에 있는 [조정 레이어]에서 [흑백]을 선택한 후 레이어의 가장 위에 위치시킵니다.

13 '072-새.psd'를 불러온 후 인물의 머리 위에 배치하면 완성입니다.

Recipe

073

세련된 도시 사진 보정하기

레이어를 겹치거나 빛의 연출 기법을 사용해 도시 사진을
더욱 세련되고 멋지게 보정해 보겠습니다.

01 수면에 반사된 이미지 만들기

'073-도시.psd'를 불러옵니다. [배경] 레이어를 더블클릭한 후 레이어 이름을 '도시'로 바꿉니다. 01 위쪽에 복사한 후 레이어 이름을 '비침'으로 바꿉니다.

02 [비침] 레이어를 선택한 후 [편집 → 변형 → 세로로 뒤집기]를 선택합니다.

03 [비침] 레이어의 [불투명도]를 [50%] 전후로 설정하고, 수면에 반사된 것처럼 위치를 이동시킵니다.

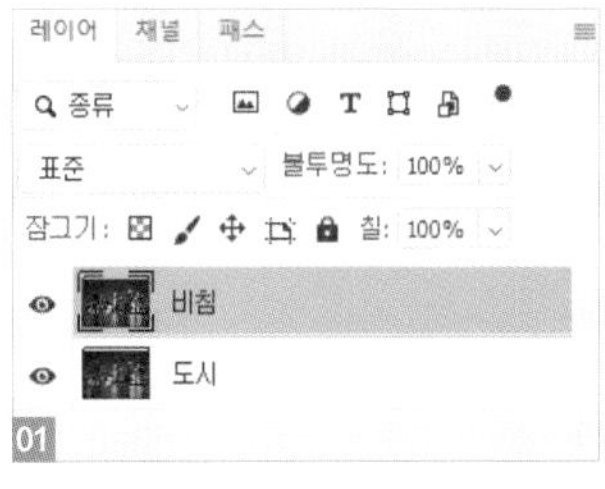

02 마스크를 만들어 수면에 비친 이미지 정돈하기

04 [사각형 선택 도구]로 수면 부분을 선택합니다.
05 [레이어] 패널의 아래쪽에 있는 [마스크] 버튼을 선택한 후 [불투명도]를 [100%]로 되돌립니다. [비침] 레이어의 [마스크 섬네일]을 선택합니다. [그레이디언트 도구]를 선택한 후 전경색을 검정(#000000)으로 설정합니다.
06 옵션 바에서 그레이디언트를 [전경색에서 투명으로], [선형 그레이디언트]로 설정합니다.
07 캔버스 아래의 바깥쪽에서부터 수면의 70% 정도까지 드래그해 그레이디언트 마스크를 추가합니다.

03 전체 화면에 그레이디언트 적용하고 밝게 보정하기

전경색을 흰색(#ffffff), 배경색을 파란색(#0030ff)으로 설정합니다.
08 [레이어] 패널의 아래쪽에 있는 [조정 레이어]에서 [그레이디언트]를 선택합니다.
09 [그레이디언트 칠] 대화상자가 나타나면 [전경색에서 배경색으로]로 설정합니다. 그런 다음 [스타일: 선형], [각도: 90°], [비율: 100%]로 설정하고 [레이어에 정렬] 항목에 체크 표시를 합니다.
10 캔버스에 그레이디언트가 나타나면 약간 위로 이동시켜 오른쪽 그림과 같이 만듭니다.
11 [그레이디언트 칠 1] 레이어를 선택한 후 [혼합 모드]를 [오버레이]로 설정하고 [불투명도]를 [50%]로 바꿉니다.

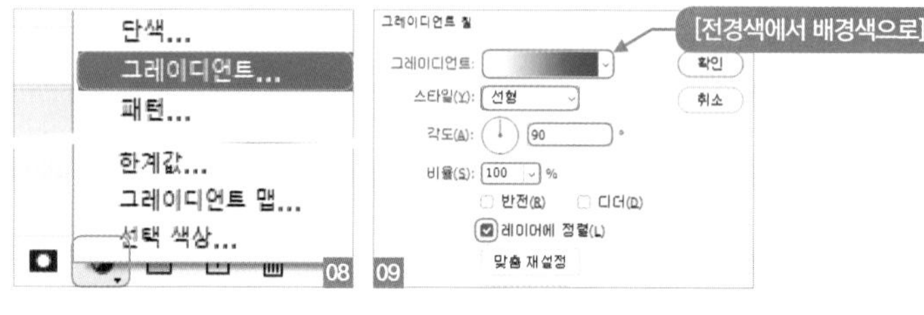

04 색상을 반전시켜 겹치기

12 모든 레이어를 선택한 후 [마우스 오른쪽 버튼 클릭 → 레이어 병합]을 클릭합니다.
13 병합된 레이어 이름을 '도시'로 바꾼 후 위쪽으로 복사하고 이름을 '도시 2'로 바꿉니다.
14 [도시 2] 레이어를 선택한 후 [이미지 → 조정 → 흑백]을 클릭하고 기본 설정으로 진행합니다. [이미지 → 조정 → 반전]을 선택합니다.
15 레이어의 [혼합 모드]를 [오버레이], [불투명도]를 [40%]로 설정합니다.

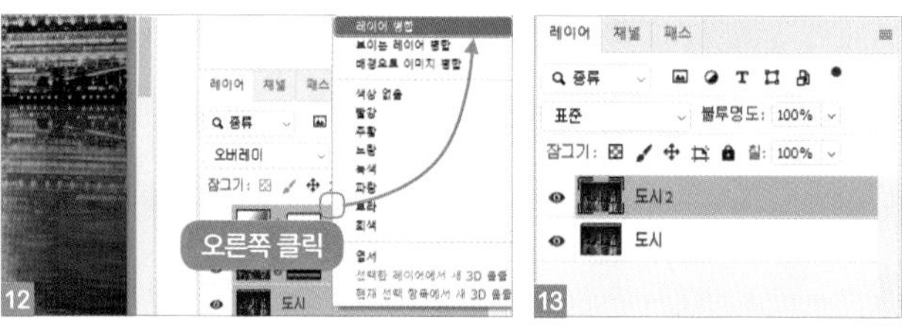

05 [선택 색상]으로 전체 명도, 채도 보정하기

16 [레이어] 패널의 아래쪽에 있는 [조정 레이어]에서 [선택 색상]을 선택합니다.

[속성] 패널에서 [절대치] 항목에 체크 표시를 합니다.

17~21 [색상: 노랑 계열]에서 [녹청: -30%], [색상: 파랑 계열]에서 [검정: +25%], [색상: 흰색 계열]에서 [검정: -40%], [색상: 중간색]에서 [녹청: +5%], [노랑: -5%], [색상: 검정 계열]에서 [검정: 12%]로 설정합니다.

22 건물에서 흰색과 노란색 빛을 더욱 선명하게 하고 하늘과 수면의 파란색을 좀 더 강조해 보정했습니다.

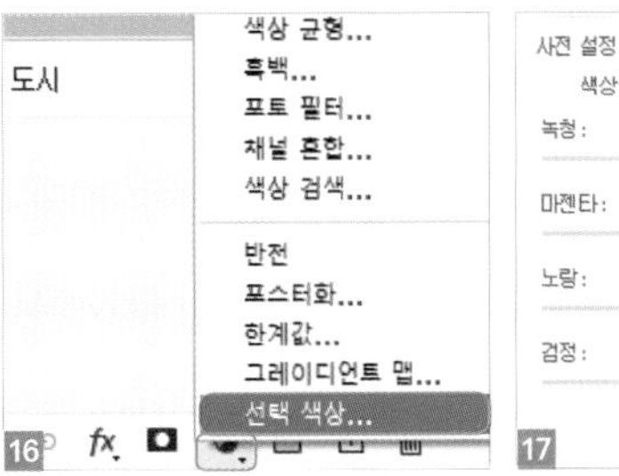

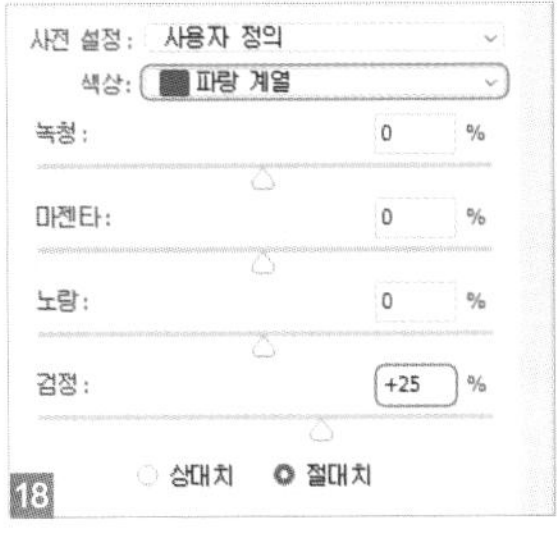

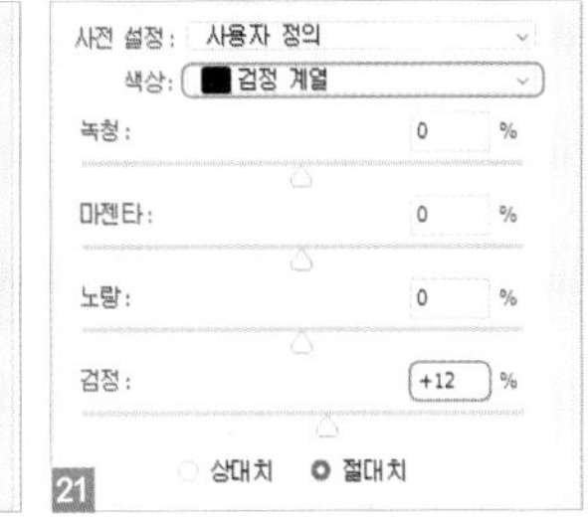

06 [브러시 도구]로 빛 추가해 완성하기

가장 위쪽에 새 레이어 [빛]을 만든 후 [혼합 모드]를 [오버레이]로 설정합니다.

23 전경색을 흰색(#ffffff)으로 설정하고 [브러시 도구]로 빛을 그립니다. 브러시의 크기나 불투명도를 조절하면서 원래 빛나는 부분을 좀 더 빛나도록 그려 주는 것이 좋습니다. 수면에 비친 빛도 이에 맞춰 그려 주면 완성입니다.

Recipe 074

번개 표현하기

[구름 효과] 필터를 사용해 번개를 만들어 보겠습니다.

원본

01 [구름 효과] 필터로 번개로 사용할 선 만들기

'074-풍경.psd'를 불러옵니다.

01 전경색, 배경색을 초기 설정(흑백)으로 만든 후 새 레이어를 만들고 레이어 이름을 '번개'로 바꿉니다. [필터 → 렌더 → 구름 효과 1]을 선택합니다. [필터 → 렌더 → 구름 효과 2]를 선택합니다.

02~03 [이미지 → 조정 → 반전]을 선택합니다.

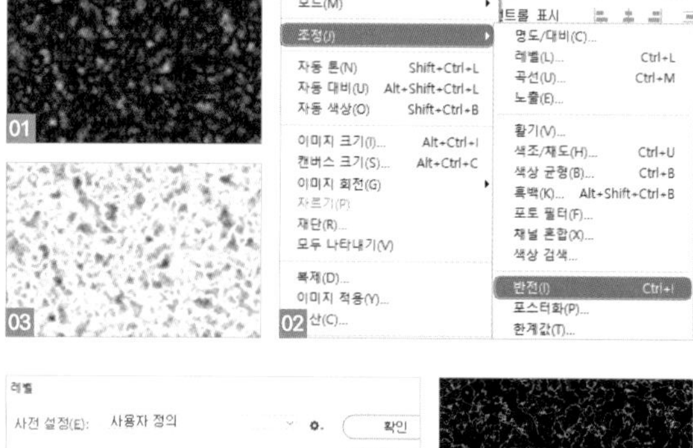

02 [레벨] 메뉴에서 선명한 선 보정하기

04~05 [이미지 → 조정 → 레벨]을 선택합니다. [입력 레벨]을 [210, 0.15, 255]로 설정합니다.

06 [번개] 레이어의 [혼합 모드]를 [스크린]으로 설정합니다.

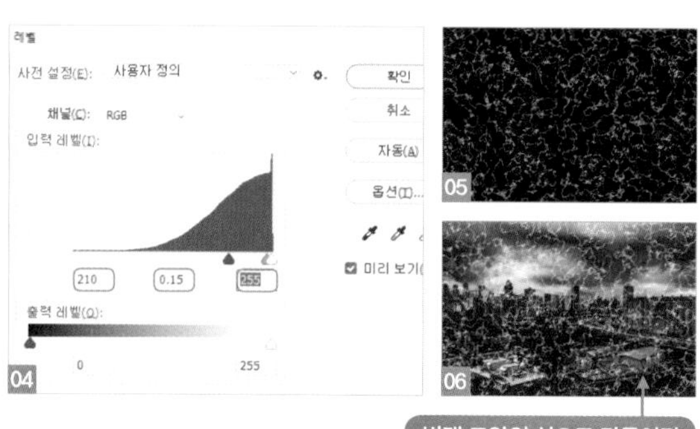

번개 모양의 선으로 만들어짐

03 배경 분위기에 맞춰 번개에 색감 입히기

07 [이미지 → 조정 → 색조/채도]를 선택한 후 [색상화]에 체크 표시를 합니다. [색조: +220], [채도: +100], [밝기: 0]으로 설정합니다.

08 선에 파란색 색감이 적용됐습니다.

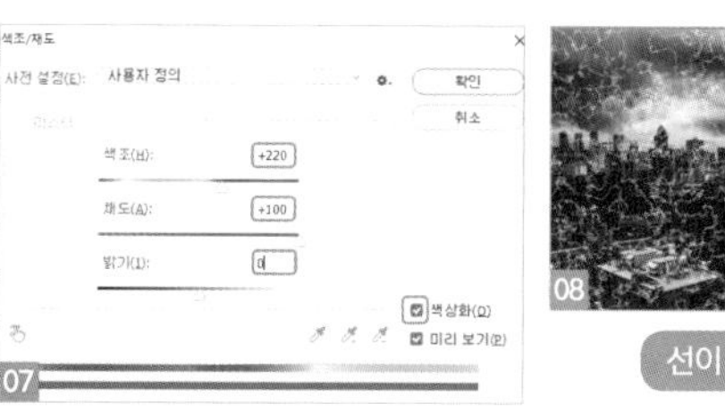

04 번개로 사용할 부분만 잘라 내 재구성하기

09 [올가미 도구]를 선택한 후 번개로 사용할 부분을 선택하고, [마우스 오른쪽 버튼 클릭 → 복사한 레이어]를 클릭합니다.

10 같은 방법으로 여러 레이어를 만듭니다.

11 [자유 변형]을 사용해 레이어를 회전이나 반전시켜 번개 모양을 만듭니다.

05 번개 복사하기

번개를 여러 개 만들어 적당한 곳에 위치시킵니다.

12 번개를 무작위로 배치하는 것보다 구름의 틈에서 번개가 보이는 것처럼 나름대로 기준을 만들어 위치시킵니다.

13 레이아웃이 결정되면 번개 레이어를 모두 그룹화합니다. 그룹의 이름은 '번개'로 바꿉니다.

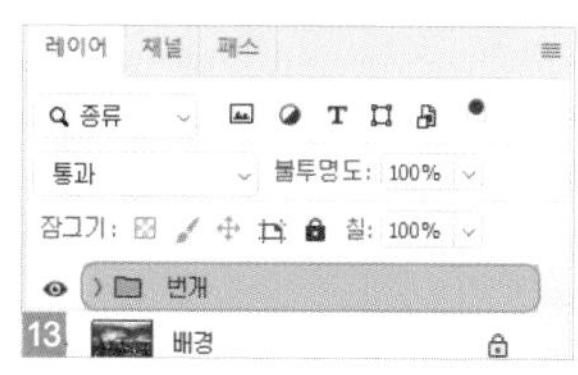

06 빌딩에 마스크를 추가하고 번개를 빌딩 뒤쪽으로 이동시키기

14 [펜 도구]를 사용해 빌딩의 외곽선에서 하늘 전체를 선택해 선택 범위로 만듭니다.

15 선택 범위를 만든 상태에서 [번개] 그룹을 선택한 후 [레이어] 패널의 아래쪽에 있는 [마스크] 버튼을 클릭합니다. 건물 뒤쪽에서 번개가 치는 것처럼 보입니다.

빌딩 앞쪽으로 보이는 번개를 지우고, 빌딩 뒤쪽에서 번개가 치는 것처럼 보이도록 하기

07 번개에 빛 추가해 완성하기

가장 위쪽에 새 레이어를 만든 후 레이어의 이름을 '빛'으로 바꿉니다. 그런 다음 레이어의 [혼합 모드]를 [오버레이]로 설정합니다.

16 [브러시 도구]를 선택한 후 전경색을 흰색(#ffffff)으로 설정하고 번개 시작 부분 근처에 구름 조각을 그려 넣어 밝게 만듭니다.

17 새 레이어를 1개 더 만든 후 레이어의 이름을 '빛2'로 바꿉니다. 그런 다음 [혼합 모드]를 [오버레이]로 설정하고 중앙에 있는 3개의 번개를 따라 빛을 추가합니다. 위쪽에도 전체적으로 빛을 추가해 완성합니다.

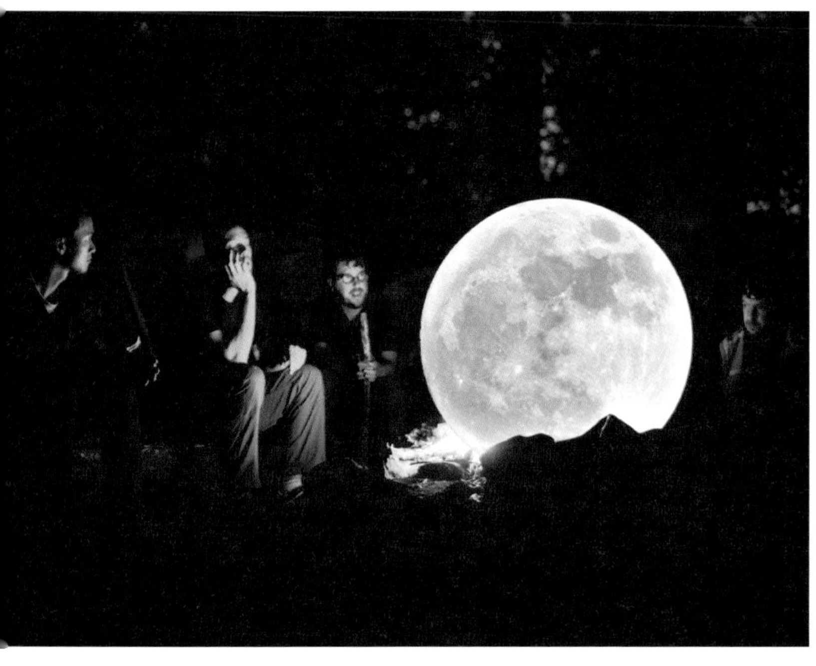

Recipe

075

달과 함께하는 판타지 세계 표현하기

소스의 색과 질감에 맞춰 조금 신기한 세계관을 만들어 보겠습니다.

01 달이 놓일 위치를 생각하면서 경로 만들기

01 '075-기본 이미지.psd'를 열면 [배경] 레이어와 잘라 낸 [달] 레이어로 미리 구분해 놓았습니다. 일단 [달] 레이어를 숨깁니다.

02 [펜 도구]를 선택한 후 그림과 같은 패스를 만듭니다.

전면에 있는 바위보다 뒤쪽에 달을 배치한다고 생각하면서 패스를 만듭니다.

02 달이 모닥불에 걸치도록 마스크 적용하기

03 [펜 도구]가 선택된 상태로 캔버스에서 [마우스 오른쪽 버튼 클릭 → 선택 영역 만들기]를 클릭합니다.

04 [달] 레이어를 나타나게 한 후 [레이어] 패널의 아래쪽에 있는 [마스크] 버튼을 클릭해 마스크를 추가합니다.

05 마스크가 적용됐습니다.

01

02

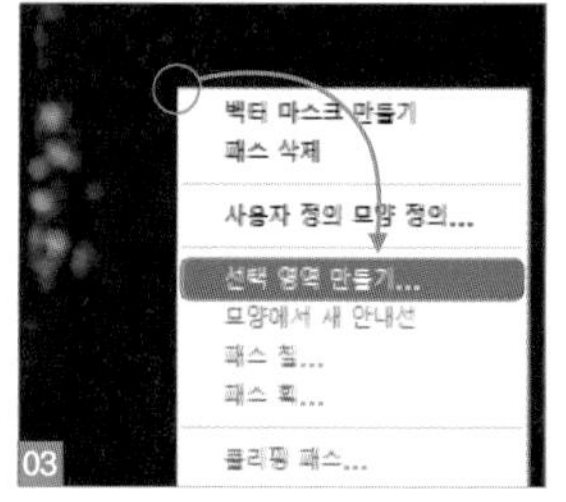

03

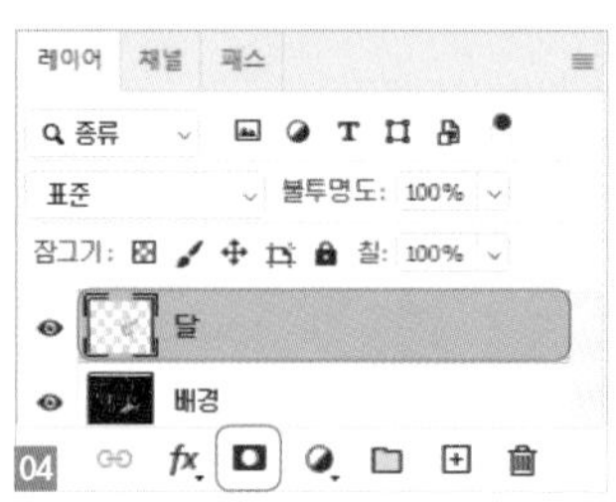

04

05

03 달과 배경의 질감과 색감 맞추기

배경보다 달의 화질이 높은 상태이므로 달의 화질을 조금 떨어뜨리겠습니다.

06 [달] 레이어를 선택한 후 [필터 → 흐림 효과 → 가우시안 흐림 효과]를 선택하고 [반경: 1.5픽셀]로 적용합니다.

07~08 [배경] 레이어를 선택한 후 [이미지 → 조정 → 색조/채도]를 선택합니다. 이미지의 붉은 빛 부분만을 보정하고 싶으므로 [빨강 계열]을 선택합니다. [색조: +20], [채도: +20]으로 설정합니다.

04 전체 색감을 통일하고 달의 입체감 살리기

09 [레이어] 패널의 아래쪽에 있는 [조정 레이어 → 포토 필터]를 선택해 만들고 레이어의 가장 위쪽으로 이동합니다.

10 [필터: Warming Filter(85)], [밀도: 40%], [광도 유지]에 체크 표시를 합니다.

11 전체 색감이 주황색으로 통일됐습니다.

12 [달] 레이어를 선택한 후 [레이어 → 레이어 스타일 → 내부 광선]을 선택합니다.

13~14 [레이어 스타일] 대화상자가 나타나면 오른쪽 그림과 같이 설정합니다. 달의 윤곽에 빛이 추가됐습니다.

05 전체적으로 반사 빛 그려 넣기

가장 위쪽에 새 레이어 [빛]을 만든 후 [혼합 모드: 오버레이]로 설정합니다.

15 [전경색: #ffdd3f]로 설정한 후 [브러시 도구]에서 [종류: 부드러운 원]으로 설정해 빛을 추가로 그려 넣습니다. 브러시의 크기는 [100 ~ 200픽셀] 정도로 조절하면서 원래 빛이 있는 부분에 추가한다는 생각으로 그립니다. 빛은 누르면서 그리지 말고, 뿌린다는 느낌으로 그립니다.

16 너무 많이 추가했다면 [지우개 도구]로 지웁니다.

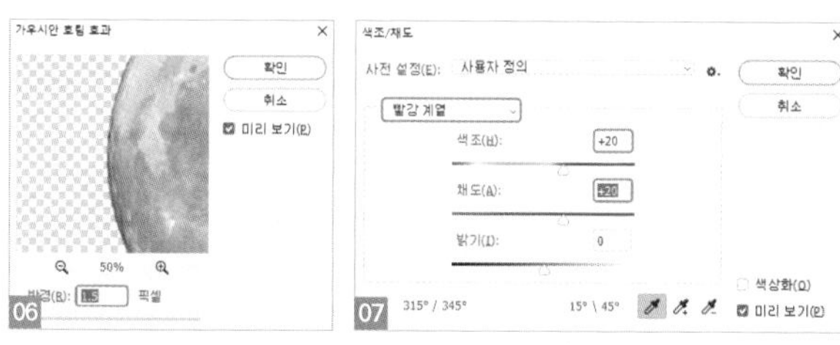

붉은 기가 조정됨

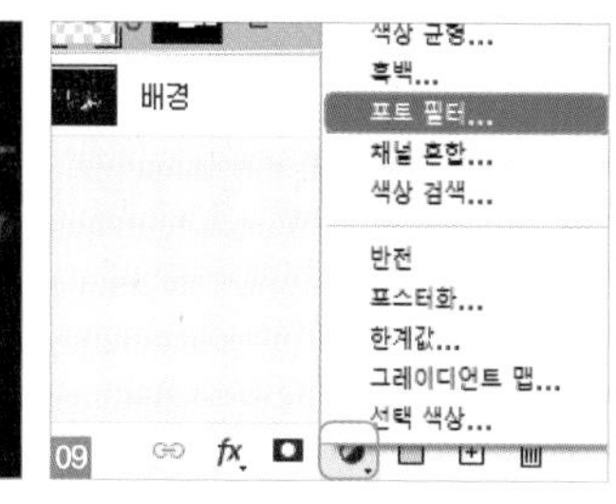

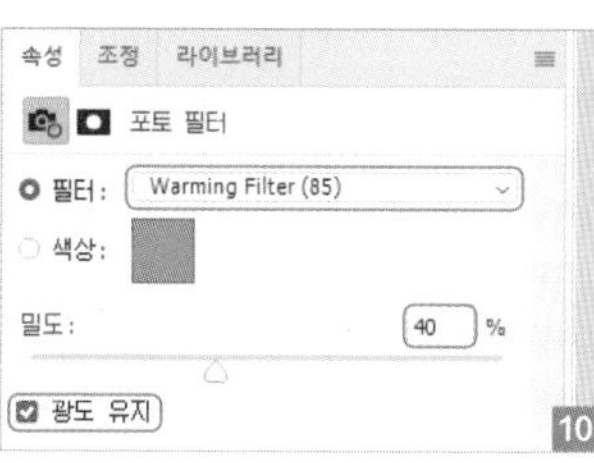

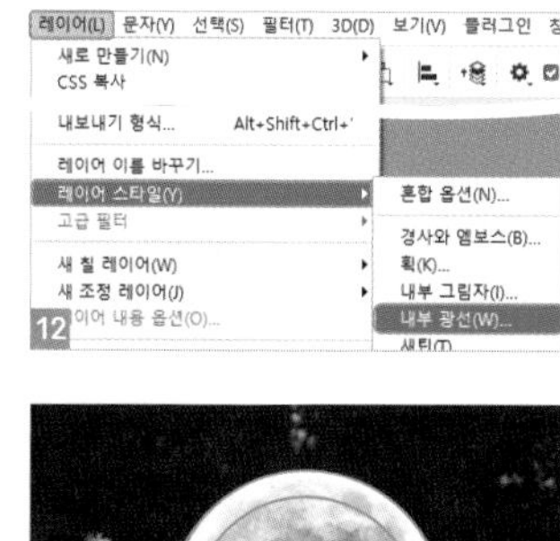

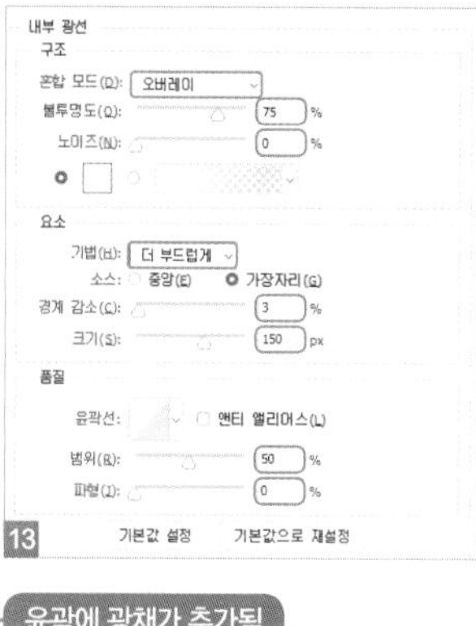

윤곽에 광채가 추가됨

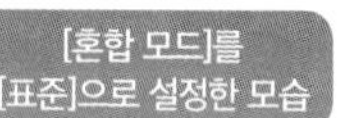
[혼합 모드]를
[표준]으로 설정한 모습

Recipe

076 골드나 실버 느낌의 질감으로 가공하기

이미지를 골드나 실버 느낌의 금속 질감으로 보정해 보겠습니다.

01 이미지의 밝기를 균일하게 보정하기

'076-바질.psd'를 불러옵니다.

01 바질과 용기를 미리 잘라 내 [바질]과 [배경] 레이어로 나뉘어 있습니다.

여러 필터를 겹치면서 편집하기 위해 [바질] 레이어를 [마우스 오른쪽 버튼 클릭 → 고급 개체로 변환]을 눌러 고급 개체로 만들어 둡니다.

02 [바질] 레이어를 선택한 후 [이미지 → 조정 → 어두운 영역/밝은 영역]을 선택합니다.

03 어두운 영역과 밝은 영역은 되도록이면 같은 밝기로 보정합니다. 만약 설정 항목의 개수가 적다면 [옵션 확장 표시] 항목에 체크 표시를 하면 됩니다.

04 어두운 영역과 밝은 영역이 조절돼 밝기가 균일한 이미지가 됐습니다.

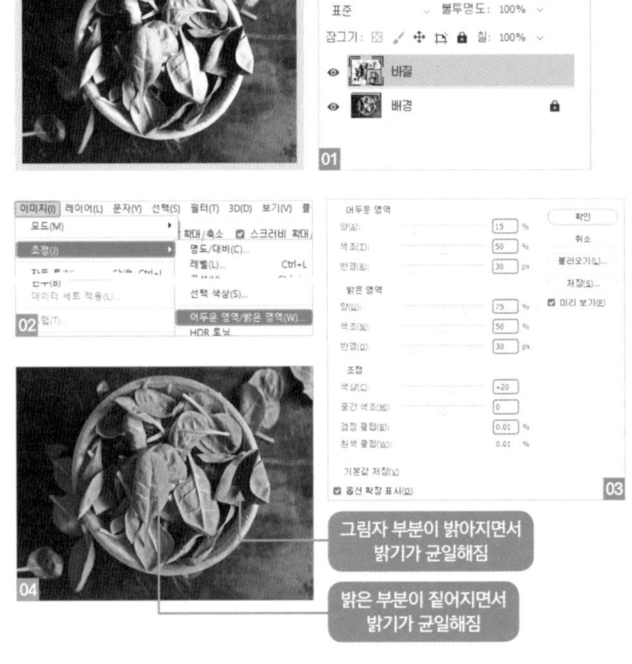

02 이미지를 단색으로 바꾸기

05 [바질] 레이어를 선택한 후 [이미지 → 조정 → 흑백]을 선택합니다.

06 [색조] 항목에 체크 표시를 한 후 옆에 있는 색상 상자를 클릭하면 [색상 피커] 대화상자가 나타납니다. 색상을 [#735b22]로 설정합니다.

07 [색상 피커] 대화상자, [흑백] 대화상자에서 각각 [확인]을 클릭하면 매트한 질감에 단색이 입혀집니다.

03 골드 질감 만들기

08~09 [바질] 레이어를 선택한 후 위쪽에 복사하고 레이어 이름을 '질감'으로 바꿉니다. 그런 다음 [혼합 모드: 색상 닷지]로 설정합니다.

이대로는 골드 색감이 너무 강하기 때문에 색감을 조금 떨어뜨리겠습니다.

[질감] 레이어의 [고급 필터 → 흑백]을 더블클릭합니다.

10 [흑백] 대화상자가 나타나면 [색조] 항목의 체크 표시를 해제합니다.

자연스러운 느낌의 골드로 보정됐습니다.

11~12 좀 더 부드러운 느낌을 원한다면 [필터 → 흐림 효과 → 가우시안 흐림 효과]를 선택합니다. 여기서는 [반경: 5.0픽셀]로 설정했습니다.

골드의 질감으로만 표현하고 싶다면 이것으로 완성입니다.

04 실버 질감으로 가공하기

[바질] 레이어의 [고급 필터 → 흑백]을 더블클릭합니다.

13 [흑백] 패널이 나타나면 [색조] 항목의 체크 표시를 해제합니다. [색조] 항목의 체크 표시를 해제하면 현재 입혀진 색이 사라지면서 실버 느낌으로 보정됩니다.

핵심 포인트

고급 개체로 만들려면 레이어를 선택한 후 [마우스 오른쪽 버튼 클릭 → 고급 개체로 변환]을 선택합니다. 고급 개체로 변환하면 원본 이미지를 유지하면서 추가로 작업한 필터를 각각 따로 확인할 수 있습니다.

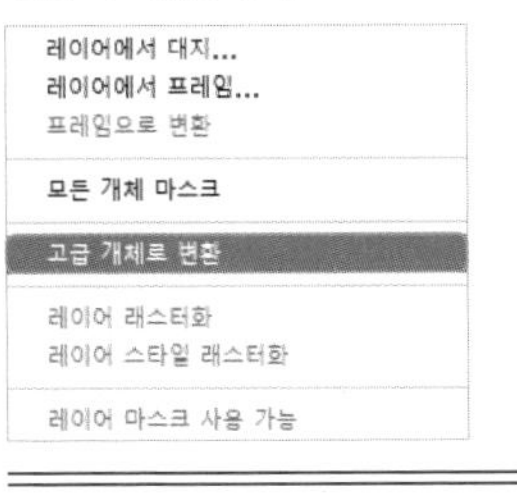

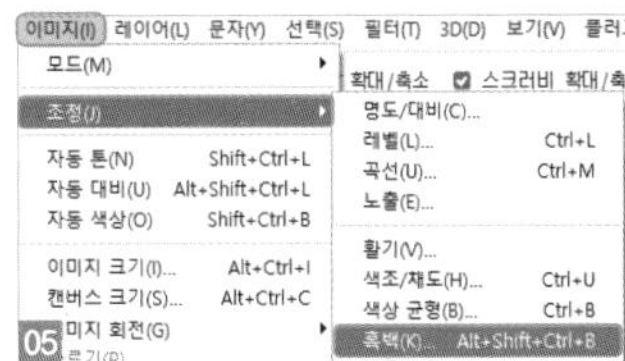

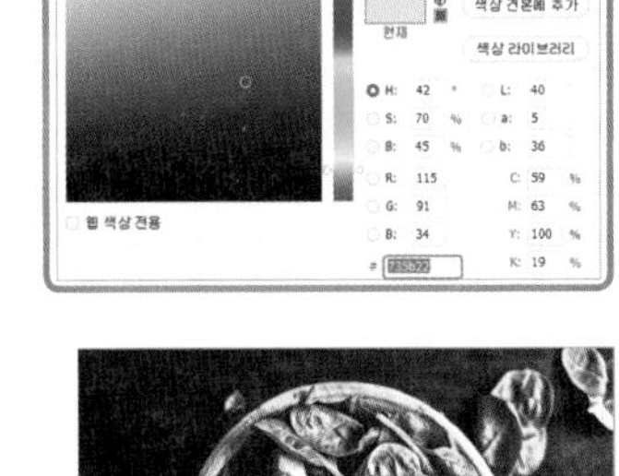

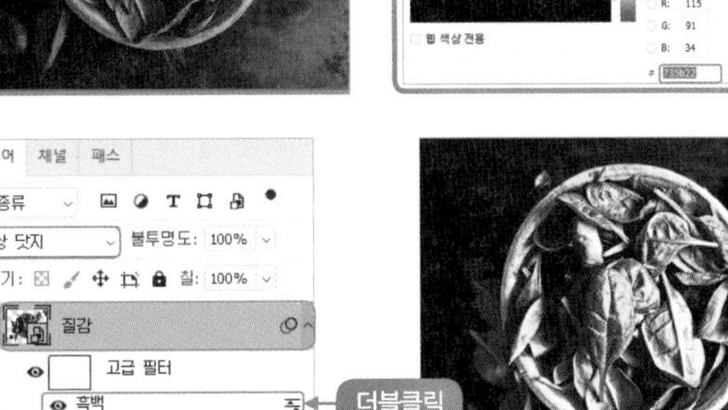

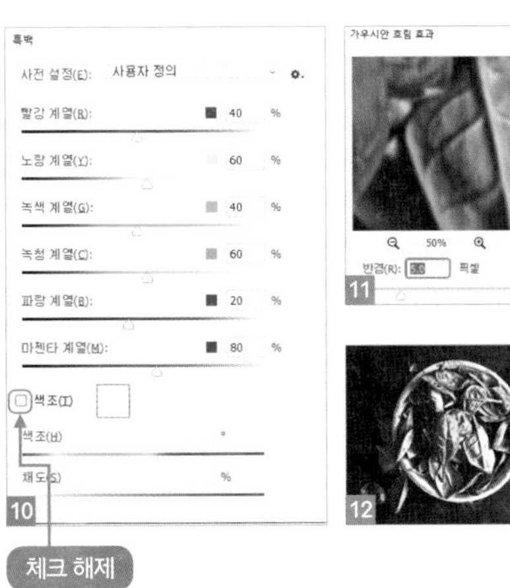

Recipe

077

흑백 영화 느낌 내기

사진을 레트로 모노크롬 영화에서 볼 수 있는 이미지로 만든 후 TV와 합성하는 방법을 알아보겠습니다.

01 흑백으로 만들고 [동작 흐림 효과] 추가하기

01 '077-인물.psd'를 불러온 후 [이미지 → 조정 → 흑백]을 선택해 기본 설정 그대로 적용합니다.
02 [필터 → 흐림 효과 → 동작 흐림 효과]를 선택한 후 [각도: -90°], [거리: 6픽셀]로 설정합니다.

02 노이즈를 만들어 겹치기

위쪽에 [노이즈] 레이어를 새로 만듭니다. [페인트 통 도구]를 선택한 후 전경색을 검정(#000000)으로 설정해 채웁니다. 다시 전경색을 흰색(#ffffff)으로 전환합니다.
03 [필터 → 필터 갤러리]를 선택한 후 [텍스처] 폴더에서 [그레인]을 선택하고 [강도: 85], [대비: 80], [그레인 유형: 부드럽게]로 설정합니다. 그런 다음 패널 오른쪽 맨 아래의 [새 효과 레이어] 버튼(⊞)을 클릭해 추가합니다.
04 [스케치 효과] 폴더에서 [하프톤 패턴]을 선택한 후 [크기: 5], [대비: 10], [패턴 유형: 점]으로 설정합니다. 낡은 필름에서 볼 수 있는 잡티나 노이즈가 만들어졌습니다.
05 [새 효과 레이어] 버튼(⊞)을 클릭한 후 [텍스처] 폴더에서 [그레인]을 선택하고 [강도: 85], [대비: 80], [그레인 유형: 수직]으로 설정합니다. [확인]을 클릭합니다.
06 레이어의 [혼합 모드]를 [곱하기]로 설정합니다.

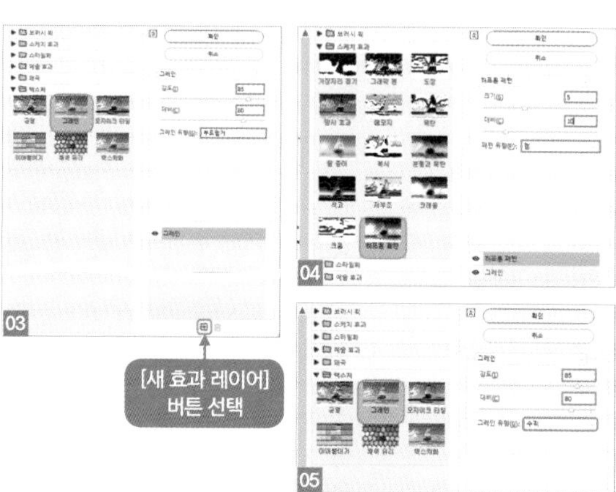

03 보정한 이미지를 TV 화면과 합성하기

'077-TV.psd'를 불러옵니다.

07 **01~02**에서 만든 흑백 이미지를 가져와 [TV] 레이어의 아래쪽으로 이동시킵니다.

04 TV 화면 안에 입체감 더하기

[TV] 레이어를 클릭한 후 [자동 선택 도구]를 클릭해 화면 내부의 선택 범위를 만듭니다.

08 가장 위쪽에 [TV 화면] 레이어를 새로 만든 후 [페인트 통 도구]로 선택 범위의 안쪽을 채웁니다(어떤 색이라도 괜찮습니다. 여기서는 흰색으로 채웠습니다).

[TV 화면] 레이어를 선택한 후 레이어 이름의 오른쪽 빈 곳을 더블클릭해 [레이어 스타일] 대화상자가 나타나게 합니다.

09 [획]에서 [크기: 20픽셀], [위치: 중앙], [혼합 모드: 표준], [불투명도: 100%]로 설정합니다.

10~11 [내부 그림자]에서 [혼합 모드: 표준], [불투명도: 100%], [각도: 30°], [거리: 0픽셀], [경계 감소: 0%], [크기: 250픽셀]로 설정합니다.

12 [TV 화면] 레이어의 [칠]을 [0%]로 설정합니다. 화면에 프레임과 그림자가 겹쳐져 입체감이 생겼습니다.

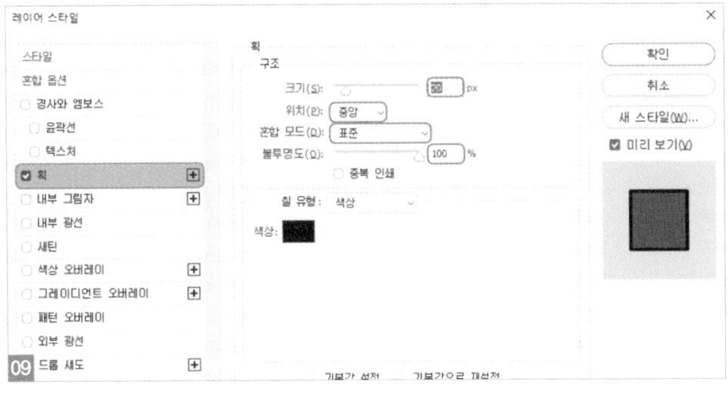

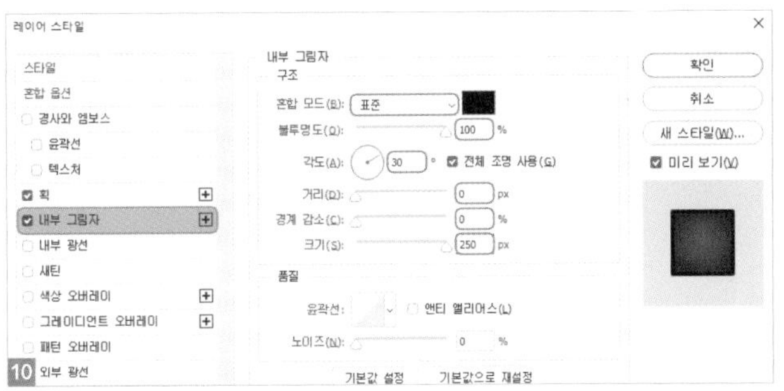

05 화면 모서리에 음영 넣어 완성하기

[TV 화면] 레이어의 아래쪽에 [빛] 레이어를 새로 만든 후 [혼합 모드]를 [오버레이]로 설정합니다. 아래쪽에 [그림자] 레이어를 새로 만들고 [혼합 모드]를 [소프트 라이트]로 설정합니다.

13 [빛] 레이어에는 전경색을 흰색(#ffffff)으로 설정한 후 [브러시 도구]로 화면 왼쪽 윗부분을 칠하고 [그림자] 레이어에는 전경색을 검정(#000000)으로 설정한 다음 화면 오른쪽 아랫부분을 칠해 음영을 그립니다.

14 이대로는 음영이 너무 강하기 때문에 2개의 레이어 모두 [불투명도]를 [50%]로 설정해 배경과 자연스럽게 겹칩니다.

레트로 느낌의 글자를 넣으면 완성입니다.

Recipe

078

빌딩 사이를 덮은 안개

구름 모양을 지형에 맞게 변형해 안개를 표현해 보겠습니다.

원본

01 구름 모양 만들기

'078-도시.psd'를 불러온 후 [안개] 레이어를 새로 만들고 가장 위쪽에 위치시킵니다.

01 전경색, 배경색을 초기의 [검정, 흰색]으로 설정하고 [필터 → 렌더 → 구름 효과 1]을 선택합니다.

02 [안개] 레이어의 [혼합 모드]를 [스크린]으로 설정합니다.

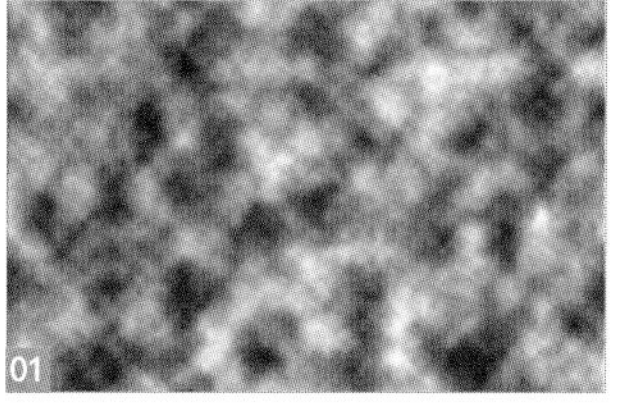
01

02

02 구름 모양을 지형에 맞게 변형하고 마스크 적용하기

03 [편집 → 변형 → 왜곡]을 선택합니다.

04~05 핸들을 드래그해 도시의 입체감에 맞게 변형합니다.

[안개] 레이어를 선택한 후 [레이어] 패널의 아래쪽에 있는 [마스크] 버튼을 클릭합니다.

[마스크 섬네일]을 선택한 후 [브러시 도구]를 선택하고 전경색을 검정(#000000)으로 설정한 다음 안개에 마스크를 칠해 나갑니다.

06~07 일정한 높이까지 안개가 있다고 가정하고 안개에서 튀어 나온 건물 부분도 마스크를 칠해 드러냅니다.

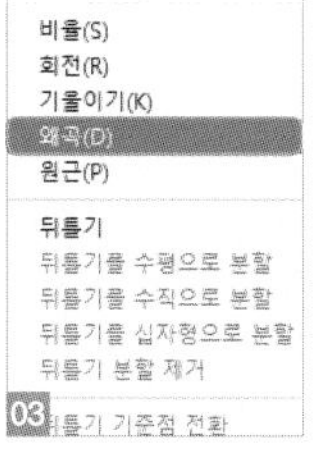

03

04

05

안개 속에서 올라온 빌딩에 마스크 처리

06

07

03 안개의 밝기와 색상을 배경에 맞게 조정하기

08 [안개] 레이어를 선택한 후 [이미지 → 조정 → 색상 균형]을 선택합니다. [색조 균형: 밝은 영역]을 선택하고 색상 레벨을 [+25, 0, -30]으로 설정합니다.

09 [이미지 → 조정 → 레벨]을 선택한 후 [입력 레벨]을 [0, 0.8, 255]로 설정합니다.

10 레이어의 [불투명도]를 [80%]로 설정해 완성합니다.

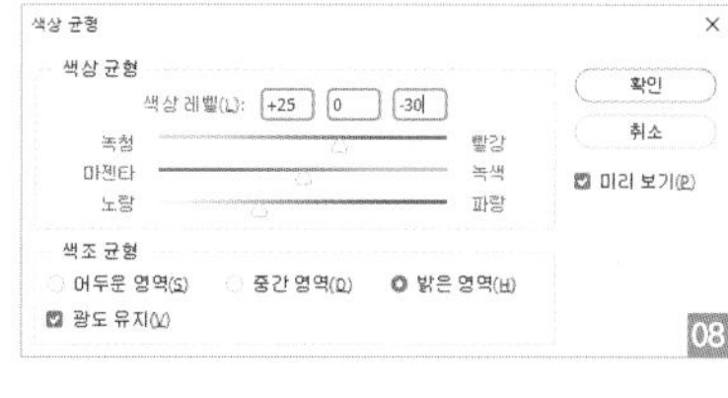

08

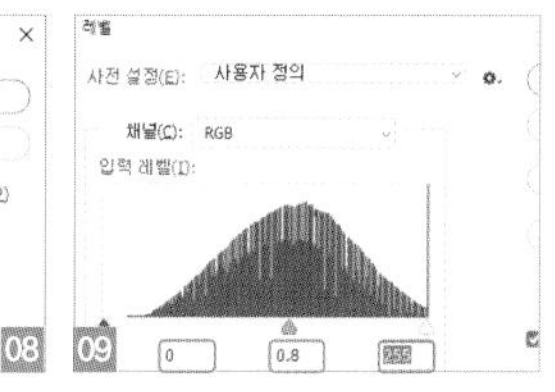

09

10

핵심 포인트

필터 [구름 효과]는 랜덤으로 만들어지므로 최종 단계에서 [레벨]이나 레이어의 [불투명도] 등으로 디테일하게 조절해야 합니다.

05

Recipe

079

고물 부품으로 만든 비행선

고물 부품을 조합해 SF 장르에서 볼 수 있는 스팀펑크 느낌의 비행선을 제작해 보겠습니다.

01 새 파일 만들고 소스 배치하기

[파일 → 새로 만들기]를 선택한 후 [폭: 1500픽셀, 높이: 1500픽셀]의 새 문서를 만듭니다. 문서 이름은 '비행선'으로 바꿉니다.

01 '079-비행선부품.psd'를 불러옵니다. 문서 '비행선.psd' 파일로 가져와 각 소스를 조립합니다. [질감] 레이어를 가장 위쪽에 놓은 상태에서 [비행선] 소스를 이동해 겹쳐 놓습니다.

02 Ctrl 을 누른 상태에서 [비행선] 레이어의 [레이어 섬네일]을 클릭해 선택 범위를 만듭니다.

03 [질감] 레이어를 선택한 후 [레이어] 패널의 아래쪽에 있는 [마스크] 버튼을 클릭합니다.

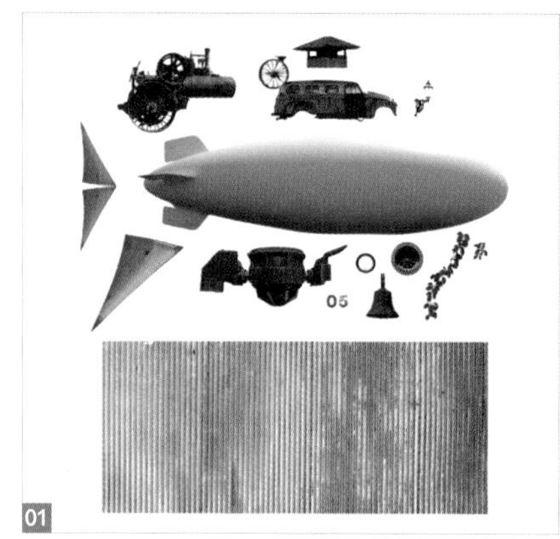
01

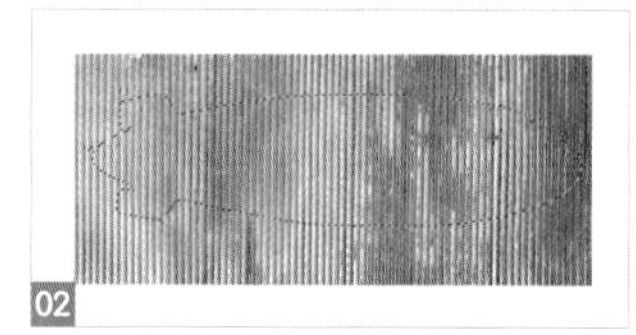
02

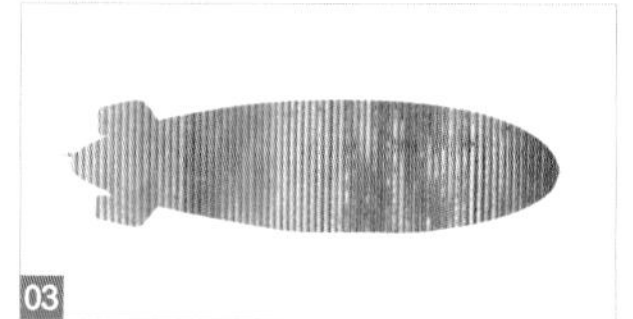
03

02 [뒤틀기] 기능으로 질감을 비행선 모양에 맞게 왜곡하기

04 [질감] 레이어를 선택한 후 [레이어 마스크 연결 아이콘(🔗)]을 클릭해 감춰 둡니다(변형할 때 마스크도 함께 변형되기 때문입니다).

05 [질감] 레이어의 [레이어 섬네일]을 클릭한 후 [편집 → 변형 → 뒤틀기]를 선택합니다. 위쪽에 있는 옵션 바에서 [뒤틀기: 부풀리기]를 선택합니다.

06 컨트롤 포인터를 위로 드래그하거나 옵션 막대에서 [구부리기: 100%]로 설정합니다.

07 바운딩 박스가 표시된 상태에서 [마우스 오른쪽 버튼 클릭 → 자유 변형]을 선택하면 [뒤틀기]에서 [자유 변형]으로 전환됩니다. 오른쪽 그림과 같이 축소합니다.

변형이 끝나면 감춰 둔 [레이어 마스크 연결 아이콘(🔗)]을 다시 보이게 합니다.

08 레이어의 [혼합 모드]를 [색상 번]으로 설정합니다.

[질감]과 [비행선] 두 레이어를 그룹화한 후 그룹 이름을 '선체'로 바꿉니다.

04

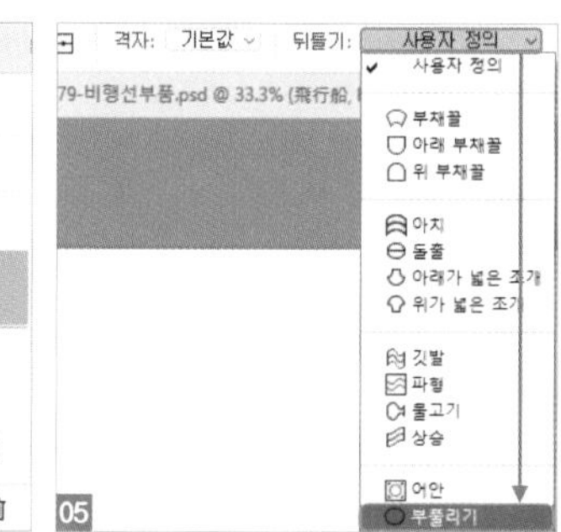

05

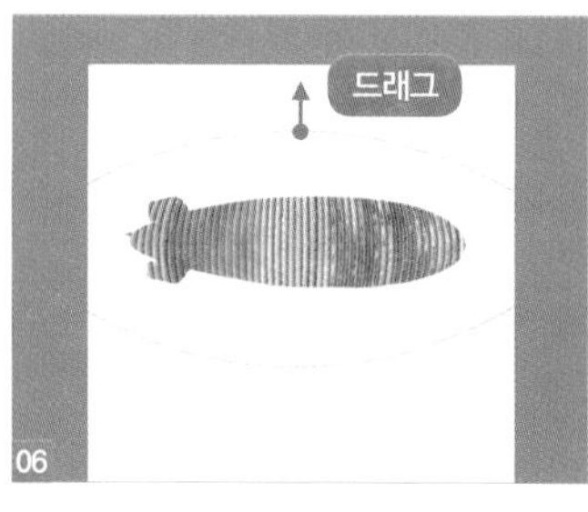

06

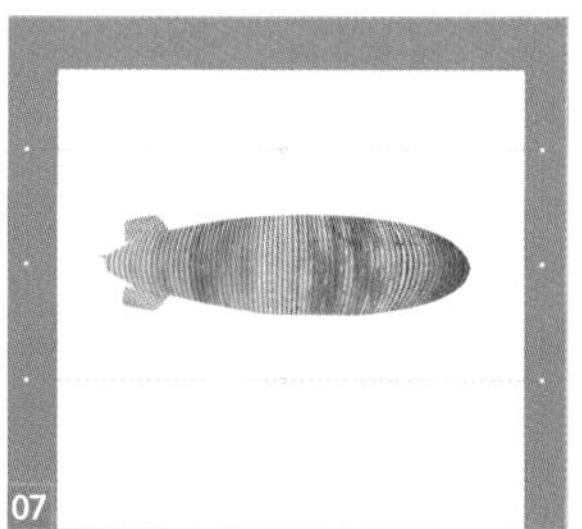
07

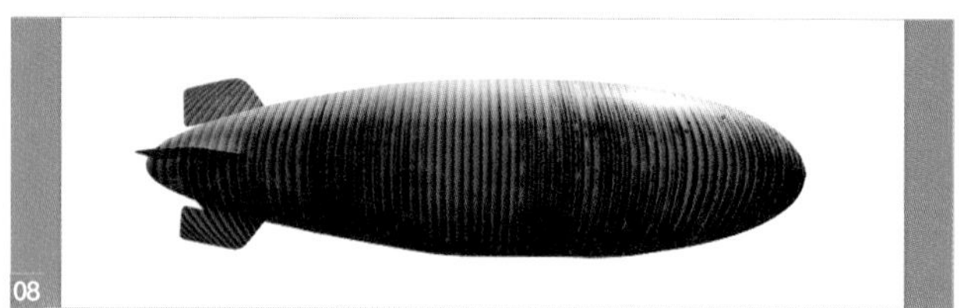
08

03 비행선에 창문과 부품 결합하기

09 [창 1], [창 2] 레이어를 [선체]보다 위쪽에 위치시킵니다.

10 [창 2] 레이어를 선택한 후 [레이어] 패널에서 Alt를 누른 상태에서 드래그해 모두 5개가 되도록 복사합니다.

11 [부품 1~5] 소스를 배치합니다.
[부품 3], [부품 4] 레이어는 [선체]보다 아래쪽, 나머지는 위쪽에 위치시킵니다.

04 하나의 부품을 복사해 모양 만들기

12 [부품 6] 레이어를 가장 위쪽에 위치시킵니다.

13 Alt를 누른 상태에서 드래그해 복사한 후 [자유 변형]을 사용해 [-90°] 회전시키고 70% 전후로 축소합니다.

14 [부품 6 복사] 레이어를 복사해 오른쪽 위의 굴뚝 이미지로 재사용합니다.

05 나머지 부품 배치하기

[부품 7], [부품 8], [부품 9] 레이어를 비행선의 뒤쪽에 위치시킵니다.

15 [부품 10]을 굴뚝 끝에 놓은 후 [잎] 레이어를 비행선 앞쪽에 놓고 복사해 뒤쪽에 놓습니다.

16 완성되면 배경을 제외한 모든 레이어를 그룹화한 후 그룹 이름을 '비행선'으로 바꿉니다.

06 배경과 합성하고 빛 추가하기

17 '079-배경.psd'를 불러온 후 [비행선] 그룹을 이동해 위치시킵니다.
[비행선] 그룹 내에서 가장 위쪽에 새 레이어를 만든 후 레이어 이름을 '빛 1'로 바꿉니다. 레이어의 [혼합 모드]를 [오버레이]로 설정합니다.

18 [브러시 도구]를 선택한 후 전경색을 흰색(#ffffff)으로 설정해 창과 램프의 중심 부분을 그립니다.

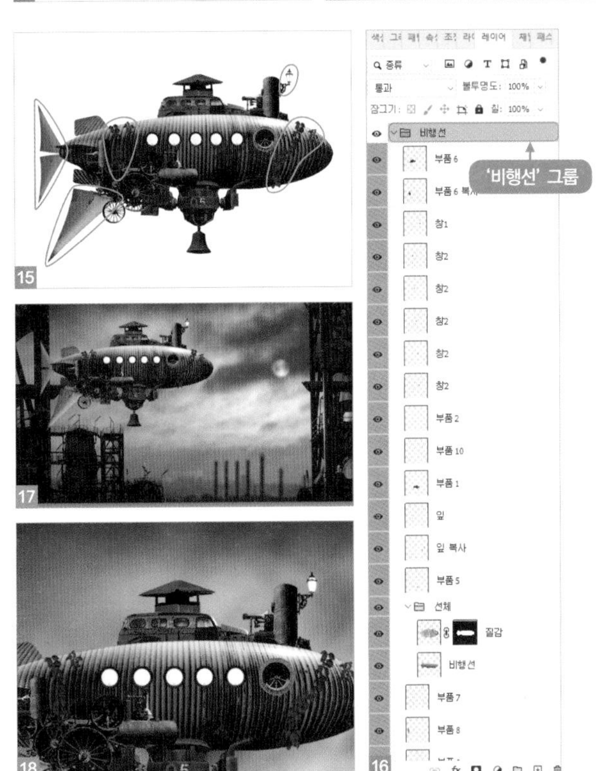

19 한 단계 위에 새 레이어를 만든 후 레이어 이름을 '빛 2'로 바꿉니다. 그런 다음 [혼합 모드]를 [오버레이]로 설정합니다. 전경색을 [#ffaa00]로 설정해 창과 램프의 빛을 그립니다.

20 빛을 더 강조하기 위해 [빛 2] 레이어를 복사한 후 레이어의 [불투명도]를 [50%]로 설정합니다. 레이어 이름은 '빛 2 복사'로 바꿉니다.

07 비행선을 복사하고 흐림 효과로 원근감 표현하기

21 [비행선] 그룹을 복사합니다. 복사한 그룹을 [마우스 오른쪽 버튼 클릭 → 그룹 병합]을 선택해 병합합니다. 결합한 레이어 이름을 '비행선 2'로 바꿉니다.

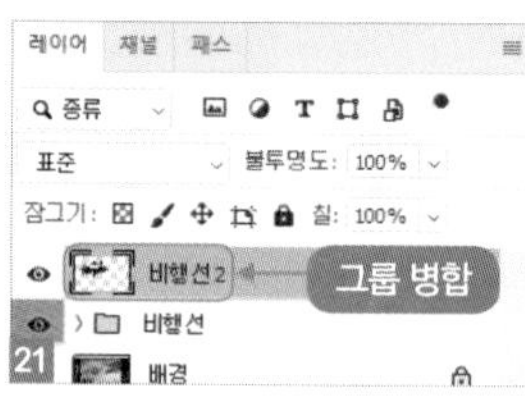

22~23 [비행선 2] 레이어를 오른쪽 그림과 같이 위치시킨 후 [필터 → 흐림 효과 → 가우시안 흐림 효과]를 선택해 [반경: 4.5픽셀]로 설정합니다.

24 [레벨]을 실행한 후 입력 레벨을 [10, 0.85, 190], 출력 레벨을 [0, 80]으로 설정합니다.

25 레이어의 [불투명도]를 [90%]로 설정합니다.

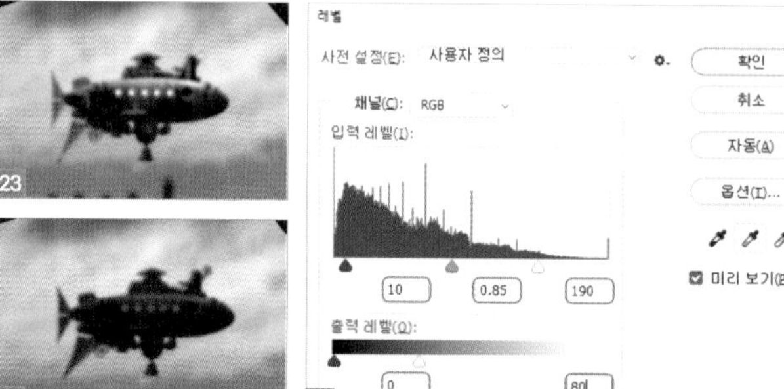

08 어두워진 창문에 빛 추가하기

[비행선 2] 레이어의 위쪽에 [빛(흐림) 1] 레이어를 새로 만듭니다.

26 [혼합 모드]를 [오버레이]로 설정한 후 [브러시 도구]를 클릭하고 전경색을 흰색(#ffffff)으로 설정해 창을 그립니다.

27~28 [빛(흐림) 1] 레이어를 위쪽에 복사한 후 레이어 이름을 '빛(흐림) 2'로 바꿉니다.

09 굴뚝에 연기를 추가해 완성하기

108쪽의 '공장 굴뚝의 연기 만들기'를 참고해 연기를 추가하면 완성입니다.

29 이 예제에서는 좀 더 안쪽에 비행선을 1개 더 추가했습니다.

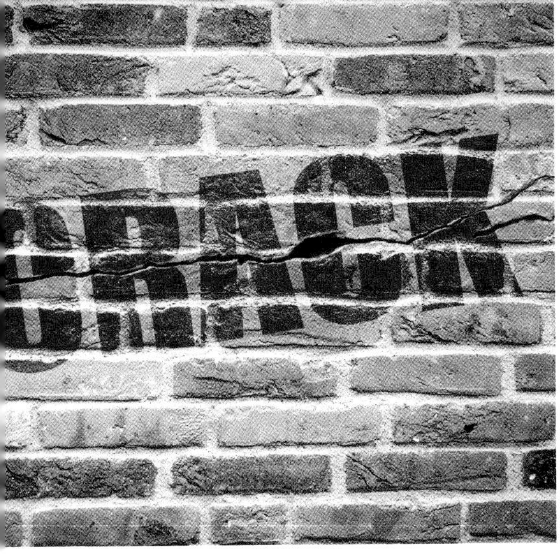

Recipe

080

벽면에 글자 합성하기

[레이어 스타일]을 사용해 간단하게
벽돌과 글자를 합성해 보겠습니다.

01 [문자 도구]로 글자 입력하기

01 '080-배경.psd'를 불러온 후 도구 바에서 [수평 문자 도구]를 클릭합니다.
위쪽에 있는 옵션 바에서 글꼴, 크기, 색상을 선택합니다.
02 여기서는 [글꼴: Impact], [사이즈: 125.9pt], [색상: #0c0749]를 사용했습니다.
03 'CRACK'이라는 글자를 입력합니다. 입력한 글자를 벽의 균열에 맞게 회전시킵니다.

02 글자를 배경과 어울리게 만들기

04 [CRACK] 레이어의 빈 곳을 더블클릭합니다.
05 [레이어 스타일] 대화상자가 나타나면 왼쪽의 [혼합 옵션]이 선택된 상태로 [혼합 조건] 항목에서 [밑에 있는 레이어]의 컨트롤 포인터를 이동시켜 [73/122: 185/249]로 설정합니다. Alt 를 누른 상태로 컨트롤 포인터를 클릭, 드래그하면 분리시킬 수 있습니다.
06 글자와 배경이 자연스럽게 어우러집니다.

03 균열 부분의 글자를 지워 좀 더 사실적으로 표현하기

07 [CRACK] 텍스트 레이어를 선택합니다. [레이어] 패널의 아래쪽에 있는 [마스크] 버튼을 선택해 레이어 마스크를 추가합니다.
08 [마스크 섬네일]을 선택한 후 금이 간 부분의 텍스트를 전경색이 검정(#000000)인 [브러시 도구]로 칠해 마스크를 적용해 완성합니다.

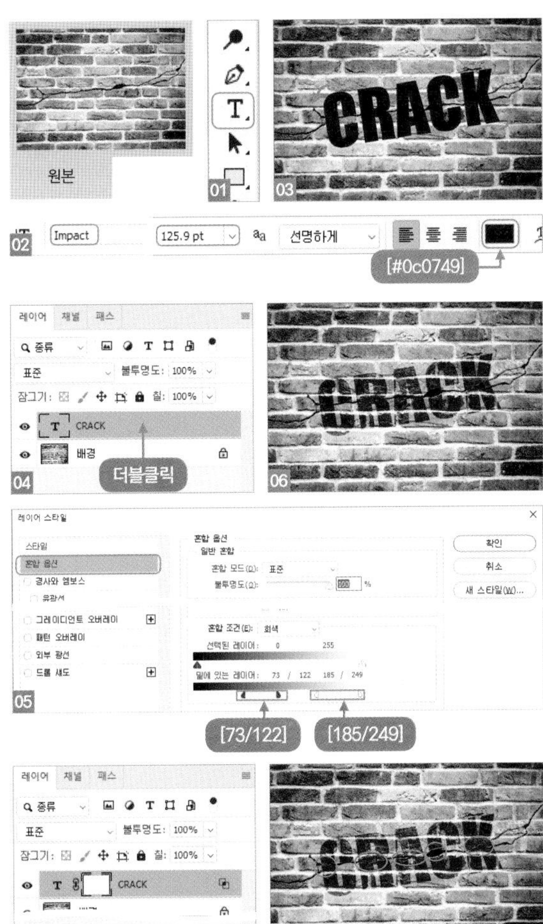

Recipe

081

문을 열고 들어가면 다른 세계가 있는 사진

건물 안에 얼음 세계가 있는 듯한 신기한 이미지를 제작해 보겠습니다.

01 건물 창문만 잘라 내기

'081-풍경 psd' 파일을 불러온 후 [배경] 레이어를 [마우스 오른쪽 버튼 클릭 → 배경에서 레이어 가져오기]를 선택하고 레이어 이름을 '건물'로 바꿉니다.

01 [펜 도구]를 사용해 중앙과 오른쪽 왼쪽 창 부분에 패스를 만든 후 [마우스 오른쪽 버튼 클릭 → 선택 범위 만들기]를 선택합니다.

02 Delete로 삭제한 후 범위 선택을 해제합니다.

02 창문 너머에 얼음 풍경 배치하기

03 '081-얼음풍경.psd'를 불러온 후 [건물] 레이어의 아래쪽에 위치시킵니다.

03 건물 기둥에 음영 넣기

[건물] 레이어의 위쪽에 [기둥 그림자] 레이어를 새로 만듭니다.

04~05 [브러시 도구]를 선택한 후 오른쪽 그림과 같이 검정(#000000) 전경색으로 칠하고 레이어의 [불투명도]를 [30%]로 설정합니다.

04 건물 안쪽에서 비치는 햇살 구현하기

가장 위쪽에 [빛] 레이어를 새로 만든 후 레이어의 [혼합 모드]를 [오버레이]로 설정합니다.

06 [건물] 레이어의 [레이어 섬네일]을 Ctrl을 누른 상태에서 클릭해 선택 범위를 만듭니다.

07 선택 범위를 지정한 상태에서 [빛] 레이어를 선택한 후 [레이어] 패널의 아래쪽에 있는 [마스크] 버튼을 클릭합니다.

이 설정으로 창의 바깥쪽(건물 부분)에만 그릴 수 있는 상태가 됐습니다.

[브러시 도구]를 선택한 후 전경색을 흰색(#ffffff)으로 설정합니다.

08 창문의 유리 부분에도 빛이 비쳐 빛나게 하려고 합니다. 여기서는 건물 밖으로 쏟아져 나오는 빛을 추가해 그립니다.

높낮이를 구별해야 하는 부분은 약간 차이를 두고 그리면 좀 더 입체적으로 보입니다.

05 창 유리에 빛 추가하기

가장 위쪽에 [창문 빛] 레이어를 새로 만듭니다.
09 창 선택 범위를 만든 후 흰색(#ffffff)으로 채웁니다.
10 레이어의 [혼합 모드]를 [오버레이]로 설정합니다. 빛이 부족하니 [창문 빛] 레이어를 복사한 후 [창문 빛 2] 레이어로 만들어 빛을 더해 줍니다.

09

흰색(#ffff)으로 빈틈없이 칠하기

10

06 펭귄을 배치하고 [클리핑 마스크] 적용하기

11 '081-소스.psd' 파일로 [펭귄 1], [펭귄 2]를 이동해 가장 위쪽에 위치시킵니다.
두 레이어를 그룹화한 후 그룹 이름을 '펭귄'으로 바꿉니다. 그룹 밖의 위쪽에 [펭귄 빛] 레이어를 새로 만듭니다.
[펭귄 빛] 레이어를 선택한 후 [마우스 오른쪽 버튼 클릭 → 클리핑 마스크 만들기]를 선택합니다.
12 이제 [펭귄]이라는 하위 그룹 안에만 그릴 수 있습니다(구분하기 쉽도록 레이어의 색상을 노란색으로 변경합니다).

11 12

레이어를 마우스 오른쪽 버튼으로 클릭하면 색상을 바꿀 수 있습니다.

07 펭귄 뒤(건물 안쪽)에서 빛이 닿는 것처럼 그리기

13 [펭귄 빛] 레이어를 선택한 후 [브러시 도구]로 흰색(#ffffff) 전경색을 설정합니다. 펭귄 뒤에서 빛이 비치는 느낌으로 빛을 그립니다.
14 [펭귄 1] 레이어에 [가우시안 흐림 효과]를 적용하고 [반경: 4.0픽셀]로 설정합니다. 앞에 나와 있기 때문에 약간 흐리게 처리해 거리감을 표현한 것입니다.

13

14

[가우시안 흐림 효과] 적용

08 조명과 그림자 추가하기

15 '081-소스.psd' 파일에 [램프 1], [램프 2] 레이어를 이동시켜 현관문 양쪽에 위치시킵니다.
16 [램프 1] 레이어를 선택한 후 [레이어] 패널에서 [레이어 스타일 추가 → 그림자]를 선택합니다.
17 [불투명도: 50%], [각도: 75°], [거리: 43픽셀], [스프레드: 0%], [크기: 9픽셀]로 설정합니다.
[램프 1] 레이어를 선택한 상태에서 [마우스 오른쪽 버튼 클릭 → 레이어 스타일 복사]를 선택합니다.
[램프 2] 레이어를 선택한 후 [마우스 오른쪽 버튼 클릭 → 레이어 스타일 붙여 넣기]를 선택해 레이어 스타일을 적용합니다.

15

16

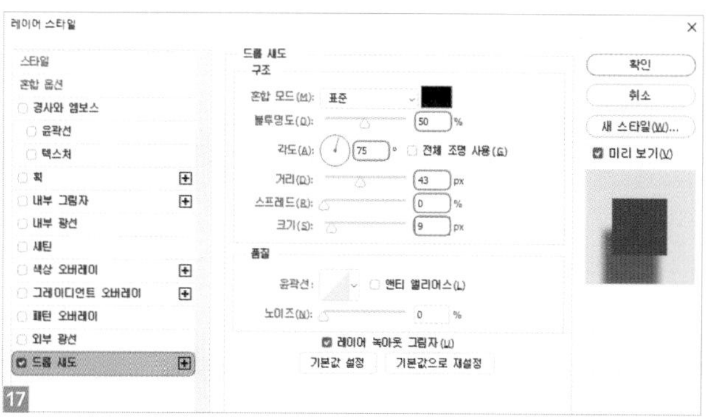

17

09 램프에 빛 추가하기

위쪽에 [램프 불빛] 레이어를 새로 추가한 후 [혼합 모드]를 [오버레이]로 설정합니다.
18~19 [원형 선택 도구]로 그림과 같이 선택한 후 [페인트 통 도구]를 이용해 노란색(#f3e5a9)으로 채웁니다.
20 선택을 해제한 후 [램프 불빛] 레이어를 선택하고 [가우시안 흐림 효과]를 선택해 [반경: 20픽셀]로 설정합니다. 흐릿한 빛으로 만들어졌습니다.
21 반대쪽 램프에도 [램프 불빛] 레이어를 복사해 위치시킵니다.

18

19

20

21

10 기타 소스를 배치해 완성하기

[북극곰] 레이어는 창틀에 기대어 들여다보는 것처럼 [레이어 마스크]를 사용해 위치시킵니다.
22 [North Pole] 레이어는 표식과 겹치게 하고 [펭귄 3]은 안쪽 얼음 위에 배치합니다.

22

Recipe 082 물보라를 일으키는 드레스

물보라 사진과 드레스를 합성해 물보라를 일으키는 드레스를 표현해 보겠습니다. 옷의 모양에 맞게 물보라를 변형해 연결하고 색 보정 절차를 반복해 드레스 모양을 만들어 나갑니다.

01 인물 배치하기

01 '082-배경.psd'를 불러온 후 '082-인물.psd'를 위치시킵니다.

02 [인물] 레이어를 선택한 후 [레이어] 패널의 아래쪽에 있는 [마스크] 버튼을 클릭합니다. [마스크 섬네일]을 클릭한 후 [브러시 도구]로 발이 물에 잠긴 것처럼 만들기 위해 마스크를 적용합니다.

03 이때 브러시의 [불투명도]를 조절하면서 물 속의 발이 살짝 보이도록 희미하게 처리합니다.

04 인물 작업을 완료했습니다.

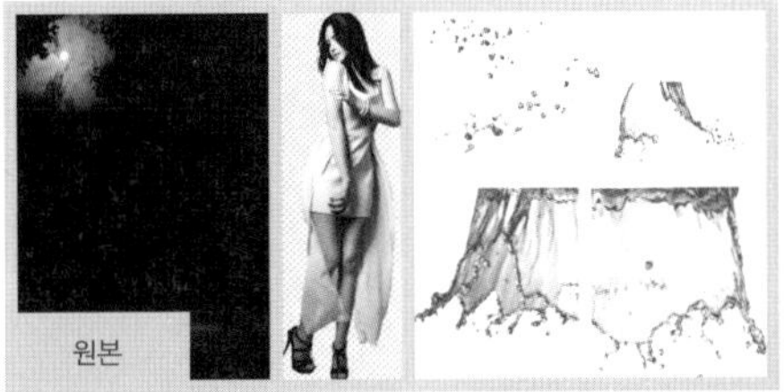

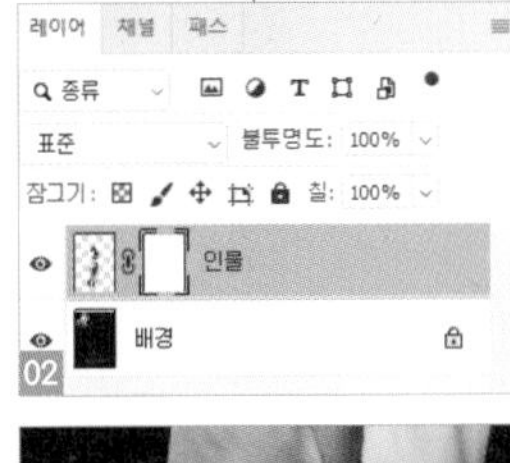

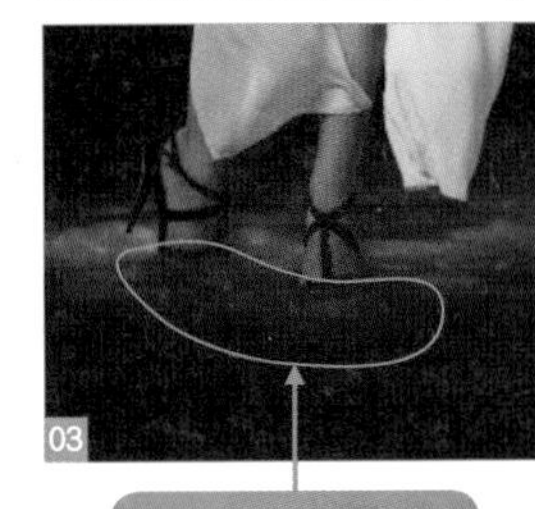

02 물보라 이미지 변형시키기

'082-물보라.psd'를 [물보라 1] 레이어로 불러온 후 인물의 치마 부분에 배치합니다.

05 [편집 → 변형 → 뒤틀기]를 선택합니다.

06 옷의 형태에 맞춰 물방울의 실루엣과 흐름을 생각하면서 그림과 같이 [뒤틀기]를 적용합니다.

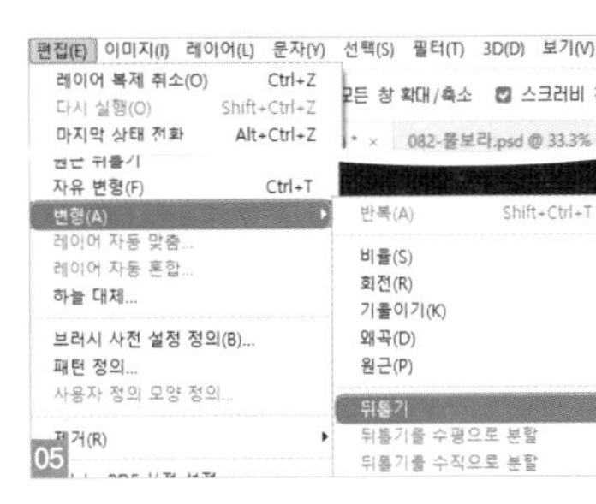

03 인물 실루엣으로 마스크 만들기

Ctrl을 누른 상태에서 [인물] 레이어의 [레이어 섬네일]을 클릭해 선택 범위를 만듭니다.
07 [선택 → 반전]을 클릭한 후 [물보라 1] 레이어를 선택하고 [레이어] 패널의 아래쪽에 있는 [마스크] 버튼을 클릭합니다.

04 옷에 물보라를 자연스럽게 연결하기

[물보라 1] 레이어에서 [마스크 섬네일]을 선택합니다.
[브러시 도구]를 선택한 후 전경색을 흰색(#ffffff)으로 설정해 마스크를 조절하겠습니다.
08 인물의 허리에서 오른쪽으로 떨어지는 치마 부분을 드래그해 물보라와 자연스럽게 겹칩니다.
09 [물보라 1] 레이어의 [레이어 섬네일]을 선택한 후 [레벨]을 실행하고 [입력 레벨]을 [0, 1.15, 255], [출력 레벨]을 [40, 255]로 설정합니다.
10~11 [색상 균형]을 선택한 후 [색조 균형: 중간 영역]을 클릭하고 [색상 레벨]을 [+20, -10, 0]으로 설정해 인물에 가까운 색감으로 바꿉니다.

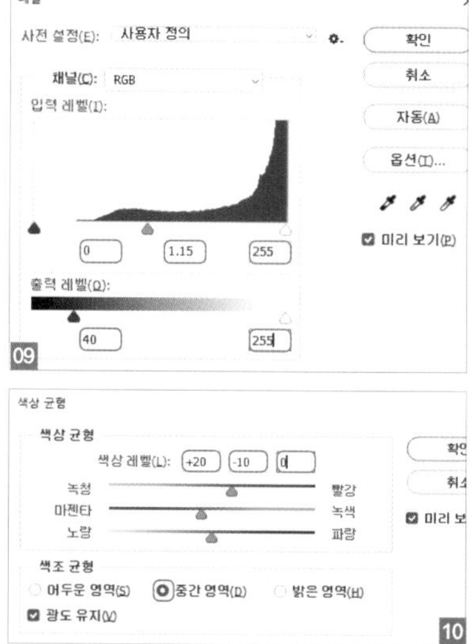

05 물보라 추가하기

물보라를 추가한 후 **02~04**를 반복해 드레스의 형태를 만들어 나가겠습니다.
12 '082-물보라.psd'에서 [물보라 2]를 가져와 이동시킵니다. 이전과 반대쪽에 물보라를 추가하기 위해 [뒤틀기]를 적용합니다.
13 **03**과 동일한 방식으로 사람의 실루엣에 마스크를 추가하고 삭제합니다.
14 **04**과 동일한 방법으로 [브러시 도구]로 마스크를 조절합니다.
15 [색상 균형]을 **04**와 같은 수치로 적용한 후 [레벨] 메뉴에서 [입력 레벨]을 [0, 1.5, 255], [출력 레벨]을 [60, 255]로 설정합니다.

06 작성한 물보라를 복사해 추가하기

오른쪽 다리에 걸려 있는 옷에 물보라를 합성하겠습니다.

16 [물보라 1] 레이어를 복사한 후 [뒤틀기]를 적용합니다.

17 [레이어] 패널의 아래쪽에 있는 [마스크] 버튼을 선택한 후 [브러시 도구]를 사용해 마스크를 추가 및 삭제합니다.

[레벨]에서 [출력 레벨]을 [50, 195]로 설정합니다.

18 [색상 균형] 메뉴에서 [중간 영역]을 [+15, -15, 0]으로 설정해 인물에 가까운 색감으로 바꿉니다.

19 옷과 물보라를 합성했습니다.

07 02~06과 같은 방법으로 물방울 배치하기

20 인물의 왼쪽 무릎 밑으로 나와 있는 옷감 부분을 삭제하겠습니다. [인물] 레이어의 [마스크]를 추가해 작업합니다.

21 '082-물보라.psd' 파일의 [물보라 3~6]을 이동시킨 후 **02~06**과 같은 방법으로, [뒤틀기], [레벨], [색상 균형], [마스크] 단계를 작업합니다.

22 102쪽 '창문으로 비치는 햇빛 표현하기'와 같은 방법으로 레이어의 가장 위쪽에 사광을 추가해 완성합니다.

작가의 리터치 노트

구도 생각하기

구도나 디자인을 생각할 때 자신의 감각에 의존하는 것이 아니라 황금 비율이나 분할 방법 등을 생각해 보는 것도 중요합니다.

포토샵에서 이미지를 자를 때 [자르기 도구]의 옵션 바에 있는 [골든 비율]이나 [삼등분 선] 등 분할 방법을 활용해 보세요.

안정된 것처럼 보이는 그래픽 디자인이나 그림의 경우 이와 같이 특정한 구도의 규칙에 따라 제작되는 경우가 많습니다. 좋아하는 디자인이나 아티스트의 작품이 어떠한 구도로 제작됐는지를 연구하는 것도 좋은 학습 방법입니다.

POLYGON STYLE

Recipe

083

사진을 다각형 페이퍼 아트처럼 표현하기

작업 과정을 기록하고 자동으로 실행해 주는 [액션] 기능을 사용해 사진을 다각형 입체 형태로 보정해 보겠습니다.

01 안내선 설정하기

01 '083-새.psd'를 불러온 후 [보기 → 표시 → 격자]를 선택합니다.
02 [편집 → 환경 설정 → 안내선, 그리드 및 분할 영역]을 선택합니다.
03 [환경 설정] 대화상자가 나타나면 [격자] 항목에서 [색상: 검정], [격자 간격: 25mm], [세분: 12]로 설정합니다.
04 [보기 → 스냅 옵션 → 안내선]을 선택해 체크 표시를 합니다.
05 이제 작업할 때 안내선에 스냅되도록(달라붙도록) 설정했습니다.

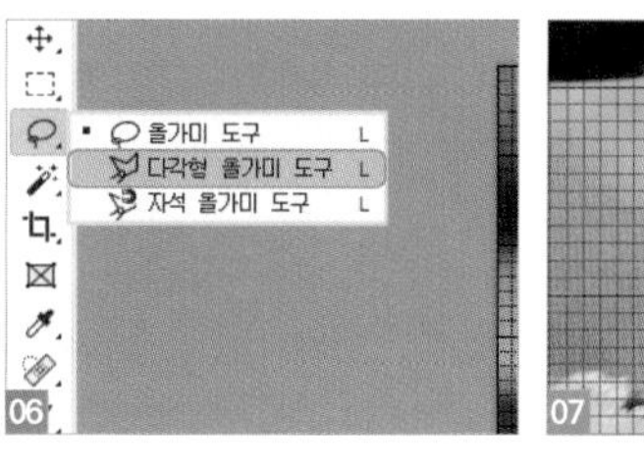

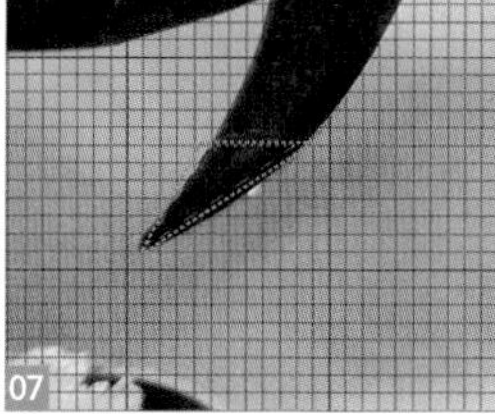

02 선택 범위에 [흐림 효과] 주기

06 [다각형 올가미 도구]를 클릭합니다.
07 삼각형의 선택 범위를 만듭니다. 안내선에 스냅돼 교차점을 선택하기가 편리합니다. 부리의 뾰족한 부분을 시작점으로 삼각형의 선택 범위를 만듭니다.
세 번째 점에서 더블클릭하면 시작점과 연결된 삼각형 선택 범위가 자동으로 생성됩니다. 어느 정도는 이미지에서 벗어나도 괜찮습니다.
08 [필터 → 흐림 효과 → 평균]을 선택합니다.
09 선택 범위 내의 평균 색상으로 채워집니다.

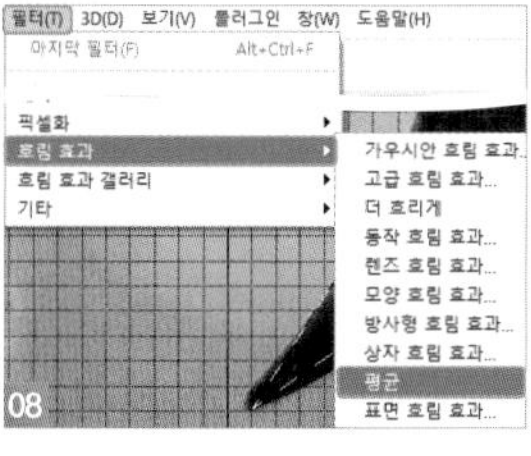

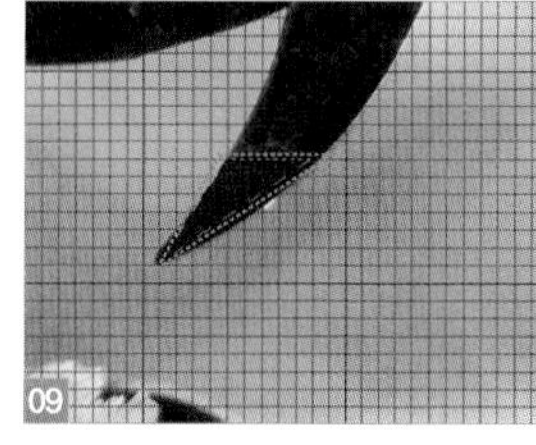

03 작업한 레이어 복사하기

10 Ctrl + J([마우스 오른쪽 버튼 클릭 → 복사한 레이어]의 단축키)를 눌러 현재 선택 영역을 복사한 레이어를 만듭니다.

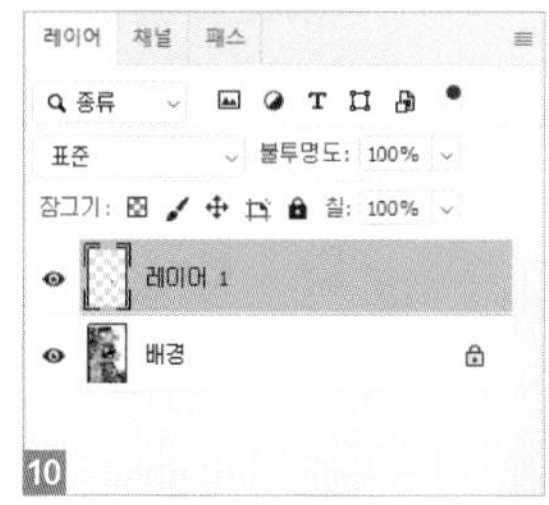

04 새 액션 등록하기

작업을 손쉽게 진행하기 위해 [흐림 효과 → 평균 → 복사한 레이어]의 작업 과정을 액션에 등록하겠습니다.

11 [배경] 레이어를 선택한 후 [다각형 올가미 도구]를 클릭하고 가이드를 따라 선택 범위를 만듭니다.

12 [창 → 액션]을 선택해 [액션] 패널을 나타나게 합니다.

13 패널의 아래쪽에 있는 [새 액션 만들기]를 선택합니다.

14 [새 액션] 대화상자가 나타나면 [이름: 다각형 작업], [기능 키: Shift + F3]으로 설정합니다(이미 기능 키가 할당돼 있을 때는 원하는 다른 키를 지정하세요).

05 02~03의 작업을 액션에 등록하기

[기록 시작 버튼(●)]을 클릭합니다. [액션] 패널의 [기록 시작] 버튼이 빨간색으로 바뀌면서 녹화가 시작됩니다.

15 [흐림 효과 → 평균 → Ctrl + J]를 누른 후 [액션] 패널의 [실행/기록 중지 버튼(■)]을 클릭합니다.

Shift + F3을 누르면 [흐림 효과 → 평균 → 레이어 복사]가 자동으로 실행되는 액션이 만들어집니다.

06 액션을 사용해 다각형 입체 형태로 만들기

[[배경] 레이어 선택 → [다각형 올가미 도구]로 선택 범위 작성 → Shift + F3]을 클릭하는 과정을 반복합니다.

16 눈 주위 등 밀도가 높은 부분은 작은 면으로 작업합니다.

17 몸통은 큰 면에서 작업합니다. 다각형으로의 보정이 끝났으면 Ctrl + '([격자 표시/숨기기] 단축키)를 눌러 격자를 숨깁니다.

07 배경 설정 및 장식하기

18 [배경] 레이어의 위쪽에 새 레이어를 만든 후 [페인트 통 도구]를 선택해 전경색 [#ffe2ae]로 채웁니다.

19 글씨와 다각형 몇 개를 추가로 넣어 장식합니다. '083-텍스처.psd'를 불러온 후 가장 위쪽에 위치시킵니다.

20~21 레이어의 [혼합 모드]를 [소프트 라이트]로 설정해 질감을 더한 후 완성합니다.

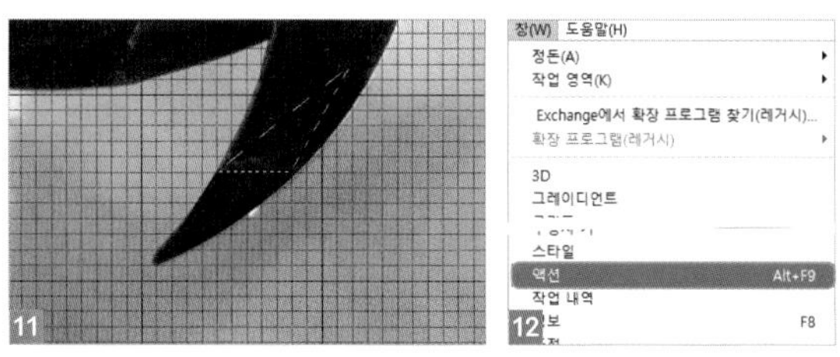

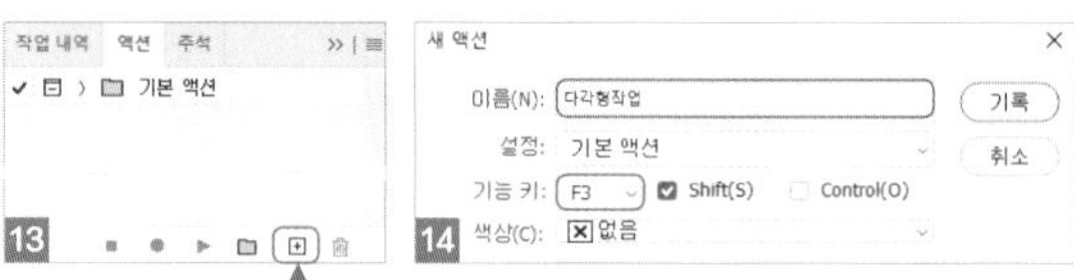

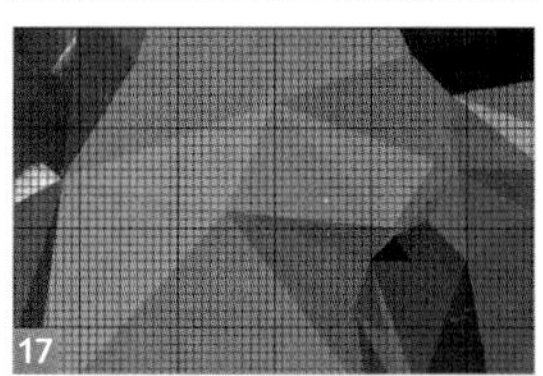

06

타이포 그래피 디자인 & 질감 표현하기

6장에서는 모래, 얼음, 바위, 금속 등의 질감을 리얼하게 처리한 로고를 만드는 방법을 알아보고 포토샵을 이용해 만들 수 있는 디자인 소스를 소개하겠습니다. 타이틀 로고 및 광고 장식 소스를 제작할 때 도움될 만한 작업만 모았습니다.

Photoshop Recipe

원본

Recipe 084 볼록한 효과

[레이어 스타일]과 [그레이디언트]를 사용해 볼록한 효과를 만들어 보겠습니다.

01 이미지 배치하고 원형으로 마스크 만들기

01 '084-배경.psd'를 불러온 후 '084-소스.psd' 파일의 [자전거] 레이어를 이동시켜 가져옵니다. 배지로 사용할 부분을 선택 범위로 만듭니다.

02 [원형 선택 도구]를 클릭합니다. Shift를 누른 상태로 드래그해 정원의 선택 범위를 만듭니다.

03 선택 범위가 만들어진 상태에서 캔버스를 드래그하면 선택 범위를 원하는 위치로 이동할 수 있습니다.

04~05 [자전거] 레이어를 선택한 후 [레이어] 패널의 아래쪽에 있는 [마스크] 버튼을 클릭합니다.

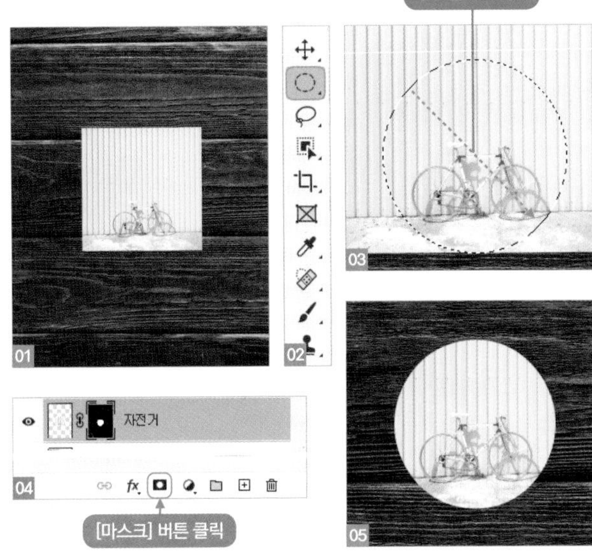

02 투명하고 입체감 있는 [레이어 스타일] 적용하기

[자전거] 레이어의 위쪽에 [투명 처리] 레이어를 추가합니다.

06 [자전거] 레이어의 [마스크 섬네일]을 Ctrl을 누른 채 클릭해 선택 범위로 만듭니다. [투명 처리] 레이어를 선택합니다. [페인트 통 도구]를 선택한 후 전경색으로 채우고 [레이어] 패널에서 [칠: 0%]로 설정합니다. [투명 처리] 레이어를 더블클릭해 [레이어 스타일] 대화상자가 나타나게 합니다.

07 [내부 그림자] 항목을 그림과 같이 설정합니다.

08 [내부 광선] 항목을 그림과 같이 설정합니다.

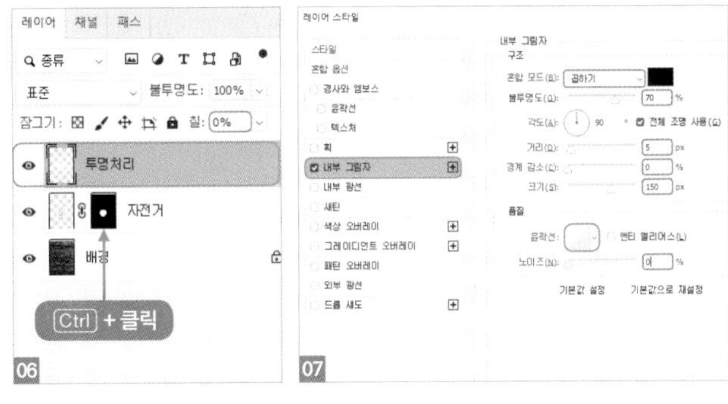

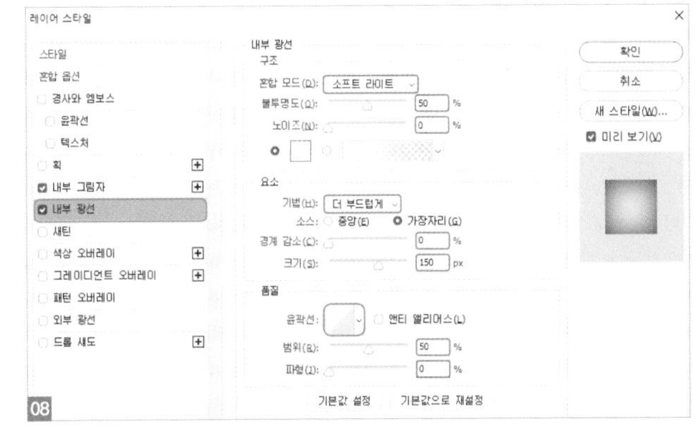

03 한 번 더 레이어 스타일 적용하기

09 [새틴] 항목을 그림과 같이 설정합니다. [윤곽선]은 설정 목록에서 [링]으로 선택합니다.
10 [그레이디언트 오버레이] 항목을 그림과 같이 설정합니다.
11 [그레이디언트 편집]은 그림과 같이 [0% 위치의 정지점]에서는 [불투명도: 0%], [색상: #ffffff], [90% 위치의 정지점]에서는 [불투명도: 30%], [색상: #000000], [95% 위치의 정지점]에서는 [불투명도: 25%], [색상: #ffffff], [100% 위치의 정지점]에서는 [불투명도: 50%], [색상: #000000]으로 설정합니다.
12 [드롭 섀도] 항목을 그림과 같이 설정합니다.
13 [레이어 스타일] 적용을 완료했습니다.

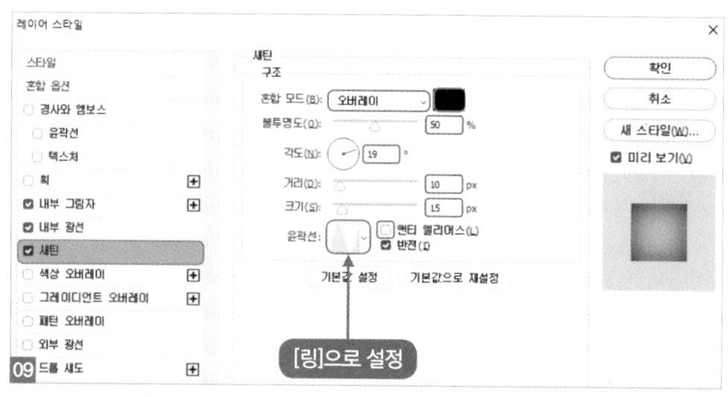

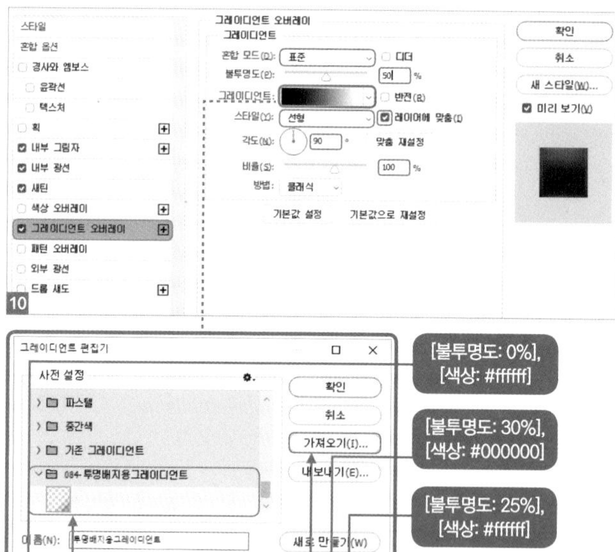

핵심 포인트

'084-투명배지용그레이디언트.psd'를 [가져오기] 버튼으로 불러와 적용할 수도 있습니다. 중심이 투명하고 바깥쪽으로 갈수록 검은색, 흰색, 검은색으로 그레이디언트가 만들어져 입체적인 느낌이 듭니다.

핵심 포인트

그레이디언트를 만들 때 11과 같이 배지의 가장자리보다 조금 안쪽에 흰 라인을 만들면 입체감을 표현할 수 있습니다.

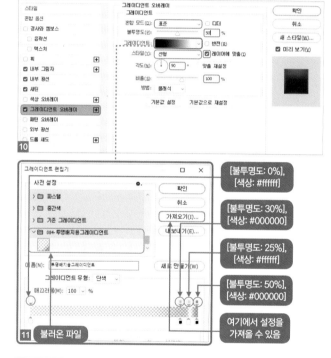

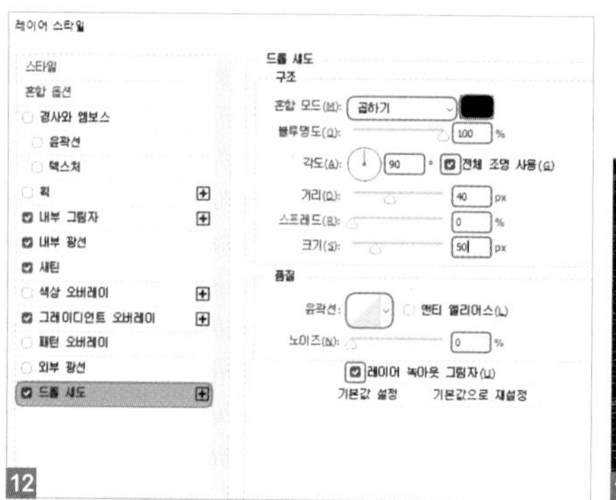

04 빛 추가하기

[투명 처리] 레이어의 위쪽에 새로운 [빛] 레이어를 만듭니다.

14 [원형 선택 도구]를 선택한 후 그림과 같이 선택 범위를 만듭니다.

15 전경색을 흰색(#ffffff)으로 설정한 후 [그레이디언트 도구]를 클릭합니다. [사전 설정]에 있는 [전경색에서 투명으로]를 선택합니다.

16 선택 영역의 위쪽에서 아래쪽으로 드래그해 그레이디언트를 만듭니다.

17 [빛] 레이어를 [칠: 50%]로 설정합니다.

14

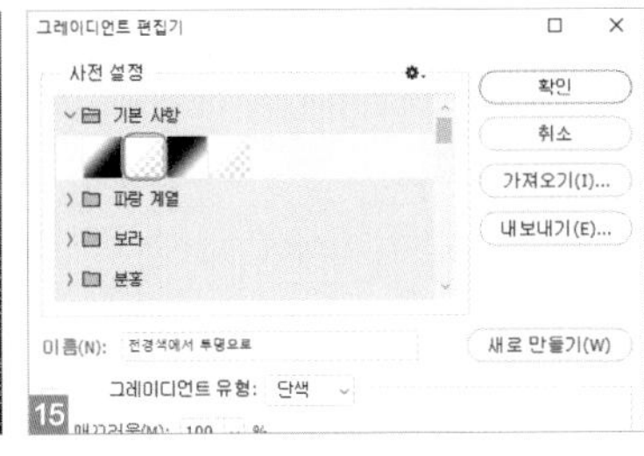

15

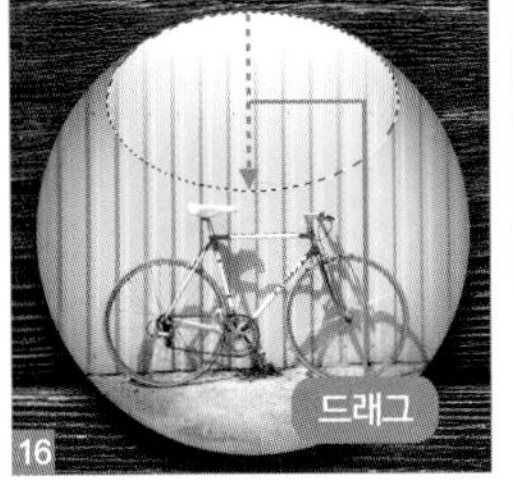

16

17

05 위와 아래에 빛 추가하기

위쪽에 [빛 위 아래] 레이어를 새로 만듭니다. [자전거] 레이어의 [마스크 섬네일]을 Ctrl + 클릭해 선택 범위를 만듭니다.

18~19 [선택 → 수정 → 축소]를 선택한 후 [축소량: 20픽셀]로 설정하고 [확인]을 클릭합니다.

20 [빛 위 아래] 레이어를 선택한 후 전경색을 흰색(#ffffff)으로 설정하고 [그레이디언트 도구]를 클릭합니다. 배지의 위쪽에서 아래쪽으로 1/4 정도까지 드래그해 그레이디언트를 만듭니다. 이와 반대로 배지의 아래쪽에서 위쪽으로 1/4 정도까지 드래그해 그레이디언트를 만듭니다. [혼합 모드: 오버레이]로 설정합니다.

21 [필터 → 흐림 효과 → 가우시안 흐림 효과]를 선택한 후 [반경: 5픽셀]로 설정합니다.

22 [빛 위 아래] 레이어를 [불투명도: 80%]로 설정하면 완성입니다.

23 최종 레이어는 그림과 같습니다.

'084-소스.psd' 파일의 다른 이미지에도 볼록한 효과를 적용해 보세요.

18
21

19

20

22

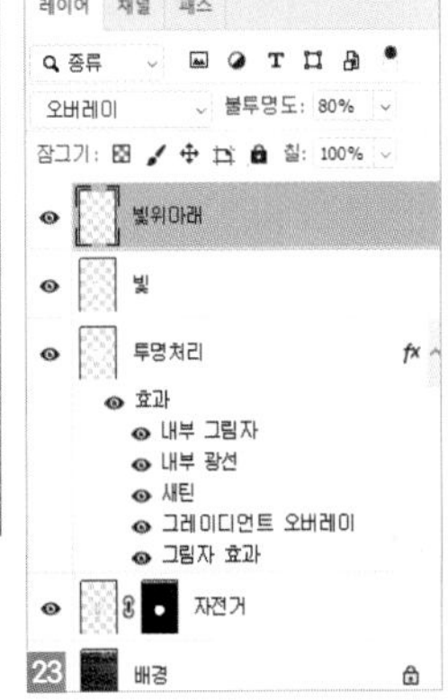

23

Recipe

085 나뭇잎 넝쿨이 감싼 알파벳

문자에 나무 질감을 추가한 후 넝쿨이 얽혀 있는 로고를 만들어 보겠습니다.

01 문자를 배치하고 나무 텍스처에 마스크 만들기

01 '084-배경.psd', '084-소스.psd'를 불러온 후 '084-소스.psd'에서 [R] 레이어를 중앙에 위치시킵니다.

02 [나무판] 레이어를 [R] 레이어 위에 위치시켜 이미지를 겹칩니다.

03 [나무판] 이미지를 [마우스 오른쪽 버튼 클릭 → 클리핑 마스크 만들기]를 선택합니다.

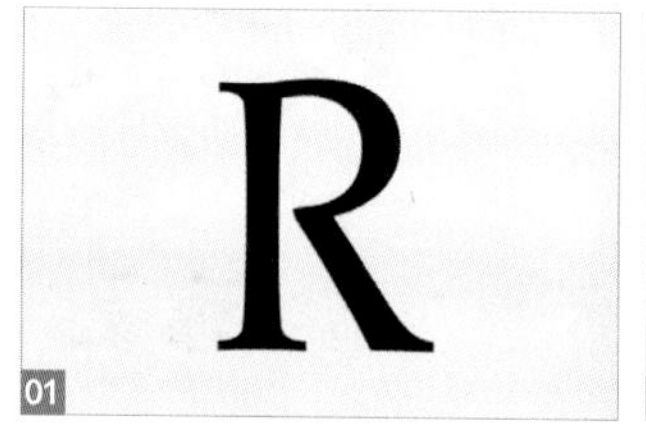

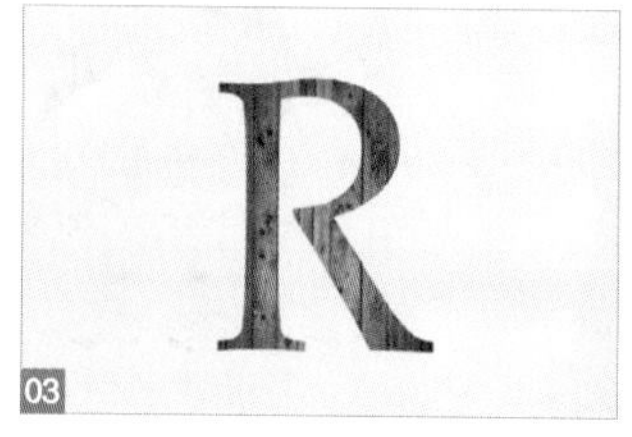

02 나뭇잎을 겹치고 그림자 만들기

04 [덩굴] 레이어를 가져와 가장 위쪽에 위치시킵니다.

레이어의 빈 곳을 더블클릭해 [레이어 스타일] 대화상자가 나타나게 합니다.

05 [드롭 섀도] 항목을 선택한 후 [구조]에서 [혼합 모드: 소프트 라이트], [색상: #000000], [불투명도: 85%], [각도: 90°], [거리: 20픽셀], [스프레드: 0%], [크기: 7픽셀]로 설정합니다.

06 나뭇잎에 그림자가 생겼습니다.

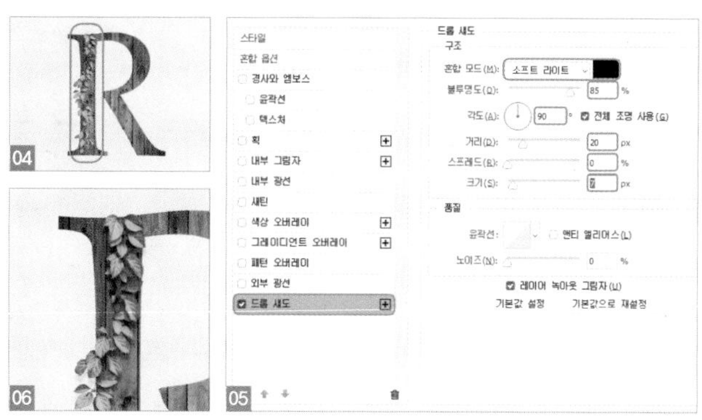

03 [퍼펫 뒤틀기] 기능으로 문자를 따라 나뭇잎 변형하기

07 [아이비] 레이어를 복사한 후 오른쪽에 위치시킵니다.

08 [R]의 글자 선을 따라 변형해 보겠습니다. [편집 → 퍼펫 뒤틀기]를 선택합니다.

그물망이 나타나면 글자 선을 따라 중간중간을 클릭해 핀을 추가합니다.

09 이 예제에서는 핀을 5개 추가했습니다.

10 핀을 움직여 문자를 따라 변형합니다.

● 한 곳의 핀을 크게 움직이는 것이 아니라 전체를 조금씩 변형해야 자연스러워집니다.

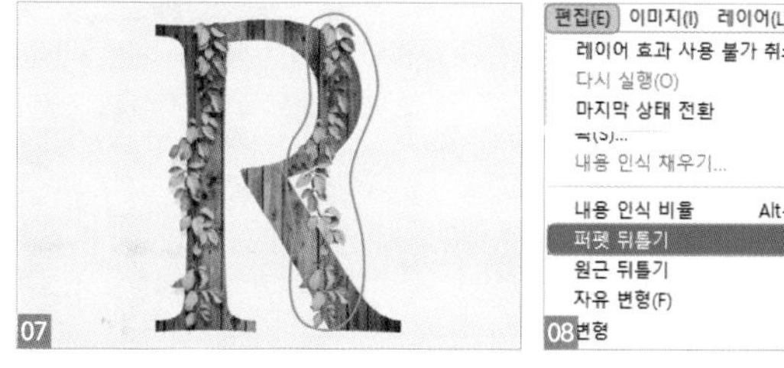

04 나뭇잎을 복사하고 밝기 조절해 입체감 살리기

03을 응용해 [덩굴] 레이어를 복사해 위치시킵니다. [R] 레이어의 위와 아래에 복사한 후 나뭇잎이 얽힌 것처럼 구성합니다.

11~12 [R] 레이어보다 하위의 레이어(캔버스에는 R보다 뒤에 배치하는 레이어)는 [레벨] 메뉴를 선택해 [출력 레벨]을 [0, 160]으로 설정합니다. 약간 어둡게 만들어 입체감을 살렸습니다.

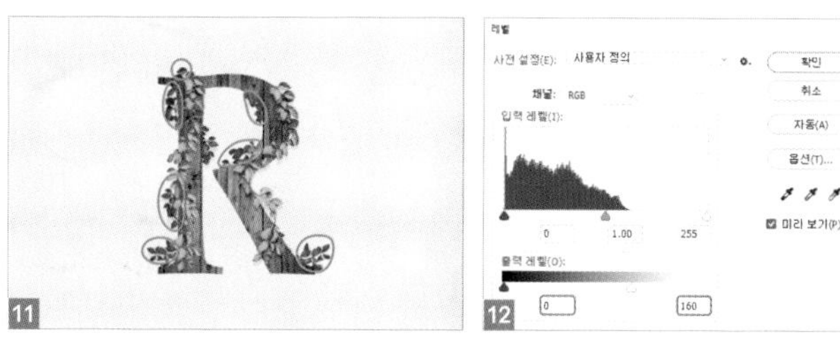

05 다람쥐와 토끼 배치해 완성하기

13 원하는 위치에 [다람쥐], [토끼] 레이어를 이동해 배치하면 완성입니다.

Recipe

086

모래사장에 쓴 글자

[레이어 스타일]만 사용해 마치 모래사장에 쓴 것 같은 문자를 만들어 보겠습니다.

01 랜덤으로 문자 배치하기

'086-비치.psd'를 불러옵니다.

[수평 문자 도구]를 선택합니다.

01 [색상: #ffffff], [글꼴: Adobe 고딕 Std], [크기: 80]으로 설정한 후 [OCEAN]을 입력합니다.

02 [OCEAN] 레이어에서 [마우스 오른쪽 버튼 클릭 → 모양으로 변환]을 선택합니다.

03~04 [패스 선택 도구]를 클릭한 후 [자유 변형] 기능으로 한 문자씩 그림과 같이 무작위로 배치합니다.

02 [레이어 스타일] 설정하기 ①

위쪽 레벨에 [모래 문자] 레이어를 새로 만듭니다.

레이어의 빈 곳을 더블클릭해 [레이어 스타일] 대화상자가 나타나게 합니다.

05 [경사와 엠보스] 항목을 선택한 후 [구조]에서 [스타일: 내부 경사], [기법: 매끄럽게], [깊이: 100%], [방향: 위로], [크기: 5픽셀], [부드럽게: 0픽셀]로 설정합니다. [음영 처리]에서 [각도: 120°], [높이: 30°], [광택 윤곽선: 선형], [밝은 영역 모드: 소프트 라이트], [색상: #f9d3a6], [불투명도: 100%], [그림자 모드: 선형 번], [색상: #5c310e], [불투명도: 100%]로 설정합니다.

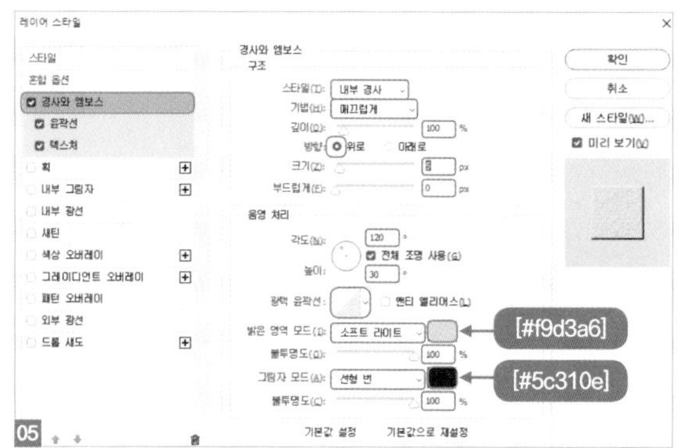

03 [레이어 스타일] 설정하기 ②

06 [경사와 엠보스]의 [윤곽선] 항목에 체크 표시를 한 후 [윤곽선: 선형], [범위: 50%]로 설정합니다.

07 [경사와 엠보스]의 [텍스처] 항목에 체크 표시를 한 후 [패턴: 흙], [비율: 100%], [깊이: +50%]로 설정합니다.

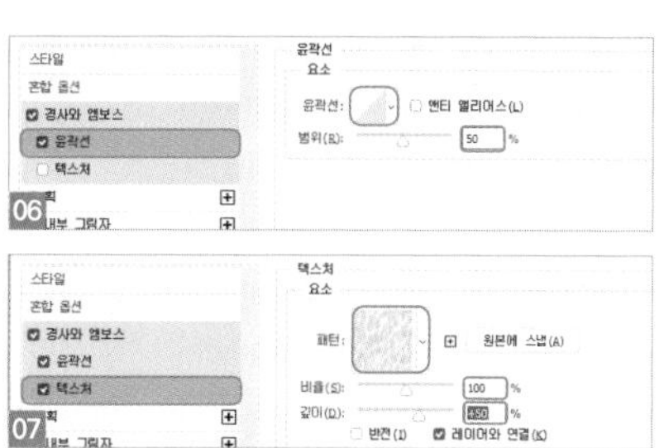

핵심 포인트

[패턴: 흙]은 초기 설정에서는 나타나지 않습니다. [창 → 패턴]을 선택하면 나타나는 패널의 오른쪽 위에 있는 [옵션 버튼(≡)]을 클릭해 [레거시 패턴 및 기타]를 선택합니다. 추가된 [레거시 패턴 및 기타 → 기존 패턴 → 바위 패턴]에서 [흙]을 선택할 수 있습니다.

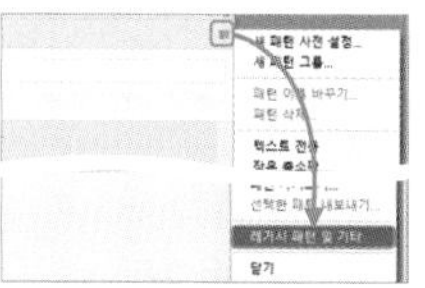

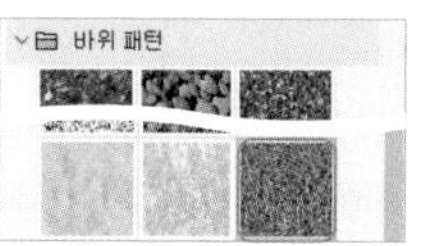

04 모래 문자 만들기

08 [모래 문자] 레이어를 선택한 후 [칠: 0%]로 설정합니다.

09 [브러시 도구]를 선택한 후 [브러시 종류: 뿌리기 39픽셀]로 설정합니다.

크기와 불투명도를 조절하면서 [OCEAN] 레이어를 따라 [브러시 도구]로 글자를 그립니다.

10 그리는 것만으로도 모래에 글자를 쓴 듯한 느낌이 납니다. 문자는 기준에 맞춰 거친 선으로 얼룩이 있는 느낌이 나도록 그립니다.

어느 정도 그려졌으면 [OCEAN] 레이어는 숨기거나 삭제합니다.

05 모래 문자에 움푹 파인 느낌 표현하기

[지우개 도구]를 선택합니다. 모래 문자를 따라서 덧그리면 움푹 파인 듯한 질감을 표현할 수 있습니다.

11 브러시의 크기와 불투명도를 조절하면서 **04~05**를 반복해 해변에서 볼 수 있는 모래 문자의 질감을 만듭니다.

핵심 포인트

큰 브러시로 대략 모래의 질감을 더하고 작은 브러시로 문자의 윤곽을 선명하게 정돈하면 분위기를 만들기 쉽습니다.

06 모래 문자에 그림자를 넣어 완성하기

12 [레이어] 패널의 가장 위에 새 레이어 [그림자]를 만듭니다. [브러시 도구]를 선택합니다. 전경색을 검정(#000000)으로 설정해 'OCEAN'의 문자를 따라 그립니다.

[레이어 스타일] 대화상자를 나타내 [내부 그림자] 항목을 선택합니다.

13 [구조]에서 [혼합 모드: 표준], [색상: #4e1a17], [불투명도: 86%], [각도: 150°], [거리: 15픽셀], [경계 감소: 0%], [크기: 10픽셀]로 설정합니다.

14 레이어를 [칠: 0%]로 설정한 후 [레이어 스타일]의 [내부 그림자]만 적용하면 완성입니다.

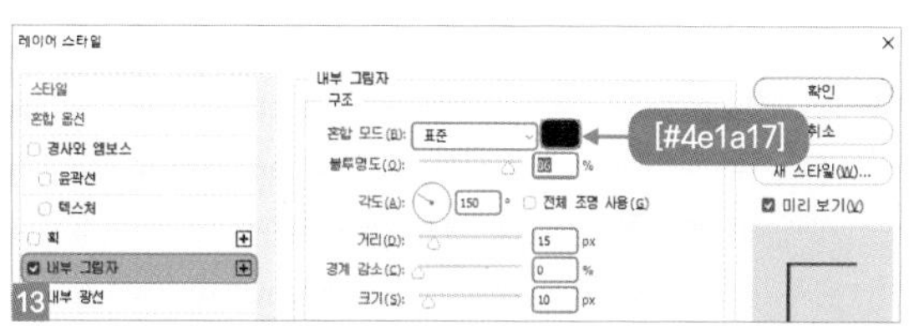

Recipe

087 얼룩말 무늬를 넣은 문자

[레이어 마스크]를 사용해 얼룩말 특유의 무늬를 자연스럽게 합성해 보겠습니다.

01 문자에 얼룩말 텍스처 겹치기

01 '087-배경.psd'를 불러오면 [배경]과 [문자] 두 레이어로 나뉘어 있습니다.
'087-얼룩말 소스.psd'를 불러온 후 [모양 1] 레이어를 '087-배경.psd' 파일의 [문자] 레이어 위쪽에 위치시킵니다.
02 캔버스에서 문자 'Z'와 겹쳐 놓습니다.
03 [모양 1] 레이어를 선택한 후 [마우스 오른쪽 버튼 클릭 → 클리핑 마스크 만들기]를 선택합니다.

02 'B' 문자를 제외한 모든 문자에 텍스처 겹치기

04 [모양 1] 레이어에 클리핑 마스크가 적용돼 있는지 확인합니다.
05 [모양 1] 레이어를 복사한 후 [이동 도구]를 사용해 'E' 문자에 겹칩니다.
[클리핑 마스크]가 적용된 레이어를 복사했기 때문에 효과도 자동으로 적용됩니다.

06 'B' 문자까지 넘어와 합성된 부분을 [선택 도구]로 선택해 삭제합니다.
07 'R'과 'A' 문자에도 텍스처를 합성합니다.

03 'B' 문자에 텍스처와 얼룩말 겹치기

08 '087-얼룩말 소스.psd' 파일의 [모양 2] 레이어를 'B' 문자 위에 위치시키고 [클리핑 마스크]를 적용합니다.
09 [얼룩말] 레이어도 그림과 같이 합성합니다.

04 'B' 문자의 가운데에 있는 얼룩말 이미지 마스킹하기

10 [얼룩말] 레이어를 선택한 후 [레이어] 패널의 아래쪽에 있는 [마스크] 버튼을 선택합니다.
11 Ctrl을 누른 상태에서 [문자] 레이어의 [레이어 섬네일]을 클릭해 선택 범위를 만듭니다.
[선택 → 반전]을 선택해 문자 내부 선택에서 문자 외부 선택으로 바꿉니다.
12 [얼룩말] 레이어의 [마스크 섬네일]을 선택한 후 [브러시 도구]를 클릭하고 전경색을 검정(#000000)으로 설정해 'B' 문자의 가운데를 마스크 처리합니다. 작업을 마친 후 선택 범위는 해제합니다.

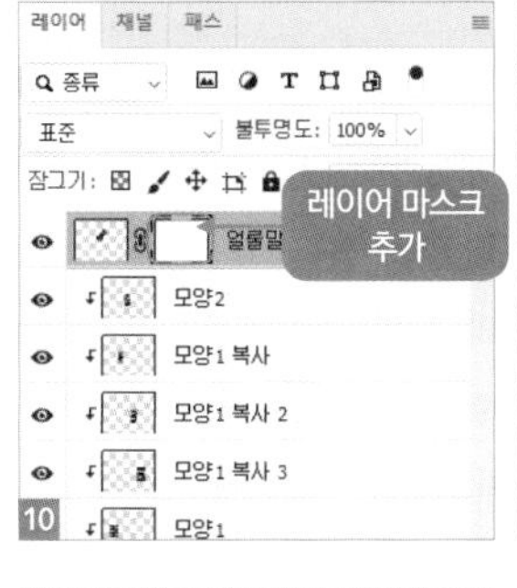

05 문자 모양과 얼룩말 패턴을 자연스럽게 연결하기

[얼룩말] 레이어의 [마스크 섬네일]을 선택한 후 [브러시 도구]를 선택합니다.
13 전경색을 검정(#000000)과 흰색(#ffffff)으로 전환하면서 얼룩말 무늬가 겹치는 지점을 찾을 때까지 마스크를 정돈합니다. 이때 [얼룩말] 레이어를 표시/숨기기로 전환하면서 작업하면 좋습니다.
패턴이 잘 겹쳐지지 않는다면 얼룩말과 패턴 레이어를 움직여 작업해 보세요.

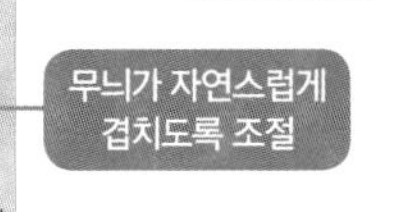

06 'ZEBRA' 문자에 입체감 주기

[문자] 레이어를 선택한 후 레이어 이름의 오른쪽 빈 곳을 더블클릭해 [레이어 스타일] 대화상자가 나타나게 합니다.
14~16 [경사와 엠보스]와 [내부 그림자]를 그림과 같이 설정해 입체감을 표현합니다.

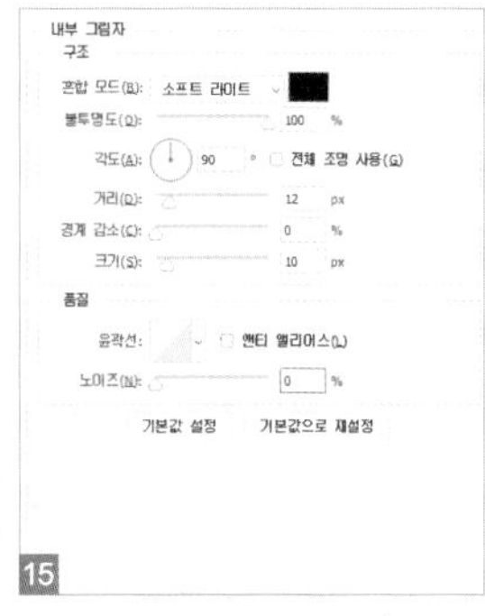

단축키

전경색과 배경색 바꾸기: X

Recipe

088

얼음을 조각해 만든 문자

마치 얼음을 조각한 것 같은 로고를 만들어 보겠습니다.

01 [수평 문자 도구]를 사용해 텍스트 입력하기

'088-얼음.psd'를 불러옵니다. [얼음] 레이어는 작업의 편의를 위해 숨겨 놓습니다.

01 도구 바에서 [수평 문자 도구]를 선택합니다.

02 위쪽에 있는 옵션 바에서 원하는 글꼴, 크기 등을 선택합니다. 여기서는 [글꼴: Adobe 고딕 Std], [크기: 135pt], [색상: #76bfde]로 설정했습니다.

03 대문자로 [ICE]를 입력합니다.

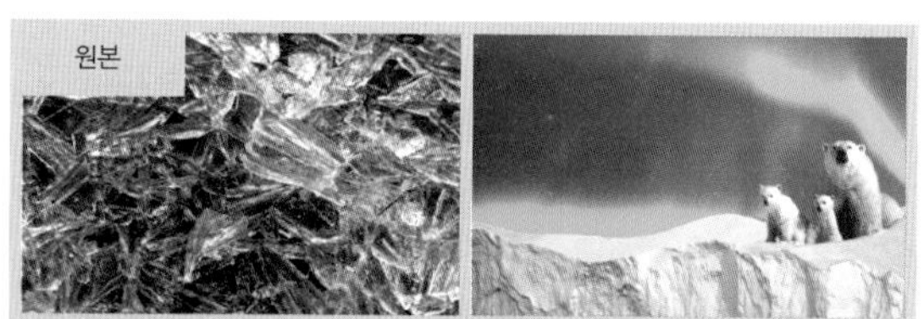

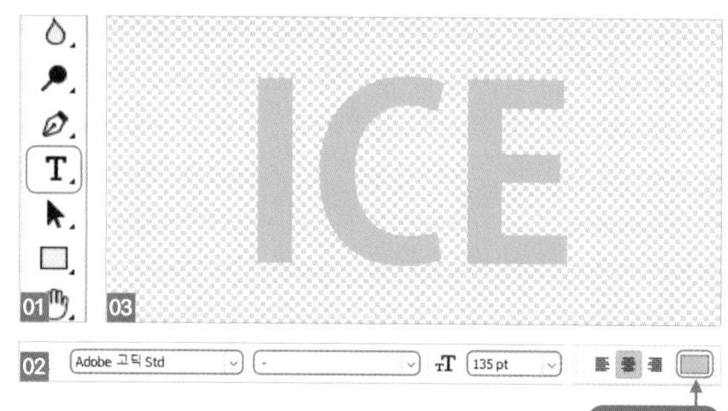

02 [레이어 스타일]을 사용해 입체적인 문자 만들기

[ICE] 레이어 이름의 오른쪽 빈 곳을 더블클릭해 [레이어 스타일] 대화상자가 나타나게 합니다.

04 [경사와 엠보스]를 선택한 후 [구조]에서 [스타일: 내부 경사], [기법: 거칠게 깎기], [깊이: 200%], [방향: 위로], [크기: 100픽셀], [부드럽게: 0픽셀]로 설정합니다. [음영 처리]는 [각도: 30°], [높이: 30°], [광택 윤곽선: 선형], [밝은 영역 모드: 스크린], [색상: #ffffff], [불투명도: 100%], [그림자 모드: 소프트 라이트], [색상: #000000], [불투명도: 100%]로 설정합니다.

05 입체적인 문자가 만들어졌습니다.

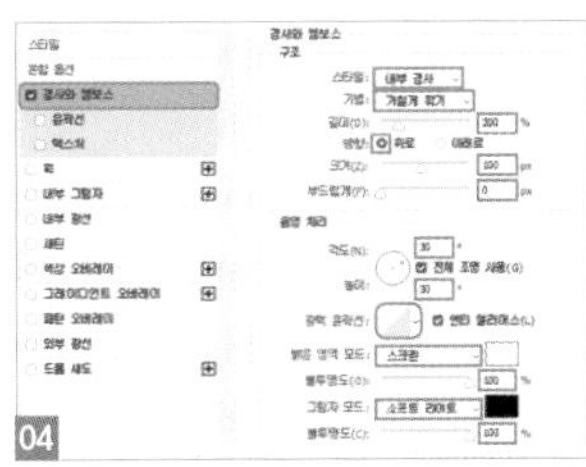

03 [레이어 스타일]을 사용해 얼음에 낀 서리 표현하기

06 [레이어 스타일] 대화상자에서 [내부 광선]을 선택합니다. [구조] 항목에서 [혼합 모드: 스크린], [불투명도: 50%], [노이즈: 0%], [색상: #ffffff]로 설정합니다. [요소] 항목에서 [기법: 더 부드럽게], [소스: 가장자리], [경계 감소: 0%], [크기: 20픽셀]로 설정합니다. [품질] 항목은 [윤곽선: 선형], [범위: 50%], [파형: 0%]로 설정합니다.

07 문자의 경계에 흰색 그레이디언트가 추가돼 차가운 느낌이 더해졌습니다.

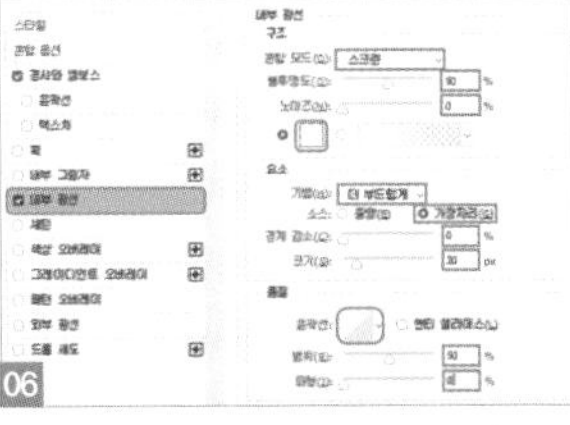

04 얼음 사진으로 얼음 질감 연출하기

숨겨 두었던 [얼음] 레이어를 [ICE] 레이어의 위쪽에 위치시킵니다.

08 레이어의 [혼합 모드]를 [오버레이], [불투명도]를 [45%]로 설정합니다.

09 [얼음] 레이어를 선택한 후 [마우스 오른쪽 버튼 클릭 → 클리핑 마스크 만들기]를 설정합니다.

05 필터를 사용해 깎인 듯한 얼음 표현하기

10 [ICE] 레이어를 선택한 후 [레이어 섬네일]을 Ctrl을 누른 채 클릭해 선택 범위를 만듭니다.

11~12 [레이어] 패널의 아래쪽에 있는 [마스크] 버튼을 선택한 후 만들어진 [ICE] 레이어의 [마스크 섬네일]을 선택합니다.

13~15 [필터 → 픽셀화 → 수정화]를 선택한 후 [셀 크기: 25]로 설정합니다.

'088-배경.psd' 파일과 합성해 완성합니다.

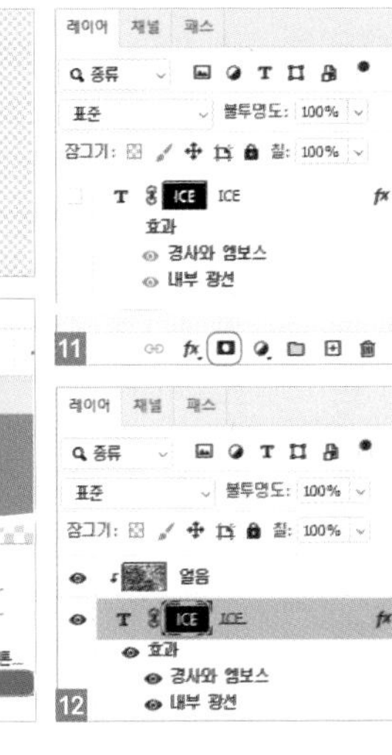

얼음이 깎인 듯한 질감

Recipe

089

초콜릿을 녹여 만든 문자

초콜릿이 녹아내린 듯한
문자를 표현해 보겠습니다.

01 [수평 문자 도구]로 텍스트 입력하기

'089-케이크.psd'를 불러온 후 도구 바에서 [수평 문자 도구]를 선택합니다.

01 [글꼴: Noto Sans CJK KR], [크기: 60pt], [문자 색상: #f7efe9], [하트 색상: #f6b0a7]로 설정합니다.

02 [LO], [♥], [VE] 문자를 따로 입력해 만듭니다.

03 컵케이크 위에 텍스트를 각각 배치합니다.

04 텍스트 레이어를 3개 선택한 후 [마우스 오른쪽 버튼 클릭 → 문자 래스터화]를 선택합니다.
3개의 레이어가 선택된 상태에서 [마우스 오른쪽 버튼 클릭 → 레이어 병합]을 선택한 후 레이어 이름을 'LOVE'로 바꿉니다.

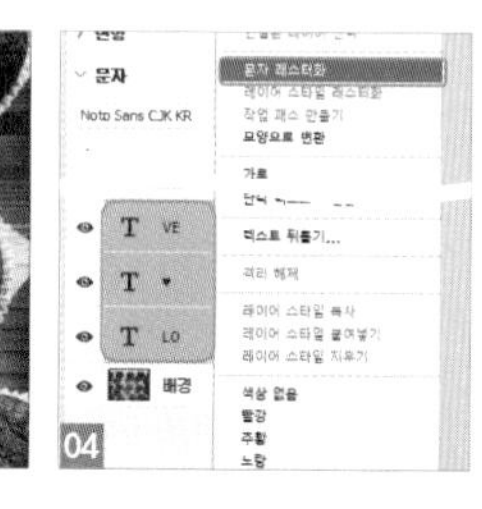

02 [레이어 스타일]에서 입체적인 문자 만들기

[LOVE] 레이어 이름의 오른쪽 빈 곳을 더블클릭해 [레이어 스타일] 대화상자가 나타나게 합니다.

05 [경사와 엠보스] 항목을 선택한 후 [구조]에서 [스타일: 내부 경사], [기법: 거칠게 깎기], [깊이: 50%], [방향: 아래로], [크기: 20픽셀], [부드럽게: 16픽셀], [음영 처리]에서 [각도: -124°], [높이: 36°], [광택 윤곽선: 선형], [밝은 영역 모드: 스크린], [색상: #ffffff], [불투명도: 100%], [그림자 모드: 어둡게 하기], [색상: #cd5908], [불투명도: 100%]로 설정합니다.

06 텍스트에 입체감이 생겼습니다.

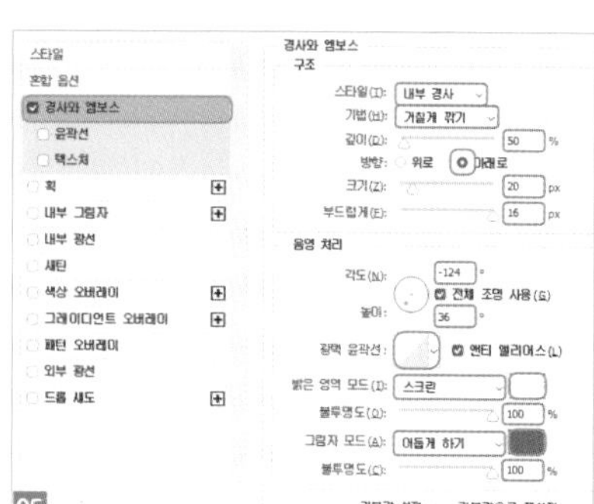

03 입체감 추가하기

07 [내부 그림자] 항목을 선택한 후 [구조]에서 [혼합 모드: 곱하기], [색상: #000000], [불투명도: 25%], [각도: -124°], [거리: 10픽셀], [경계 감소: 0픽셀], [크기: 20픽셀], [품질]에서 [윤곽선: 선형], [노이즈: 0%]로 설정합니다.

08 안쪽에 그림자가 추가됐습니다.

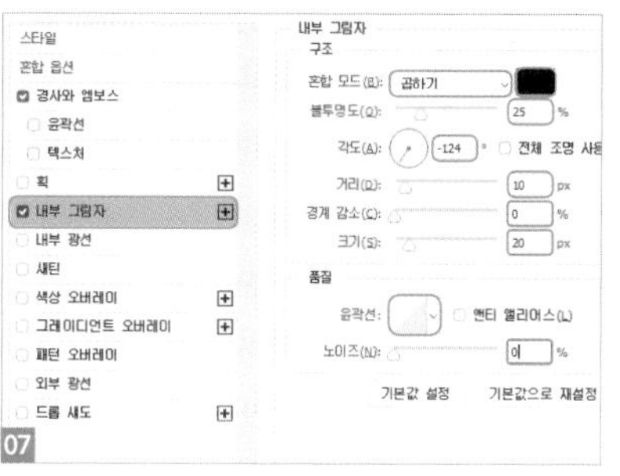

04 그림자 추가하기

09 [드롭 섀도] 항목을 선택한 후 [구조]에서 [혼합 모드: 표준], [색상: #312d3c(배경 그림자에서 추출한 색상)], [각도: 75°], [거리: 30픽셀], [스프레드: 0%], [크기: 25픽셀], [품질]에서 [윤곽선: 선형], [노이즈: 0%]로 설정합니다.

10~11 배경의 광원에 맞춰 입체감과 그림자가 생겼습니다.

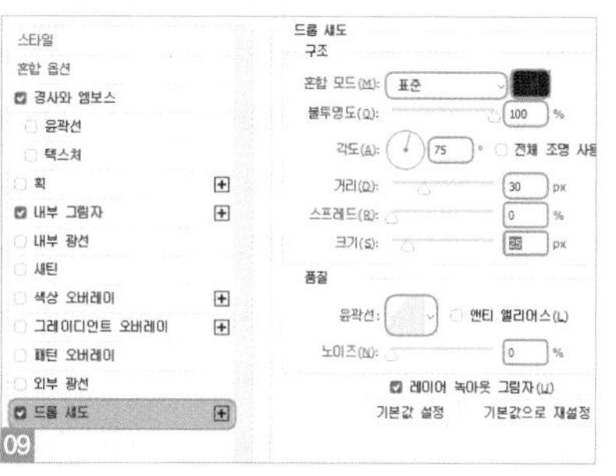

05 [브러시 도구]와 [지우개 도구]로 텍스트 모양 조절하기

도구 바에서 [브러시 도구]를 선택한 후 브러시의 종류를 [선명한 원 브러시], [불투명도]와 [흐름]은 각각 [100%], 색상은 텍스트와 같은 색상([텍스트 색상: #f7efe9], [하트 색상: #f6b0a7])으로 설정합니다.

12 현재의 문자를 기준으로 [브러시 도구]나 [지우개 도구]를 이용해 녹은 것처럼 표현합니다.

06 배경의 색감과 질감에 맞추기

13 [LOVE] 레이어를 선택한 후 [이미지 → 조정 → 포토 필터]를 선택한 후 [사용]에서 [필터: Warming Filter (85)], [밀도: 20%]로 설정합니다.

14 [필터 → 노이즈 → 노이즈 추가]를 선택한 후 [양: 3%], [분포: 균일]로 설정하고 [단색] 항목에 체크 표시를 합니다.

15 배경의 색감에 맞는 노이즈가 추가됐습니다.

Recipe

090 유리창에 맺힌 빗방울

[레이어 스타일]을 사용해 유리창에 맺힌 빗방울을 표현해 보겠습니다.

01 배경을 흐리게 하고 유리 질감 추가하기

01~02 '090-풍경.psd'를 불러옵니다. [필터 → 흐림 효과 → 가우시안 흐림 효과]를 선택한 후 [반경: 22픽셀]로 설정합니다.

[필터 → 필터 갤러리]를 선택한 후 [왜곡 → 유리]를 선택합니다.

03 [왜곡: 1], [매끄러움: 3], [텍스처: 결빙 효과], [비율: 100%]로 설정합니다.

04 풍경에 유리 질감이 추가됐습니다.

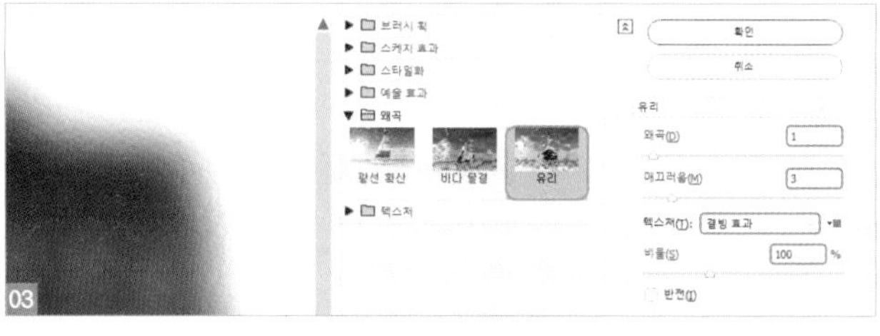

02 [브러시 도구]로 물방울 그리기

위쪽에 [물방울] 레이어를 새로 만듭니다.

05 [브러시 도구]를 선택한 후 전경색을 흰색(#ffffff)으로 설정하고 물방울을 그립니다.

브러시의 종류는 [선명한 원 브러시]를 사용해야 물방울이 선명하게 그려집니다. 물방울은 크고 작은 크기로 다양하게 그립니다. 이번 예제에서는 물방울이 위에서 흘러내리는 느낌을 살려서 그렸습니다.

03 레이어 채우고 [혼합 모드] 설정하기

06 [물방울] 레이어를 선택한 후 [칠: 0%]로 설정합니다. 레이어의 [혼합 모드]를 [색상 닷지]로 바꿉니다.
레이어 이름의 오른쪽 빈 곳을 더블클릭해 [레이어 스타일] 대화상자가 나타나게 합니다.

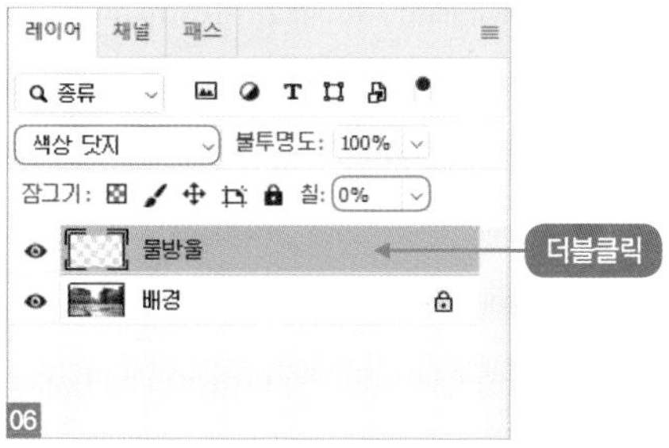

06

04 [레이어 스타일]로 진짜 물방울처럼 표현하기

07~08 [경사와 엠보스] 항목을 선택한 후 그림과 같이 설정합니다.
09~10 [내부 광선] 항목을 선택한 후 그림과 같이 설정합니다. [구조]에서 광선의 색상은 배경에 맞춰 황색 계열의 [#f7e28d]로 설정했습니다.
11~12 [새틴] 항목을 선택한 후 그림과 같이 설정합니다. [혼합 모드]의 색상은 [#ebaf57]입니다.
13 [드롭 섀도]를 선택한 후 그림과 같이 설정합니다. [혼합 모드]의 색상은 검정(#000000)으로 설정합니다.
14 물방울이 실감나게 표현됐습니다.

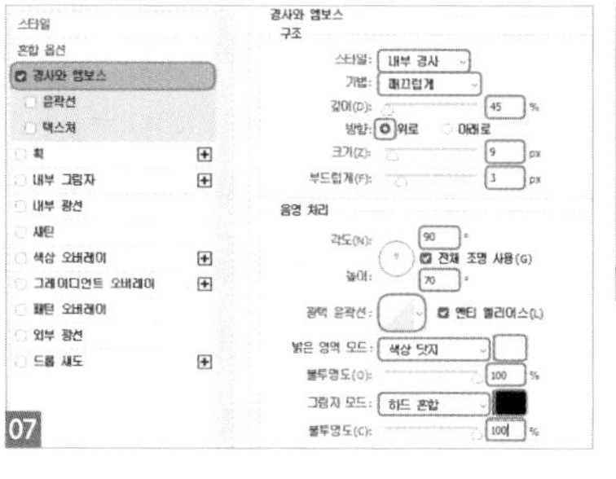
07

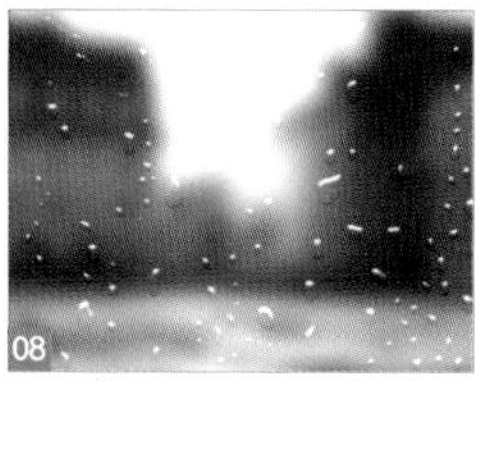
08

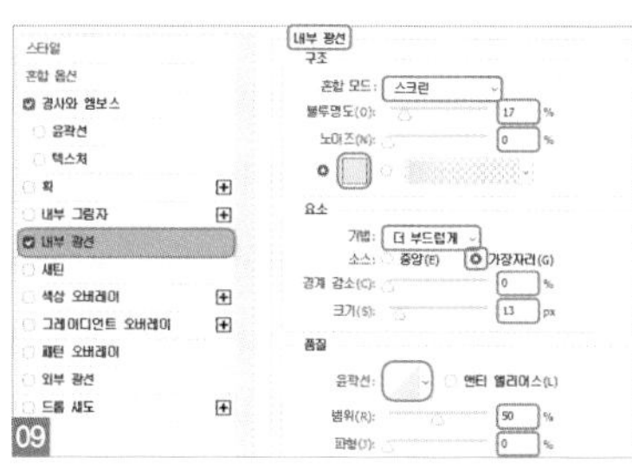
09

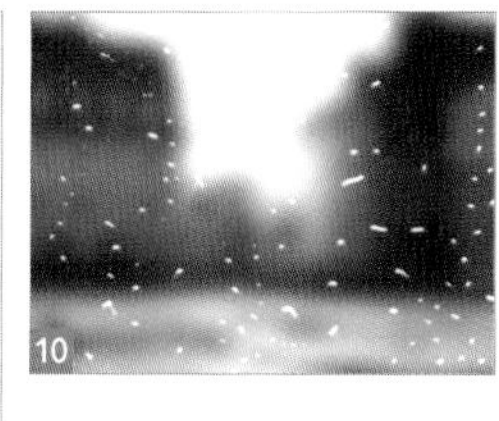
10

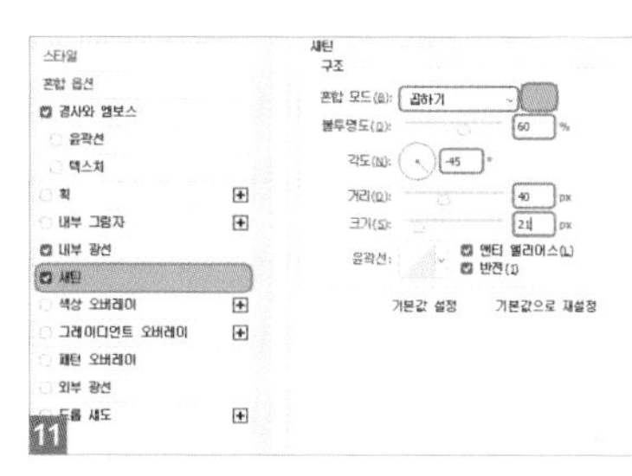
11

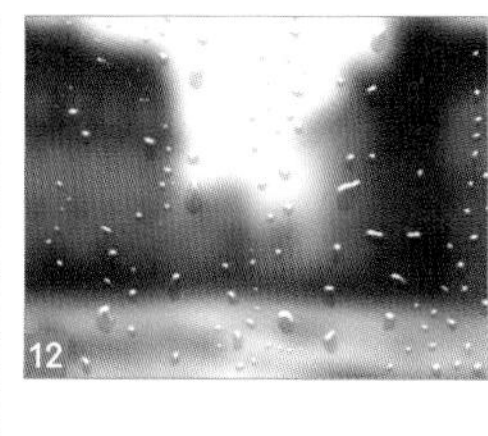
12

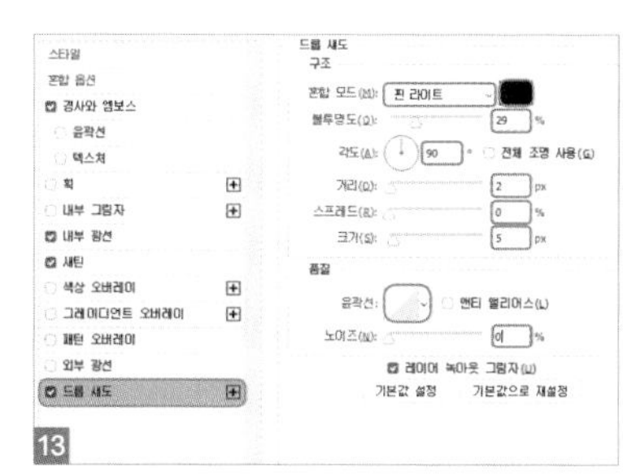
13

14

핵심 포인트

[레이어 스타일]의 [내부 광선]과 [새틴]의 설정 항목에서 색상을 배경에 맞춘 따뜻한 계열로 선택했습니다. 만약 배경이 다음 그림과 같이 푸른 하늘이라면 색상도 배경에 맞게 차가운 계열로 선택합니다.

Recipe

091

사진으로 패턴 만들기

사진을 사용해 자연스러운 패턴을
만들어 보겠습니다.

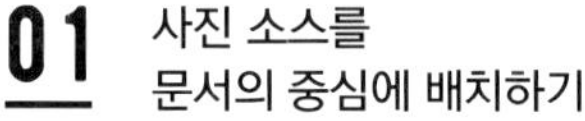

01 사진 소스를 문서의 중심에 배치하기

01 [파일 → 새 파일 → 폭: 500픽셀, 높이: 500픽셀]로 문서를 만듭니다.

02 '091-제비.psd'를 불러옵니다.
Ctrl + A로 캔버스 전체를 선택 범위로 만든 후 Ctrl + C로 복사합니다.

03 01에서 만든 새 문서로 돌아온 후 Ctrl + V로 제비 이미지를 붙여 넣습니다.

04 레이어 이름을 '제비'로 바꿉니다.

02 자연스러운 패턴 만들기

05 [제비] 레이어를 복사합니다.

06 복사된 레이어를 선택한 후 [필터 → 기타 → 오프셋]을 선택합니다.

07 [가로 방향: +250픽셀], [세로 방향: +250픽셀]로 설정한 후 [비정의 영역]에서 [감싸기] 항목에 체크 표시를 해 적용합니다.

08~09 배경을 투명하게 만들기 위해 가장 아래쪽의 [배경] 레이어는 삭제합니다.

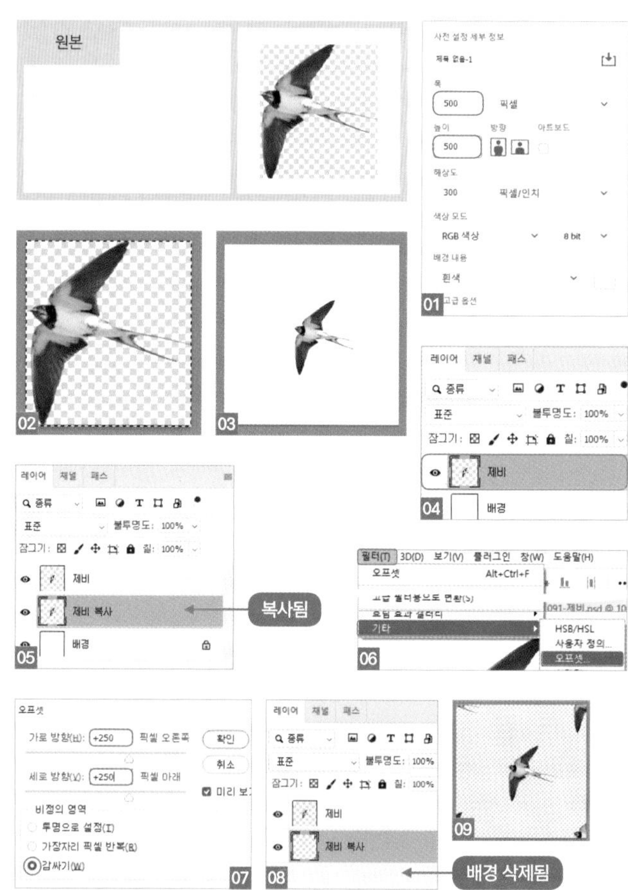

핵심 포인트

[오프셋] 필터로 원래 이미지가 250픽셀씩 오른쪽 아래 방향으로 이동했습니다. [감싸기] 항목에 체크 표시를 하는 이유는 이동할 때 캔버스에서 튀어나온 부분이 반대쪽에 나타나도록 하기 위한 것입니다. 이렇게 하면 패턴을 자연스럽게 만들 수 있습니다.

03 패턴 정의하기

10 [편집 → 패턴 정의]를 선택합니다.

11 패턴은 한 번 정의하면 여러 가지 상황에서 불러 내 사용할 수 있으므로 알기 쉬운 이름을 붙여 둡니다. 여기서는 '제비 패턴'이라는 이름을 붙였습니다.

04 새 문서에 패턴 반영하기

12 '091-원단.psd'를 불러옵니다.

13 [배경] 레이어 이름을 더블클릭한 후 '캔버스 원단'으로 바꿉니다.

14 [캔버스원단] 레이어의 위쪽에 [제비 패턴] 레이어를 새로 만듭니다.

15 [제비 패턴] 레이어를 선택한 상태에서 [편집 → 칠]을 선택합니다.

16 [칠] 대화상자에서 [내용: 패턴]으로 설정하고 [사용자 정의 패턴]은 방금 저장해 둔 [제비 패턴]으로 선택합니다. 등록한 패턴을 찾을 수 없을 때는 [사용자 정의 패턴] 항목을 스크롤해 보면 됩니다.

17 [확인]을 클릭합니다.

이제 화면 전체에 제비의 패턴이 반영됩니다.

05 배경과 자연스럽게 합성하기

18~19 배경과 자연스럽게 합성하기 위해 [제비 패턴] 레이어의 [혼합 모드]를 [선형 번]으로 변경하고 완성합니다.

[글꼴: Futura PT]로 [Swallow]라고 입력해 완성합니다.

💧 글꼴 [Futura PT]는 Adobe Fonts에서 다운로드할 수 있습니다.

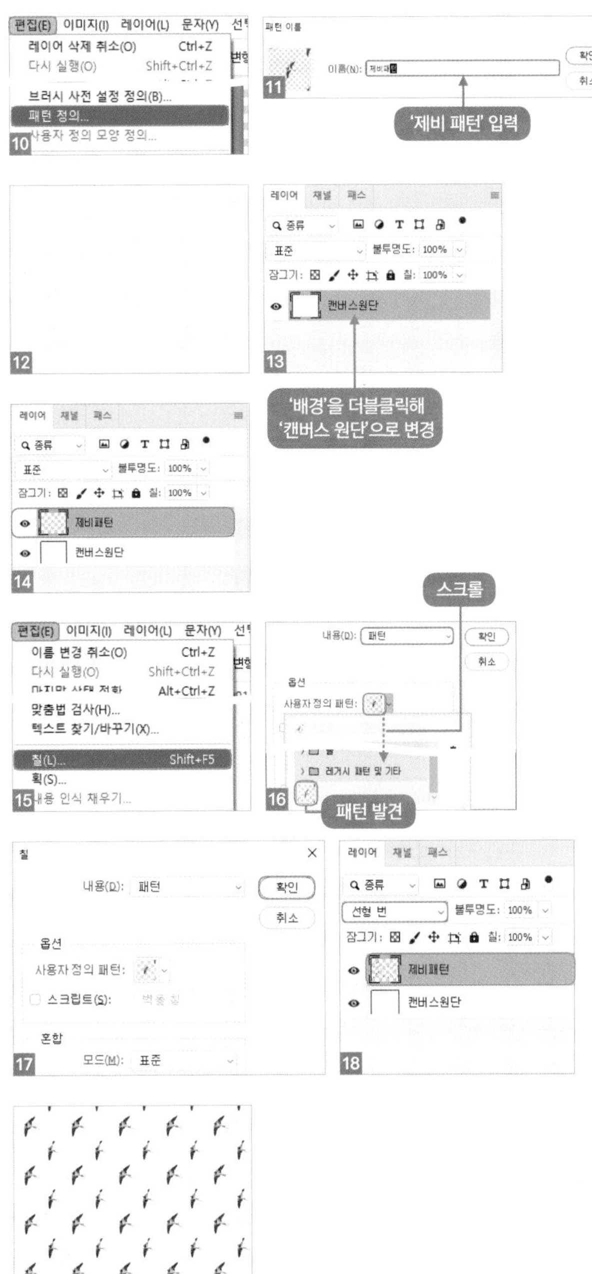

핵심 포인트

Adobe Fonts는 어도비의 Creative Cloud 모든 앱 또는 개별 앱과 함께 제공되는 서비스입니다. 글꼴을 1만 5,000개 이상 사용할 수 있으며 추가 요금이 부과되지 않습니다. 고품질 글꼴을 상업적으로도 사용할 수 있어서 프로 디자이너들에게 인기가 많습니다. 자세한 내용은 https://fonts.adobe.com을 참조하세요.

Recipe

092

귀퉁이가 찢어진 사진

[브러시 도구]와 [지우개 도구]를 사용해 사진에서 한쪽 귀퉁이가 찢어진 듯한 느낌을 표현해 보겠습니다.

01 이미지를 잘라 내고 브러시로 경계 정리하기

'092-사진.psd'를 불러옵니다. 이 파일은 [배경] 레이어와 [사진] 레이어가 분리돼 있습니다.

01 [올가미 도구]를 선택해 선택 범위를 만듭니다.

02 Delete를 눌러 삭제합니다.

03 [브러시 도구]를 선택한 후 [브러시 종류: 분필(60px)]을 선택합니다.
04 [브러시 설정] 패널을 연 후 [모양] 항목을 선택하고 [각도 지터: 30%]로 설정합니다.
05 브러시의 크기를 [20~60픽셀] 정도로 조절하면서 잘라 낸 경계면을 따라 그립니다.
● [브러시 설정] 패널은 [창 → 브러시 설정]을 선택하면 나타납니다.

02 찢어진 종이 추가하기

06 [찢어진 종이] 레이어를 새로 만든 후 [사진] 레이어의 아래로 이동시킵니다.
[브러시 도구]를 선택한 후 01과 동일하게 [브러시 유형: 분필(60px)]를 선택하고 [브러시 설정] 패널을 엽니다. 그런 다음 [모양] 항목을 선택하고 [각도 지터: 30%]로 설정합니다.
07 전경색을 밝은 회색(#d8d8d8)으로 설정한 후 그림과 같이 그립니다. 사진의 가장자리가 튀어나오면 [지우개 도구]로 정리해 줍니다.

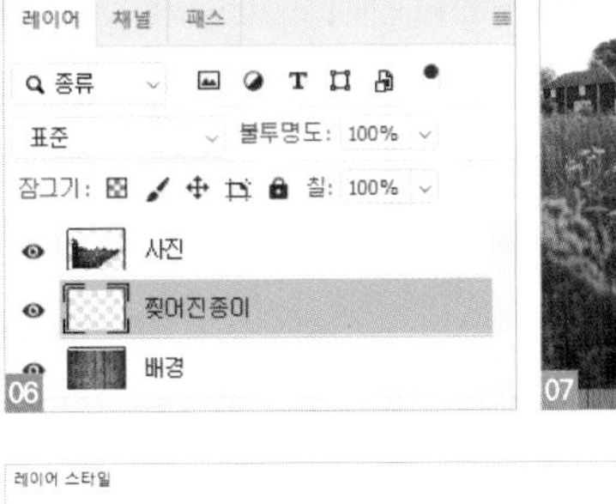

03 레이어를 결합하고 그림자를 넣어 완성하기

[사진], [찢어진 종이] 레이어를 선택한 후 [마우스 오른쪽 버튼 클릭 → 레이어 병합]을 선택합니다.
레이어 이름의 오른쪽 빈 곳을 더블클릭해 [레이어 스타일] 대화상자가 나타나게 합니다.
[드롭 섀도] 항목을 선택합니다.
08 [구조]에서 [혼합 모드: 표준], [색상: #000000], [불투명도: 50%], [각도: 120°], [거리: 10픽셀], [스프레드: 0%], [크기: 10픽셀]로 설정합니다.
09 사진에서 한쪽 귀퉁이가 찢어진 듯한 느낌이 완성됐습니다.

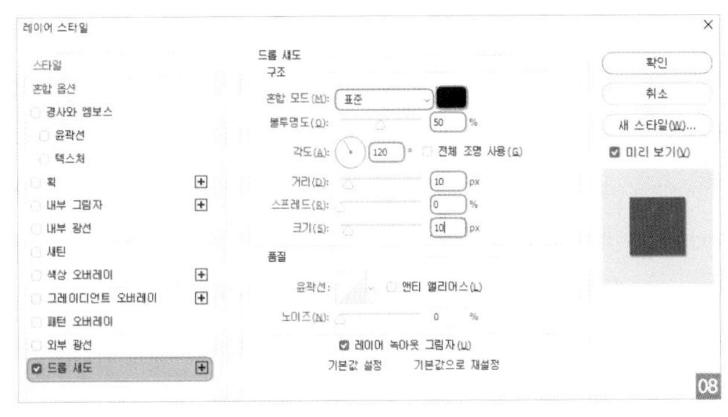

Recipe

093

돌로 조각한 문자

[경사와 엠보스] 레이어 스타일을 사용해 돌로 조각한 듯한 문자를 만들어 보겠습니다.

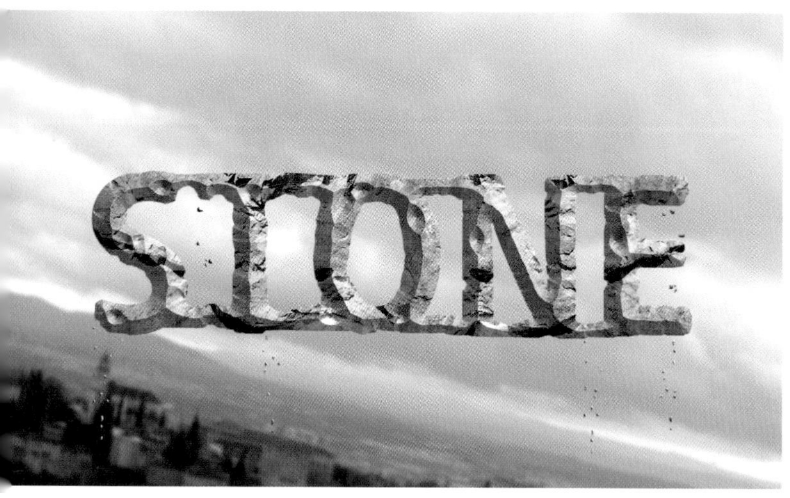

01 문자 배치하기

01 '093-배경.psd'를 불러온 후 [수평 문자 도구]를 선택하고 캔버스 중앙에 [STONE]을 입력합니다.

● [글꼴: Adobe 고딕 Std], [글자 크기: 110pt], [자간: -10]

02 바위 질감을 겹쳐 문자의 형태로 마스크 적용하기

02 '093-바위.psd'를 불러온 후 가장 위쪽에 배치하고 레이어 이름을 '바위'로 바꿉니다. [STONE] 문자 위에 위치시킵니다.

03 [STONE] 레이어의 섬네일(T)을 Ctrl을 누르면서 클릭해 선택 범위를 만듭니다.

04~05 [바위] 레이어를 선택한 후 [레이어] 패널의 아래쪽에 있는 [마스크] 버튼을 클릭합니다. [STONE] 텍스트 레이어는 필요 없으므로 삭제합니다.

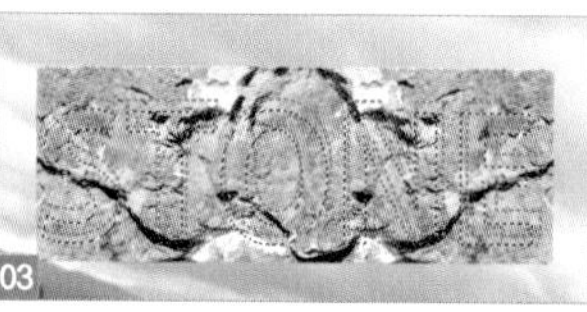

03 [레이어 스타일]을 사용해 입체감 추가하기

06 [바위] 레이어 이름의 오른쪽 빈 곳을 더블클릭해 [레이어 스타일] 대화상자를 나타냅니다. [경사와 엠보스] 항목을 선택한 후 [구조]에서 [스타일: 내부 경사], [기법: 거칠게 깎기], [깊이: 250%], [방향: 위로], [크기: 128픽셀], [부드럽게: 0픽셀], [음영 처리]에서 [각도: 45°], [높이: 58°], [광택 윤곽선: 선형], [밝은 영역 모드: 스크린], [색상: #ffffff], [불투명도: 70%], [그림자 모드: 표준], [색상: #000000], [불투명도: 70%]로 설정합니다.

07 입체감이 살아나며 음영이 생겼습니다.

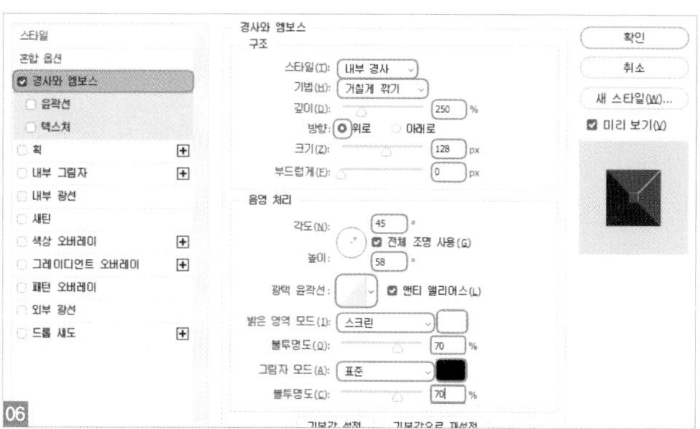

06

07

04 바위 질감 구현하기

08 [바위] 레이어의 [마스크 섬네일]을 선택합니다.

09 [브러시 도구]를 선택한 후 [브러시 종류: 선명한 원], [경도: 100%]로 설정합니다. 브러시의 크기는 조절하면서 진행합니다.

10 전경색을 흰색(#ffffff)으로 설정한 후 문자가 모두 연결된 것처럼 그립니다.

03에서 적용한 [경사와 엠보스] 설정에 따라 바위의 울퉁불퉁한 질감이 자동으로 적용됩니다.

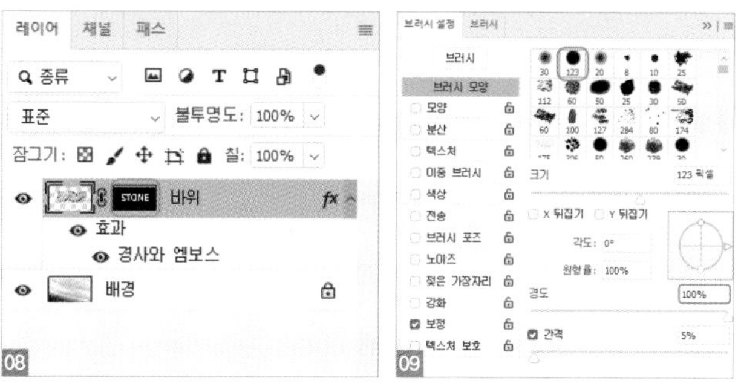

08 09

10

05 바위를 깎아 내는 느낌으로 마스크 적용하기

전경색을 검정(#000000)으로 설정하고 실제로 조각하는 느낌으로 마스크를 적용하겠습니다.

11 브러시의 크기를 작게는 [1픽셀] 전후로 설정해 문자 위를 클릭하면 움푹 들어간 모양이 됩니다.

12 전경색을 흑백으로 바꾸면서 흰색으로는 바위를 덧붙이고, 검정으로는 깎아 내면서 전체적으로 정돈하면 완성입니다.

11

12

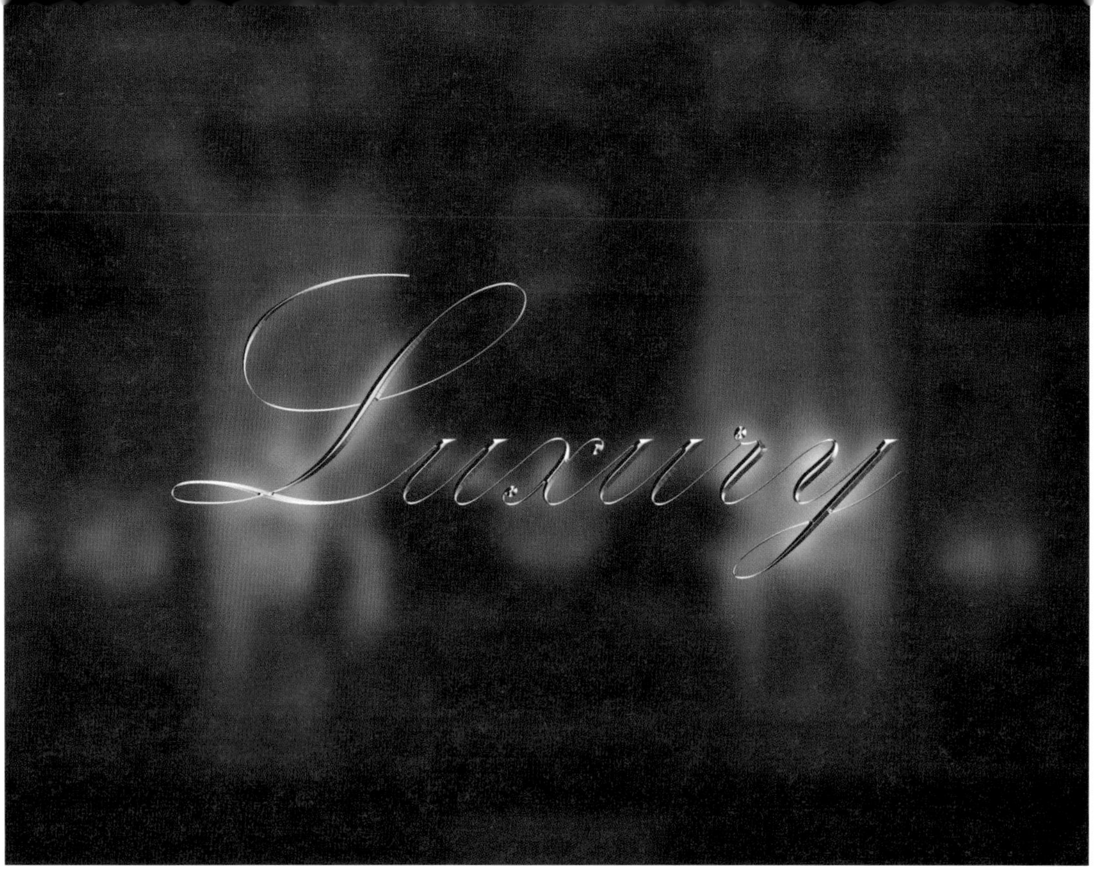

Recipe

094 고급스러운 황금빛 로고

황금빛으로 빛나는 고급스러운 로고를 만들어 보겠습니다.

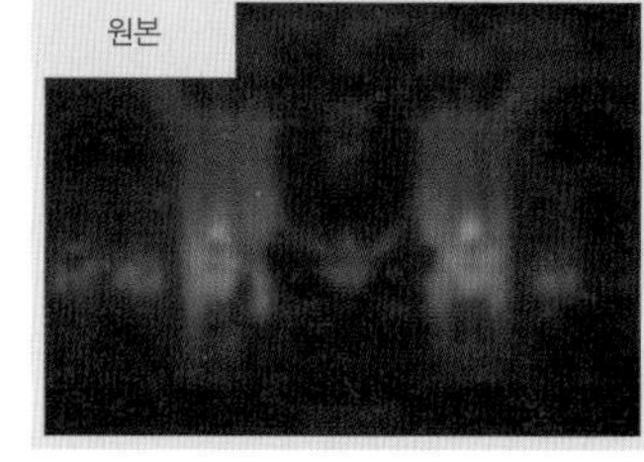

01 [수평 문자 도구]로 텍스트 입력하기

01 '094-배경.psd'를 불러온 후 도구 바에서 [수평 문자 도구]를 클릭하고 옵션 바에서 원하는 글꼴과 크기를 선택한 다음 [Luxury] 문자를 입력합니다.

[글꼴: Kunstler Script], [크기: 150]

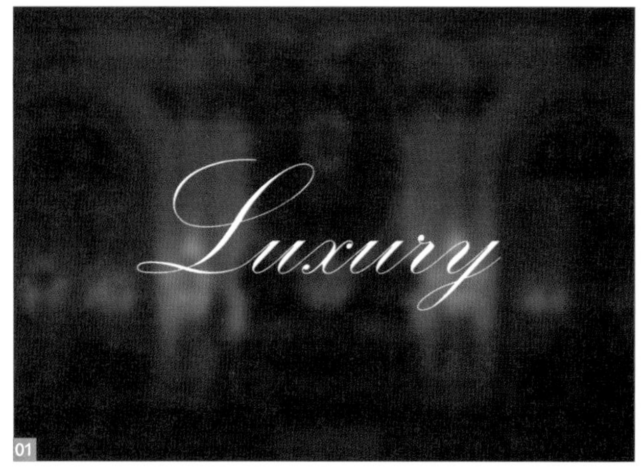

01

02 [레이어 스타일]을 사용해 입체감 만들기

[Luxury] 레이어 이름의 오른쪽 빈 곳을 더블클릭해 [레이어 스타일] 대화상자를 나타냅니다.

02 [경사와 엠보스] 항목을 선택한 후 [구조]에서 [스타일: 내부 경사], [기법: 거칠게 깎기], [깊이: 126%], [방향: 위로], [크기: 35픽셀], [부드럽게: 2픽셀], [음영 처리]에서 [각도: 0°], [높이: 30°], [광택 윤곽선: 링], [밝은 영역 모드: 표준], [색상: #ffffff], [불투명도: 100%], [그림자 모드: 선형 번], [색상: #000000], [불투명도: 80%]로 설정합니다.

03 [윤곽선] 항목을 선택한 후 [요소]에서 [윤곽선: 코브-얕게], [범위: 75%]로 설정합니다.

04 글자에 입체감이 표현됐습니다.

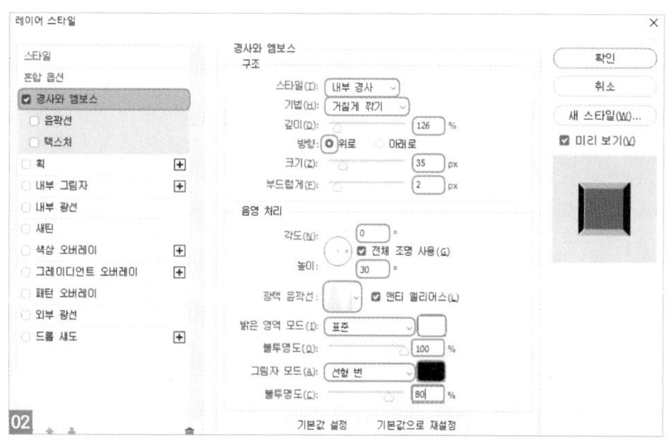

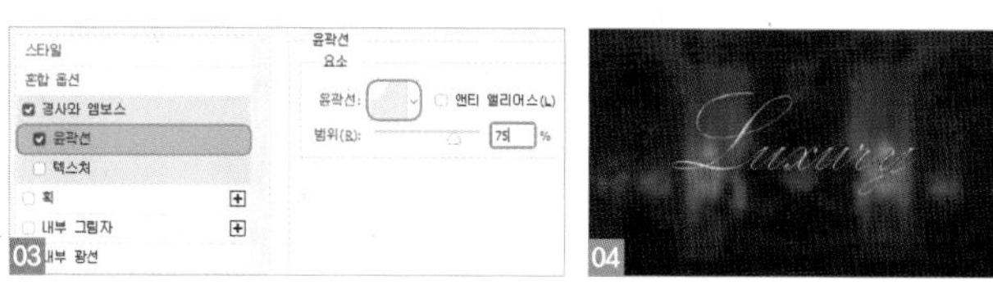

03 [그레이디언트 오버레이]를 적용해 금색으로 만들기

[그레이디언트 오버레이] 항목을 선택한 후 [그레이디언트 편집] 부분을 클릭해 [그레이디언트 편집기] 창을 엽니다.

05 색상 정지점을 추가한 후 왼쪽부터 순서대로 [색상: #ffcc01, 위치: 0%], [색상: #f8df7b, 위치: 50%], [색상: #ffd558, 위치: 70%], [색상: #ffd30e, 위치: 100%]로 설정하고 [확인]을 클릭합니다.

06~07 [레이어 스타일] 대화상자의 [그레이디언트 오버레이] 항목으로 돌아가 [그레이디언트]에서 [혼합 모드: 표준], [불투명도: 100%], [스타일: 선형], [레이어에 맞춤: 체크], [각도: 90°], [비율: 100%]로 설정합니다. 글자가 금색이 됐습니다.

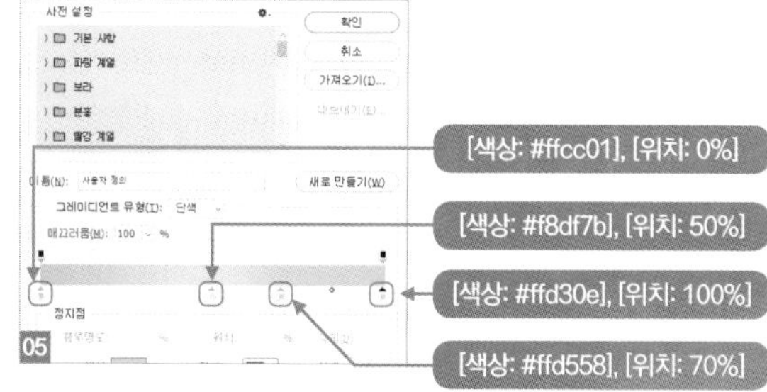

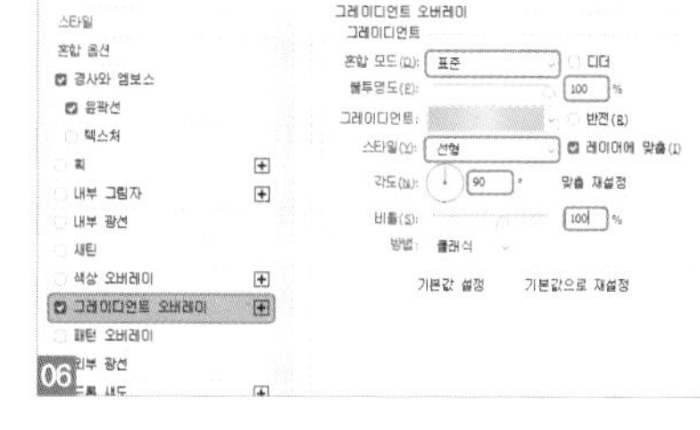

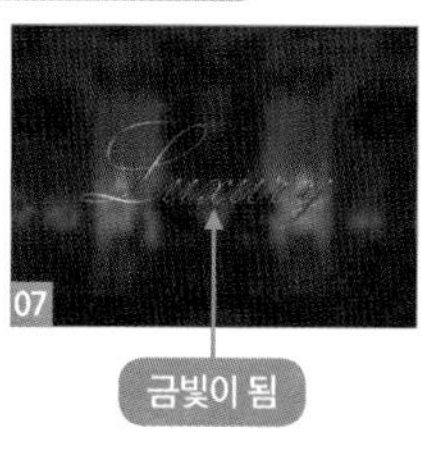

04 로고가 빛이 나는 느낌 표현하기

08~09 [레이어 스타일] 대화상자에서 [외부 광선] 항목을 선택한 후 [구조]에서 [혼합 모드: 오버레이], [불투명도: 100%], [노이즈: 0%], [색상: #ffffff], [요소]에서 [기법: 더 부드럽게], [스프레드: 0%], [크기: 57픽셀]로 설정합니다. [품질]에서 [윤곽선: 선형], [범위: 50%], [파형: 0%]로 설정합니다. 로고에서 빛이 나는 느낌이 완성됐습니다.

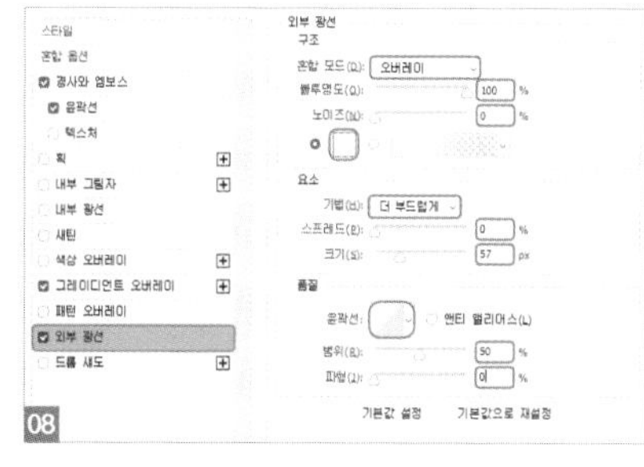

로고가 빛이 남

Recipe

095

가는 선으로 금속 질감 표현하기

헤어라인 가공(가는 선으로 표면을 처리한 가공 기법) 느낌을 만들어 보겠습니다.

01 [그레이디언트]로 금속 질감 구현하기

01 '095-가는 선.psd'를 불러옵니다. 미리 만들어 둔 [디자인] 레이어를 보정하겠습니다.

[디자인] 레이어를 선택합니다. 레이어 이름의 오른쪽 빈 곳을 더블클릭해 [레이어 스타일] 대화상자가 나타나게 합니다.

02 [그레이디언트 오버레이] 항목을 선택한 후 [혼합 모드: 표준], [불투명도: 100%], [스타일: 각도], [레이어에 맞춤: 체크], [각도: 15°], [비율: 100%]로 설정합니다.

그레이디언트 편집 부분을 클릭해 [그레이디언트 편집기] 대화상자가 나타나게 합니다.

03 색상 정지점을 9개로 만듭니다. 왼쪽부터 흰색(#ffffff)과 회색(#5a5a5a)으로 번갈아 가며 설정해 그림과 같이 위치시킵니다.

04 금속 느낌이 나는 질감이 만들어졌습니다.

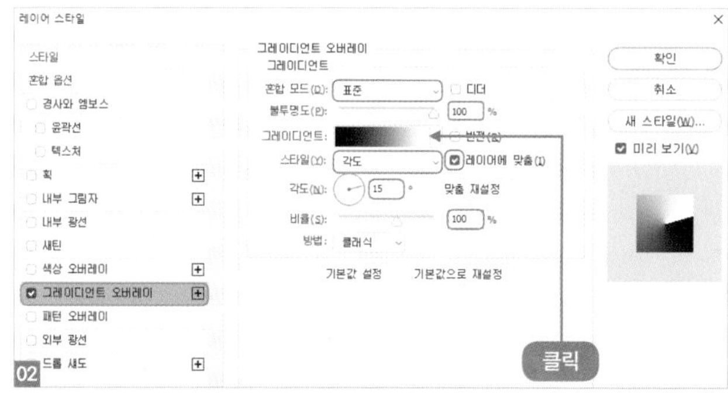

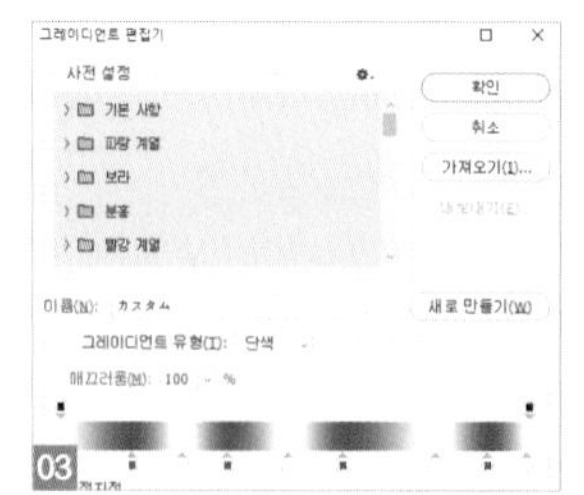

02 입체감 추가하기

05 [내부 그림자] 항목을 선택한 후 [구조]에서 [불투명도: 100%], [각도: 90°], [거리: 2픽셀], [크기: 4픽셀]로 설정합니다.
06 [내부 광선] 항목을 선택한 후 [구조]에서 [불투명도: 100%], [색상: #ffffff], [요소]에서 [크기: 4픽셀], [품질]에서 [범위: 10%]로 설정합니다.
07 흰 테두리가 생기면서 입체감이 더해졌습니다.

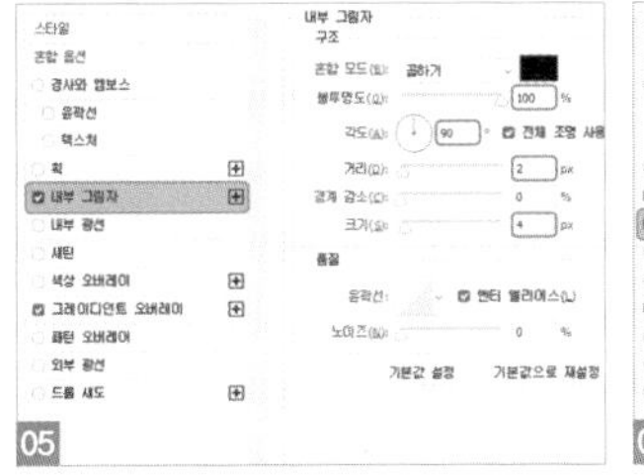
05

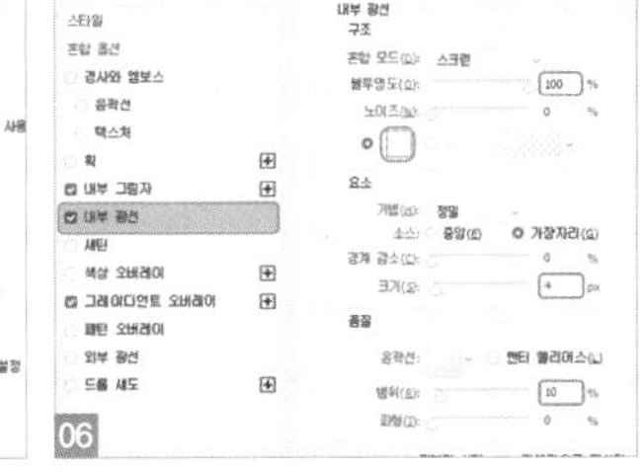
06

07

03 헤어라인 질감 추가하기

[레이어] 패널의 가장 위에 새 레이어 [가는 선]을 만듭니다. 전경색을 흰색(#ffffff)으로 설정한 후 [페인트 통 도구]로 채웁니다.
08 [필터 → 픽셀화 → 메조틴트]를 선택한 후 [유형: 작은 점]으로 설정합니다.
09 [필터 → 흐림 효과 → 방사형 흐림 효과]를 선택한 후 [양: 100], [흐림 효과 방법: 회전], [품질: 양호]로 설정합니다.
10 레이어의 [혼합 모드]를 [소프트 라이트]로 설정합니다.

08

09

10

04 [가는 선] 레이어에 마스크 추가하기

[디자인] 레이어의 [레이어 섬네일]을 Ctrl을 누른 채 클릭해 선택 범위를 만듭니다.
11 [가는 선] 레이어를 선택한 후 [레이어] 패널의 아래쪽에 있는 [마스크] 버튼을 선택합니다.
12 [디자인] 레이어에만 가는 선 질감이 적용됐습니다.

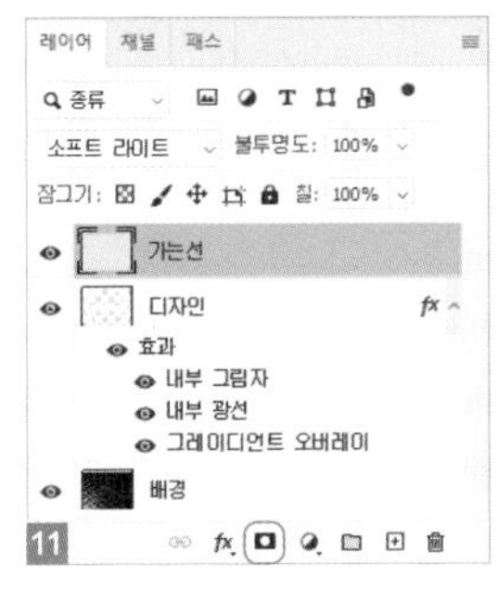

11

12

Recipe

096

꾸미기용 마스킹 테이프

기본 도구만 이용해 리얼한 테이프 모양을 만들어 보겠습니다.

01 선택 범위를 채우고 기본 테이프 모양 만들기

[폭: 1000픽셀], [높이: 500픽셀]로 새 문서를 만든 후 [테이프] 레이어를 만듭니다.
[테이프] 레이어를 선택한 후 [사각형 선택 도구]를 클릭해 가로로 긴 선택 범위를 만듭니다.
01 [페인트 통 도구]를 클릭한 후 전경색을 [#d8d8d8]로 설정해 채웁니다.

02 테이프를 부분적으로 변형하기

02 테이프의 중간까지만 선택합니다.
03 [편집 → 자유 변형]을 선택해 그림과 같이 회전시킨 후 위치를 자연스럽게 맞춥니다.

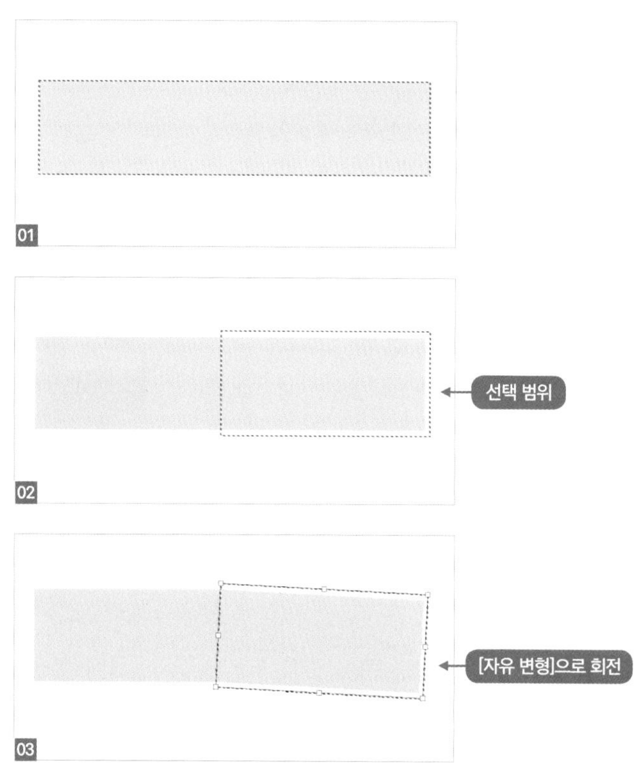

핵심 포인트

드래그만으로 위치를 정확하게 맞추기 어려울 때는 화면을 확대한 후 키보드의 방향키를 사용해 조절하면 됩니다.

03 테이프 끝에 찢어진 느낌 구현하기

04 [다각형 올가미 도구] 또는 [펜 도구]로 테이프 끝에 찢어진 느낌이 나도록 선택 범위를 만듭니다.

05 Delete를 눌러 삭제한 후 반대쪽도 찢어진 느낌이 나도록 만듭니다.

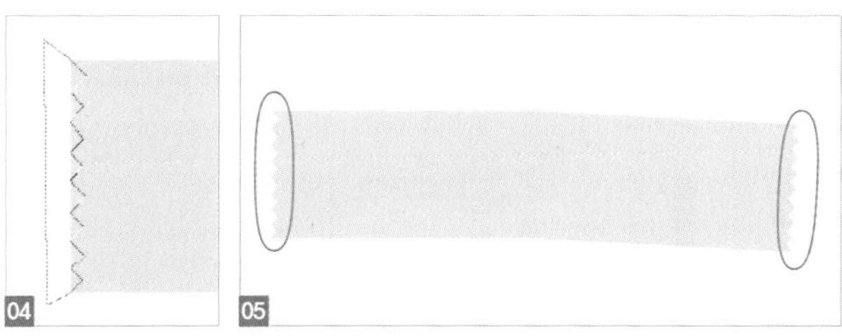

04 그림자 만들기

06 [테이프] 레이어를 복사해 위쪽에 위치시킨 후 레이어 이름을 '그림자'로 바꿉니다.

07 [그림자] 레이어를 선택한 후 [레벨] 메뉴에서 [출력 레벨]을 [0: 235]로 설정해 어둡게 합니다.

08 [지우개 도구]를 선택한 후 [브러시 종류: 부드러운 원], [크기: 115픽셀], [경도: 0%]로 설정합니다.

09 화면의 위쪽에서 아래쪽으로 대각선 방향으로 크게 지워 그림자를 만듭니다. 테이프에 무늬를 넣기 위해 이미지와 합성해 사용할 때는 레이어의 [불투명도]를 [75%] 정도로 낮춰 이미지에 자연스럽게 합성되도록 합니다.

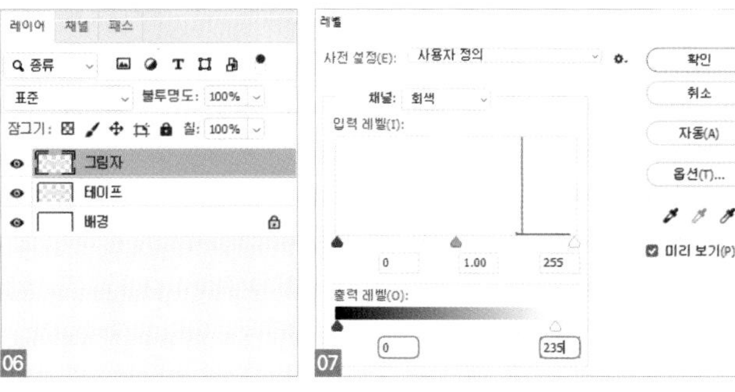

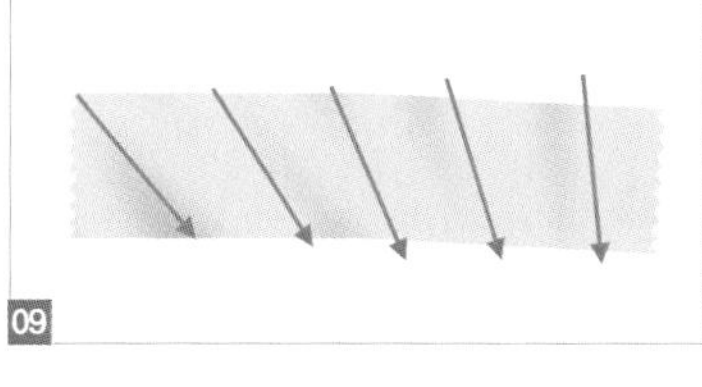

작가의 리터치 노트

레거시 패턴 찾기

[레이어 스타일] 대화상자의 [패턴 오버레이] 항목을 사용해 패턴을 설정하면 알록달록한 마스킹 테이프 느낌을 낼 수 있습니다. 여기에 미리 설정된 [빨간색 줄무늬 양피지]를 적용해 봤습니다.

[패턴: 빨간색 줄무늬 양피지]는 초기 설정에 나타나지 않습니다. [창 → 패턴]을 선택하면 나타나는 패널의 오른쪽 위에서 [옵션 버튼(≡)]을 클릭한 후 [레거시 패턴 및 기타]를 선택합니다. 추가된 [레거시 패턴 및 기타 → 기존 패턴 → 컬러 용지]에서 [빨간색 줄무늬 양피지]를 선택할 수 있습니다.

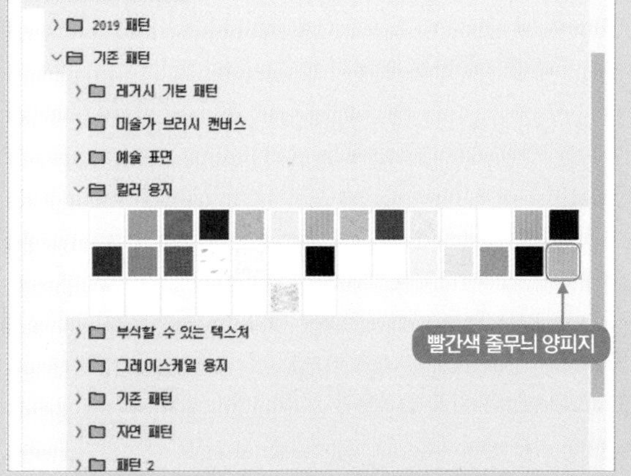

Recipe

097

벽에 붙인 스티커

[뒤틀기] 기능을 사용해
한쪽이 말려 올라간 모양의
씰(seal)을 표현해 보겠습니다.

01 가로, 세로 안내선 만들기

'097-씰.psd'를 불러옵니다.

01 [보기 → 새 안내선]을 선택합니다.

02 [방향: 가로], [위치: 50%]를 입력한 후 [확인]을 클릭합니다.

03 다시 [새 안내선] 메뉴를 선택한 후 [방향: 세로], [위치: 50%]를 설정합니다.

04 가로, 세로의 중앙에 안내선이 만들어졌습니다.

02 안내선에 맞게 씰 잘라 내기

[사각형 선택 도구]를 선택합니다.

05 안내선 근처에 마우스 커서를 올려놓으면 안내선에 자동으로 달라붙어(스냅) 선택하기 편합니다. 중앙에서 오른쪽 아래에 있는 씰 부분을 드래그해 선택합니다.

[씰] 레이어를 선택한 후 캔버스에서 [마우스 오른쪽 버튼 클릭 → 복사한 레이어]를 선택합니다.

06 복사한 레이어의 이름을 '씰 2'로 바꿉니다.

앞으로는 안내선이 필요하지 않으므로 [보기 → 안내선 지우기]를 선택합니다.

핵심 포인트

안내선에 스냅되지 않을 때는 [보기 → 스냅]에 체크 표시가 돼 있는지, [보기 → 스냅 옵션 → 안내선]에 체크 표시가 돼 있는지 확인하세요.

03 씰이 말려 올라간 것처럼 변형하기

07 [씰 2] 레이어를 클릭한 후 [편집 → 변형 → 뒤틀기]를 선택합니다. 오른쪽 아래에 있는 컨트롤 포인터를 왼쪽 위로 드래그해 이동한 후 핸들을 바깥쪽으로 열어 줍니다.

08 [씰] 레이어를 선택한 후 말려 올라간 부분을 [올가미 도구]로 선택하고 Delete로 삭제합니다.

04 말려 올라간 씰의 뒷면 만들기

가장 위쪽에 [씰 뒷면] 레이어를 새로 만듭니다.

09 [펜 도구]를 선택해 씰의 뒷면을 경로로 만듭니다.

10 [마우스 오른쪽 버튼 클릭 → 선택 영역 만들기], [페인트 통 도구]를 선택한 후 [색상: #a2a2a2]로 설정해 채웁니다.

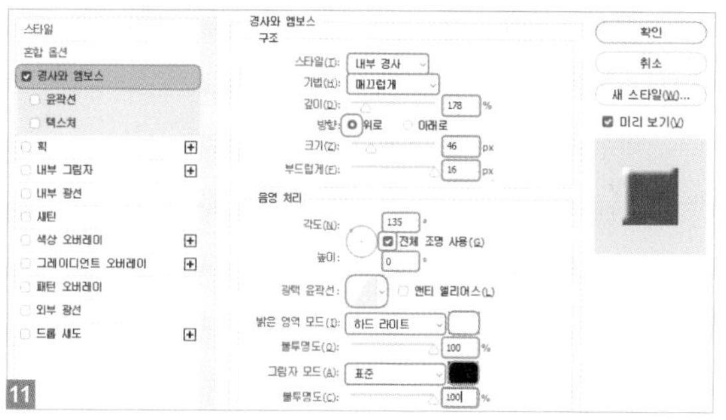

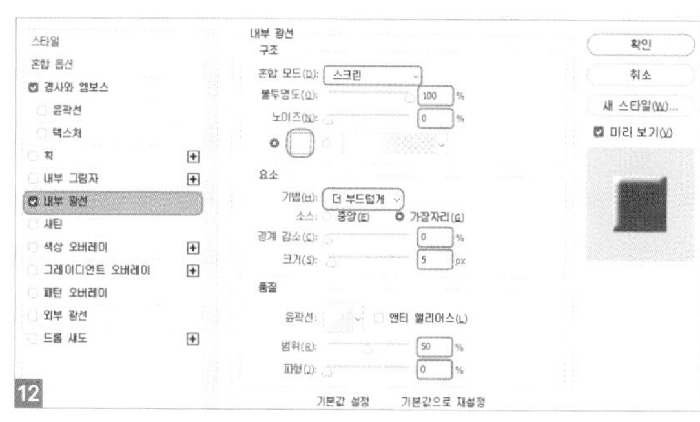

05 씰 뒷면에 입체감 표현하기

[씰 뒷면] 레이어 이름의 오른쪽 빈 곳을 더블클릭해 [레이어 스타일] 대화상자를 나타냅니다.

11 [경사와 엠보스] 항목을 선택한 후 그림과 같이 설정해 전체에 입체감을 부여합니다.

12 [내부 광선] 항목을 선택한 후 그림과 같이 설정해 경계를 강조합니다.

06 씰에 그림자 만들기

[씰] 레이어 밑에 [그림자] 레이어를 새로 만든 후 [원형 선택 도구]로 씰과 같은 크기의 원형 선택 범위를 만듭니다.

13 [페인트 통 도구]를 선택한 후 전경색을 검정(#000000)으로 설정해 채웁니다.

14 [필터 → 흐림 효과 → 가우시안 흐림 효과]를 선택한 후 [반경: 10픽셀]로 설정합니다.

15 레이어 [불투명도]를 [75%]로 변경해 완성합니다.

Recipe

098

연필로 스케치한 느낌

사진을 연필로 스케치한 느낌으로 보정해 보겠습니다.

01 이미지가 있는 레이어를 복사하고 흑백으로 만들기

'098-인물.psd'를 불러온 후 [배경] 레이어를 선택하고 [마우스 오른쪽 버튼 클릭 → 고급 개체로 변환]을 선택합니다.

레이어 이름을 '인물'로 바꾼 후 바로 위로 복사하고 레이어 이름을 '필터'로 바꿉니다.

01~03 [레이어] 패널의 아래쪽에 있는 [조정 레이어]에서 [흑백]을 선택해 가장 위쪽에 위치시킵니다.

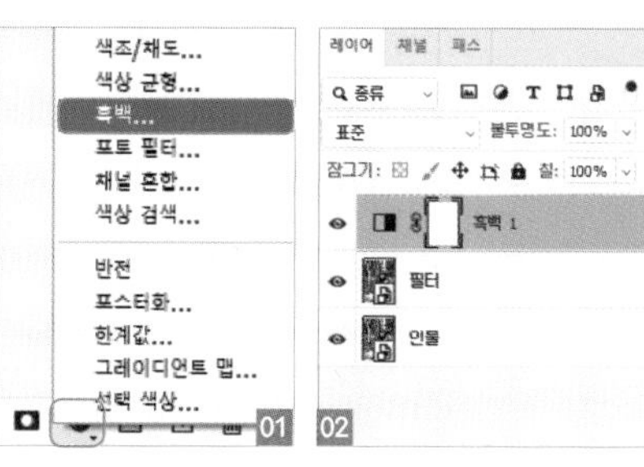

02 필터를 이용해 연필로 스케치한 느낌 만들기

04 [필터] 레이어를 선택한 후 [이미지 → 조정 → 반전]을 선택합니다.

05~06 레이어의 [혼합 모드]를 [색상 닷지]로 설정합니다. 캔버스 위가 새하얗게 보입니다. [필터 → 흐림 효과 → 가우시안 흐림 효과]를 선택한 후 [반경: 60픽셀]을 설정하면 연필로 스케치한 느낌으로 표현됩니다.

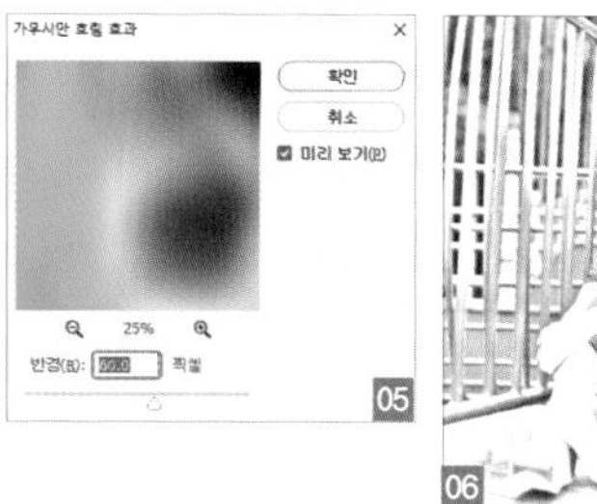

03 연필의 흐릿한 질감 추가하기

[인물] 레이어를 선택한 후 [필터 → 필터 갤러리]를 선택합니다.

07 [브러시 획 → 뿌리기]를 선택한 후 [스프레이 반경: 4], [매끄러움: 8]로 설정합니다.

08 연필의 흐릿한 질감이 더해졌습니다.

09 [레벨]을 선택한 후 [입력 레벨]을 [0, 0.9, 255]로 설정해 대비를 조절합니다.

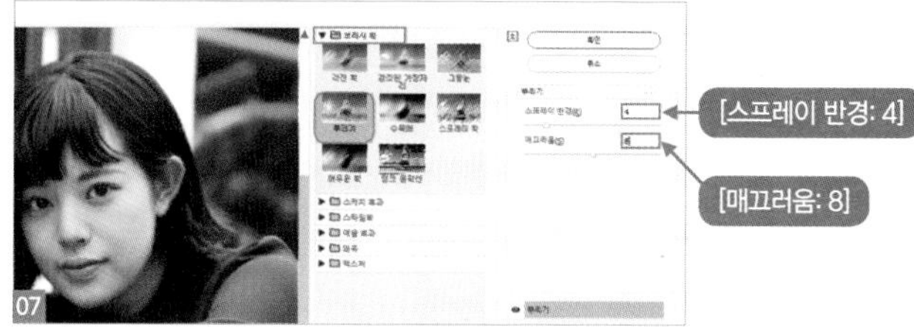

04 노트 위에 겹쳐 완성하기

'098-노트.psd'를 불러온 후 **03**까지 만들어 놓은 [인물]의 이미지를 병합하고 노트 위에 배치해 크기, 각도를 조절합니다.

10 레이어의 [혼합 모드]를 [어두운 색상]으로 설정한 후 노트와 자연스럽게 겹칩니다.

11~12 인물 이외의 부분에 마스크를 적용한 후 [브러시 도구], [브러시 종류: 연필]로 설정해 인물의 주변에 그림자를 추가합니다.

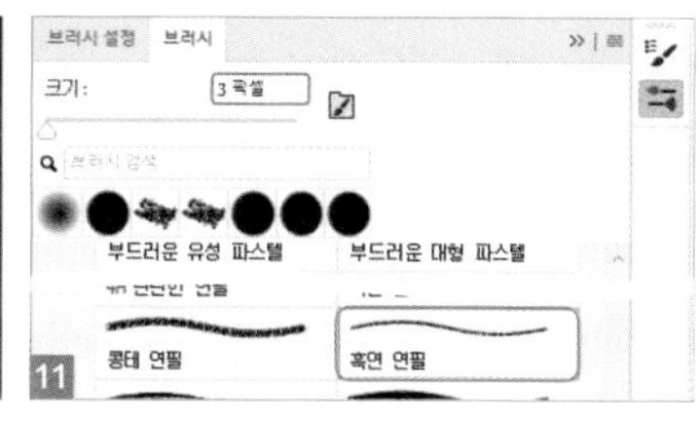

핵심 포인트

브러시 종류 중 [연필]을 선택할 수 없다면 [창 → 브러시]를 눌러 패널을 열고 옵션에서 [레거시 브러시]를 선택합니다. [레거시 브러시 → 기본 브러시]에서 [연필] 브러시를 선택할 수 있습니다.

Recipe 099 주름진 종이 질감

필터를 사용해 구겨진 듯한 크라프트 종이 질감을 살려 보겠습니다. 사진을 이 방법으로 보정하면 작품에 빈티지 느낌을 더할 수 있습니다.

01 구름 모양에 노이즈 추가하기

01 '099-디자인.psd'를 불러옵니다. 위쪽에 [크라프트지] 레이어를 새로 만듭니다. [필터 → 렌더 → 구름 효과 1]을 적용한 후 [필터 → 렌더 → 구름 효과 2]를 적용합니다.
02 [필터 → 노이즈 → 노이즈 추가]를 선택한 후 [양: 3%], [분포: 균일]로 설정하고 [단색]에 체크 표시를 합니다.

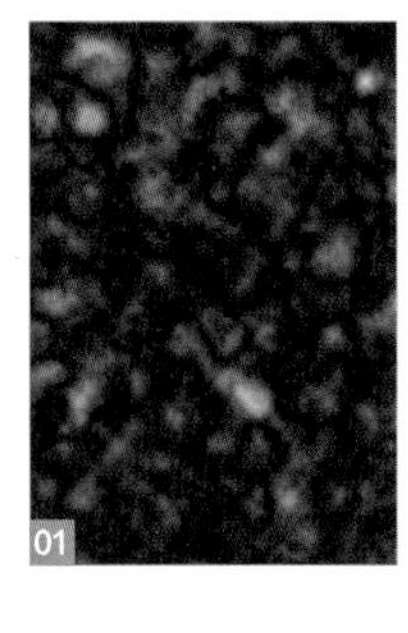
01

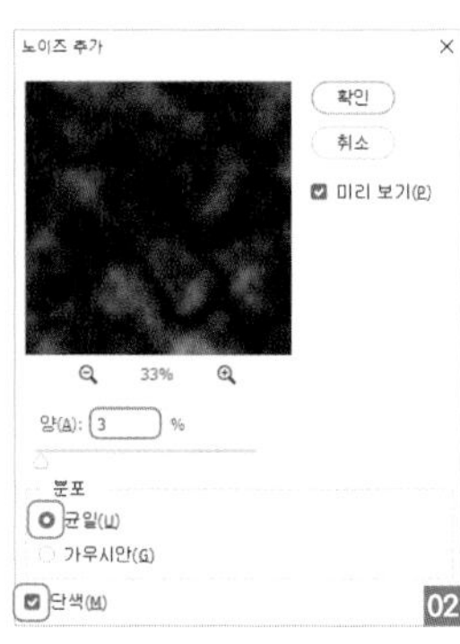

02

02 양각 추가하기

03~04 [필터 → 스타일화 → 엠보스]를 선택한 후 [각도: -180°], [높이: 3픽셀], [양: 150%]로 설정합니다.

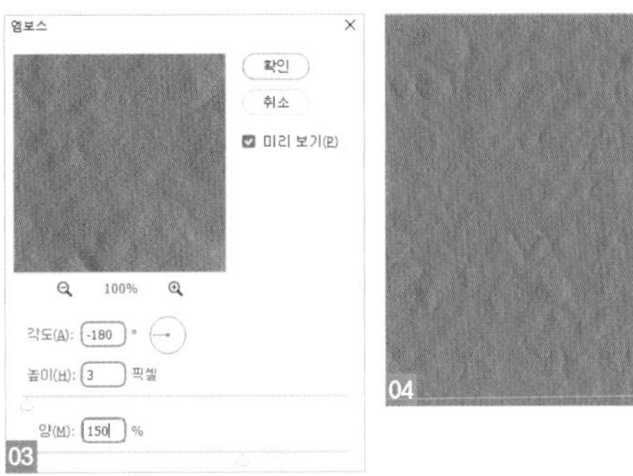

03 크라프트 종이에 겹치기

05 [이미지 → 조정 → 색조/채도]를 선택한 후 [색상화]에 체크 표시를 하고 [색조: 30], [채도: 20], [밝기: 0]으로 설정합니다.

06 주름진 크라프트 종이 스타일의 텍스처가 완성됐습니다.

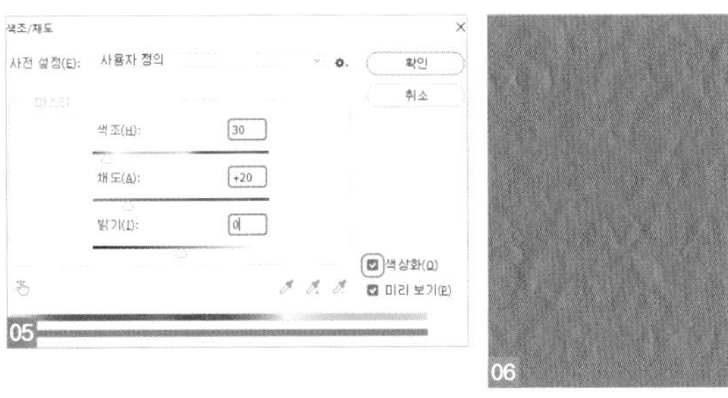

04 디자인에 크라프트 종이 텍스처 합성하기

07 [크라프트지] 레이어를 선택한 후 [혼합 모드: 하드라이트]로 설정합니다.

08 [이미지 → 조정 → 레벨]을 선택해 [입력 레벨]을 [0, 1.1, 240], [출력 레벨]을 [0, 180]으로 설정합니다.

09 디자인과 종이의 질감이 합성됐습니다.

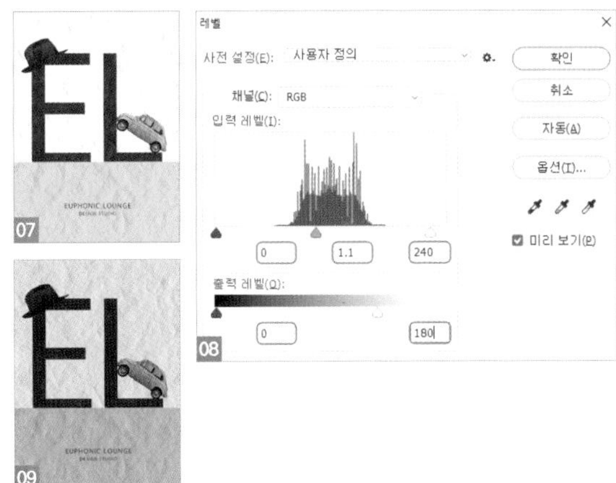

05 [브러시 도구]로 긁힘을 더해 완성하기

10 가장 위에 [스크래치] 레이어를 새로 만듭니다. [브러시 도구]를 선택한 후 [종류: 부드러운 원], [지름: 1픽셀], [색상: #ffffff]로 설정해 흠집을 그립니다. 선을 천천히 그리면 흔들리므로 세고 빠르게 그려 나갑니다.

11 레이어의 [불투명도]를 [30%]로 설정하면 완성됩니다.

핵심 포인트

[구름 효과] 필터를 적용할 때 전경색, 배경색을 초기 설정으로 진행하는 것이 좋습니다. 그렇지 않으면 이 예제와 다른 색감으로 바뀝니다.

[구름 효과] 필터는 크라프트지의 주름이 잡히는 부분을, [노이즈]는 크라프트지의 결이 되는 부분을 만들어 줍니다. [엠보스]는 주름의 깊이를 설정할 수 있습니다. [하드 라이트]는 밝은 부분은 더 밝게, 어두운 부분은 더 어둡게 합니다. 결과적으로 크라프트 종이의 음영이 표현됩니다.

Recipe

100

수채화 붓으로 쓴 글씨

물기가 있는 브러시로 글자를 쓴 후
얼룩을 만들어 보겠습니다.

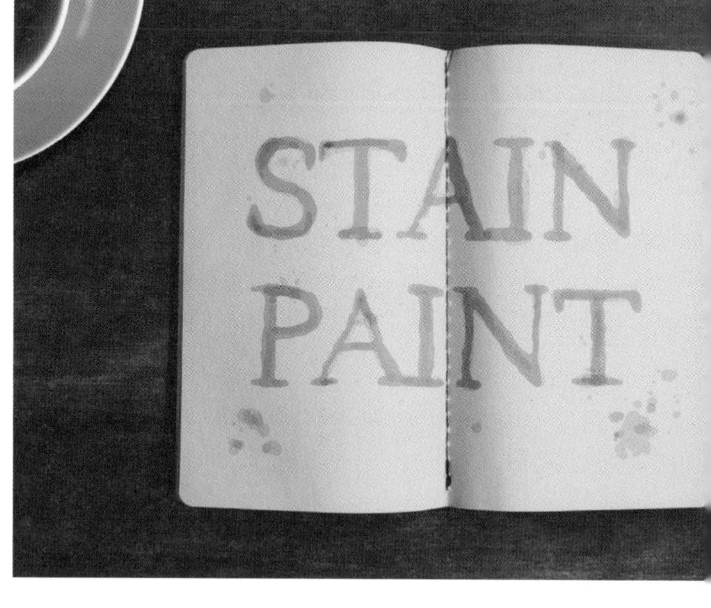

01 [부드러운 원] 브러시로 설정하기

01 '100-Note.psd'를 불러온 후 [브러시] 패널을 불러옵니다.
[브러시 도구]를 선택하고 [브러시 종류: 부드러운 원]으로 설정합니다.

💧 패널이 나타나지 않으면 [창 → 브러시]를 선택하세요.

02 [부드러운 원] 브러시를 사용자 정의하고 원본 브러시로 만들기

02 [브러시 설정] 패널에서 [분산] 항목을 선택한 후 [분산: 60%], [조절: 끔], [개수: 2], [개수 지터: 0%], [조절: 끔]으로 설정합니다.

03 [이중 브러시] 항목을 선택한 후 [모드: 색상 번], 사전 설정된 브러시 목록에서 [분필], [크기: 20픽셀], [간격: 46%], [분산: 0%], [개수: 1]로 설정합니다.

04 [젖은 가장자리] 항목에 체크 표시합니다.

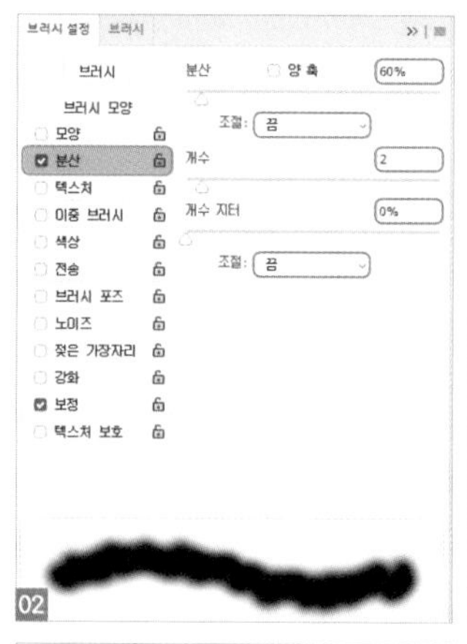

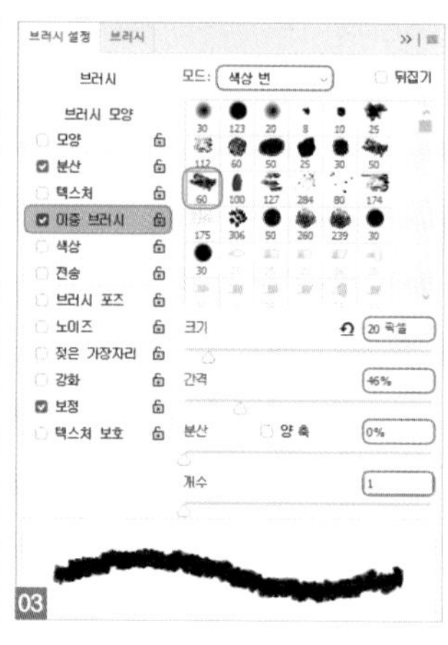

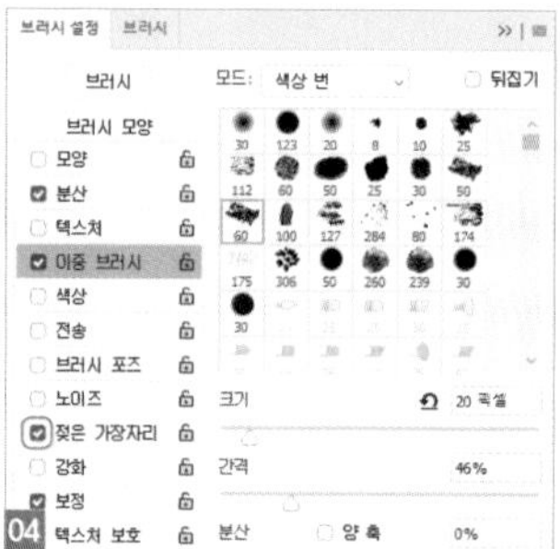

03 [안내선] 레이어를 따라 문자 그리기

05 [안내선] 레이어의 위쪽에 [STAIN] 레이어를 새로 만듭니다. [브러시 도구]를 선택한 후 전경색을 [#7c4d41]로 설정합니다. 불투명도를 [20~40%] 정도로 조절하면서 [STAIN PAINT]라는 문자를 칠합니다. 수채화처럼 겹쳐진 부분이 진해지는 것을 생각하면서 2~3번 나눠 칠합니다.
[안내선] 레이어가 더 이상 필요하지 않으면 숨기거나 삭제합니다.

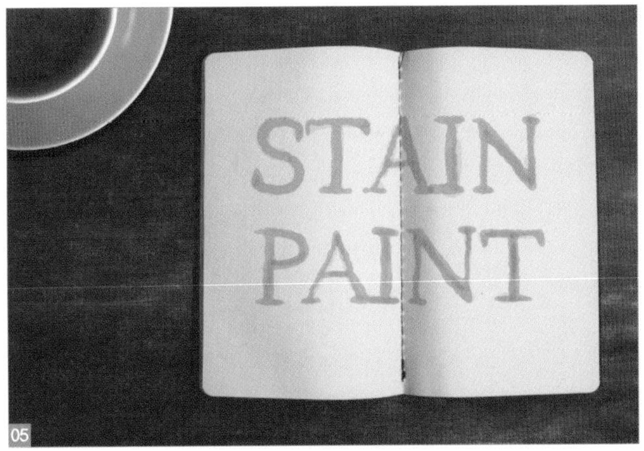

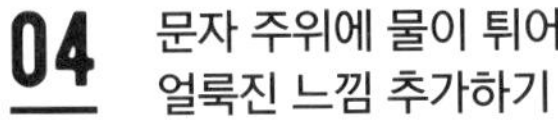

04 문자 주위에 물이 튀어 얼룩진 느낌 추가하기

06 문자 주위에 물이 튀어 생긴 얼룩을 추가합니다. 레이어의 [혼합 모드]를 [색상 번]으로 변경하면 바탕 이미지인 노트와 자연스럽게 합성됩니다.

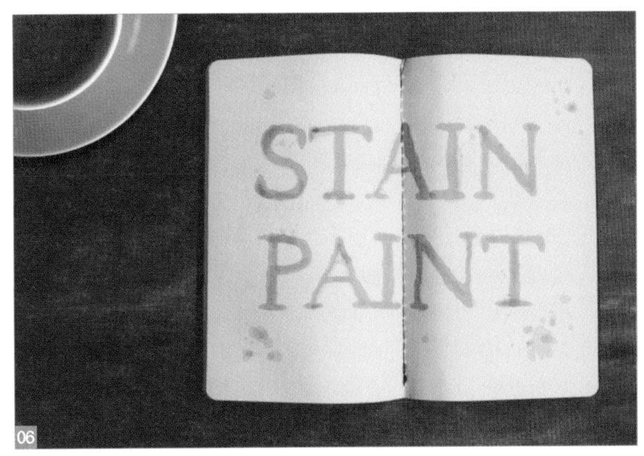

작가의 리터치 노트

그림자를 이용해 거리감 만들기

[레이어 스타일] 등을 사용하면 소스에 그림자를 만들어 넣을 수 있습니다. 이때 소스와 그림자 사이를 떨어뜨려서 거리감을 조절하거나 연출할 수 있습니다.

① 그림자가 없는 모습

② 그림자가 있는 모습
오리와 벽 사이가 가깝다.

③ 그림자가 있는 모습
오리와 벽 사이가 멀다.

Recipe

101

커피잔의 뜨거운 김

커피잔 위에 김이 피어오르는 느낌을 추가해 갓 내린 커피를 표현해 보겠습니다.

01 [구름 효과] 필터로 모락모락 올라가는 김 모양 만들기

01~02 '101-커피.psd'를 불러온 후 위쪽에 레이어를 새로 만들어 레이어 이름을 '찻잔'으로 바꿉니다.

03~04 [필터 → 렌더 → 구름 효과 1]을 선택합니다. 캔버스 전체가 구름 모양으로 변했습니다.

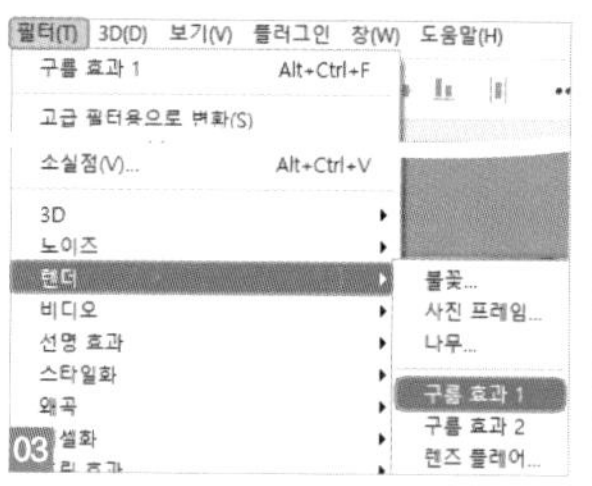

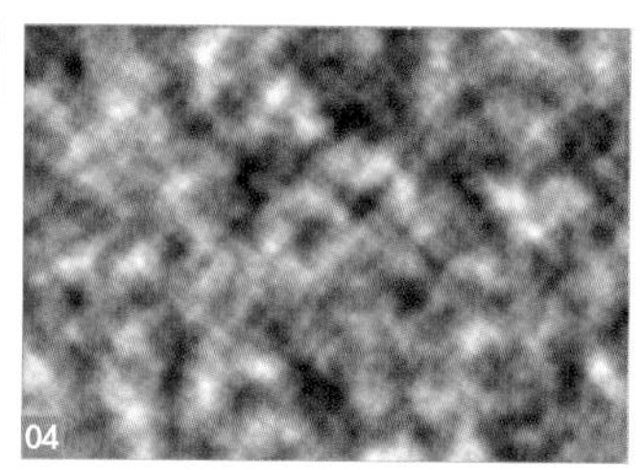

02 구름 모양에 파형 만들기

05 [찻잔] 레이어를 선택한 상태에서 [필터 → 왜곡 → 파형]을 선택합니다.

06 값은 가공할 이미지의 크기에 따라 변경해야 합니다. 연기의 흔들림을 생각하고 미리 보기 화면을 보면서 값을 바꿔 보겠습니다. 여기서는 [제너레이터 수: 2], [파장: 최소 340, 최대 433], [진폭: 최소 1, 최대 450], [비율: 수평 100%, 수직 20%]로 설정합니다.

07 구름 모양에 파형이 만들어졌습니다.

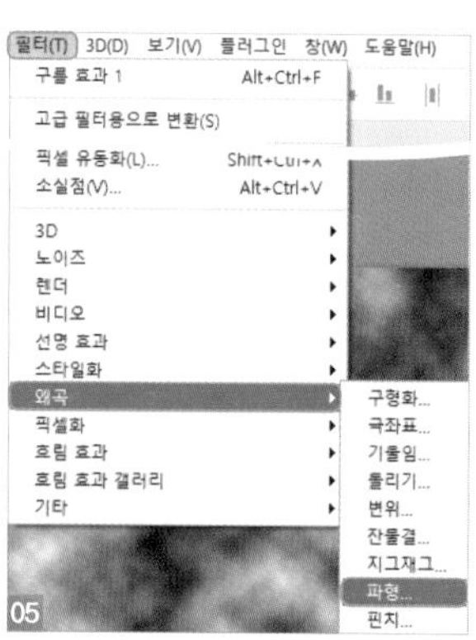

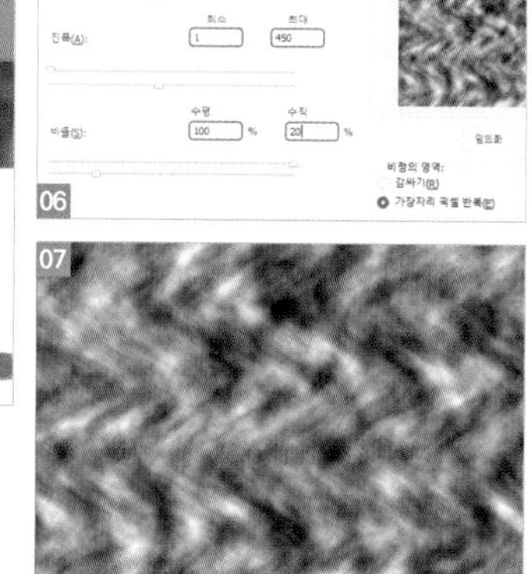

03 뜨거운 김에 흐림 효과 주기

08 [찻잔] 레이어가 선택된 상태에서 레이어의 [혼합 모드]를 [스크린]으로 설정합니다.

09 [혼합 모드]를 [스크린]으로 설정하면 이미지의 검은색 부분이 하위 레이어에 영향을 미치지 않으므로 흰색 부분만 남습니다. 김이 모락모락 피어오르는 느낌이 표현되죠.

10 따뜻함 느낌을 내기 위해 [필터 → 흐림 효과 → 가우시안 흐림 효과]를 선택합니다.

11~12 [반경: 28.0픽셀]을 설정해 부드러운 인상을 만듭니다.

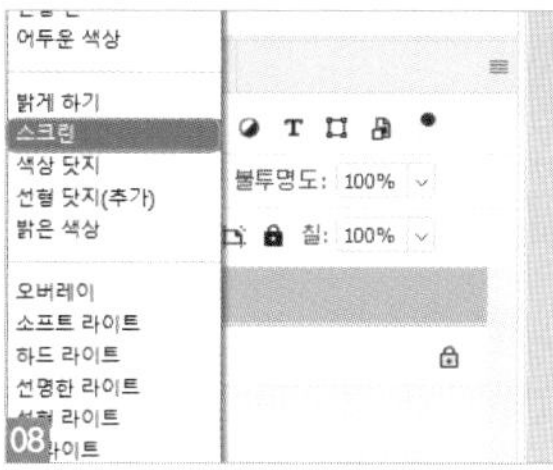

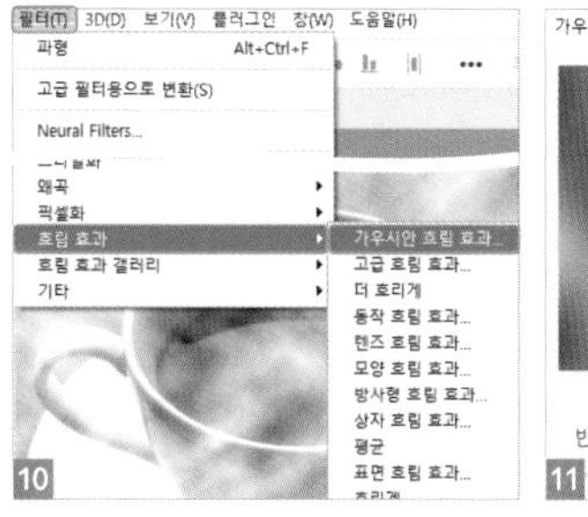

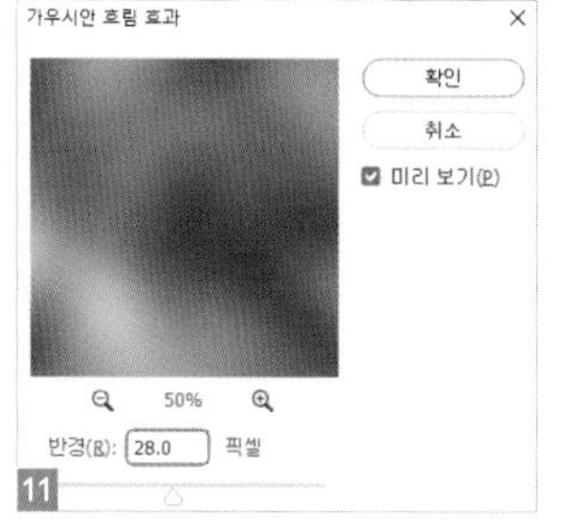

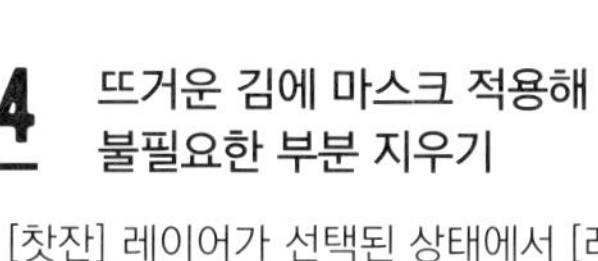

04 뜨거운 김에 마스크 적용해 불필요한 부분 지우기

13 [찻잔] 레이어가 선택된 상태에서 [레이어] 패널의 아래쪽에 있는 [마스크] 버튼을 선택합니다.

14 [찻잔] 레이어의 [마스크 섬네일]이 선택된 상태에서 [브러시 도구]를 선택한 후 전경색을 검정(#000000)으로 설정합니다. 브러시로 칠하면서 불필요한 김을 숨깁니다.

15 브러시의 종류는 경계를 흐릿하게 그릴 수 있는 [부드러운 원]을 선택한 후 [브러시 크기: 300 픽셀] 전후로 설정해 작업하는 것이 좋습니다.

16 김이 지나치게 진하면 레이어의 [불투명도]를 조절합니다. 완성 상태의 [마스크 섬네일]은 그림과 같습니다.

17 자연스러운 느낌을 내는 것에 주의하면서 마스크 적용을 마무리하면 완성입니다.

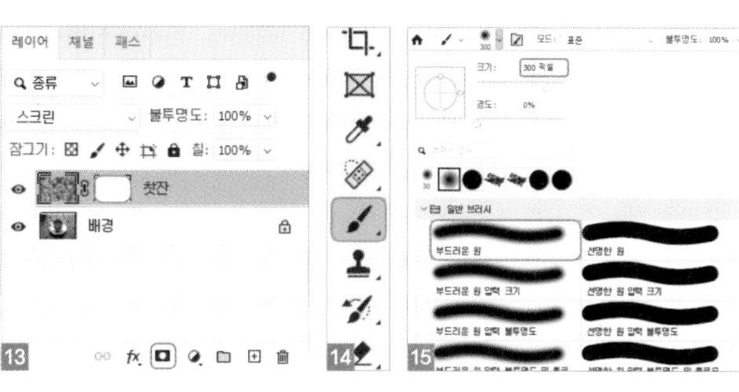

Recipe

102

리얼하게 피어오르는 불꽃

[필터]를 사용하면 아주 쉽게
리얼한 불꽃을 만들 수 있습니다.

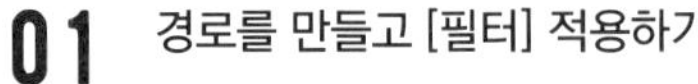

01 경로를 만들고 [필터] 적용하기

'102-배경.psd'를 불러온 후 [불꽃] 레이어를 새로 만들고 위쪽에 위치시킵니다.

01 [펜 도구]를 선택해 원하는 불꽃 모양으로 경로를 만듭니다.

02 [필터 → 렌더 → 불꽃]을 선택한 후 미리 보기 화면을 보면서 불꽃의 너비를 설정합니다. 여기서는 [폭: 60]으로 설정했습니다.

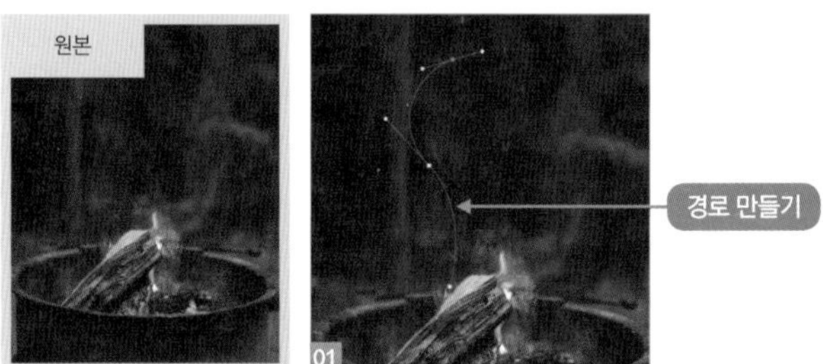

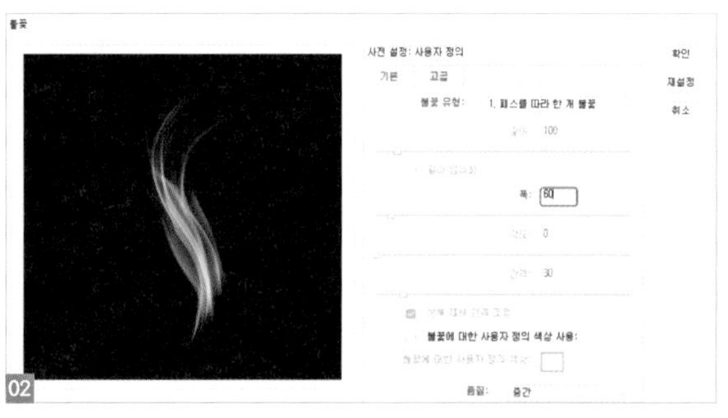

02 불꽃을 추가하면서 배치하기

03 **01**과 같은 작업으로 새 레이어에 불꽃을 추가합니다. [필터 → 흐림 효과 → 가우시안 흐림 효과]를 선택해 [반경: 4픽셀]로 설정합니다.

04 좋아하는 모양이 만들어지면 완성입니다.

07

프로페셔널한 디자인 작품 만들기

7장에서는 지금까지의 배운 기술과 방법을 총동원해 포스터나 광고 등의 매체에서 사용할 수 있을 정도로 프로페셔널한 작품을 만들어 보겠습니다.
환상적인 숲속 풍경을 만든 후 많은 소스를 오밀조밀하게 조합해 넣는 콜라주 작품, 3D 기능을 이용한 풍경의 합성, SF 느낌이 나는 미래 도시와 같은 퀄리티 높은 작품을 만들며 테크닉을 총동원하는 작업 과정을 체험해 보겠습니다.

Photoshop Recipe

Recipe

103

판타지 느낌의 환상적인 숲속 풍경

여러 가지 숲속 경치와 소스를 합성해 환상적인 풍경을 만들어 보겠습니다.

01 나무 배치하기

'103-기본.psd'와 '103-소스.psd'를 불러옵니다.
01 미리 잘라 낸 소스들을 모아 놓은 '103-소스.psd'에서 각 소스를 '103-기본.psd'로 이동하면서 제작하겠습니다.
02 [나무 01] 레이어를 이동해 배치합니다.

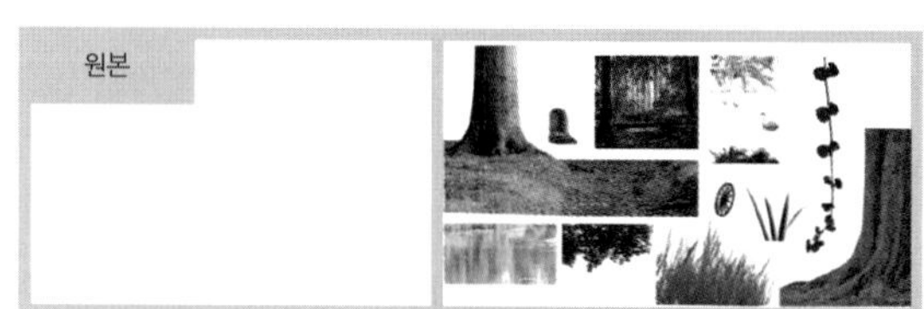

02 나무에 문 추가하기

나무의 오른쪽 뿌리 부분의 움푹 들어간 곳에 문을 만들어 보겠습니다.
03 '103-소스.psd'에서 [문] 레이어를 가져와 그림과 같이 배치합니다.
04~05 나무의 색상과 비슷하게 맞추겠습니다. [이미지 → 조정 → 색상 균형]을 선택한 후 [중간 영역]을 그림과 같이 설정합니다. [이미지 → 조정 → 레벨]도 그림과 같이 설정합니다.
06 나무의 색과 밝기에 맞게 자연스럽게 보정됐습니다.

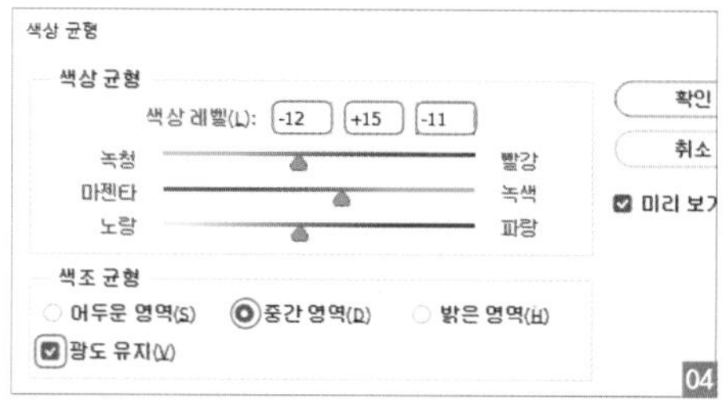

03 나무의 문에 [마스크] 적용하기

[브러시 도구]로 나무 뿌리에 돌계단이 묻히도록 보정해 보겠습니다.
[문] 레이어를 선택한 후 [레이어] 패널의 아래쪽에 있는 [마스크] 버튼을 선택합니다.
만들어진 [마스크 섬네일]을 클릭한 후 [브러시 도구]를 선택합니다. 그런 다음 위쪽에 있는 옵션 바에서 [종류: 부드러운 원]을 선택하고 전경색은 검정(#000000), 배경색은 흰색(#ffffff)으로 설정합니다.
07 문의 주변 경계가 너무 깔끔하면 자연스러워 보이지 않으니 질감을 조금 남기면서 경계를 자연스럽게 지웁니다.
08 세 갈래로 뻗은 뿌리의 윗부분이 계단보다 앞으로 나오도록 하려면 레이어를 보기/감추기로 바꾸면서 작업하는 것이 편리합니다.

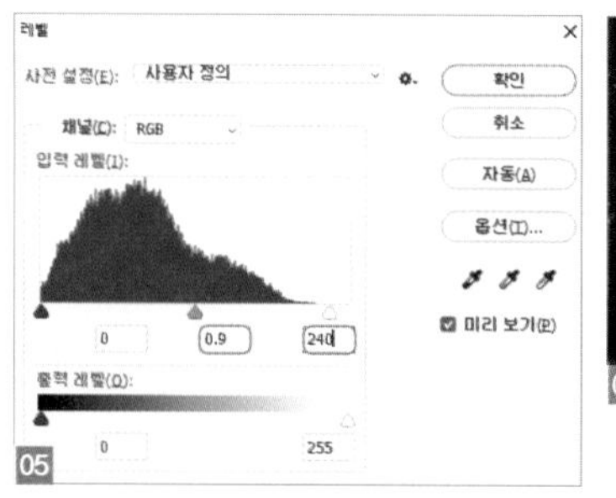

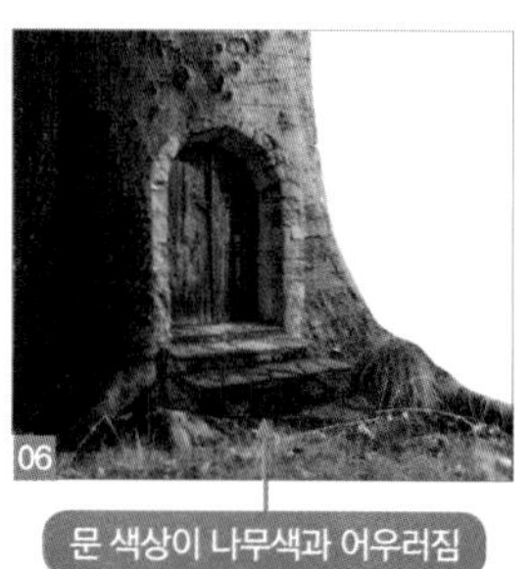

문 색상이 나무색과 어우러짐

핵심 포인트

마스크 부분을 조절할 때는 X를 눌러 전경색을 검정(#000000)과 흰색(#ffffff)으로 전환하면서 작업하세요.

07

08

04 문을 어둡게 하고 입체감을 표현하기

09 [문] 레이어의 위쪽에 [문 그림자] 레이어를 새로 만듭니다. [펜 도구]나 [올가미 도구] 등으로 나무 문 부분만 선택 범위로 만듭니다. 그런 다음 [페인트 통 도구]를 클릭해 전경색을 검정(#000000)으로 채우고 레이어의 [불투명도]를 [60%]로 설정합니다. 문을 조금 어둡게 만들면 좀 더 입체적인 느낌을 표현할 수 있니다.

10 [나무 01], [문], [문 그림자] 레이어를 선택한 후 [마우스 오른쪽 버튼 클릭 → 레이어 병합]을 선택하고 레이어 이름을 '왼쪽 나무'로 바꿉니다.

09

10

05 나무 추가 배치하기

[왼쪽 나무] 레이어를 아래쪽에 복사한 후 레이어 이름을 '오른쪽 나무'로 바꿉니다.

11 가로로 뒤집기를 합니다. 왼쪽 나무보다 안쪽에 배치하기 위해 [편집 → 변형 → 가로로 뒤집기], [편집 → 자유 변형]으로 축소, 이동합니다.

12 [사각형 선택 도구]를 사용해 [오른쪽 나무] 레이어의 문 윗 부분을 범위로 선택합니다.

13 [편집 → 내용 인식 비율]을 선택하고 Shift 를 누른 상태에서 위쪽으로 드래그해 그림과 같이 변형합니다. 변형이 끝나면 선택 범위를 해제합니다.

14 '103-소스.psd' 파일에서 [앞 나무] 레이어를 가져와 가장 위쪽으로 이동시켜 넣고 그림과 같이 배치합니다.

15~16 앞 나무에는 [이미지 → 조정 → 레벨]을 그림과 같이 적용해 빛이 들지 않아 어두운 느낌을 연출합니다.

11

12

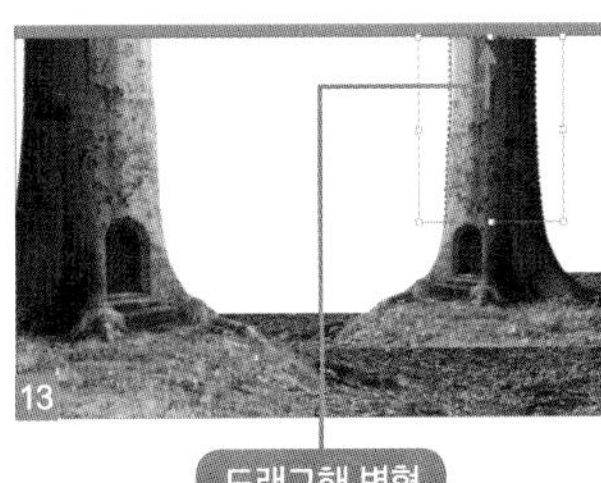

13

14

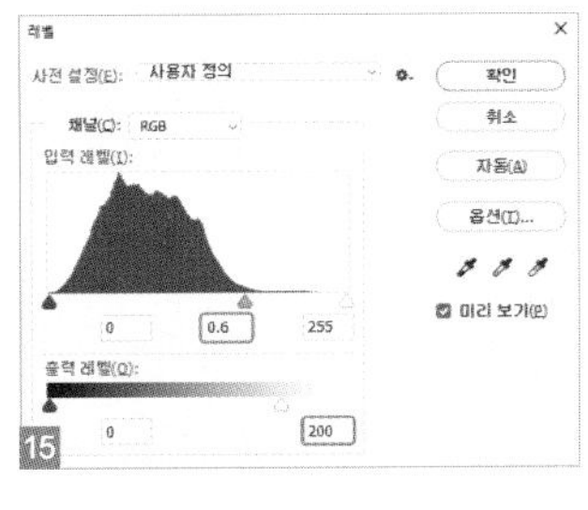

15

16

06 나무의 경계에 빛 추가하기

[앞 나무] 레이어의 위쪽에 [앞 나무 빛] 레이어를 새로 만든 후 [마우스 오른쪽 버튼 클릭 → 클리핑 마스크 만들기]를 선택하고 [혼합 모드: 오버레이]로 변경합니다.

17 [브러시 도구]를 선택한 후 옵션 바에서 [종류: 부드러운 원]을 선택하고 전경색을 흰색(#ffffff)으로 설정해 나무의 왼쪽 경계 부분에 빛을 추가합니다.

18~19 추가한 빛이 약해 보이네요. [앞 나무 빛] 레이어를 한 번 더 위쪽에 복사한 후 [불투명도: 65%]로 설정합니다.

07 배경 채우고 위쪽에 나뭇잎 배치하기

20 배경의 가장 뒷부분에 그림과 같이 [다리] 레이어를 가져와 배치합니다.

21 레이어를 아래쪽에 복사한 후 왼쪽으로 이동해서 배치합니다.

22 [잎] 레이어를 [앞 나무] 레이어의 아래쪽에 위치시킵니다. [잎] 레이어를 여러 번 복사해 각각 [확대·축소]나 [회전]시키면서 나무의 위쪽에 배치합니다.

23~24 이미지 밝기가 모두 같으면 복사한 느낌이 나고 평면적으로 보입니다. 실제 나뭇잎이 겹친 상태를 생각하면서 일부 레이어는 [이미지 → 조정 → 레벨]로 어둡게 보정해 입체감을 살립니다.

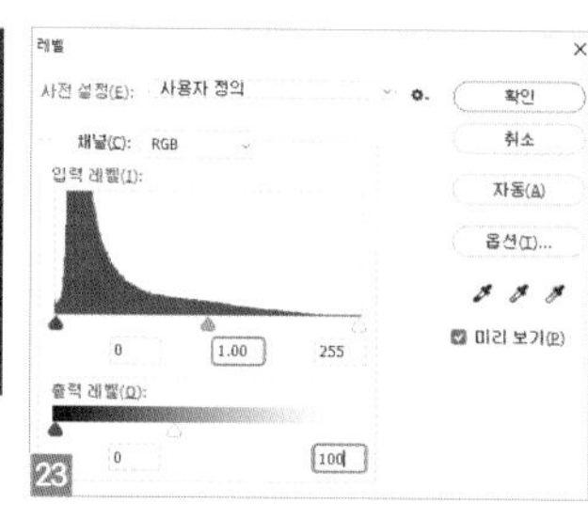

핵심 포인트

그림 25의 주황색 점선 부분처럼 화면 위쪽의 중앙으로 갈수록 잎이 적어지도록 배치하면 중앙에 공간이 넓어지는 느낌을 줄 수 있습니다.

26 [오른쪽 나무] 레이어의 아래쪽에도 [잎] 레이어를 복사한 후 모양을 정돈합니다. 그런 다음 그림 23처럼 보정해 어두워진 [잎] 레이어를 사이사이에 넣어 줍니다.

08 강 만들기

27 [왼쪽 나무], [오른쪽 나무] 레이어를 함께 선택한 후 [레이어] 패널의 아래쪽에 있는 [그룹] 버튼을 클릭해 그룹으로 만듭니다. 그룹의 이름을 '좌우 나무'로 바꾸고 [레이어 마스크]를 추가합니다.

28 그룹의 [마스크 섬네일]을 선택한 상태에서 [브러시 도구]를 선택한 후 옵션 바에서 [종류: 부드러운 원]을 선택하고, 전경색을 검정(#000000)으로 설정합니다. 강으로 만들고 싶은 부분을 칠해 마스크 처리합니다.

29 경계를 구분하기 어려울 때는 [다리] 레이어를 잠시 숨긴 후에 작업하면 됩니다.

30 [다리] 레이어를 선택한 후 [레이어 마스크]를 추가합니다. 다리의 그림자는 남겨 두면서 그림과 같이 마스크를 추가합니다.

31 [다리] 레이어의 아래쪽에 [호수] 레이어를 배치합니다.

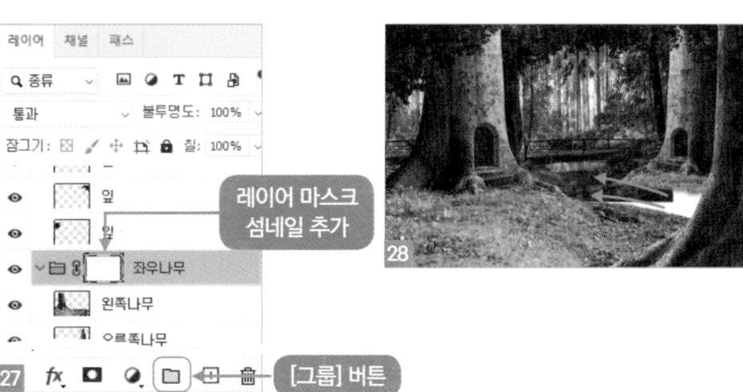

09 강의 경계 부분에 그림자를 넣어 높이 조절하기

[좌우 나무] 그룹의 위쪽에 [경계 그림자] 레이어를 새로 만듭니다.

32~33 [브러시 도구]를 선택한 후 옵션 바에서 [종류: 부드러운 원]을 선택하고 전경색을 검정(#000000)으로 설정한 다음 그림 32와 같이 음영을 추가해 높이를 나타냅니다.

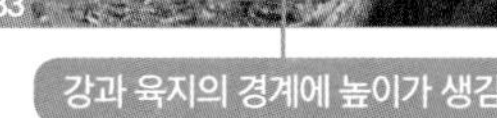

핵심 포인트

그림자를 그릴 때 직선이 아닌 점으로 만들어 나가면 작업하는 게 좋습니다.

10 레이어를 여러 개로 나눠 배경에 빛 추가하기

34 [다리] 레이어의 위쪽에 [빛 01] 레이어를 새로 만든 후 [혼합 모드: 오버레이]로 설정하고 [브러시 도구]를 선택한 다음, 옵션 바에서 [종류: 부드러운 원]을 선택합니다. 전경색을 흰색(#ffffff)으로 설정하고 [브러시 크기: 1000픽셀]의 큰 브러시로 화면 뒤쪽에 빛을 추가합니다.

35 아래쪽에 [빛 02] 레이어를 새로 만든 후 [혼합 모드: 오버레이]로 설정합니다. 브러시를 사용해 다리를 중심으로 위, 아래에 빛을 추가합니다.

핵심 포인트

화면의 안쪽에 강한 빛을 추가하면 시선이 안쪽으로 집중돼 깊이감이 표현됩니다. 왼쪽에 추가한 빛도 깊이를 느끼게 하지만, 어두운 요소(나무 그림자)의 옆을 대조적으로 밝게 하면 물체의 입체감을 극대화할 수 있습니다.

11 다리와 강에 빛 추가하기

36 아래쪽에 [빛 03] 레이어를 새로 만든 후 [혼합 모드: 오버레이]로 설정하고 다리에 빛을 추가합니다.

37 강 경계에도 빛을 추가합니다. 특히 경계 부분은 [브러시 크기: 10픽셀] 전후의 가는 선으로 그려 주면 입체감이 살아납니다.

38 다리 밑 그림자는 [전경색: #92b820]의 그린 색상으로 칠해 강 색과 어울리게 합니다.

12 나무에 덩굴을 휘감아 넣기

39 [경계 그림자] 레이어의 위쪽에 [덩굴 01] 레이어를 가져와 배치합니다.

40 [혼합 모드: 곱하기]로 설정합니다. [왼쪽 나무] 레이어의 [레이어 섬네일]을 Ctrl + 클릭으로 선택해 선택 범위로 만듭니다.

그 상태에서 [덩굴 01] 레이어를 선택한 후 [마스크] 버튼을 클릭합니다.

41 나무 문에 겹쳐진 덩굴은 [브러시 도구]를 사용해 마스크로 가려 줍니다.

42 [덩굴 01] 레이어를 복사해 [왼쪽 나무], [오른쪽 나무] 레이어에 추가합니다.

덩굴은 회전시키거나 크기를 조절해 자연스럽게 배치합니다. 여기서는 나무 1개에 덩굴 레이어를 2개씩 사용해 이미지를 만들었습니다.

43 [앞 나무] 레이어의 위쪽에도 [덩굴 01] 레이어를 배치합니다. 확대 및 회전해 모양을 정리한 후 경계는 마스크로 조절합니다.

13 지면에 그림자 추가하기

[앞 나무] 아래에 [잎] 레이어를 추가로 배치합니다.

44 [이미지 → 조정 → 레벨]을 그림과 같이 설정해 검은 그림자로 만듭니다.

45 [편집 → 변형 → 180° 회전], [편집 → 변형 → 뒤틀기]를 실행해 그림과 같이 앞쪽에 배치합니다.

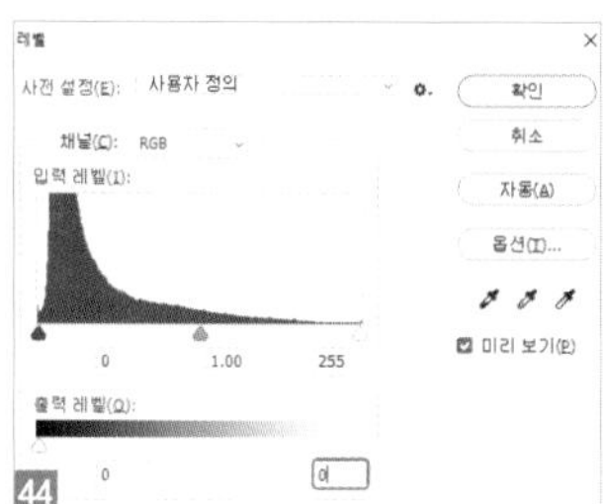

46 [필터 → 흐림 효과 → 가우시안 흐림 효과]를 선택해 [반경: 10픽셀]로 설정합니다.

47 [불투명도: 60%]로 레이어를 설정해 자연스럽게 만듭니다.

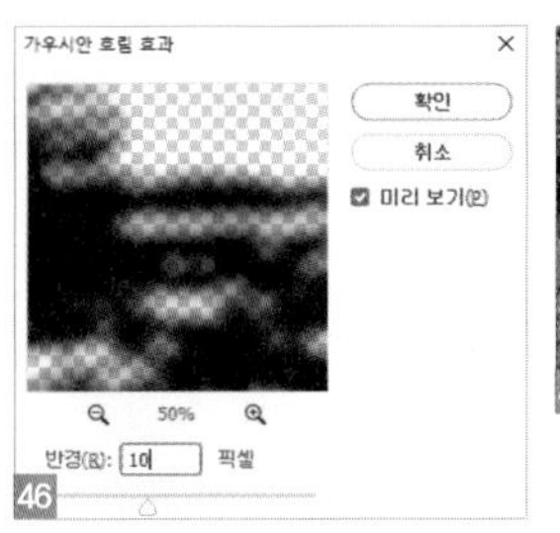

14 화면 앞쪽에 식물 배치하기

48 [풀 01] 레이어를 화면 왼쪽 아래에 배치합니다.

49 [이미지 → 조정 → 레벨]을 그림과 같이 설정합니다.

50 [필터 → 흐림 효과 → 가우시안 흐림 효과]를 실행해 [반경: 10픽셀]로 설정합니다.

51 [풀 01] 레이어를 복사한 후 [앞 나무] 레이어의 위쪽에 위치시킵니다. 그런 다음 [가로로 뒤집기]한 후 화면의 오른쪽에 배치합니다.

52 [풀 02] 레이어는 좀 더 앞쪽에 위치하도록 그림과 같이 배치합니다.

53 [덩굴 02] 레이어를 화면의 왼쪽, 오른쪽에 2개씩 배치합니다. 각각 확대·축소 및 회전해 최대한 자연스럽게 만듭니다.

54 [필터 → 흐림 효과 → 가우시안 흐림 효과]를 실행해 [반경: 15픽셀]로 설정합니다.

55 [꽃] 레이어를 [앞 나무] 레이어의 위에 배치합니다.

56~57 나무의 어두운 그림자 쪽에 있으므로 [이미지 → 조정 → 레벨]을 그림과 같이 적용해 어둡게 합니다.

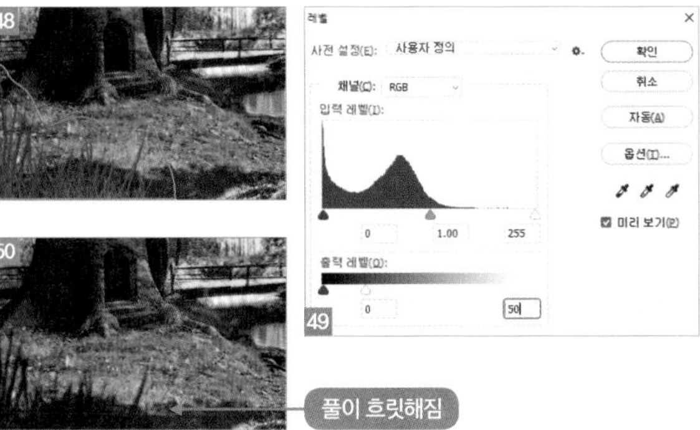

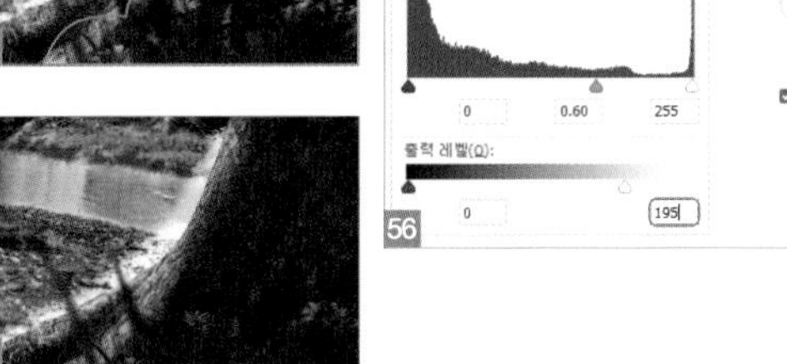

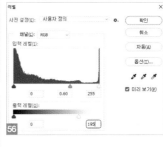

15 바퀴와 백조, 비둘기 배치하기

58 [앞 나무] 레이어의 아래쪽에 [바퀴] 레이어를 배치합니다. 이 레이어를 아래쪽에 복사한 후 레이어 이름을 '바퀴 그림자'로 바꿉니다. [이미지 → 조정 → 레벨]을 그림 44와 같이 [0, 0]으로 적용해 그림자로 만든 후 [필터 → 흐림 효과 → 가우시안 흐림 효과]를 [반경: 5픽셀]로 설정합니다.

59 [편집 → 변형 → 뒤틀기]를 실행하고 그림과 같이 전체를 조금 오른쪽으로 이동해 바퀴의 오른쪽 아래를 변형합니다. 그림자 모양으로 만든 후 레이어의 [불투명도]를 [75%]로 설정합니다.

60 [바퀴], [바퀴 그림자] 레이어를 선택한 후 [레이어] 패널의 아래쪽에 있는 [그룹] 버튼을 클릭해 그룹화하고 [레이어 마스크]를 추가합니다.

61 지면에 닿는 부분을 [브러시 도구]로 지웁니다.

62 [앞 나무] 레이어의 아래쪽에 [백조] 레이어를 배치합니다.

63 위쪽에 [백조 빛] 레이어를 새로 만든 후 [혼합 모드: 오버레이]로 설정하고 [브러시 도구]를 선택합니다. 옵션 바에서 [종류: 부드러운 원]을 선택하고 전경색을 흰색(#ffffff)으로 설정해 백조의 윤곽과 수면에 빛을 그립니다. [브러시 크기: 10픽셀] 전후의 가는 브러시로 백조의 윤곽과 물결의 형태에 맞춰 빛을 추가합니다. 레이어의 [불투명도]를 [40%] 전후로 조절하면서 작업을 진행합니다.

64 [레이어] 패널의 가장 위쪽에 [비둘기 01], [비둘기 02] 레이어를 배치합니다.

65 아래쪽에 [비둘기 그림자] 레이어를 새로 만든 후 [브러시 도구]를 선택합니다. 옵션 바에서 [종류: 부드러운 원]을 선택한 다음 전경색을 검정(#000000)으로 설정해 그림자를 그립니다.

66 레이어의 [불투명도]를 [75%]로 설정합니다.

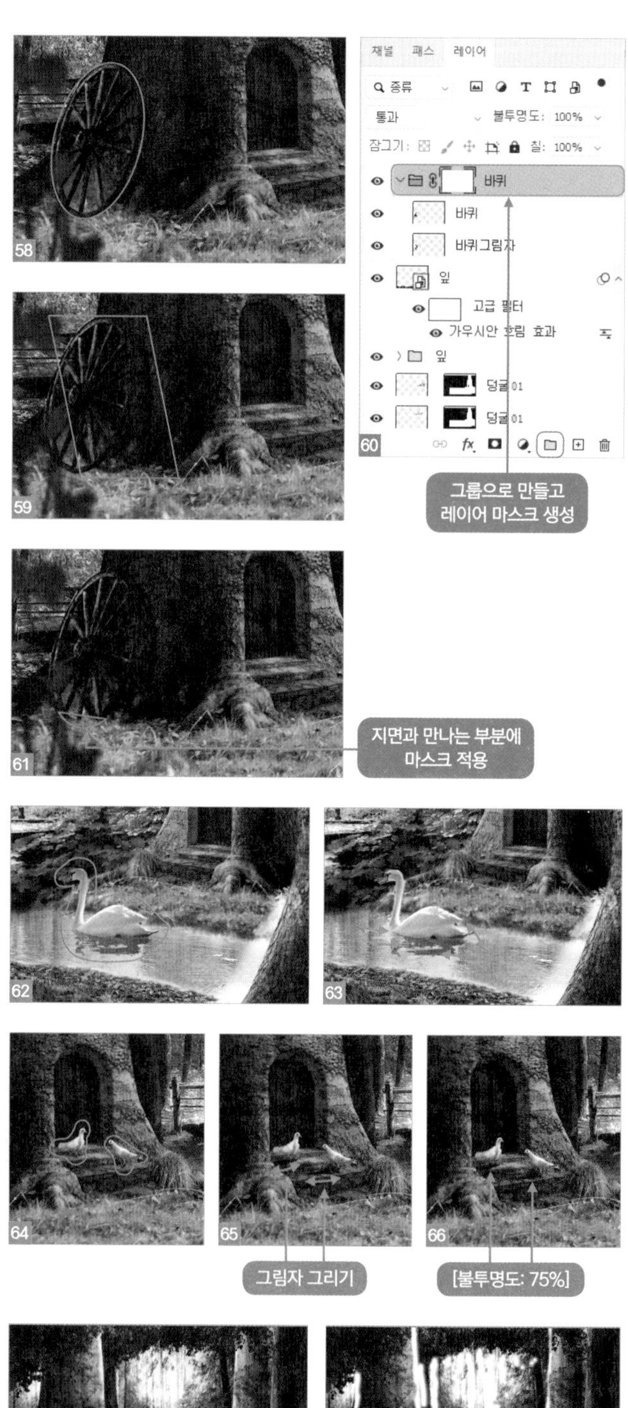

16 화면 전체에 빛 추가하기

[앞 나무] 레이어의 아래쪽에 [전체 빛 01] 레이어를 새로 만든 후 [혼합 모드: 오버레이]로 설정합니다. [브러시 도구]를 선택한 후 옵션 바에서 [종류: 부드러운 원]을 선택하고 전경색을 흰색(#ffffff)으로 설정해 빛을 그립니다.

67 나무의 윤곽이나 계단의 각진 부분, 물과 지면의 경계, 배경 안쪽의 밝은 영역을 더욱 강조하기 위해 전체적으로 빛을 추가합니다.

68 그린 부분을 [혼합 모드: 표준]에서 살펴보면 그림과 같습니다.

69 가장 위쪽에 [전체 빛 02] 레이어를 새로 만듭니다. [혼합 모드: 오버레이]로 설정한 후 [종류: 넓게 퍼진 목탄], [크기: 300~400픽셀], 정교하게 작업해야 하는 부분은 [100픽셀] 전후로 조절해서 빛을 추가합니다. 거친 브러시를 사용해 나무 사이로 비치는 햇빛을 표현합니다.

70 직선이 아니라 점으로 톡톡 찍듯이 그립니다.

나뭇잎 사이로 비치는 빛을 그려 넣음

핵심 포인트

[목탄] 브러시는 [레거시 브러시 → 기본 브러시 → 넓게 퍼진 목탄]에 있습니다. 이 경로는 버전에 따라 다를 수 있습니다.

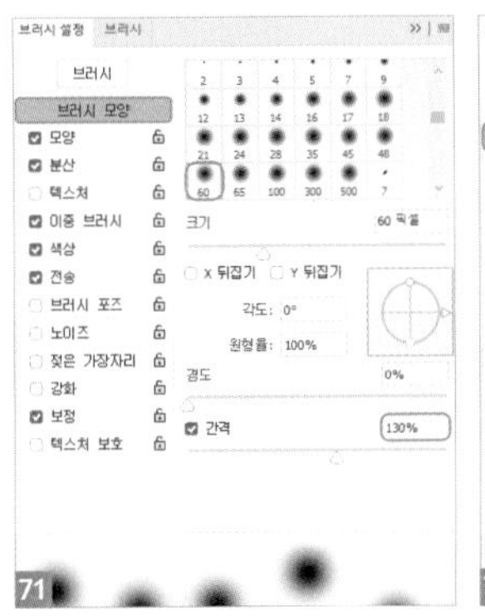

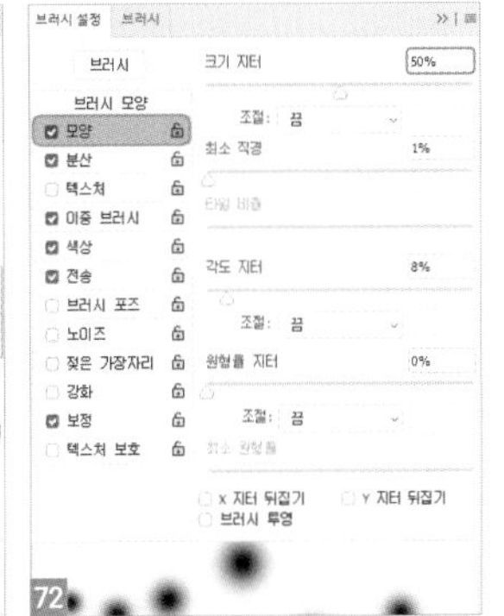

17 화면 전체에 빛 알갱이 그려 넣기

[레이어] 패널의 가장 위쪽에 [빛 알갱이] 레이어를 새로 만듭니다.

71~73 [브러시 도구]를 선택한 후 [종류: 부드러운 원]를 선택하고 [창 → 브러시 설정]을 클릭합니다. [브러시 설정] 패널의 [브러시 모양] 항목에서 [간격: 130%], [모양] 항목에서 [크기 지터: 50%], [분산] 항목에서 [분산: 700%], [개수 지터: 45%]로 설정합니다.

74 전경색을 흰색(#ffffff)으로 설정한 후 이미지 전체에 빛의 알갱이를 그립니다.

화면의 앞쪽은 [200픽셀] 전후의 큰 브러시로, 뒤쪽은 [20픽셀] 전후의 작은 브러시로 그립니다.

75 [레이어 → 레이어 스타일 → 외부 광선]을 선택한 후 그림과 같이 설정합니다.

76 광선 색상 설정에서 [색상: #00fff6]를 선택하면 완성입니다.

흐름을 생각하면서 그리기

[#00fff6]

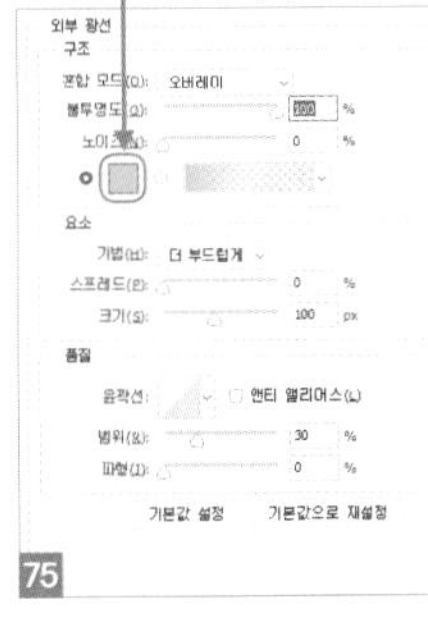

IDEA

Recipe 104 강아지를 중심으로 한 콜라주

사진과 빈티지 일러스트, 낙서, 문자 등과 같이 성격이 다른 소스를 조합한 콜라주 작품을 만들어 보겠습니다.

01 기본 및 소스 파일 열기

01 '104-기본.psd'를 불러옵니다. 배경에 테이블 이미지가 배치되어 있습니다.

02 이 예제에서 사용할 소스들은 '104-소스.psd'에 모아 뒀습니다. 각 소스를 이동하면서 제작하겠습니다.

'104-소스.psd'에는 필요한 소스들을 순서대로 이동해 배치할 수 있도록 레이어 순서를 정리해 놓았습니다. 작업할 때 참고하세요.

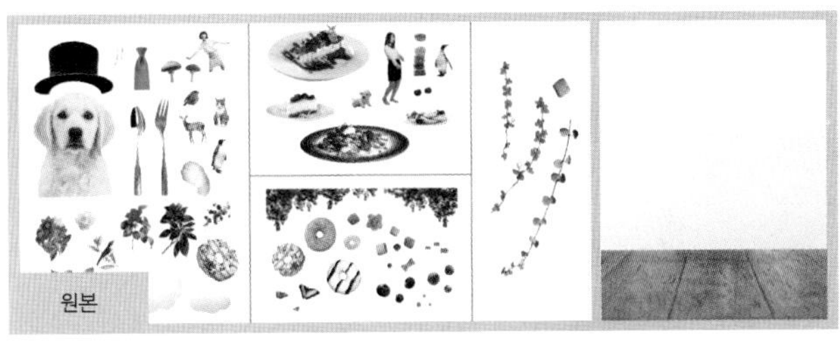

02 주인공 개를 배치하고 테이블 사이의 경계 다듬기

주인공 주변을 많은 소스로 둘러싸서 즐겁고 활기찬 느낌을 주는 콜라주를 만들려고 합니다.

03 소스에서 가장 위쪽에 있는 [개 01] 레이어를 이동해서 얼굴이 화면의 중앙에 오도록 배치합니다.

주인공과 테이블 사이의 경계가 분명하지 않도록 빛을 추가하겠습니다.

04 [테이블] 레이어의 위쪽에 [테이블 빛] 레이어를 새로 만든 후 [혼합 모드: 오버레이]로 설정하고 [마우스 오른쪽 버튼 클릭 → 클리핑 마스크 만들기]를 선택합니다.

05 [브러시 도구]를 선택한 후 옵션 바에서 [종류: 부드러운 원]을 선택하고 전경색을 흰색(#ffffff)으로 설정한 다음, 주인공과 테이블의 경계에 빛을 그립니다.

Shift를 누른 상태에서 직선으로 그려도 됩니다. 빛의 상태는 브러시의 [불투명도]나 레이어 자체의 [불투명도]를 이용해 조절하세요. 여기서는 레이어의 [불투명도]를 [50%]로 조절했습니다.

03 개에 그림자 넣기

[강아지 01] 레이어의 위쪽에 [강아지 그림자] 레이어를 새로 만듭니다.

[혼합 모드: 소프트 라이트]로 설정한 후 [마우스 오른쪽 버튼 클릭 → 클리핑 마스크 만들기]를 선택합니다.

06 왼쪽에서 빛이 들어오는 것처럼 표현해 보겠습니다. [브러시 도구]를 선택한 후 옵션 바에서 [종류: 부드러운 원]을 선택하고 전경색을 검정(#000000)으로 설정한 다음 강아지의 오른쪽에 그림자를 만듭니다.

04 넥타이 추가 및 정리하기

07~08 '104-소스.psd'에서 가져와 [강아지 그림자] 레이어의 위쪽에 배치한 후 [레이어 마스크]를 추가합니다.

09 넥타이가 턱을 가리고 있네요. 마스크를 적용하겠습니다. [마스크 섬네일]을 선택한 상태에서 [브러시 도구]를 선택한 후 [종류: 부드러운 원]을 선택하고 전경색을 [#000000]으로 설정해 턱 선이 보이도록 정리합니다.

10~11 [레이어 → 레이어 스타일 → 드롭 섀도]를 선택한 후 그림 10과 같이 설정해 넥타이의 오른쪽에 그림자가 생기도록 합니다. 그림자의 색상은 [#000000]으로 설정합니다.

디테일을 더하기 위해 위쪽에 [넥타이 그림자] 레이어를 새로 추가한 후 [혼합 모드: 소프트 라이트]로 설정하고 [마우스 오른쪽 버튼 클릭 → 클리핑 마스크 만들기]를 선택합니다.

12 [브러시 도구]를 선택한 후 옵션 바에서 [종류: 부드러운 원]을 선택하고 전경색을 검정(#000000)으로 설정한 다음 턱 아래에 생기는 그림자를 그려 넣습니다.

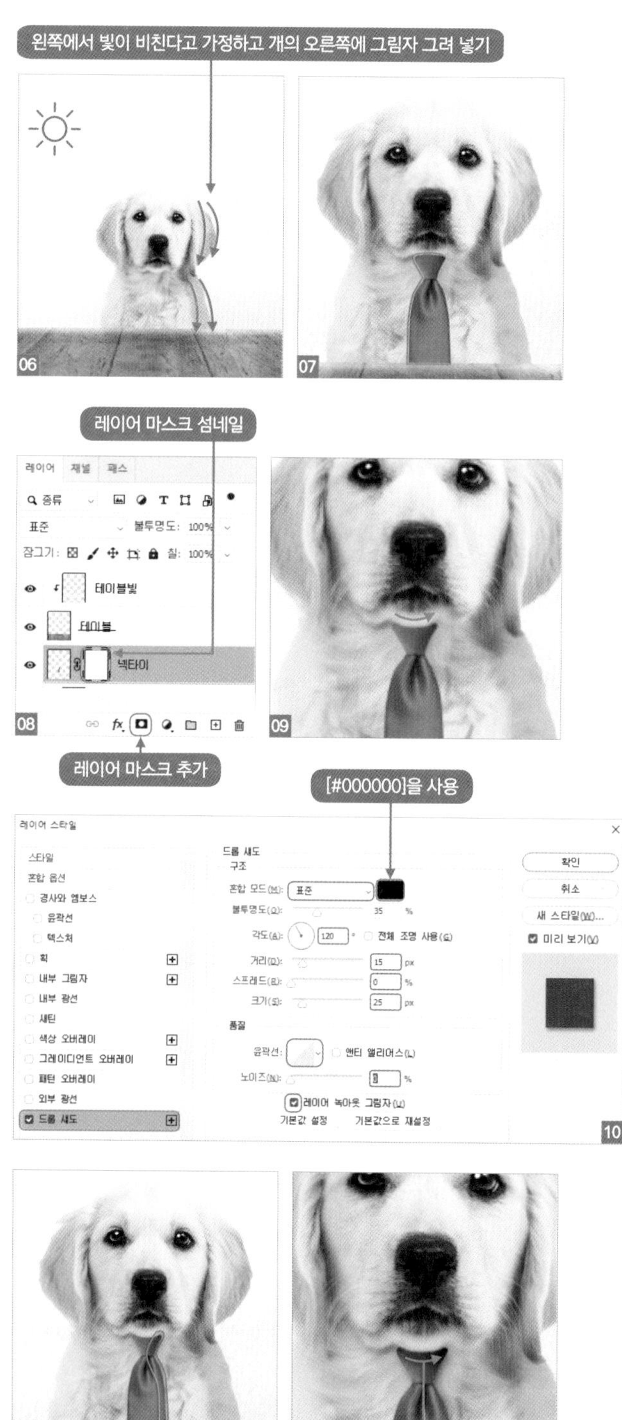

05 강아지 앞발 추가하기

13 [테이블] 레이어의 아래에 [강아지 손] 레이어를 가져와 위치시킵니다.
14 레이어를 복사한 후 [편집 → 변형 → 가로로 뒤집기]를 선택하고 수평 방향으로 반전시켜 반대편 앞발을 만듭니다.
15 [숟가락], [포크] 레이어를 가져와 배치합니다. [숟가락], [포크]의 각도나 위치는 [편집 → 자유 변형]을 선택해 조절합니다.

13

14

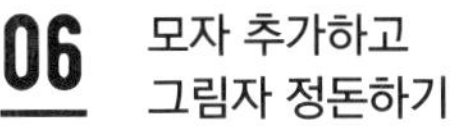

06 모자 추가하고 그림자 정돈하기

16 [모자] 레이어를 배치한 후 [레이어 마스크]를 추가합니다.
17 [마스크 섬네일]을 선택한 후 [브러시 도구]를 선택하고 옵션 바에서 [종류: 부드러운 원]을 선택합니다. 전경색을 검정(#000000)으로 설정한 후 그림과 같이 강아지의 이마와 귀 주변을 정돈합니다.

15

핵심 포인트

모자가 귀 뒤로 간다고 생각하면서 마스크를 추가합니다.

16

귀가 모자 속에 있는 것처럼
보여 주는 것이 핵심 포인트!
17

레이어를 2개로 나누어 모자 그림자를 그립니다. 먼저 [강아지 그림자] 레이어의 위쪽에 [모자 그림자 1] 레이어를 새로 만듭니다.
18 [브러시 도구]를 선택한 후 옵션 바에서 [종류: 부드러운 원]을 선택하고 전경색을 검정(#000000)으로 설정한 다음 모자와 강아지 머리 경계에 그림자를 추가합니다.
19 좀 더 위쪽에 [모자 그림자 2] 레이어를 만든 후 [브러시 크기: 150픽셀] 전후로 그림자를 크게 추가합니다.
레이어의 2개 그림자 농도를 레이어의 [불투명도]로 조절합니다. 여기서 [모자 그림자 1]은 [70%], [모자 그림자 2]는 [50%]로 설정했습니다.

18
모자와 강아지의 경계에 그림자 추가

19
좀 더 큰 그림자 추가

07 모자 일부 잘라 내기

20~21 [모자] 레이어의 [마스크 섬네일]을 선택한 후 [펜 도구]나 [올가미 도구] 등을 사용해 그림 20과 같이 선택 범위를 만들고 [페인트 통 도구]로 채워 마스크를 추가합니다. [모자] 레이어의 위쪽에 [모자 경계] 레이어를 만듭니다.

22 [브러시 도구]를 선택한 후 [종류: 선명한 원], [전경색: #ffecba]를 선택하고 그림과 같이 잘라 낸 부분의 두께를 만듭니다.

위쪽에 [경계 그림자] 레이어를 새로 만든 후 [마우스 오른쪽 버튼 클릭 → 클리핑 마스크 만들기]를 선택합니다.

23~24 [브러시 도구]를 선택한 후 옵션 바에서 [종류: 부드러운 원]을 선택하고 전경색을 검정(#000000)으로 설정한 다음 왼쪽에서 빛이 비친다고 생각하면서 그림자를 그립니다. 그때그때 상황에 맞게 브러시의 [불투명도]나 레이어의 [불투명도]를 조금씩 조절하면서 작업하는 것이 좋습니다. [모자] 레이어의 아래쪽에 [모자 안쪽] 레이어를 새로 만듭니다.

25~26 [브러시 도구]를 선택한 후 [선명한 원 브러시], [전경색: #5a1903]을 선택해 그림 25와 같이 잘라 낸 안쪽에 색을 칠합니다. 모자가 일부 잘린 이미지가 만들어졌습니다.

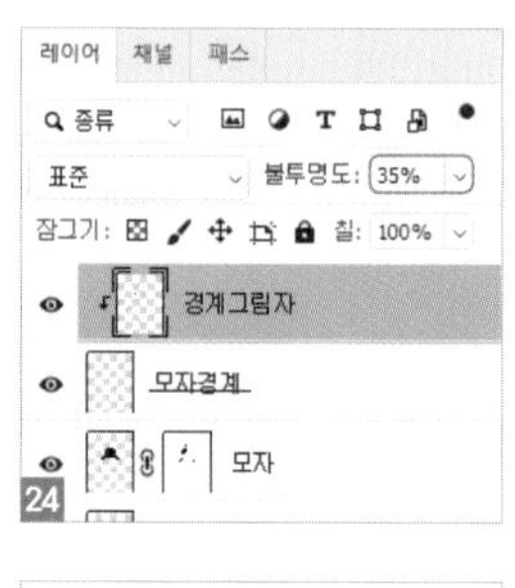

08 모자 주변과 안쪽에 소스 추가하기

27 [모자] 레이어의 위쪽에 [새 01] 레이어를 배치합니다. 모자의 챙과 겹친 새의 발 부분은 [레이어 마스크]로 지웁니다.

28 모자에 [덩쿨 01], [덩쿨 02] 레이어를 배치합니다.

29 [모자 안쪽] 레이어의 위쪽에 [인물 01], [고양이] 레이어, 좀 더 위쪽에 [펭귄]을 레이어를 배치합니다.

30 [고양이] 레이어의 발 부분만 선택합니다.

31 Ctrl + C로 복사한 후 [경계 그림자] 레이어의 위쪽에 붙여 넣습니다. 한 번 더 복사한 후 가로로 반전시키고 그림과 같이 잘린 모자에 손을 얹고 있는 것처럼 표현합니다.

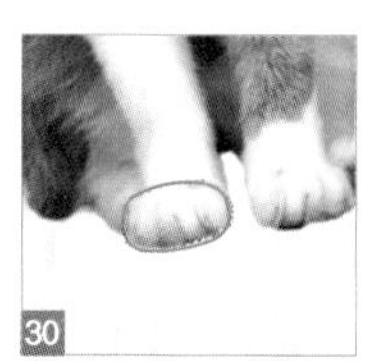

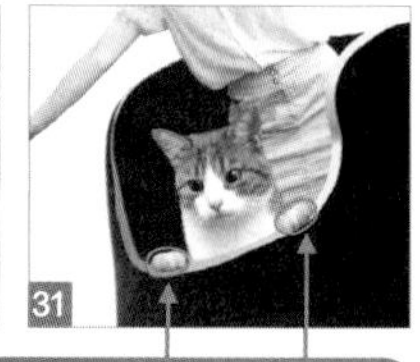

32 고양이의 양발에는 넥타이 그림자와 같은 방법으로 [레이어 → 레이어 스타일 → 드롭 섀도]를 선택해 그림과 같이 설정합니다.
33 [인물 01] 레이어의 아래에 [일러스트 01], [일러스트 02], [꽃 01] 레이어를 배치합니다.
34 [수평 문자 도구]를 선택한 후 [IDEA]를 입력합니다.
● [글꼴: Futura PT Medium], [크기: 54pt], [색상: #ffffff]
35 [IDEA] 레이어를 [펭귄] 레이어의 아래에 배치한 후 [-30°] 정도 회전시켜 위치를 조절합니다.
● Adobe Fonts는 249쪽 '핵심 포인트' 참조

09 글자와 인물에 그림자 추가하기

36 [IDEA] 레이어를 아래쪽에 복사한 후 레이어 이름을 '그림자'로 바꾸고 [마우스 오른쪽 버튼 클릭 → 문자 래스터화]를 선택합니다. 흰색 글자이므로 Ctrl + I를 눌러 색상을 반전시키고 검은색으로 만듭니다.
37 꽃 일러스트나 인물에만 그림자를 넣고 싶습니다. [레이어] 패널에서 Ctrl + Shift를 누른 상태로 [일러스트 01], [일러스트 02], [인물 01] 레이어의 [레이어 섬네일]을 차례대로 클릭해 선택 범위를 만듭니다.
38 선택 범위가 만들어진 상태에서 [그림자] 레이어를 선택한 후 [레이어] 패널의 아래쪽에 있는 [마스크] 버튼을 클릭합니다.
39 [그림자] 레이어를 약간 오른쪽 아래로 이동한 후 [필터 → 흐림 효과 → 가우시안 흐림 효과]를 선택해 [반경: 5픽셀]로 설정합니다.
40~41 레이어의 [불투명도]를 [35%]로 설정해 자연스럽게 만듭니다.
42 [인물 01] 레이어를 아래쪽에 복사한 후 레이어 이름을 '인물 01 그림자'로 바꿉니다. [이미지 → 조정 → 레벨]을 선택해 [출력 레벨: 0, 0]으로 설정해 검은색으로 만듭니다.
43 글자의 그림자와 같은 방법으로 오른쪽 아래로 이동한 후 [가우시안 흐림 효과]에서 [반경: 5픽셀]로 적용하고 레이어의 [불투명도]를 [40%]로 설정합니다.

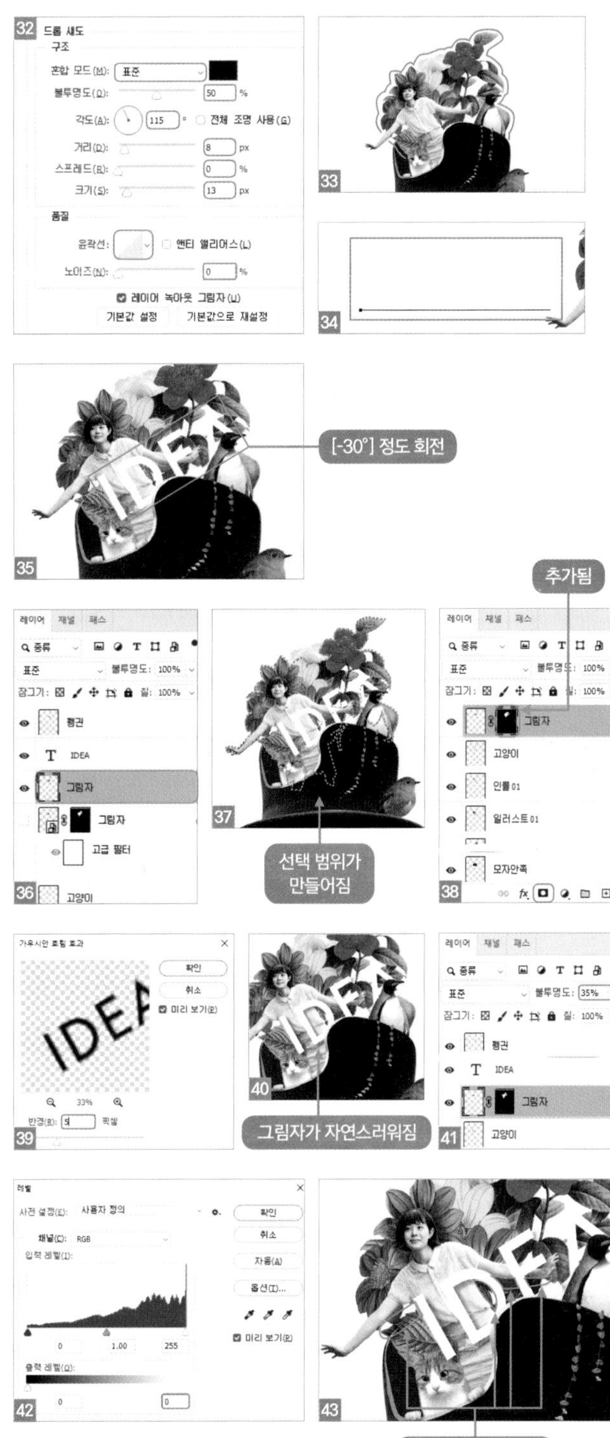

10 배경에 소스 추가하기

[강아지 01] 레이어의 아래쪽에 소스를 추가합니다. [사슴] 레이어를 모자 뒤, [일러스트 04] 레이어를 테이블의 오른쪽, [도넛 01] 레이어를 테이블의 왼쪽, [풀 01] 레이어를 왼손 뒤에 배치합니다.

44 [풀 01] 레이어를 복사한 후 [가로로 뒤집기]로 반전시켜 오른손 뒤에 배치합니다.

45 이 배치는 주인공 아래쪽으로 볼륨을 내기 위한 것입니다. 그림에서 볼 수 있듯이 삼각형 구도로 배치하는 것이 안정감 있어 보입니다.

핵심 포인트

삼각형 구도는 아래쪽에 무게 중심이나 볼륨이 느껴지도록 하는 것으로 안정된 느낌을 낼 수 있습니다. 이 구도는 삼각형의 꼭지점에 해당하는 부분에 시선을 집중시킬 수 있다는 장점이 있습니다. 이 예제에서는 인물이나 꽃, 도넛 등과 같은 소스를 삼각형의 꼭짓점에 배치했습니다.

46 레이어 아래쪽에 [구름 01] 레이어를 가져옵니다. [구름 01] 레이어를 오른쪽 위에 배치한 후 복사, 축소해 강아지의 왼쪽에 또 하나는 반전시켜 강아지의 오른쪽에 배치합니다. 숟가락이나 포크에 겹쳐 배치함으로써 소스 사이의 원근감이 생기도록 합니다.

47 [구름 02] 레이어를 그림과 같이 모자의 왼쪽 위, 오른쪽 위에 배치합니다. 이 구름도 조금씩 다른 소스와 겹치게 배치함으로써 원근감이 나도록 연출합니다.

48 레이어 아래쪽에 [일러스트 03], [풀 02], [버섯 01], [버섯 02] 레이어를 배치합니다.

11 테이블 위에 소스 추가하기

49 [테이블 빛] 레이어의 위쪽에 [달콤 01~04], [펭귄 02], [포도] 레이어를 배치합니다.

12 접시에 그림자 추가하기

50 [달콤 04] 레이어의 아래쪽에 [그림자] 레이어를 새로 만듭니다. [원형 선택 도구]로 선택 범위를 만든 후 [페인트 통 도구] 도구를 사용해 [전경색: #000000]으로 칠합니다. 오른쪽 아래에 접시 그림자가 생깁니다.

51 [필터 → 흐림 효과 → 가우시안 흐림 효과]를 [반경: 10픽셀]로 적용한 후 레이어의 [불투명도]를 [60%]로 설정합니다.

52 [달콤 02], [달콤 03] 레이어에도 아래쪽에 [그림자] 레이어를 만들어 그림자를 그려 넣습니다. [인물 01] 레이어의 그림자와 같은 방법으로 [펭귄 02] 레이어를 아래쪽에 복사한 후 레이어 이름을 '펭귄 02 그림자'로 바꿉니다. [이미지 → 조정 → 레벨]을 선택한 후 [출력 레벨: 0, 0]으로 설정해 검게 만듭니다. [가우시안 흐림 효과]를 선택해 [반경: 5픽셀]로 적용한 후 레이어의 [불투명도]를 [40%]로 설정합니다.

53 [편집 → 변형 → 뒤틀기]를 선택한 후 그림과 같이 그림자가 오른쪽 아래로 길게 늘어진 것처럼 변형시킵니다.

54 [포도] 레이어 아래쪽에도 [포도 그림자] 레이어를 만듭니다. [브러시 도구]를 선택한 후 옵션 바에서 [종류: 부드러운 원]을 선택하고 전경색을 검정(#000000)으로 설정한 다음 오른쪽 아래에 그림자를 그려 넣고 다른 그림자에 맞춰 레이어의 [불투명도]를 조절합니다.

13 테이블에 인물과 마카롱 추가하기

55 [달콤 02] 레이어의 아래쪽에 [인물 02], [마카롱 01] 레이어를 그림과 같이 배치합니다.

56 인물이 마카롱을 운반하는 것처럼 보이기 위해 [마카롱 01] 레이어에 그림과 같은 선택 범위를 만들어 마스크를 추가합니다.

57 [마카롱 02] 레이어를 그림과 같이 배치합니다. [마카롱 02] 레이어를 불안정한 위치에 배치함으로써 다이내믹한 움직임을 표현합니다.

50

51

불투명도를 조절해 그림자를 자연스럽게 보정

52

53

그림자가 오른쪽 아래로 늘어지도록 변형

54

55

56

57

움직임을 표현

14 테이블에 강아지 추가하기

58 [달콤 02] 레이어의 위쪽에 [접시 위 강아지] 레이어를 배치합니다.

59 강아지 앞발만 접시에 올려 놓은 모습을 만들기 위해 마스크를 추가한 후 아래쪽에 [접시 위 강아지 그림자] 레이어를 만듭니다. [브러시 도구]를 선택한 후 옵션 바에서 [종류: 부드러운 원]을 선택한 후 전경색을 검정(#000000)으로 설정하고 그림자를 그립니다.

58

59

15 화면 전체 장식하기

화면을 전체적으로 장식하기 위해 소스를 배치하겠습니다.

60 가장 위쪽에 [도넛 02~05] 레이어를 배치합니다. 크기에 변화를 주어 원근감 있게 배치합니다.

61 [도넛 05] 레이어의 위쪽에 [새 02] 레이어를 배치합니다.

62 [베리 01~03], [붉은 열매 01~03], [사료 02~08], [사과 01~03] 레이어를 배치합니다. 이 예제의 레이아웃을 참고하면서 원하는 위치에 자유롭게 배치합니다.

63 모자 위에 [나비 01~02]를 배치합니다.

64 가장 위쪽에 [잎사귀], [나비 03], 숟가락의 위쪽에 [꽃 02], 포크의 위쪽에 [사료 01]을 배치합니다.

60

61

62

63

64

핵심 포인트

소스를 배치할 때는 소스 사이의 원근감을 고려하는 것이 좋습니다. 큰 소스 근처에 작은 소스를 배치하면 원근감을 살릴 수 있습니다. 소스 사이는 너무 가깝지 않도록 간격을 두고 배치하는 것이 좋습니다.

16 전체적으로 낙서 추가하기

가장 위쪽에 [낙서] 레이어를 새로 추가합니다.
65 [브러시 도구]를 선택한 후 [종류: 선명한 원]을 선택하고 전경색을 흰색(#ffffff), [브러시 크기: 10픽셀]로 설정한 다음 화면에 거칠게 그립니다.

핵심 포인트

낙서는 손이 가는 대로 그려야 자연스러워 보입니다. 어쩌면 산만하고 유치하게 느껴질지 모르지만 보는 즐거움은 배가됩니다.

66 좀 더 위쪽에 [낙서 02] 레이어를 새로 만듭니다. 강아지에도 일러스트 느낌을 추가하면 좋을 것 같습니다. 여기서는 강아지의 윤곽을 따라 대충 그립니다. 불투명도 [100%]에서는 일러스트 느낌이 강해지므로 레이어의 [불투명도]를 [50%]로 설정해 질감을 조절합니다.

17 앞쪽에 흐린 요소를 추가해 완성하기

67 가장 위쪽에 레이어를 추가합니다. [덩굴 02]를 오른쪽 아래의 가장 앞쪽, [덩굴 03]을 왼쪽 위, [덩굴 04]를 오른쪽 위에 배치합니다.
68 [덩굴 02] 레이어는 [필터 → 흐림 효과 → 가우시안 흐림 효과]를 [반경: 15픽셀]로 적용합니다. 다른 레이어는 [반경: 10픽셀]로 각각 설정합니다.
이처럼 화면의 앞쪽에 배치한 요소에 흐림 효과를 적용하면 원근감과 깊이감을 만들 수 있습니다. 사진, 빈티지 일러스트, 낙서, 텍스트 등 요소를 조합한 콜라주 작품이 만들어졌습니다.

65

66

레이어 불투명도 조절

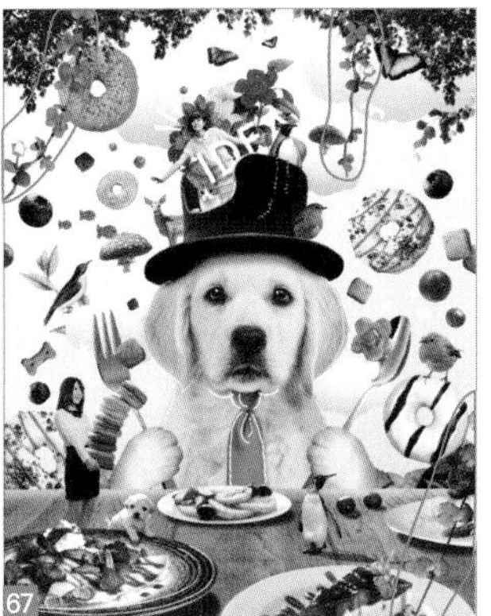
67

68

THE WHALES

Color Balance, Layer Mask,Ocean Ripple

Recipe 105 수면 위로 떠오르는 고래

바다의 수면 위로 거대한 고래가 떠오르는 풍경을 만들어 보겠습니다.
마스크를 여러 번 나눠 추가하면 바닷물의 깊이를 표현할 수 있습니다.

01 소스 배치하기

01 '105-푸른바다.psd'와 '105-소스.psd'를 불러옵니다.

02 [고래] 레이어를 그림과 같이 배치합니다. [고래] 레이어를 선택한 후 [이미지 → 조정 → 색상 균형]을 선택합니다.

03~06 [색조 균형: 어두운 영역], [중간 영역], [밝은 영역]을 각각 그림 03, 그림 04, 그림 05와 같이 설정해 고래와 바다색을 섞어 줍니다.

01

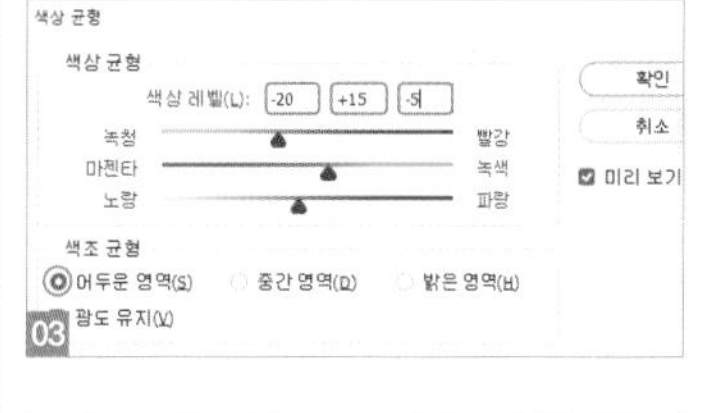

03

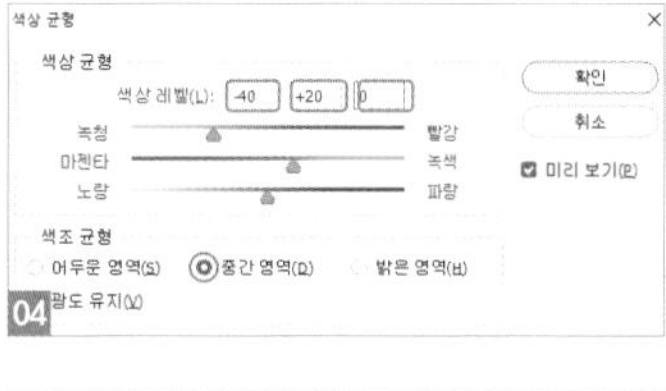

04

02

색상 균형
색상 균형
색상 레벨(L): 0 -20 0
녹청 빨강
마젠타 녹색
노랑 파랑
색조 균형
어두운 영역(S) 중간 영역(D) 밝은 영역(H)
광도 유지(V)
확인
취소
미리 보기(P)

05

06

고래가 바다 색깔과 잘 어우러짐

02 고래에 파동 추가하고 밝기 조절하기

07~09 [필터 → 왜곡 → 잔물결]을 선택한 후 [양: 300%], [크기: 대]로 설정합니다.

10 [이미지 → 조정 → 레벨]을 선택한 후 그림과 같이 설정합니다.

11 고래와 바다가 자연스럽게 어우러지도록 이미지의 밝기를 미세하게 조절했습니다.

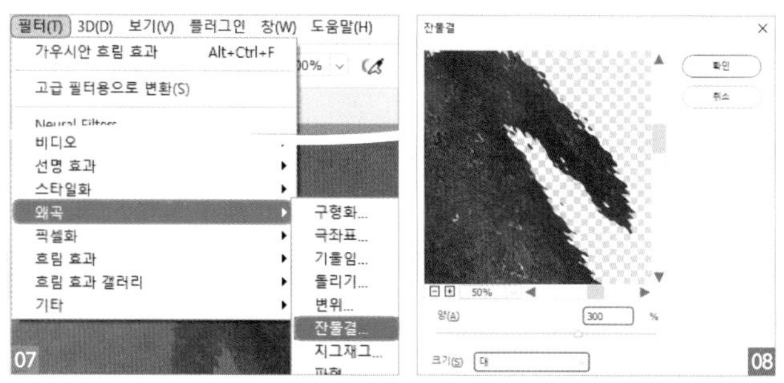

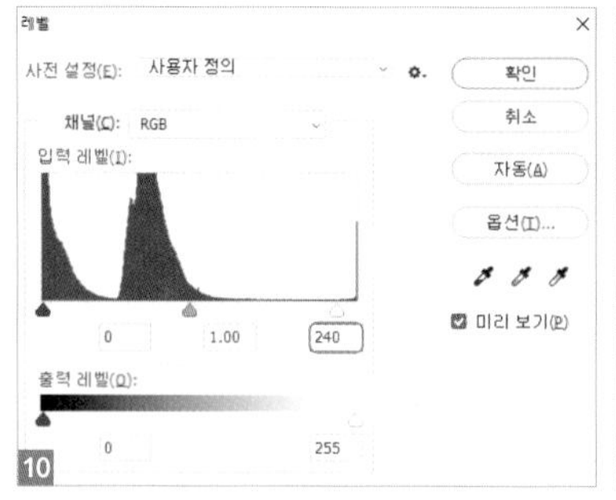

03 마스크를 적용해 고래의 윤곽 다듬기

12~13 [고래] 레이어를 선택한 후 [레이어] 패널의 아래쪽에 있는 [마스크] 버튼을 클릭합니다. [마스크 섬네일]을 선택한 후 [브러시 도구]를 선택합니다.

14 옵션 바에서 [브러시 종류: 부드러운 원], [크기: 100~150픽셀], [불투명도: 30%]로 설정합니다. 브러시의 크기는 상황에 맞게 조절하면서 작업합니다.

전경색을 검정(#000000)으로 설정하고 마스크를 추가합니다.

15 고래의 윤곽에 따라 마스크를 추가합니다. 고래가 더 깊은 물속에 들어가 있다고 생각되는 부분, 여기서는 가슴 지느러미의 끝 쪽, 꼬리 지느러미 등을 몇 차례에 걸쳐 마스크를 추가해 흐릿하게 만듭니다.

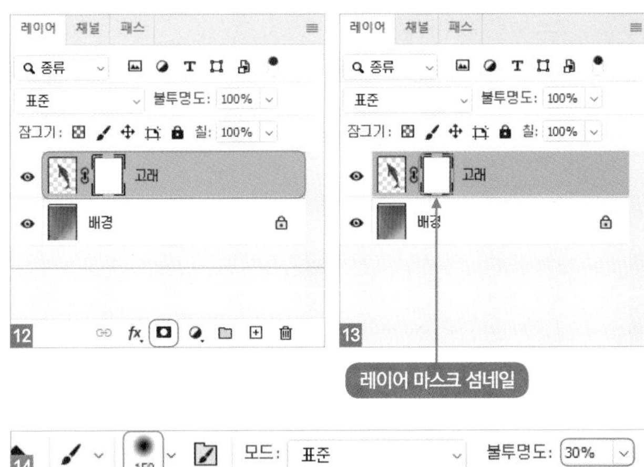

핵심 포인트

고래의 색을 더 흐리게 해주면 깊은 물속에서 헤엄치는 것처럼 표현할 수 있습니다.

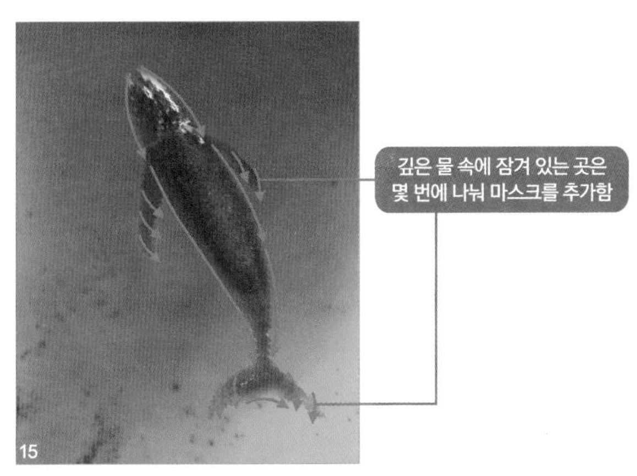

04 보트 배치하기

16 '105-소스.psd'를 불러온 후 [보트] 레이어를 가장 위쪽에 배치합니다.

좀 더 위쪽에 [보트 그림자] 레이어를 새로 만듭니다.

17 [보트 그림자] 레이어를 선택한 상태에서 [마우스 오른쪽 버튼 클릭 → 클리핑 마스크 만들기]를 선택한 후 [혼합 모드: 소프트 라이트]로 설정합니다.

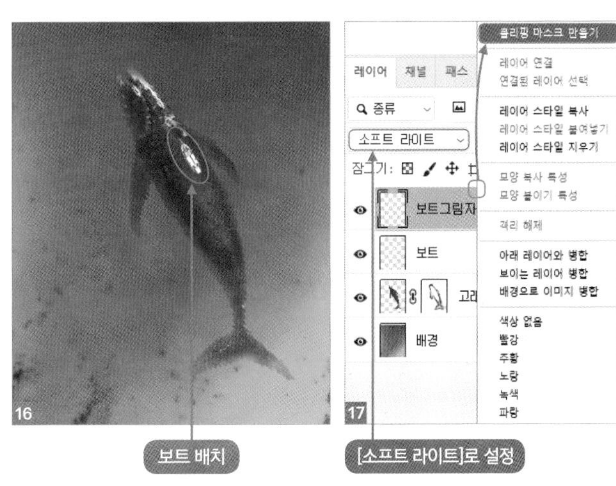

05 보트에 그림자 추가하기

18 지금까지 작업한 레이어 구조는 그림과 같습니다.

19 [브러시 도구]를 선택한 후 전경색을 검정(#000000)으로 설정합니다. [브러시 종류: 부드러운 원]을 사용해 그림자를 그립니다. 보트의 오른쪽에서 빛이 비친다고 생각하고 그늘진 부분을 추가합니다.

[보트] 레이어를 선택한 후 아래쪽에 복사한 다음 레이어 이름을 '보트 그림자 2'로 바꿉니다.

20 [이미지 → 조정 → 레벨]을 선택한 후 그림과 같이 검은색으로 보정합니다.

21~22 [불투명도: 50%]로 설정한 후 보트 위쪽 부분과 해수면 사이에 그림자를 만들어 배치합니다.

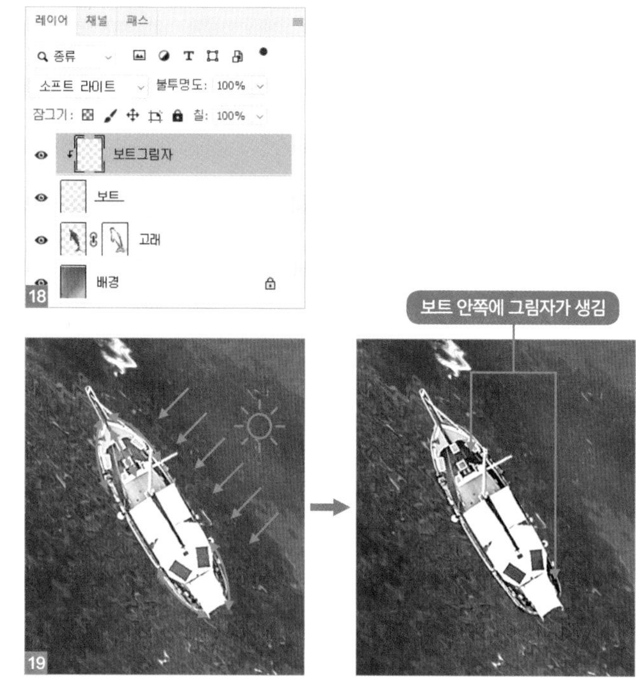

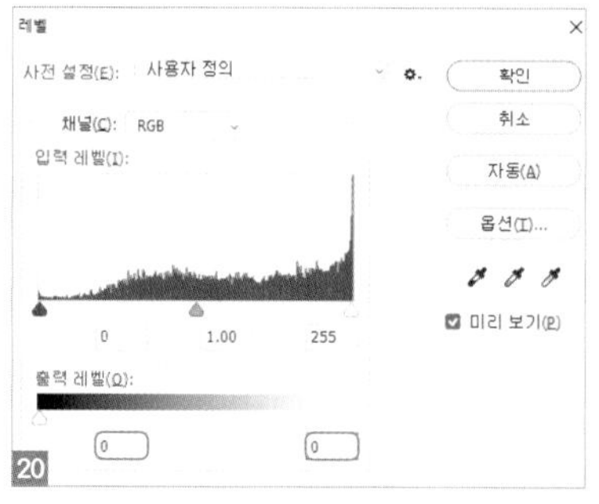

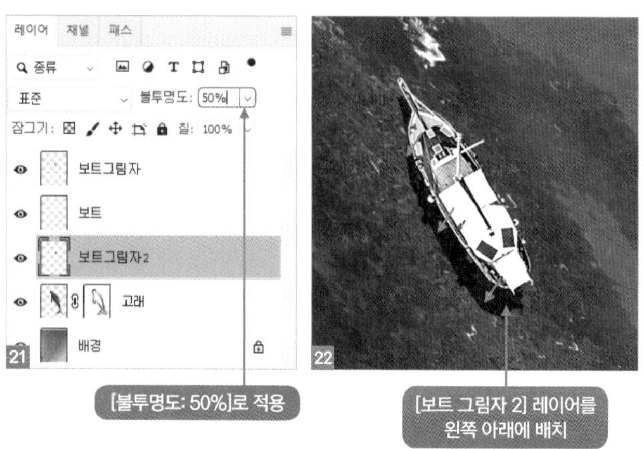

핵심 포인트

보트 그림자를 보트에서 멀리 떨어진 위치에 배치하면 고래의 위치가 보트와 더 멀리 떨어져 있는 느낌이 듭니다. 즉, 고래가 더 깊은 물속에서 헤엄치는 것처럼 보입니다.

06 보트에서 생기는 파도와 그림자 추가하기

[보트] 레이어의 아래쪽에 [보트 파도] 레이어를 새로 만듭니다.

23 [브러시 도구]를 선택한 후 전경색을 흰색(#ffffff)으로 설정하고 [브러시 종류: 부드러운 원], [불투명도: 30~50%], [브러시 크기: 3~6픽셀]로 설정 그림과 같이 파도를 그립니다.

24~25 [필터 → 흐림 효과 → 동작 흐림 효과]를 선택한 후 그림 24와 같이 설정합니다.

핵심 포인트

브러시를 이용해도 파도가 자연스럽게 그려지지 않는다면 흐림 상태를 더 세게 설정해 보세요.

26~27 [보트 그림자 2] 레이어를 선택한 후 아래쪽에 복사합니다. 레이어 이름을 '보트 그림자 3'으로 바꾸고 [불투명도]를 [20%]로 설정합니다. 고래의 등에 보트 그림자가 생긴 느낌으로 조절한 후 왼쪽 아래로 이동시킵니다.

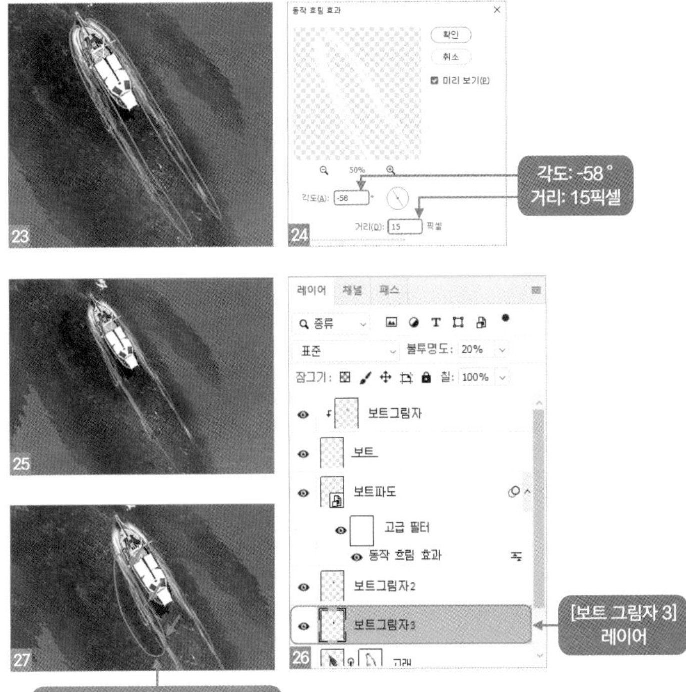

07 해수면에 빛 추가하고, 소스들끼리 자연스럽게 만들기

28 '105-물결.psd'를 불러온 후 [고래] 레이어의 위쪽에 배치하고 [혼합 모드: 스크린]으로 설정합니다.

29 [이미지 → 조정 → 레벨]을 선택한 후 그림과 같이 설정합니다.

30 대비가 높아지면서 해수면이 빛나는 부분이 강조됩니다.

31 최종 레이어 구성은 그림과 같습니다.

완성 이미지는 왼쪽 아래에 글자를 추가해 만들었습니다.

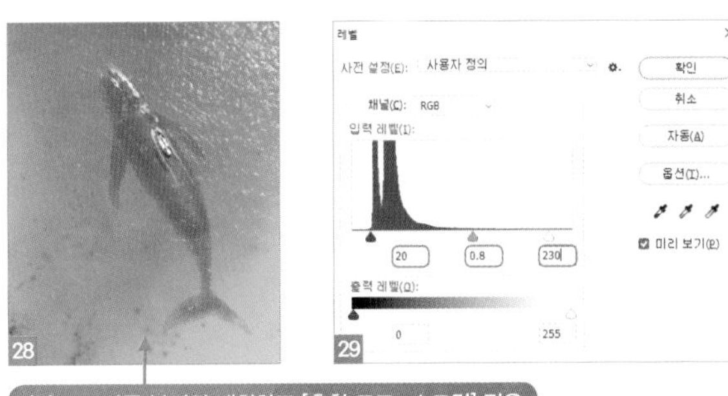

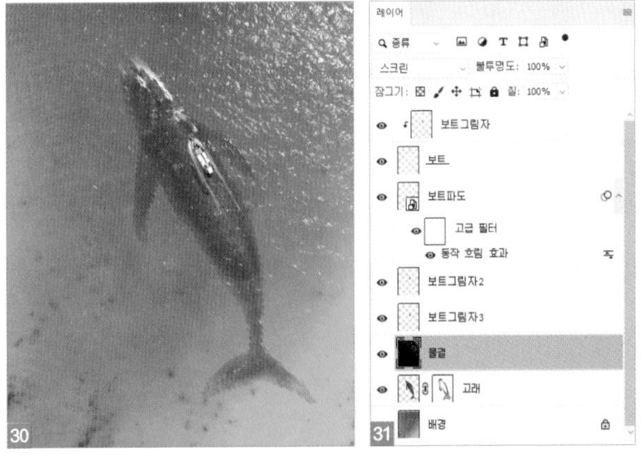

CLOUD
RAIN
GIRAFFE
BIRD
TREE
ELEPHANT
AROWANA
DOLPHIN
DIVER
FISH

Recipe 106 큐브 모양으로 표현된 인포그래픽

3D 기능을 사용해 만든 큐브 2개로
지상과 바다의 풍경을 만들어 보겠습니다.

01 가이드가 되는 3차원 만들기

01 '106-배경.psd'를 불러온 후 전경색과 배경색을 기본값으로 설정하고 [사각형 도구]를 선택합니다. 캔버스 화면을 클릭해 [사각형 만들기] 대화상자가 나타나게 합니다. [폭: 1500픽셀], [높이: 1500픽셀]을 설정해 중앙에 배치합니다.

02 만들어진 [사각형 1] 레이어를 선택한 후 [3D → 선택한 레이어에서 새 3D 돌출 만들기]를 선택합니다.

03 [3D 작업 영역으로 전환하시겠습니까?]라는 대화상자가 나타나면 [예]를 선택합니다.
작업 공간이 [3D]로 자동 전환됩니다.

02 카메라의 위치 설정하기

[이동 도구]를 선택합니다.

04 표시된 [3D] 패널에서 [현재 보기]를 선택합니다. 그러면 캔버스의 네 모서리에 노란색 선이 나타납니다.

05 [속성] 패널에서 [3D 카메라]를 선택한 후 [시야: 50mm 렌즈]로 설정합니다.

06~07 화면 오른쪽 위의 [속성] 패널에서 [좌표]를 선택한 후 그림 06과 같이 위치와 회전 값을 입력합니다. 현재 캔버스는 그림 07과 같습니다.

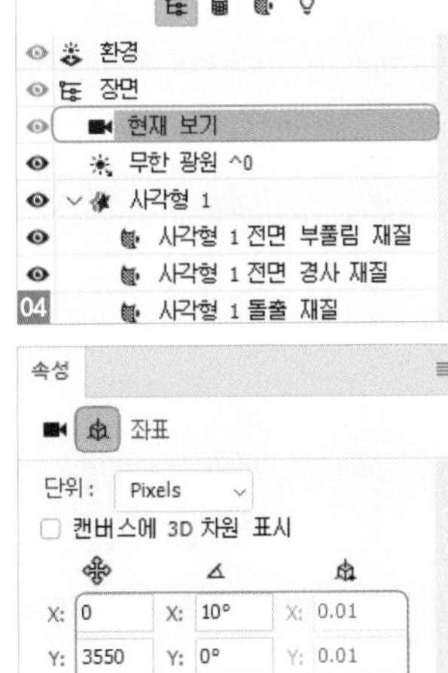

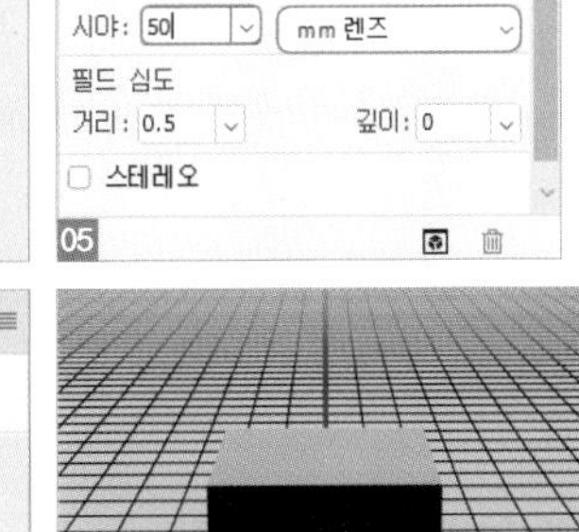

- 포토샵 CC 22.5 버전부터 [3D] 기능이 제대로 작동하지 않습니다.
- 22.2 이하 버전으로 설치하는 방법은 336쪽을 참고하세요.

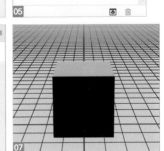

03 개체 1의 위치와 크기 설정하기

[3D] 패널에서 [사각형 1]을 선택합니다.

08 [속성] 패널에서 [좌표]를 선택한 후 [위치], [회전], [확대/축소: 치수 또는 퍼센트]를 그림과 같이 입력합니다.

● [확대/축소: 치수 또는 퍼센트]를 설정할 때는 [균일 비율]의 체크 표시를 해제해야 합니다. 그래야 숫자를 개별적으로 설정할 수 있습니다.

09~10 [속성] 패널에서 [메시]를 선택한 후 [그림자 캐치], [그림자 만들기]의 체크 표시를 해제합니다. 캔버스의 모습은 10과 같습니다.

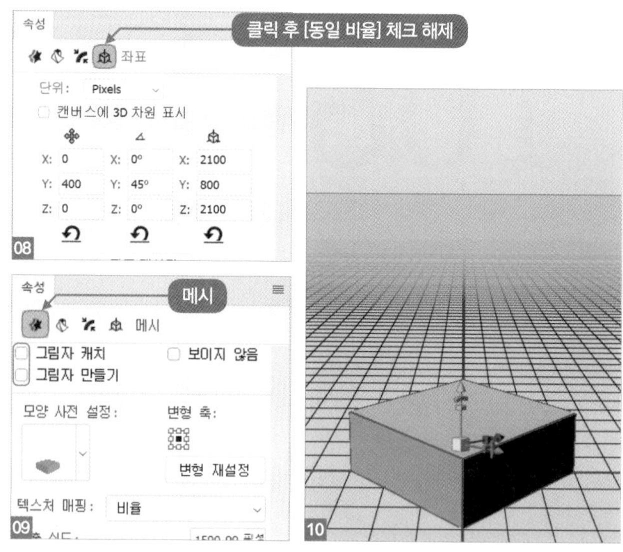

04 레이어 복사 및 이동하기

[레이어] 패널을 선택한 후 [사각형 1] 레이어를 복사합니다. 레이어 이름을 '사각형 2'로 바꾸고 가장 위쪽에 배치합니다. [사각형 2] 레이어를 선택한 후 [3D] 패널로 전환합니다.

[3D] 패널에서 [사각형 2]를 선택합니다. [속성] 패널에서 [메시]를 선택한 후 [그림자 캐치], [그림자 만들기]의 체크 표시를 해제합니다.

11 [속성] 패널에서 [좌표]를 선택한 후 [위치 → Y: 1850]으로 설정합니다.

12 Y 위치(높이)만 변경됐습니다.

핵심 포인트

[레이어] 패널에서 복사해도 [3D] 패널에는 복사되지 않습니다. [3D] 패널의 [사각형 1] 개체도 복사해야 합니다.

05 래스터화하고 면을 레이어로 나눠 그룹화하기

[레이어] 패널에서 [사각형 1], [사각형 2] 레이어를 각각 선택한 후 [마우스 오른쪽 버튼 클릭 → 3D 래스터화]를 선택합니다. [자동 선택 도구]를 사용해 각 면마다 선택 범위를 만든 후 [마우스 오른쪽 버튼 클릭 → 복사한 레이어]를 클릭해 레이어로 나눕니다. 각 면의 레이어 이름을 '위', '왼쪽', '오른쪽'으로 설정합니다.

13 입체마다 그룹으로 만들어 줍니다. 위쪽 입체의 그룹 이름을 '개체 2', 아래쪽 입체의 그룹 이름을 '개체 1'로 바꿉니다. 그룹별 레이어의 색상을 [빨강], [파랑]으로 설정하면 그룹을 파악하기 쉽습니다.

06 입체에 그림자 붙이기

[배경] 레이어의 위쪽에 [그림자] 레이어를 새로 만듭니다.

14 [다각형 선택 도구]로 입체의 그림자가 되는 부분의 선택 범위를 만든 후 전경색을 검정(#000000)으로 설정하고 [페인트 통 도구]로 채웁니다. [필터 → 흐림 효과 → 가우시안 흐림 효과]를 [반경: 6픽셀]로 실행합니다. 레이어의 [불투명도]를 [35%]로 설정합니다.

07 개체 2에 지층 텍스처 붙여넣기

15 '106-소스.psd'를 불러온 후 [지층 01] 레이어를 이동해 가져와서 [개체 2] 그룹의 가장 위쪽에 배치합니다. [편집 → 변형 → 자유 형태]를 선택해 [개체 2]의 형상에 맞게 변형합니다.

16 [지층 01] 레이어를 복사한 후 [편집 → 변형 → 가로로 뒤집기]를 선택한 후 [개체 2]의 형상에 맞게 배치합니다.

17 '106-소스.psd'를 불러온 후 [지층 02] 레이어를 이동시켜 그룹 내의 가장 위쪽에 배치해 변형합니다.

[지층 02]와 [지층 02 복사] 레이어를 그룹화한 후 그룹 이름을 '지층 02'로 바꿉니다.

18 [지층 02] 그룹을 선택한 후 [레이어] 패널에서 [마스크] 버튼을 선택합니다.

19 추가한 [마스크 섬네일]을 선택한 후 [브러시 도구]를 사용해 그림과 같이 지층 모양을 따라 마스크를 추가합니다.

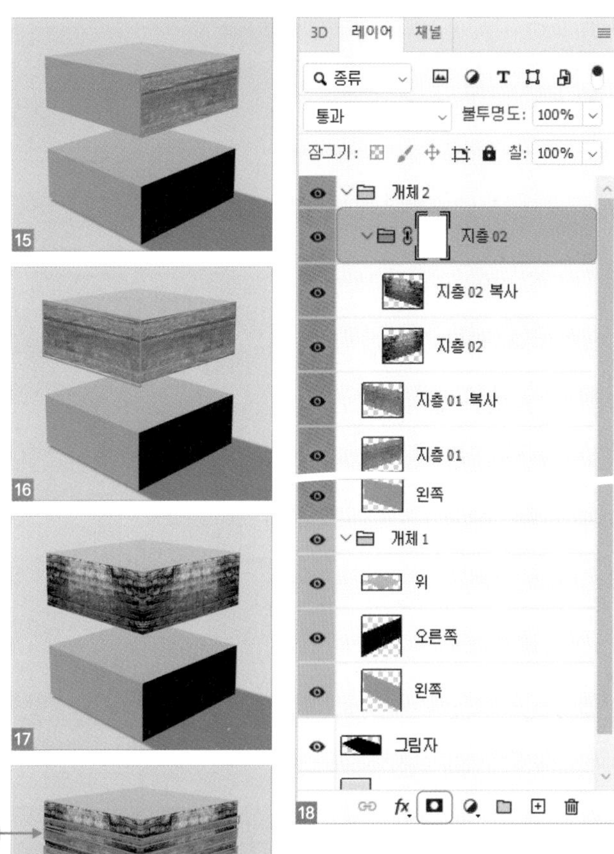

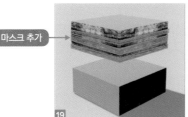

08 물체에 음영 넣기

[개체 2] 그룹의 [위], [오른쪽], [왼쪽] 레이어를 그룹의 가장 위쪽에 배치합니다.

20 [오른쪽] 레이어를 선택한 후 [레벨]을 실행하고 [출력 레벨: 0, 0]으로 설정합니다. [왼쪽] 레이어도 [레벨]을 실행하고 [출력 레벨: 255, 255]로 설정합니다.

21 각 레이어의 [혼합 모드]를 [소프트 라이트]로 설정하고 [불투명도]를 [50%]로 설정합니다.

20

21

09 개체 2에 육지와 연못 만들기

22 '106-소스.psd'에서 [지면] 레이어를 가져와 이동시키고 [개체 2] 그룹의 [위] 레이어 위쪽에 배치한 다음 [마우스 오른쪽 버튼 클릭 → 클리핑 마스크 만들기]를 선택합니다.

23 '106-물가코끼리.psd'를 불러온 후 그림과 같이 물가를 선택합니다.

[개체 2] 그룹의 가장 위쪽에 배치한 후 레이어 이름을 '물가'로 바꿉니다.

24~25 [자유 변형]을 사용해 24와 같이 크기를 정돈합니다. [물가] 레이어를 선택한 후 [마우스 오른쪽 버튼 클릭 → 클리핑 마스크 만들기]를 선택합니다.

26 [편집 → 변형 → 뒤틀기]를 선택한 후 옵션 바에서 [뒤틀기: 부채꼴]을 클릭해 그림과 같이 변형합니다.

27 [지우개 도구]로 지면과의 경계를 자연스럽게 다듬어 줍니다.

22

23

24

25

26

27

10 연못 속 풍경 만들기

'106-수중.psd'를 불러온 후 [수중] 레이어를 [지층 2] 그룹의 위쪽에 배치합니다.

28 [자유 변형]을 사용해 그림과 같이 축소합니다.

29 [올가미 도구]를 사용해 그림과 같이 연못 속을 이미지화해 선택 범위를 만듭니다.

28

29

30 [수중] 레이어를 선택한 후 [레이어] 패널에서 [레이어 마스크]를 클릭해 추가합니다.
31 [이미지 → 조정 → 색조/채도]를 선택한 후 그림과 같이 설정합니다.
32 연못이 녹색이 됐습니다.

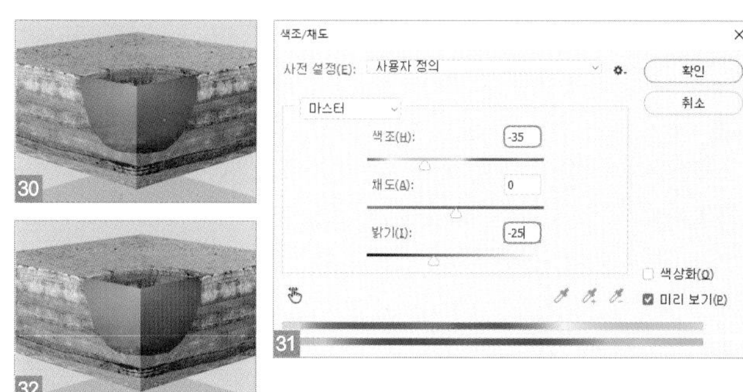

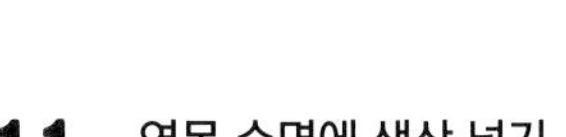

11 연못 수면에 색상 넣기

[물가] 레이어의 위쪽에 [수면색] 레이어를 새로 만듭니다.
33 [개체 2] 그룹의 [위] 레이어에서 [레이어 섬네일]을 Ctrl을 누른 채 클릭해 선택 범위를 만듭니다.
34 [수면색] 레이어를 선택한 후 [브러시 도구]를 선택하고 전경색을 [#0c9ccc]으로 설정해 그림과 같이 수면을 칠합니다.
35 레이어의 [혼합 모드]를 [오버레이]로 설정합니다.

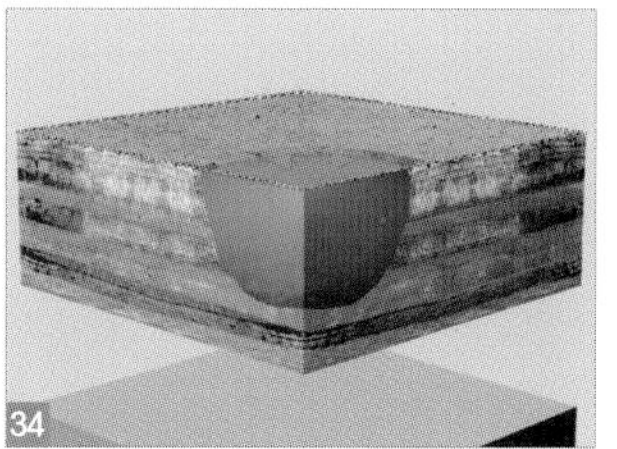

12 수면과 육지에 테두리 그리기

[수면색] 레이어의 위쪽에 [수면 경계] 레이어를 새로 만듭니다.
36 [브러시 도구]에서 전경색을 [#ffffff]으로 설정해 수면의 흔들림을 의도적으로 그립니다.
37 지층과 수면의 경계도 그립니다.
색상은 [스포이트 도구]를 사용해 지층 색상에서 추출합니다.
예제에서는 밝은 면(왼쪽 면)을 전경색 [#5d381f], 어두운 면(오른쪽 면)을 전경색 [#26231a]로 그렸습니다.
38 전경색을 [#ffffff]으로 설정한 후 육지 테두리를 그립니다.

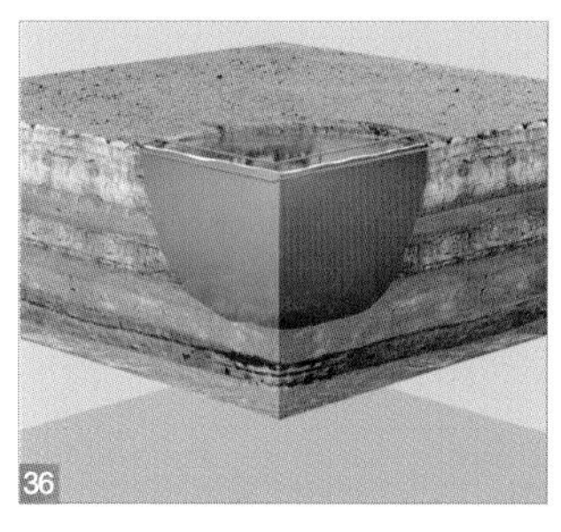
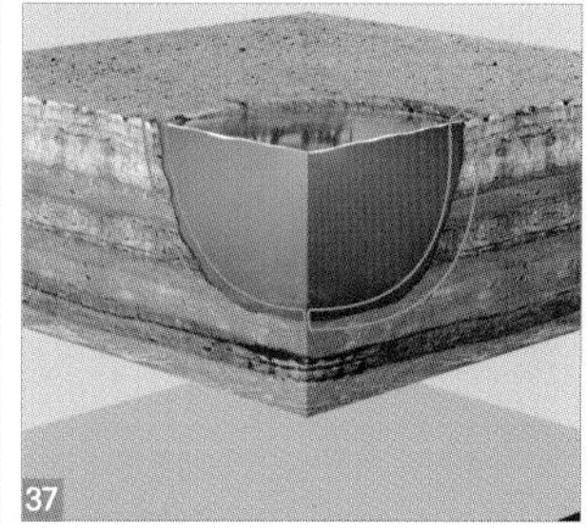
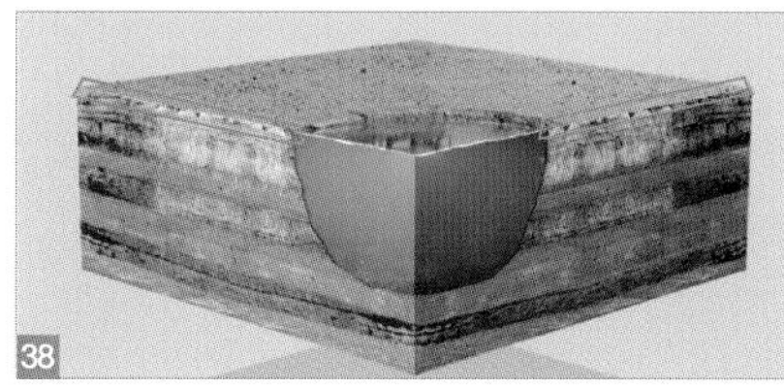

13 개체 2에 해수면 만들기

39 '106-해면.psd'에서 [해면] 레이어를 가져와 이동하고 [개체 1] 그룹의 [위] 레이어 위쪽에 배치합니다. [마우스 오른쪽 버튼 클릭 → 클리핑 마스크 만들기]를 선택합니다.

[위] 레이어를 선택합니다. [브러시 도구]로 [해면] 레이어 경계 너머를 그리면 [해면] 레이어가 나타납니다.

40 그림과 같이 해수면의 움직임을 생각하며 물결을 그립니다.

41 [해면] 레이어의 위쪽에 [해면경계] 레이어를 새로 만든 후 [위] 레이어에 [클리핑 마스크]를 적용한 상태에서 테두리를 그립니다.

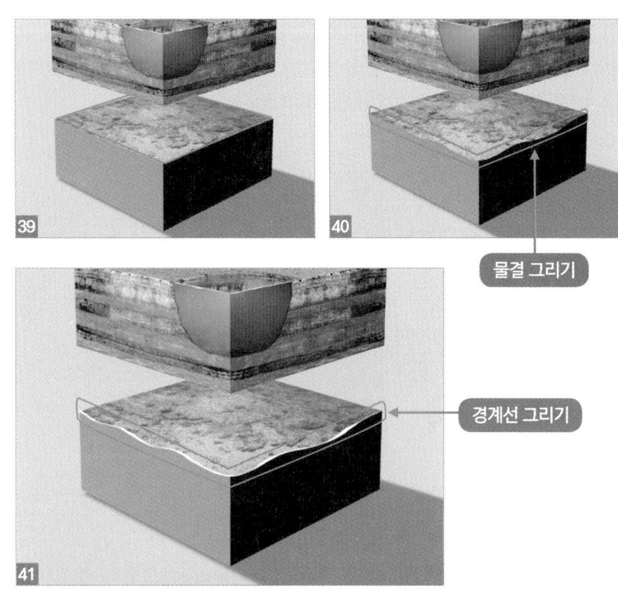

14 개체 2에 수중 만들어 넣기

42 '106-수중.psd'에서 [수중] 레이어를 가져와 [객체 1] 그룹의 가장 아래에 배치합니다.

[오른쪽] 레이어를 선택한 후 [레벨]을 실행해 [출력 레벨: 0, 0]으로 설정합니다. [왼쪽] 레이어에도 [레벨]을 [출력 레벨: 255, 255]로 설정하고 각 레이어의 [혼합 모드]를 [소프트 라이트]로 설정합니다.

43 [오른쪽] 레이어의 [불투명도]를 [50%]로 설정합니다.

[오른쪽] 레이어를 Ctrl을 누른 채 클릭해 선택 범위를 만듭니다. 또한 [왼쪽] 레이어를 Ctrl과 Shift를 누른 채 클릭해 선택 범위를 추가합니다.

44 선택 범위를 만든 상태에서 [수중] 레이어를 선택한 후 [레이어] 패널의 [마스크] 버튼을 선택해 추가합니다.

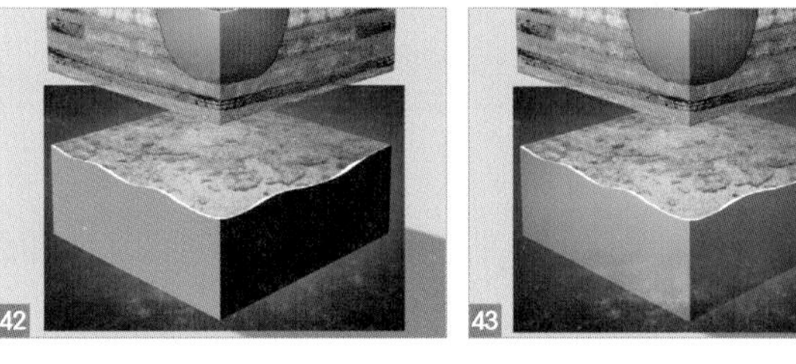

15 객체의 윤곽 정리하기

[객체 2] 그룹을 선택한 후 [레이어] 패널의 [마스크] 버튼을 선택해 추가합니다.

45 [객체 2] 그룹의 [마스크 섬네일]을 선택한 후 그림과 같이 지층의 측면과 바닥을 자연스러운 모양으로 깎으며 마스크를 추가합니다.

46 같은 방식으로 [객체 1] 그룹에도 마스크를 추가합니다.

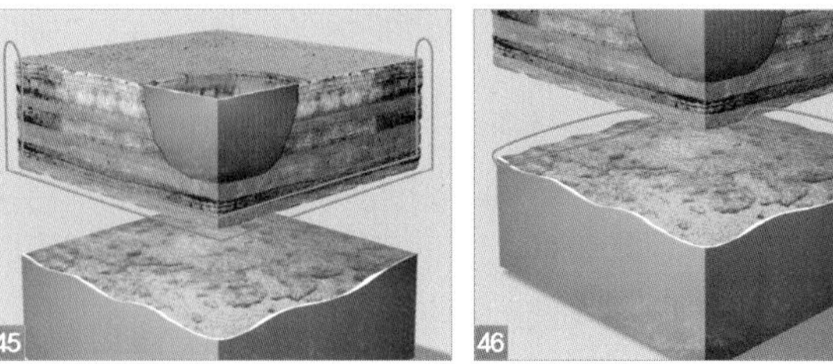

16 개체 1에 소스 배치하기

'106-소스집.psd'와 '106-물가코끼리.psd'를 불러온 후 소스를 이동합니다.

47 레이어의 가장 위쪽에 [코끼리], [기린], [차], [나무] 레이어를 순서대로 배치합니다.

[아로와나], [거품] 레이어를 이동해 [개체 2] 그룹 내 [수중] 레이어의 위쪽에 배치합니다.

48 [거품] 레이어는 [자유 변형]으로 크기를 조절해 배치합니다.

17 개체 2에 소스 배치하기

49 '106-소스집.psd'에서 [돌고래] 레이어를 가져와 가장 위쪽에 배치하고 [지우개 도구]를 사용해 해면에 자연스럽게 합니다.

[다이버], [물고기], [거품] 레이어를 이동해 [개체 2] 그룹의 [수중] 레이어 위쪽에 배치합니다.

50 [다이버] 레이어는 [불투명도: 50%], [물고기], [거품] 레이어는 [불투명도: 75%]로 설정합니다.

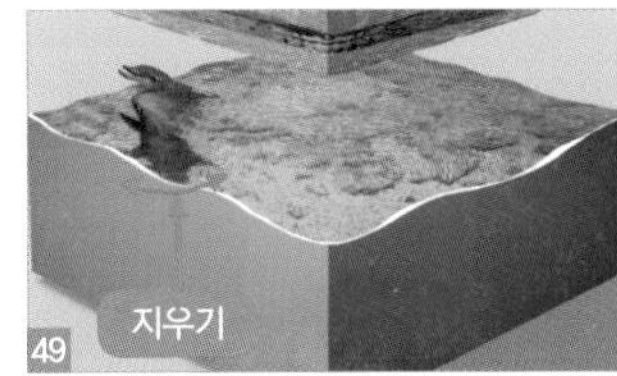

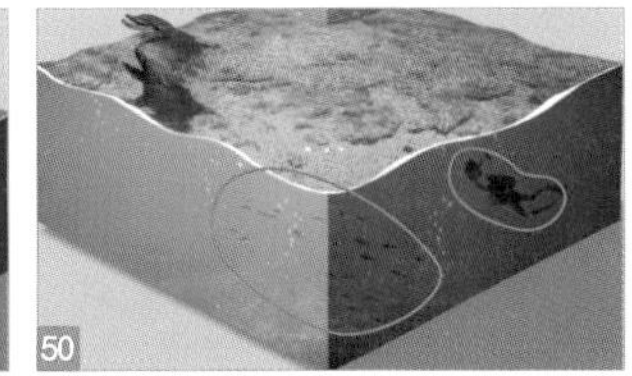

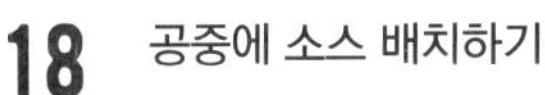

18 공중에 소스 배치하기

51 '106-소스집.psd'에서 [구름], [새], [비] 레이어를 가져와 배치합니다.

[구름] 레이어를 복사한 후 [가로로 뒤집기]와 [자유 변형]으로 변형합니다.

19 문자 배치하고 완성하기

[수평 문자 도구]를 선택한 후 가장 위쪽에 [TREE]를 입력합니다.

52 [편집 → 변형 → 왜곡]을 선택한 후 큐브 개체의 모양을 참고해 살짝 비틀어 줍니다.

53 같은 방법으로 전체에 문자를 배치하면 완성입니다.

Dispersion Effect

Recipe

107

조각나며 떨어지는 인물

흩어지면서 확산되는 효과를 적용해 보겠습니다.

01 [인물] 레이어 복사하고 필터 선택하기

01 '107-인물.psd'를 불러온 후 [인물] 레이어를 복사해 바로 아래 배치하고 레이어 이름을 '효과 1'로 바꿉니다.

02 위쪽에만 적용되도록 하기

[효과 1] 레이어를 선택한 후 [필터 → 픽셀 유동화]를 선택합니다.

[픽셀 유동화] 패널이 열리면 [뒤틀기 도구]를 선택합니다.

02 [속성] 패널에서 [브러시 도구 옵션]을 연 후 그림과 같이 설정합니다.

03 인물을 위쪽으로 잡아 늘입니다. 이때 이미지의 아래쪽, 즉 머리의 뒷부분보다 아래쪽이나 등보다 아래 등을 시작점으로 설정해 늘이면 그림과 같이 돼 버려 원래 이미지를 알아볼 수 없게 됩니다.

04~05 왜곡의 시작점을 그림 04와 같이 이미지의 아래쪽에 영향을 미치지 않는 곳에서 시작하고 위쪽으로 잡아 늘입니다.

06 되도록이면 위쪽으로 끌어당기고 그림과 같이 뒤틀기한 후 [확인] 버튼을 눌러 선택합니다.

07 [인물] 레이어와 함께 보면 오른쪽 그림과 같습니다.

03 [마스크] 추가하고 대략적인 모양으로 정돈하기

[효과 1] 레이어를 선택한 후 [레이어] 패널의 아래쪽에 있는 [마스크] 버튼을 선택해 만들고 [마스크 섬네일]을 선택합니다.

08 [브러시 도구]를 선택한 후 [브러시의 종류: 거칠고 둥근 강모]로 설정합니다.

09 전경색을 검정(#000000)으로 설정한 후 캔버스에 클릭하고 Shift를 누른 상태에서 직선을 아래에서 위로 크게 그려 마스크를 추가합니다. 브러시의 크기를 변경하면서 그림과 같이 마스크를 추가합니다.

10 [불투명도]를 변경하면서 자연스럽게 그레이디언트되거나 불규칙한 느낌이 나도록 마스크를 추가합니다.

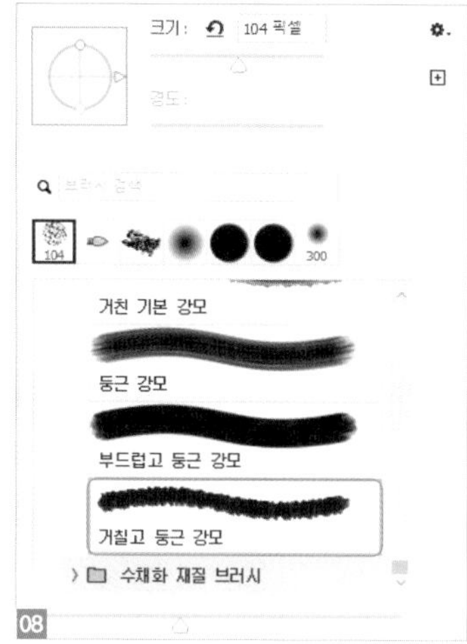

08

09

10

04 [마스크] 마무리하기

전경색의 흰색(#ffffff)과 검정(#000000)을 전환하면서 [마스크]를 정리합니다. X를 눌러 바로 전환하면서 진행하면 좋습니다.

11~12 전경색을 흰색(#ffffff)으로 설정한 후 직선으로 그리지 말고 점을 찍듯이 그리면 자연스럽게 확산되는 느낌으로 표현됩니다.

11

12

단축키

전경색과 배경색 바꾸기: X

05 인물 주변에 확산 효과 추가하기

13 [인물] 레이어를 복사해 바로 아래에 배치한 후 레이어 이름을 '효과 2'로 바꿉니다.

02와 같이 [필터 → 픽셀 유동화]를 선택해 인물의 위쪽에 왜곡을 추가합니다.

14 다리 사이 등은 미세한 브러시, 몸은 큰 브러시로 크기를 조절하면서 작업합니다.

02보다 피부색이나 신발색이 어느 정도 남아 있도록 짧은 직선으로 그립니다.

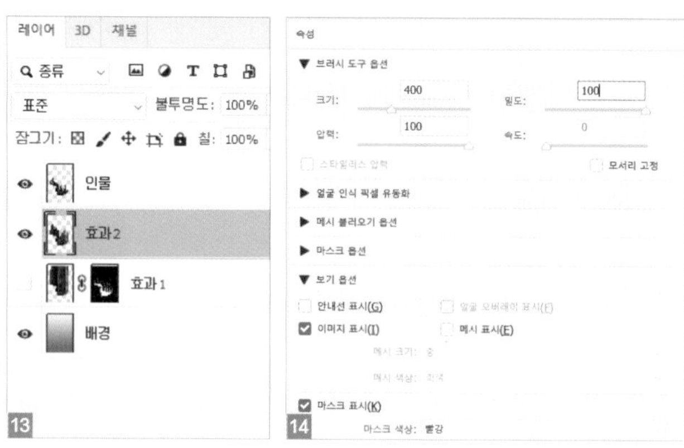

13 14

06 [마스크] 정리하기

03~05와 같은 방법으로 [레이어 마스크]를 추가하고 정리합니다.

15 얼굴이나 손가락 끝, 신발 주변이 위쪽으로 뻗어 확산되는 느낌으로 마무리합니다.

07 [브러시 도구]로 확산된 모습 추가하기

가장 위쪽에 [브러시 조각] 레이어를 새로 만듭니다. [브러시 도구]를 선택한 후 [브러시 종류: 거칠고 둥근 강모]로 설정합니다.

전경색은 인물에서 추출한 색상을 사용합니다. [브러시 도구]를 선택한 상태에서 Alt를 누르면 일시적으로 [스포이트 도구]로 바뀝니다.

16 인물의 머리 주변을 작업할 때에는 [머리카락 색 추출 → 머리의 위쪽 방향으로 그리기 → 피부색 추출 → '얼굴의 위쪽 방향으로 그리기]의 순서로 [스포이트 도구]와 [브러시 도구]를 전환하면서 그립니다.

08 인물에 [마스크] 추가하기

[인물] 레이어를 선택한 후 [레이어 마스크]를 추가합니다.

17 [브러시 도구]를 선택한 후 [브러시 크기], [불투명도]를 변경하면서 [거칠고 둥근 강모]을 사용해 하위 레이어와 자연스럽게 어우러지도록 [마스크]를 추가합니다.

09 인물 소스로 파편 만들기

[인물] 레이어를 선택합니다.

18 [다각형 올가미 도구]로 그림과 같이 인물에 삼각형 선택 범위를 만듭니다.

[마우스 오른쪽 버튼 클릭 → 복사한 레이어](단축키: Ctrl + J)를 선택해 레이어를 복사합니다. 레이어 이름을 '파편'으로 바꿉니다.

19 [파편] 레이어를 선택한 후 이동하고 회전시킵니다.

20~21 이와 같은 방법으로 인물 이미지를 소스로 크고 작은 여러 삼각형을 복사한 레이어를 만듭니다.

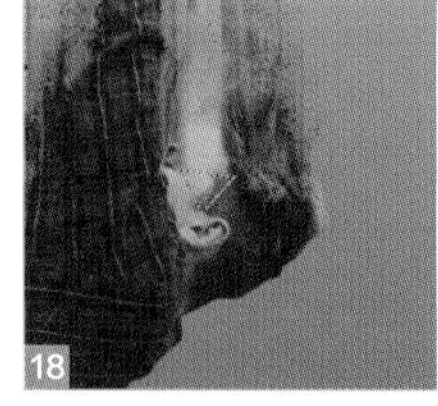

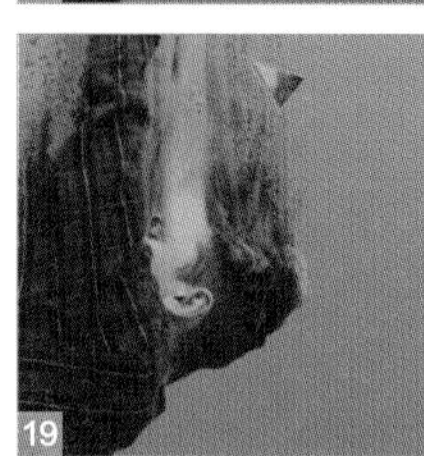

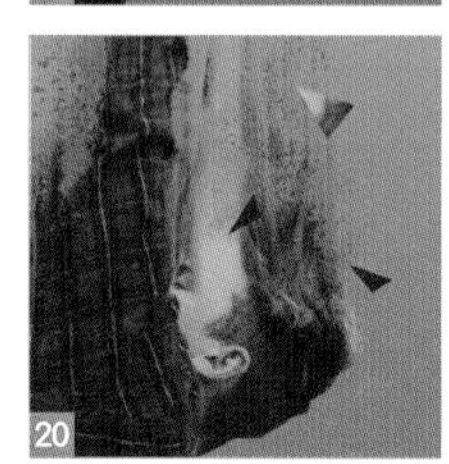

10 파편을 결합하고 입체감 더하기

22 파편을 어느 정도 만들었으면 [파편] 레이어 자체를 복사하고 크기와 각도를 바꿔 구성합니다. 구성이 끝나면 [파편] 레이어를 모두 선택한 후 [마우스 오른쪽 버튼 클릭 → 레이어 병합]을 선택합니다.

병합된 레이어 이름을 '파편'으로 바꾼 후 [레이어 스타일] 패널을 엽니다.

23 [경사와 엠보스]를 선택한 후 그림과 같이 설정합니다.

24 파편에 두께가 더해져 왼쪽 위에서 빛이 비치는 느낌이 표현됐습니다.

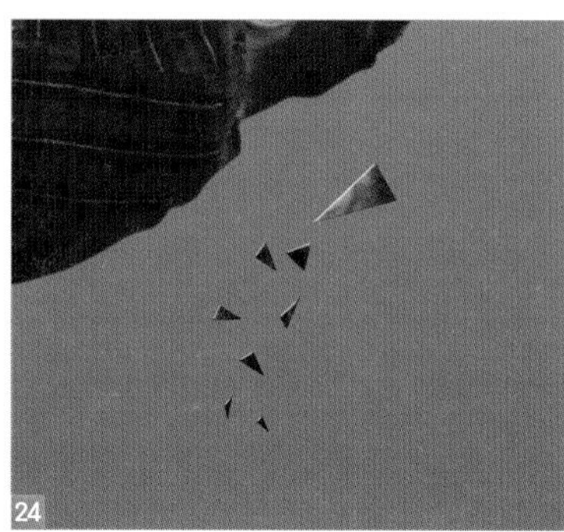

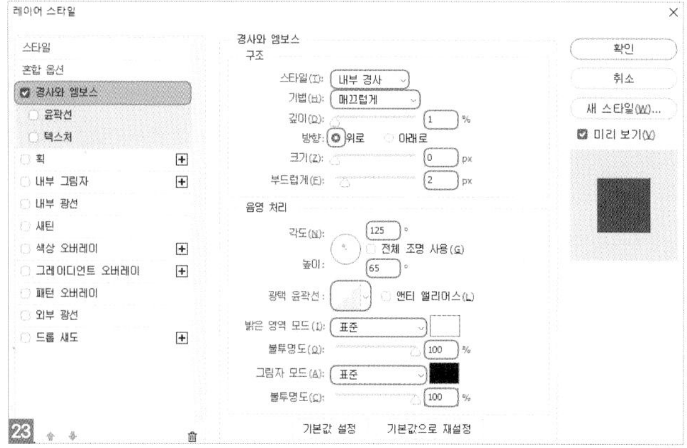

11 텍스트 추가하고 효과 추가하기

25 [수평 문자 도구]를 선택한 후 [글꼴: Adobe Caslon Pro], [글자 크기: 14pt], [글꼴 스타일: Regular]로 설정합니다.
[색상: #2c2625]로 설정합니다(머리카락의 어두운 부분에서 추출).
26 'DISPERSION EFFECT'를 입력한 후 그림과 같이 인물의 가운데에 배치하고 레이어를 맨 위로 이동합니다.
27 [DISPERSION EFFECT] 레이어를 아래쪽에 복사한 후 [마우스 오른쪽 버튼 클릭 → 문자 래스터화]를 선택합니다.
28 [DISPERSION EFFECT 복사] 레이어를 선택한 후 [필터 → 흐림 효과 → 동작 흐림 효과]를 선택하고 [각도: 90°], [거리: 800픽셀]로 설정합니다.
29 세로로 직선 모양이 나타나면 글자 위쪽으로 이동시킵니다.

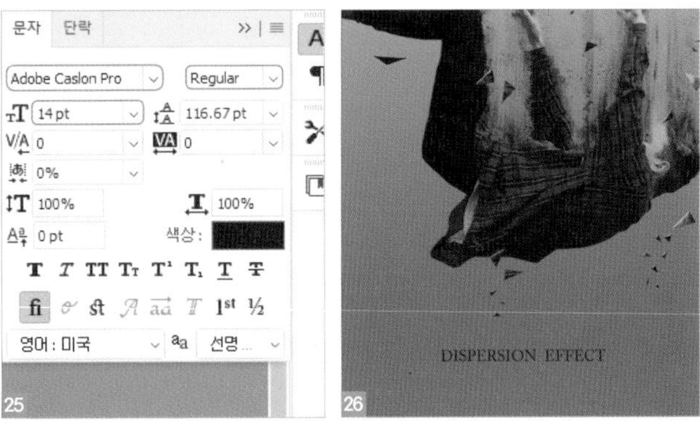

12 텍스트 레이어 그룹화하고 마스크 추가하기

[DISPERSION EFFECT] 레이어 및 [DISPERSION EFFECT 복사]를 그룹으로 만듭니다.
그룹을 선택한 후 [레이어] 패널의 아래쪽에 있는 [마스크] 버튼을 클릭합니다.
30~31 그룹의 [마스크 섬네일]을 선택한 후 [브러시 도구]를 선택합니다. 그런 다음 앞 순서와 같이 [브러시 종류: 거칠고 둥근 강모]로 설정하고 [마스크]를 확산하는 느낌의 이미지로 추가하면 완성입니다.

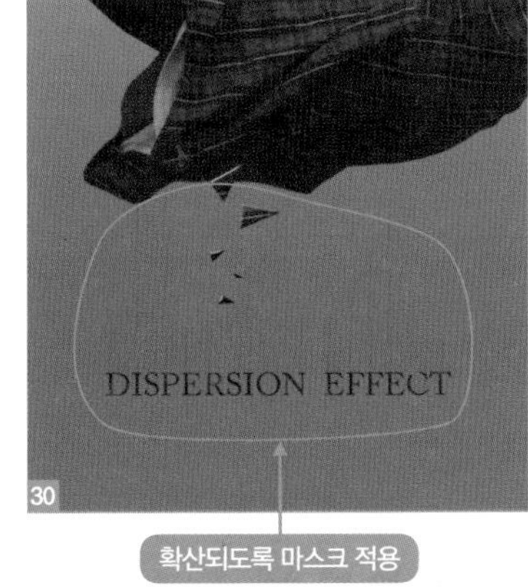

Recipe

108 동화 분위기의 콜라주

이야기의 한 장면 같은 작품을 만들어 보겠습니다. 빛과 그림자를 조절해 사진에 입체감을 더함으로써 독특한 분위기가 나는 콜라주 작품을 만들어 보겠습니다.

01 테이블과 다람쥐 배치하기

01 '108-배경.psd'를 불러옵니다. '108-소스.psd'에서 [테이블] 레이어를 가져와 화면의 아래쪽에 배치합니다.

02 [다람쥐 01], [다람쥐 02]를 가져와 테이블 위에 배치합니다.

03 레이어를 그룹화한 후, [테이블] 레이어의 그룹 이름을 '테이블', [다람쥐 01], [다람쥐 02] 레이어의 그룹 이름을 '다람쥐'로 바꿉니다. 그룹별로 색상을 설정하면 편리합니다.

02 의자 배치하기

[의자] 레이어를 [다람쥐] 그룹 밑에 배치합니다.

04 [의자] 레이어를 복사한 후 [편집 → 변형 → 가로로 뒤집기]를 선택해 다람쥐 뒤에 배치합니다. [의자] 레이어와 [의자 복사] 레이어를 그룹화한 후 그룹 이름을 '의자'로 바꿉니다.

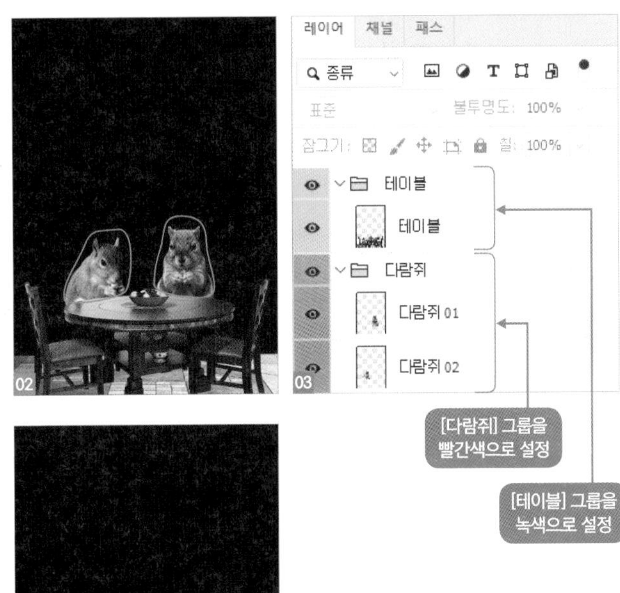

04

03 다람쥐에 안경 씌우기

05 [안경] 레이어를 [다람쥐] 그룹의 가장 위쪽에 배치합니다.

06 [편집 → 변형 → 뒤틀기]를 선택해 다람쥐에 맞게 변형합니다.

07 [안경] 레이어를 선택한 상태에서 [자동 선택 도구]를 선택한 후 렌즈의 내부를 선택합니다. [안경] 레이어의 위쪽에 [렌즈] 레이어를 추가한 후 선택 범위를 검정(#000000)으로 채웁니다.

08 [불투명도]를 [60%]로 설정해 렌즈를 투명하게 만듭니다.

04 다람쥐 손에 트럼프 카드 쥐어 주기

09 [트럼프 뒷면] 레이어를 가져온 후 복사해서 [트럼프 뒷면 복사]를 만들고 [다람쥐] 그룹의 가장 위쪽에 배치합니다.

[트럼프 뒷면], [트럼프 뒷면 복사] 레이어에 각각 [레이어 마스크]를 추가합니다.

10 [올가미 도구]를 사용해 그림과 같이 다람쥐가 트럼프를 쥐고 있는 모양으로 마스크를 추가합니다.

05 테이블에 다른 구성 요소 배치하기

11 [트럼프], [코인 1], [코인 2] 레이어를 가져와 [테이블] 그룹의 가장 위쪽에 배치한 후 [자유 변형]이나 [가로로 뒤집기]를 사용해 변형합니다. 배치한 3개의 레이어 아래쪽에 [그림자] 레이어를 만듭니다.

12 [브러시 도구]를 선택한 후 전경색을 검정(#000000)으로 설정하고 [브러시 종류: 부드러운 원]으로 그림자를 그립니다. 이 예제에서는 [브러시 불투명도: 100%]로 그린 후 레이어의 [불투명도]를 [60%]로 설정했습니다.

06 빛과 앵무새 배치하기

13 [조명] 레이어를 가져와 가장 위쪽에 배치한 후 위쪽에 [앵무새] 레이어를 배치합니다. 더 위쪽에 [덩굴] 레이어를 배치합니다.

14 [앵무새] 레이어의 아래쪽으로 [물고 있는 트럼프] 레이어를 가져와 앵무새 부리가 보이도록 배치합니다.

15 가져온 레이어 4개를 그룹화한 후 그룹의 이름을 '라이트'로 바꿉니다.

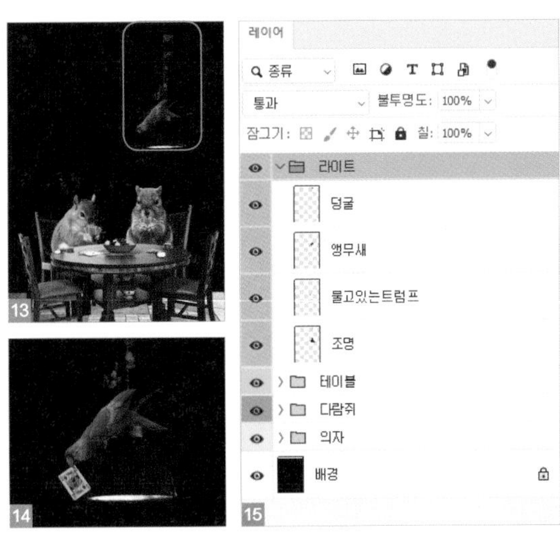

07 검은색 배경에 고양이 배치하고 자연스럽게 겹치기

16 '108-고양이.psd'를 불러온 후 그림과 같이 배치합니다.

검은색 배경에 어울리도록 보정하겠습니다.

17~18 [고양이] 레이어의 위쪽에 [레벨] 조정 레이어를 추가한 후 그림 17과 같이 설정합니다. [고양이] 레이어를 선택한 후 [레이어] 패널의 [마스크] 아이콘을 선택합니다.

19 브러시로 고양이 얼굴 주위에 마스크를 추가해 검은색 배경에 자연스럽게 겹쳐 나갑니다.

08 고양이 얼굴 밝게 그리기

[레벨 1] 조정 레이어의 위쪽에 [얼굴빛] 레이어를 새로 만든 후 [혼합 모드]를 [오버레이]로 설정합니다.

[브러시 도구]를 선택한 후 전경색을 흰색(#ffffff)으로 설정합니다. 칠한 부분에 빛이 비치는 효과를 낼 수 있습니다.

20 얼굴의 입체감을 생각하면서 칠합니다.

밝기가 조금 부족한 느낌이 들어 [얼굴빛] 레이어를 위쪽에 복사했습니다.

21 어두운 배경에서 고양이 얼굴이 흐릿하게 나타나는 느낌이 됐습니다.

만들어진 [고양이], [얼굴빛] 레이어와 [레벨 1] 조정 레이어를 그룹화한 후 그룹의 이름을 '고양이'로 바꿉니다.

09 고양이의 검은 눈 다듬기

고양이의 시선이 다람쥐를 향하도록 수정합니다. [고양이] 레이어를 선택한 후 [복제 도장 도구]를 선택합니다.

[브러시 크기]를 [20픽셀] 전후, [불투명도]를 [50%] 전후로 설정하고 칠하면 검은색 눈이 없어집니다.

22 검은색 눈동자가 어느 정도 없어질 때까지 브러시의 크기를 작게 해 Alt를 누른 상태에서 복사 원본을 선택한 후 되도록이면 가까운 곳에 도장을 찍는 방법으로 작업합니다.

10 검은색 눈동자 만들기

23 [고양이] 그룹의 가장 위쪽에 추가로 [눈] 그룹을 만듭니다. [눈] 그룹에 [눈동자] 레이어를 새로 만듭니다.

24 [원형 선택 도구]를 클릭한 후 검은색 눈동자 모양으로 선택 범위를 만듭니다.

[페인트 통 도구]를 선택한 후 전경색을 검정(#000000)으로 설정해 채웁니다.

[필터 → 흐림 효과 → 가우시안 흐림 효과]를 선택한 후 [반경: 3.0픽셀] 정도로 설정합니다.

25 [자유 변형]을 선택해 각도를 조절합니다.

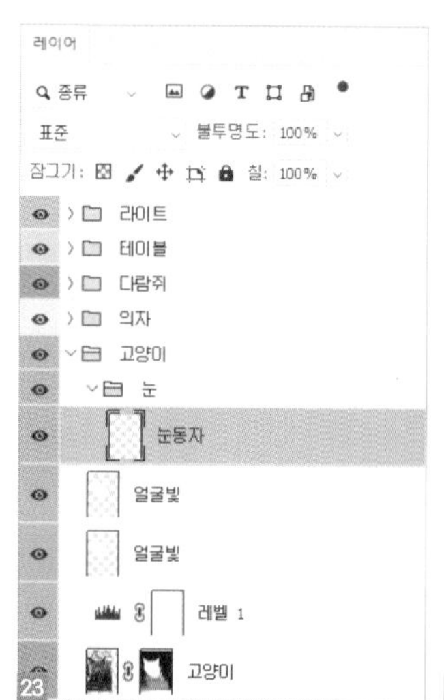

검은 눈동자 만들기

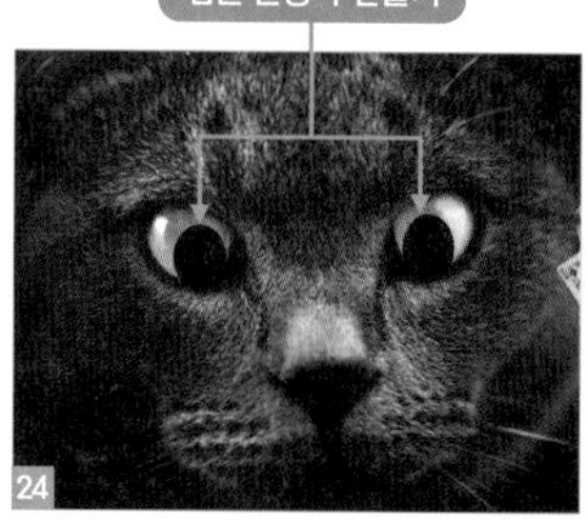

11 눈동자에 빛 반사 추가하기

[눈] 그룹을 선택한 후 [레이어] 패널에서 [마스크] 아이콘을 선택합니다. [마스크 섬네일]을 선택한 후 [올가미 도구] 등으로 눈의 윤곽을 따라 선택 범위를 만들고 눈 안쪽만 나타나도록 마스크를 추가합니다.

[눈] 그룹의 가장 위쪽에 [강조] 레이어를 새로 만듭니다.

26 [브러시 도구]를 선택한 후 [브러시 크기]를 [10픽셀] 전후로 설정하고 눈에 반사되는 빛을 점을 찍듯이 그립니다. 레이어의 [불투명도]를 [70%]로 설정해 자연스럽게 만듭니다.

눈의 밝은 영역 작성

12 고양이 발 추가하기

'108-소스.psd' 파일의 레이어를 이동해 가장 위쪽에 배치합니다.

27 [고양이 손] 레이어를 복사한 후 [가로로 뒤집기]를 해 그림과 같이 다람쥐가 앉아 있는 의자에 발을 대고 있는 것처럼 배치합니다.

2개의 [고양이 손] 레이어에 각각 [레이어 마스크]를 추가합니다.

28 고양이 얼굴에 마스크를 추가했던 방법과 같이 배경에 자연스럽게 겹쳐지도록 양발에 마스크를 추가합니다.

화면 왼쪽의 발은 앞 의자에 겹쳐 있으므로 마스크 처리를 할 때 발이 안쪽으로 향하도록 합니다.

27

28

마스크 적용

13 그림자 추가하고 전체 밝기 조정하기

가장 위쪽에 [전체 그림자] 레이어를 새로 추가한 후 [혼합 모드]를 [소프트 라이트]로 설정합니다.

29 [브러시 도구]를 선택한 후 전경색을 검정(#000000)으로 설정하고 전체적으로 그림자를 추가합니다.

● 화면 왼쪽 위쪽에서 빛이 비친다고 생각하며 그림자를 추가합니다.

29

그림자 그려 넣기

14 전체 화면에 조명 빛 추가하기

[라이트] 그룹의 가장 위쪽에 [조명 빛] 레이어를 새로 만든 후 [혼합 모드]를 [오버레이]로 설정합니다.

30 그림과 같이 선택 범위를 만든 후 [전경색: #ffc379]로 채웁니다.

31 선택 범위를 해제한 후 [필터 → 흐림 효과 → 가우시안 흐림 효과]를 선택해 [반경: 100픽셀]로 설정합니다.

레이어의 [불투명도]를 [30%]로 설정합니다.

32 이러한 방식으로 [새 레이어 만들기 → 혼합 모드: 오버레이 → 선택 범위 만들기 → 채우기]를 반복해 밝게 표현해야 할 부분이나 고양이 얼굴 등에 빛을 추가합니다.

30

31

32

15 화면 앞쪽에 여러 가지 요소 추가하기

레이어 가장 위쪽에 새 그룹을 만든 후 이름을 '앞 요소'로 설정합니다.

'108-소스.psd'를 불러온 후 [나무], [풀] 레이어를 [앞 요소] 그룹으로 이동시켜 배치합니다.

33 '108-액자.psd'를 불러온 후 [액자] 레이어를 [앞 요소] 그룹의 가장 아래에 배치합니다.

34 [풀] 레이어를 복사한 후 [가로로 뒤집기]를 하고 [자유 변형]으로 확대해 배치합니다.

35 복사하고 확대한 [풀 복사] 레이어를 선택한 후 [필터 → 흐림 효과 → 가우시안 흐림 효과]에서 [반경: 15픽셀]로 설정합니다.

33

34

35

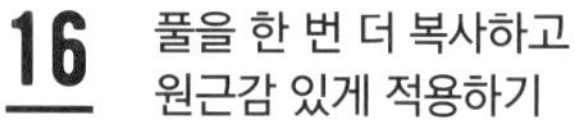

16 풀을 한 번 더 복사하고 원근감 있게 적용하기

'[풀] 레이어 복사 → 자유 변형 → 가우시안 흐림 효과'의 순서대로 풀을 추가합니다.

36 앞쪽에 나와 있는 것은 크게 확대하거나 흐림 효과를 강하게 하고, 조금 뒤쪽에 있는 것은 약한 흐림 효과를 적용합니다.

복사한 [풀] 레이어에 [레이어 스타일 → 드롭 섀도]를 적용합니다.

37 액자에 풀 그림자가 생기도록 화면 왼쪽의 풀에 그림과 같이 [각도: 60°]로 설정해 강한 그림자를 만듭니다.

화면의 오른쪽 풀에 [드롭 섀도]를 추가합니다.

38 [나무] 레이어에 [드롭 섀도]를 추가합니다.

36

38

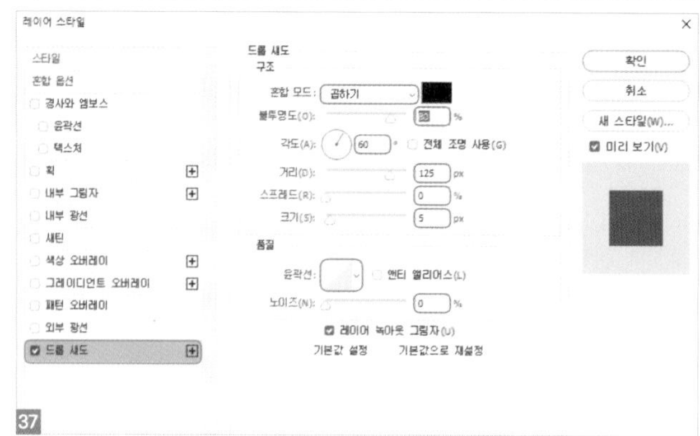

37

17 레이아웃 정리하기

39 [앞 요소] 그룹 아래의 모든 그룹 레이어를 선택합니다.

40 액자가 추가되면 화면 아래가 그만큼 가려지므로 전체적으로 이미지를 위쪽으로 이동합니다.

💧 많은 레이어를 다룰 때는 레이어를 그룹화하거나 색으로 구분하면 원하는 레이어를 원활하게 선택하거나 이동할 수 있습니다.

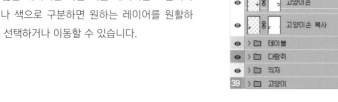

18 오래된 느낌의 종이 텍스처 추가하기

'108-텍스처.psd'를 불러온 후 가장 위쪽에 배치합니다.

41 [혼합 모드]를 [밝게 하기]로 설정합니다. 이렇게 하면 종이 질감이 하위 레이어의 어두운 부분에만 추가됩니다.

42 레이어의 [불투명도]를 [40%]로 설정해 자연스럽게 겹치면 완성입니다.

작가의 리터치 노트

펜 태블릿은 이런 분께 추천해요!

펜 태블릿을 사용하면 [브러시 도구]로 아날로그 느낌으로 칠할 수 있을 뿐만 아니라 [펜 도구]를 사용해 패스를 만들거나 디테일한 마스크를 적용하는 등 마우스보다 훨씬 정확하고 효율적으로 작업할 수 있습니다.

펜 태블릿을 다루려면 약간의 기술이 필요하지만 익숙해지면 [브러시 도구], [펜 도구] 등 포토샵에서 자주 사용하는 도구를 사용하기 쉬워지므로 리터치, 가공 작업을 주로 하는 분이라면 한 번쯤 사용해 보기를 추천합니다.

Recipe

109

SF 느낌의 미래 도시

여러 소스를 합성해 가상의 도시를 만들어 보겠습니다.
색감을 정돈하고 빛을 내는 장식을 더하면 미래 도시를 표현할 수 있습니다.

01 기본이 되는 빌딩의 풍경 소스 배치하기

01 [파일 → 새로 만들기]를 선택한 후 [폭: 2185픽셀], [높이: 2811픽셀]의 캔버스를 만듭니다.

02 '109-소스.psd'를 불러옵니다.
예제를 만드는 데 필요한 투명 처리된 소스를 정리해 놓았습니다.

03~04 [빌딩들 02] 레이어를 그림 03과 같이 배치한 후 위쪽에 있는 [빌딩들 01] 레이어를 그림 04와 같이 배치합니다.

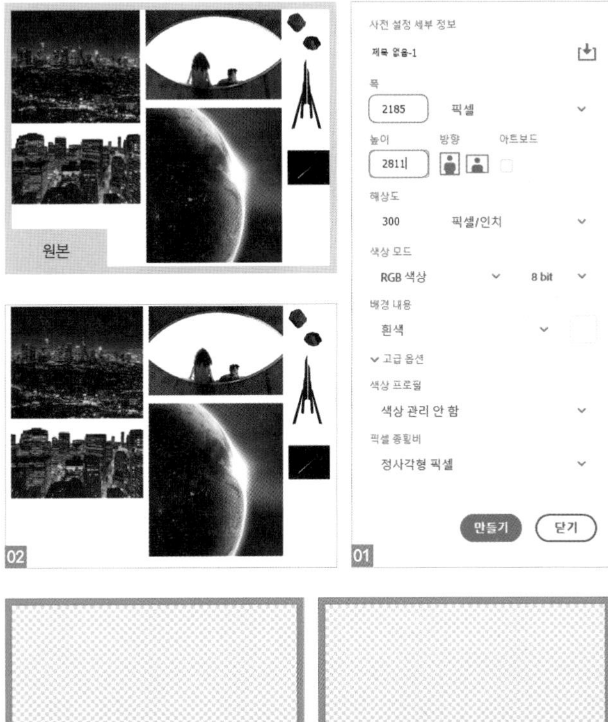

02 [빌딩 01] 레이어를 보라색으로 보정하기

각 레이어의 색상을 조절하겠습니다.

05 [빌딩들 01] 레이어를 선택한 후 [필터 → Camera Raw 필터]를 선택합니다.

06~07 창이 열리면 [기본] 항목을 그림 06처럼 설정합니다. [색상 혼합] 항목에서는 그림 07과 같이 보라색 계열로 보정합니다.

08~09 [이미지 → 조정 → 색상 균형]을 선택해 그림 08과 같이 설정한 후 미세 조정합니다.

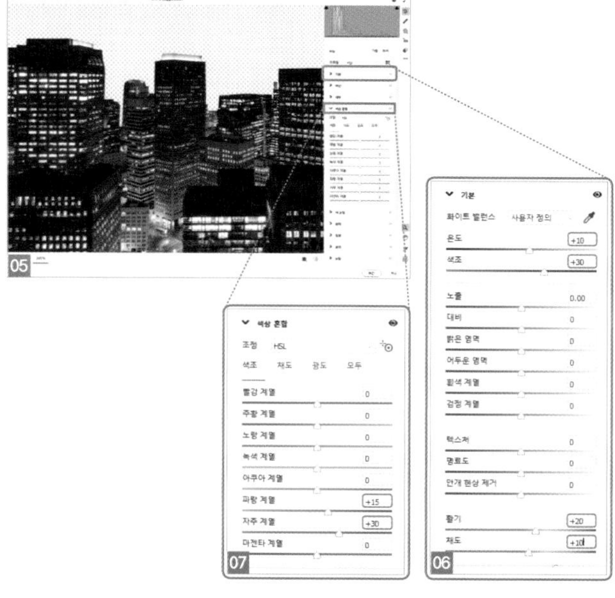

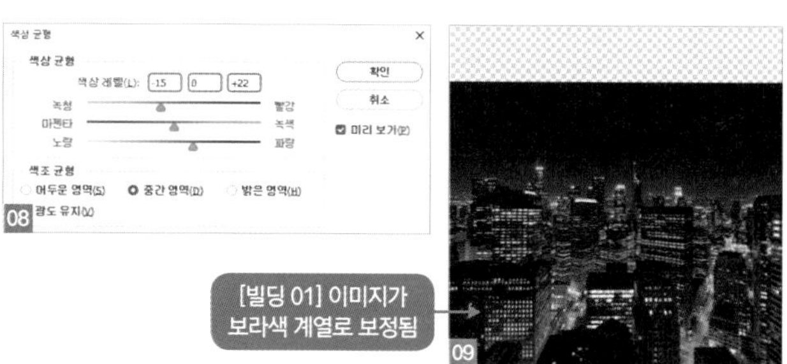
[빌딩 01] 이미지가
보라색 계열로 보정됨

03 [빌딩 02]를 보정해 전체 색상 조정하기

10 [빌딩 02] 레이어를 선택한 후 [이미지 → 조정 → 레벨]을 그림과 같이 약간 옅고 밝게 보정합니다.

11~12 [이미지 → 조정 → 색상 균형]을 선택한 후 [색조 균형: 중간 영역]을 그림 11과 같이 [밝은 영역]을 그림 12와 같이 설정합니다.

13 마젠타 계열로 보정되면서 전체적으로 색이 정돈됐습니다.

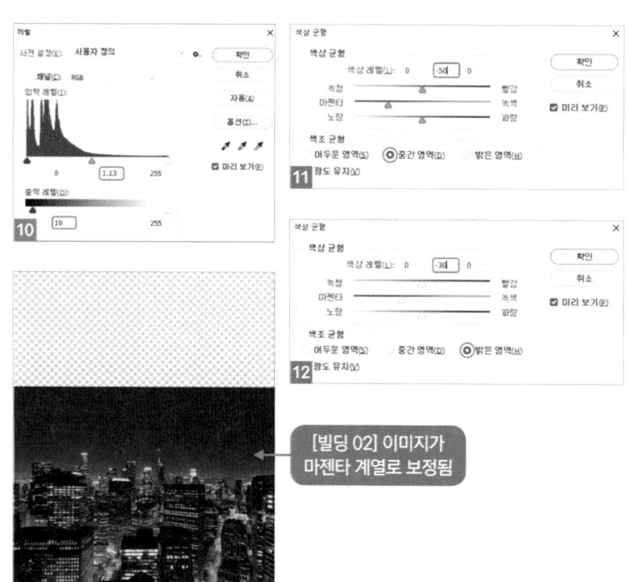
[빌딩 02] 이미지가
마젠타 계열로 보정됨

04 행성을 배경으로 배치하고 마스크 추가하기

14 '109-소스집.psd'를 불러온 후 [행성] 레이어를 위쪽에 배치합니다.
15 [레이어] 패널의 아래쪽에 있는 [마스크] 버튼을 클릭해 [레이어 마스크]를 추가합니다.
16~17 [마스크 섬네일]을 선택한 후 전경색과 배경색을 초기 설정(흑백)으로 하고 [그레이디언트 도구]를 사용해 빌딩과 하늘의 경계에 마스크를 추가합니다.
18 전경색을 검정(#000000)으로 설정한 후 [종류: 부드러운 원]을 이용해도 마스크를 만들 수 있습니다.

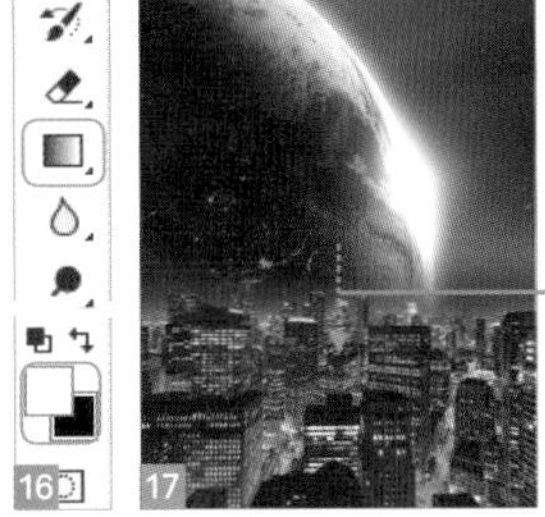

05 타워를 배치하고 마스크 추가하기

19 [타워] 레이어를 가장 위쪽으로 가져온 후 그림과 같이 배치합니다.
[레이어] 패널의 아래쪽에 있는 [마스크] 버튼을 클릭합니다.
20 앞의 빌딩과 겹치는 곳을 조절해야 합니다. 전경색을 검정(#000000)으로 설정한 후 [종류: 부드러운 원 브러시]으로 마스크를 적용합니다.

06 빌딩 텍스처를 만들어 붙여넣기

[빌딩 02] 레이어의 일부를 텍스처로 사용하겠습니다.
21 일단 [빌딩 01] 레이어를 숨겨 둔 후 [빌딩 02] 레이어의 중간쯤에 있는 빌딩들에서 그림과 같이 선택 범위를 만들고 Ctrl + J를 눌러 새로운 레이어로 만듭니다.
복사된 레이어를 [타워] 레이어의 위쪽으로 이동시킨 후 레이어 이름을 '빌딩 텍스처'로 바꿉니다.
22 [레이어] 패널에서 [빌딩텍스처]를 선택한 후 [마우스 오른쪽 버튼 클릭 → 클리핑 마스크 만들기]를 선택합니다. 만들어진 레이어를 복사하면서 [타워] 레이어에 텍스처를 붙여 나가겠습니다.
23 타워의 왼쪽 아래를 그림과 같이 배치합니다.

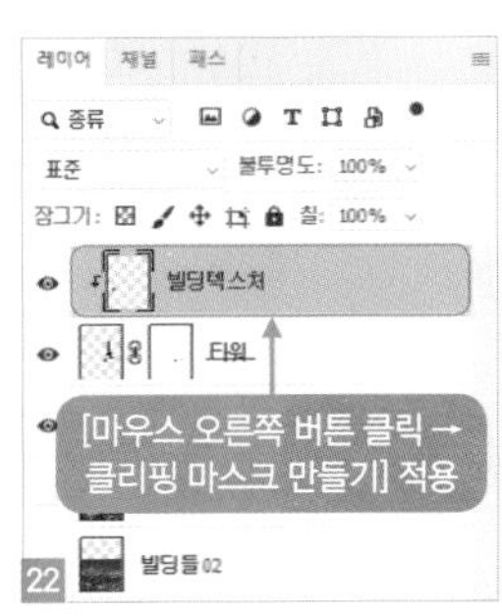

07 빌딩에 텍스처 붙이기

24~25 [빌딩 텍스처] 레이어를 여러 번 복사해 타워 전체에 텍스처를 붙여 나갑니다. 전체적으로 붙여 넣었으면 [빌딩 텍스처] 레이어들을 모두 병합합니다.

08 타워에 빛의 입체감 추가하기

[빌딩 텍스처] 레이어의 위쪽에 [타워 빛] 레이어를 새로 만든 후 [혼합 모드: 오버레이]로 설정합니다.

[빌딩 텍스처]와 마찬가지로 [마우스 오른쪽 버튼 클릭 → 클리핑 마스크 만들기]를 선택합니다.

26~27 [브러시 도구]를 선택한 후 [종류: 부드러운 원]을 선택하고 전경색을 흰색(#ffffff)으로 설정해 빌딩의 경계를 그립니다. 이때 알아보기 쉽도록 [혼합 모드: 표준]으로 설정해 확인하면 그림 27과 같이 보입니다.

28~29 이대로는 빛이 약하기 때문에 [타워 빛] 레이어를 복사합니다.

[타워 빛] 레이어, [타워 빛 복사], [빌딩 텍스처]를 모두 선택한 후 [마우스 오른쪽 버튼 클릭 → 레이어 병합]하고 레이어 이름을 '타워'로 바꿉니다.

30 [타워] 레이어를 선택한 후 [이미지 → 조정 → 색상 균형]을 그림과 같이 설정합니다. 마젠타와 블루를 추가해 풍경과 자연스럽게 겹칩니다.

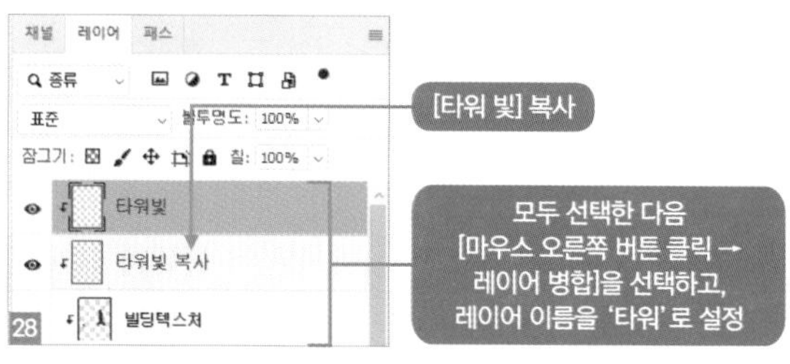

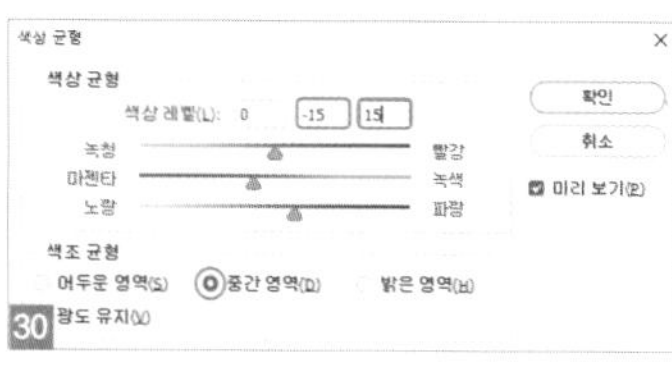

09 타워에 레이저 장식 추가하기

31 도구 바에서 [타원 도구]를 선택합니다.
32 옵션 바에서 [칠: 색상 없음], [획: #ffffff, 2.5픽셀]로 설정합니다.
33 그림과 같이 타워 중간을 둘러싸는 형태로 타원 장식을 만듭니다.
34 만들어진 [타원 1] 레이어를 더블클릭해 [레이어 스타일] 패널을 나타냅니다. [외부 광선]을 선택한 후 그림과 같이 설정합니다.
35 레이저 장식에는 밝은 하늘색(#b7e6ff)을 사용했습니다.
마스크를 사용해 타워를 둘러싸는 것처럼 보이게 하겠습니다. [타원 1] 레이어를 선택한 후 [레이어 마스크]를 추가합니다.
36 [브러시 도구]를 선택한 후 [종류: 선명한 원]을 사용해 그림과 같이 레이저 장식이 타워를 둘러싸고 있는 것처럼 마스크를 적용합니다.

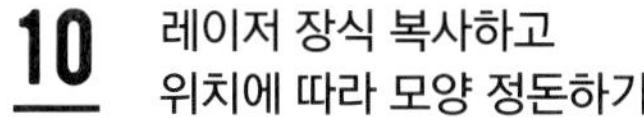

10 레이저 장식 복사하고 위치에 따라 모양 정돈하기

숨어 있던 [빌딩 01] 레이어를 나타나게 합니다. [타원 1] 레이어를 복사해서 레이어 6개를 만듭니다. 레이어를 복사하면 레이어 스타일도 함께 복사되므로 시간을 단축할 수 있습니다.
37 입체감을 생각하면서 레이어 6개를 변형합니다. 빌딩과 하늘 경계를 눈높이로 정한 후 그림과 같이 배치합니다.
38 [타원 1] 레이어와 마찬가지로 [레이어 마스크]를 추가한 후 빌딩과 겹치는 레이저 장식에 마스크를 추가하고 정돈합니다.

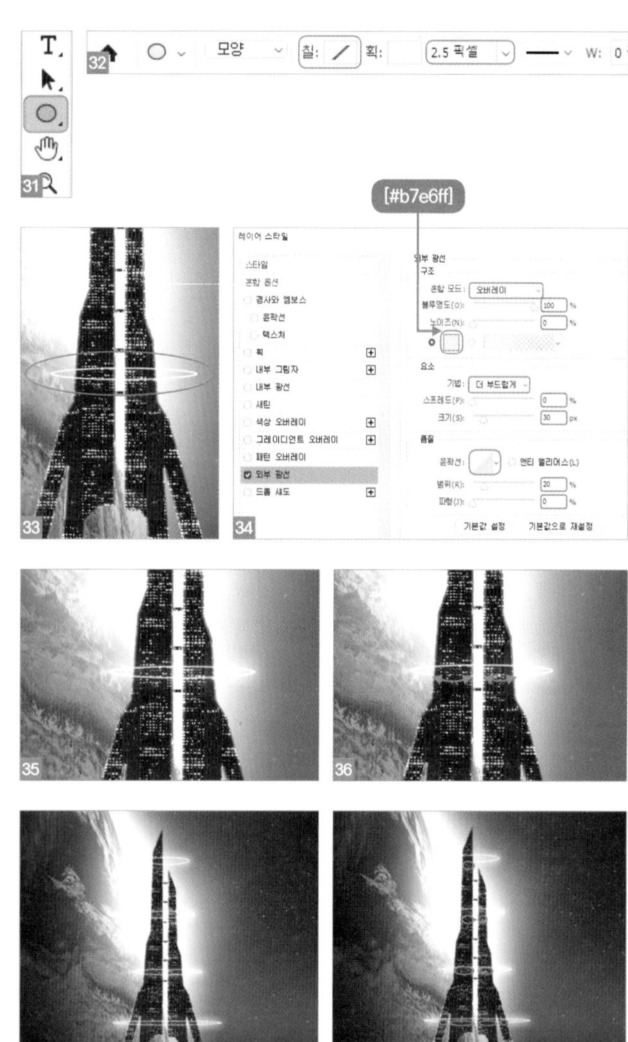

핵심 포인트

눈높이는 '시선의 높이'를 말합니다. 카메라를 들고 이 풍경을 촬영하면 어떻게 될까 상상해 보면 형상화하기 쉽습니다. 이 예제에서는 빌딩과 하늘의 경계를 눈높이로 설정했습니다. 눈높이와 타원이 평행한 위치에 있으므로 거의 수평선(직선) 모양이 됩니다. 눈높이보다 위쪽에 있는 요소는 올려다본 상태, 아래쪽에 있는 요소는 내려다본 상태가 되기 때문에 눈높이보다 위아래로 멀어질수록 빛은 수평선(직선) 상태에서 원형이 됩니다.

11 전체적으로 빛 추가하기

가장 위쪽에 [빛 01] 레이어를 만든 후 [혼합 모드: 오버레이]로 설정합니다.

39 [브러시 도구]를 선택한 후 [종류: 부드러운 원]을 선택하고 전경색을 흰색(#ffffff)으로 설정해 타워의 아래에 빛을 추가합니다.

빌딩들이 있는 곳에 만들었던 [타원] 레이어의 범위에도 빛을 추가합니다.

40 좀 더 위쪽에 [빛 02] 레이어를 새로 만든 후 [혼합 모드: 오버레이]로 설정합니다. 이곳은 [불투명도: 50%]로 조금 은은하게 빛나게 합니다. 타워 전체에 빛을 추가로 그려 넣습니다.

12 화면에 추가 요소 배치하기

41 '109-소스.psd'에서 [테두리하], [테두리상] 레이어를 가져옵니다.

[테두리하] 레이어의 위쪽에 [인물 빛] 레이어를 새로 만든 후 [혼합 모드: 오버레이]로 설정합니다. [테두리하] 레이어에서 [마우스 오른쪽 버튼 클릭 → 클리핑 마스크 만들기]를 적용해 둡니다. 타워의 윤곽을 빛나게 할 때와 같은 방법입니다.

42 [브러시 도구]를 선택한 후 [종류: 부드러운 원]을 선택하고 전경색을 흰색(#ffffff)으로 설정해 사람과 강아지의 윤곽에 빛을 추가합니다.

43 빛을 더욱 강조하기 위해 [인물 빛] 레이어를 위쪽에 복사합니다.

[테두리하] 레이어의 아래에 [빛 추가] 레이어를 만듭니다. 앞의 요소와 도시 풍경 사이에 더미를 추가해 거리감을 표현하겠습니다.

44 [브러시 도구]를 선택한 후 [종류: 부드러운 원]을 선택하고 전경색을 흰색(#ffffff)으로 설정해 그림과 같이 칠합니다.

45 레이어의 [불투명도]를 [25%]로 설정합니다.

[테두리상] 레이어

[테두리하] 레이어

[인물 빛] 레이어 복제

레이어 [불투명도]를 [25%]로 설정

13 유성과 운석 배치하기

'109-소스.psd'를 불러온 후 [운석], [유성] 레이어를 가져옵니다.

46 [유성] 레이어는 [테두리상] 레이어보다 아래쪽에 배치하고 [혼합 모드: 스크린]으로 설정합니다.

47 [운석] 레이어는 복사하거나, 크기를 조절하거나, 회전시켜 타워 주위에 흩어지도록 배치합니다.

48 앞쪽에 배치한 운석은 [필터 → 흐림 효과 → 동작 흐림 효과]를 선택한 후 그림과 같이 적용해 배치합니다.

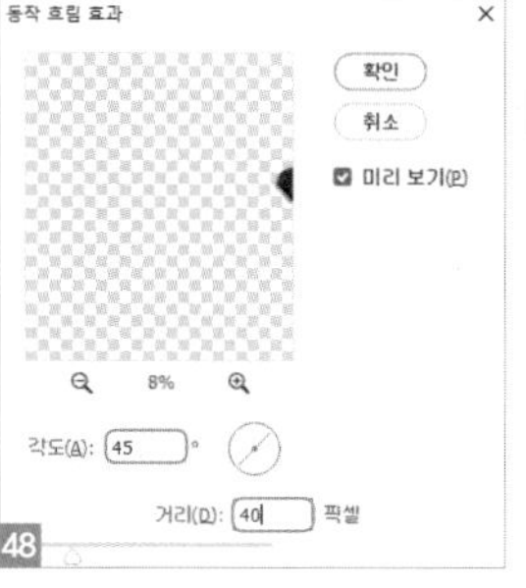

핵심 포인트

크기를 조절하거나 회전할 때는 [자유 변형] 단축키 Ctrl + T를 사용하면 편리합니다.

14 [조정 레이어]를 사용해 전체 색상 조절하기

[레이어] 패널에서 [조정 레이어] 버튼을 클릭해 [선택 색상]을 추가하고 가장 위쪽에 배치합니다.

49~52 [절대치] 항목을 선택한 후 [파랑 계열]에서 [마젠타: +15%], [마젠타 계열]에서 [녹청: -30%], [흰색 계열]에서 [녹청: -10%], [검정 계열]에서 [녹청: -5%], [검정: -5%]로 설정합니다.

53 전체 색감을 마젠타 계열, 검정을 [-5%]로 설정해 조금 매트한 질감이 나게 만들었습니다.

54 [조정 레이어] 버튼 → [곡선]을 클릭해 가장 위쪽에 추가합니다. 전체적으로 조금만 밝게 보정하기 위해 중심에 포인터를 추가한 후 [입력: 123], [출력: 134]로 설정합니다.

55 전체 색상과 밝기가 조절됐습니다.

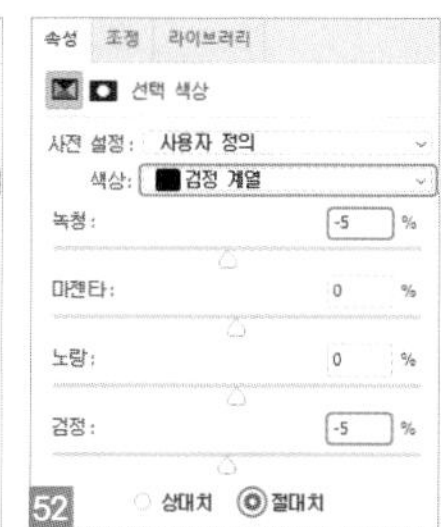

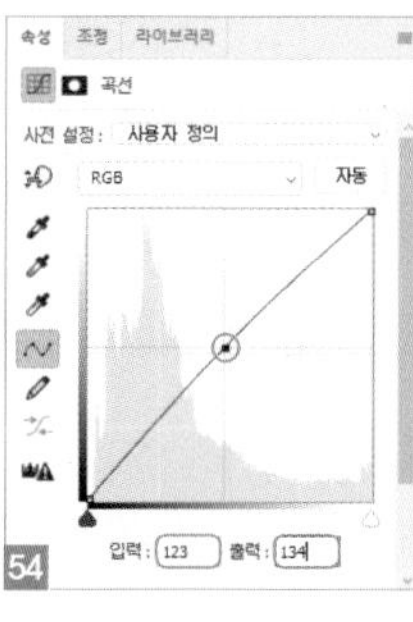

원본
URBAN

Recipe

110 영화 인셉션 느낌의 도시

3D 기능을 사용해 문자의 형상을 따서 빌딩을 제작해 보겠습니다.
도시의 풍경과 잘 어우러지게 하면 좀 더 리얼하게 표현할 수 있습니다.

01 문자 배치하기

01 '110-도시.psd'를 불러온 후 새 레이어를 만들고 [수평 문자 도구]를 선택한 다음 'URBAN'을 입력합니다. 글꼴은 [Arial], 글꼴 스타일은 [Bold], 문자 크기는 [120pt]로 설정합니다. 만들어진 문자를 화면의 중앙에 배치합니다.

02 3D 도구를 사용해 문자 입체화하기

02 [URBAN] 레이어를 선택한 후 [3D → 선택한 레이어에서 새 3D 돌출 만들기]를 선택합니다.
03 3D 작업 영역으로 전환한다는 내용의 대화상자가 나타나면 [예]를 선택합니다.
작업 공간이 [3D]로 자동 전환됩니다.

03 카메라의 위치 설정하기

[이동 도구]를 선택합니다.
04~05 화면 오른쪽 아래에 있는 [3D] 패널에서 [현재 보기]를 선택합니다. [현재 보기]를 선택하면 캔버스의 가장자리에 노란색 라인이 나타납니다.
06 화면 오른쪽 위의 [속성] 패널에서 [3D 카메라(■)]를 선택한 후 [시야: 28mm 렌즈]로 설정합니다.
07~08 [속성] 패널에서 [좌표]를 선택한 후 그림 07과 같이 위치와 회전 값을 입력합니다. 캔버스는 그림 08과 같습니다.

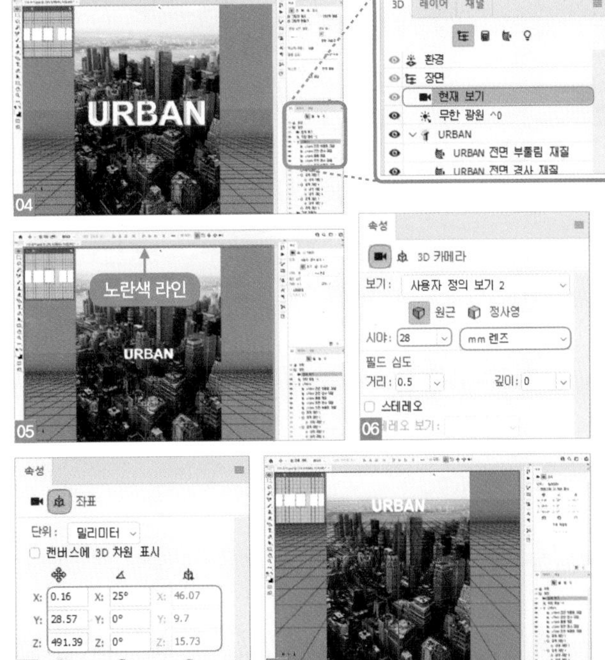

포토샵 CC 22.5 버전부터 [3D] 기능이 제대로 작동하지 않습니다.
22.2 이하 버전으로 설치하는 방법은 336쪽을 참고하세요.

04 객체의 위치와 크기 설정하기

[3D] 패널에서 [URBAN]을 선택한 후 [속성] 패널에서 [메시( )]를 선택합니다.

09 [그림자 캐치]와 [그림자 만들기] 항목의 체크 표시를 해제한 후 [돌출 심도: 50mm]로 설정합니다.

10 [속성] 패널에서 [좌표]를 선택한 후 [위치], [회전], [확대/축소: 치수 또는 퍼센트]를 그림과 같이 입력합니다.

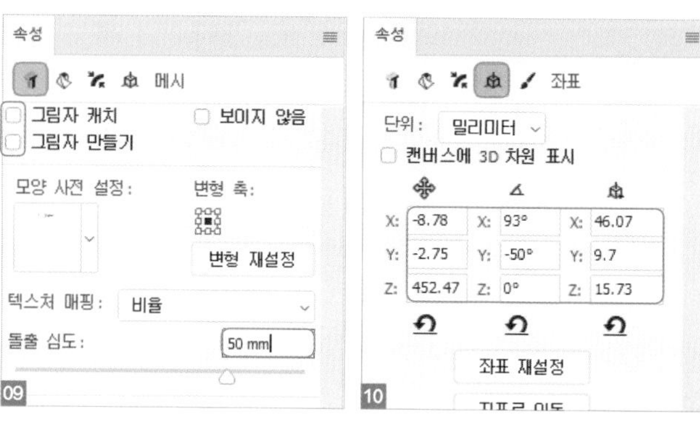

05 조명 설정하기

벽면을 파악하기 쉽게 조명을 설정하겠습니다.
[3D] 패널에서 [무한 광원 1]을 선택합니다.

11 [속성] 패널에서 [무한 광원]을 선택한 후 [사전 설정: 3D 인쇄 미리 보기 조명]으로 설정합니다.

12 도시 빌딩에 맞춘 입체 글자가 만들어졌습니다.

06 도시에 맞게 마스크 추가하기

[URBAN] 레이어를 선택한 후 [마우스 오른쪽 버튼 클릭 → 3D 래스터화]를 선택해 이미지로 만듭니다.

13 [펜 도구]를 선택합니다. 빌딩들 속에 [URBAN] 레이어를 배치하기 위해 그림과 같이 선택 범위를 만듭니다. 선택 영역을 [마우스 오른쪽 버튼 클릭 → 선택 영역 만들기]를 선택합니다.

14 [URBAN] 레이어를 선택한 후 [레이어] 패널의 아래쪽에 있는 [마스크] 버튼을 선택합니다.

07 빌딩의 옥상 부분 만들기

[URBAN] 레이어를 선택합니다.

15 [자동 선택 도구]를 사용해 옥상이 되는 글자 부분을 선택 범위로 만든 후 [마우스 오른쪽 버튼 클릭 → 복사한 레이어]를 선택합니다. 새로 만들어진 레이어 이름을 '옥상'으로 바꾸고 가장 위쪽에 배치합니다.

08 'N' 빌딩의 벽면에 텍스처 붙여 넣기 ①

16 앞으로 작업하기 쉽도록 마스크를 잠시 숨겨 놓겠습니다. [URBAN] 레이어의 [마스크 섬네일]을 선택한 후 [마우스 오른쪽 버튼 클릭 → 레이어 마스크 사용 불가]를 선택합니다.

17 '110-빌딩소스.psd'를 불러온 후 [벽면 01] 레이어를 가져와 [URBAN] 레이어보다 위쪽에 배치합니다. [편집 → 변형 → 왜곡]을 선택한 후 [URBAN] 레이어의 가장 앞쪽에 있는 벽면에 맞게 변형합니다. 이때 빌딩 벽면의 선택 범위에 마스크를 적용하기 위해 약간 크게 변형해 둡니다. 이 예제에서는 왼쪽 위 모서리를 먼저 맞춘 후에 변형을 실시했습니다.

[마우스 오른쪽 버튼 클릭 → 레이어 마스크 사용 불가] 메뉴 선택

09 'N' 빌딩의 벽면에 텍스처 붙여 넣기 ②

18 [벽면 01] 레이어를 숨긴 후 [URBAN] 레이어를 선택합니다. [자동 선택 도구]를 선택한 후 방금 텍스처를 붙여 넣은 벽면을 선택합니다. [벽면 01] 레이어를 선택해 나타나게 한 후 [레이어] 패널의 아래쪽에 있는 [마스크] 버튼을 클릭합니다.

19 튀어나온 부분이 있었다면 마스킹 처리로 텍스처를 틈이 없이 깔끔하게 붙일 수 있습니다.

20~22 08~09와 같은 방법으로 [URBAN]의 'N'의 나머지 벽면에 텍스처를 붙여 나갑니다. [왜곡]을 이용해 글자 모양에 맞게 변형합니다.

10 'N' 빌딩에 음영 추가해 입체감 표현하기

23 빌딩 텍스처 작업으로 만들어진 레이어는 마스크가 추가된 상태이며 그림과 같이 됩니다.

24 'N'의 벽면이 모두 완성되면 레이어를 각각 선택한 후 [마우스 오른쪽 버튼 클릭 → 고급 개체로 변환]을 선택합니다.

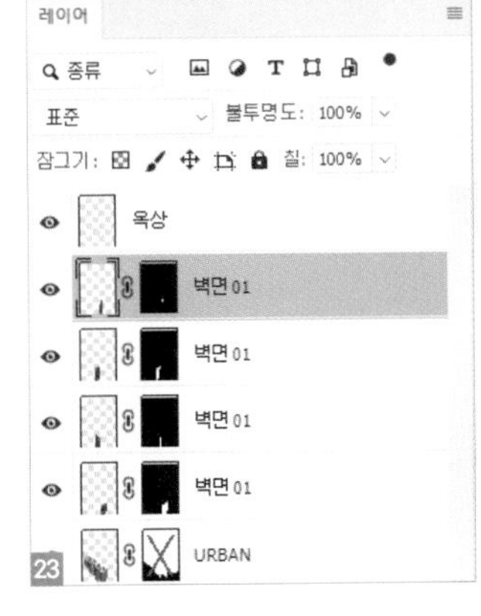

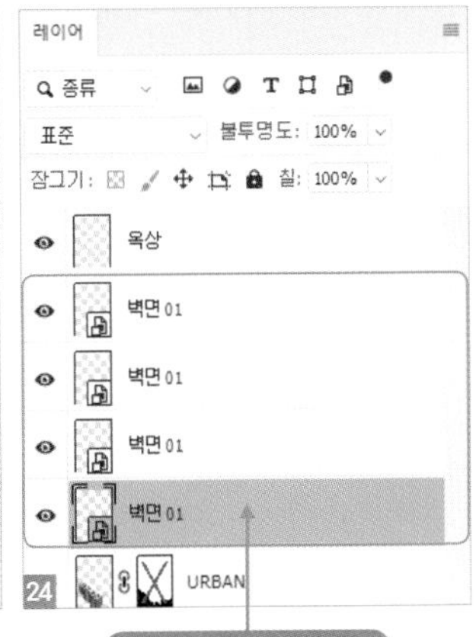

[고급 개체로 변환] 적용

화면 왼쪽 위에 빛이 있다고 가정하고 그림자를 만들겠습니다.

25~26 그림자가 생겨 어두운 벽면 3개에 [이미지 → 조정 → 레벨]을 적용해 [출력 레벨: 0, 95]로 설정합니다.

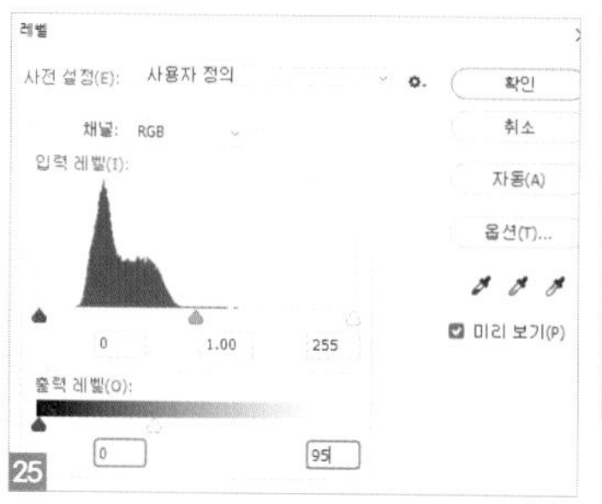

11 'A' 빌딩에 텍스처 붙여 넣고 음영 추가하기

27 **08~09**와 같은 방법으로 빌딩 'A'에도 텍스처를 붙여 넣습니다.

텍스처는 '110-빌딩소스.psd'파일의 [벽면 02] 레이어를 사용합니다.

28 [자동 선택 도구]로 선택할 수 없는 부분은 [펜 도구]를 사용해 선택 범위를 만듭니다.

29 텍스처를 붙여 넣은 후 **10**과 같이 [고급 개체]로 변환하고 그림자가 생기는 벽면에 [레벨]을 적용합니다.

12 'B' 빌딩에 텍스처 붙여넣기

30 빌딩 'B', 'R', 'U'와 같이 곡면이 있다면, 평면과 곡면 부분을 나눠 작업합니다. 우선 지금까지 했던 방법으로 평면에 [벽면 03] 레이어의 텍스처를 붙여 넣습니다.

31 'B'의 곡면 부분에 다시 한번 [벽면 03] 레이어를 붙여 넣고 변형합니다.

32 변형을 확정하지 않은 상태에서 [마우스 오른쪽 버튼 클릭 → 뒤틀기]를 선택합니다.

33 옵션 바에서 [뒤틀기 유형 설정]을 [아치]로 설정한 후 앵커 포인트를 드래그해 그림과 같이 모양을 대략 맞춥니다.

34 다시 옵션 바에서 [뒤틀기 유형 설정]을 [사용자 정의]로 설정한 후 건물 모양에 맞게 앵커 포인트와 핸들을 조절합니다.

13 'B' 빌딩의 곡면 부분 그림자 정돈하기

35 'B' 빌딩의 나머지 벽면에 텍스처를 붙여 넣은 후 이전과 마찬가지로 [레벨]로 음영을 추가합니다.

평면과 곡면의 경계가 너무 선명하면 부자연스러운 느낌이 듭니다. 그림자가 자연스럽게 만들어지도록 합니다.

36 곡면이 있는 레이어를 선택한 후 [마스크] 아이콘을 클릭합니다.

37 [브러시 도구]를 이용해 곡면에 맞게 부드러운 그림자가 될 수 있도록 마스크를 추가합니다.

35

37

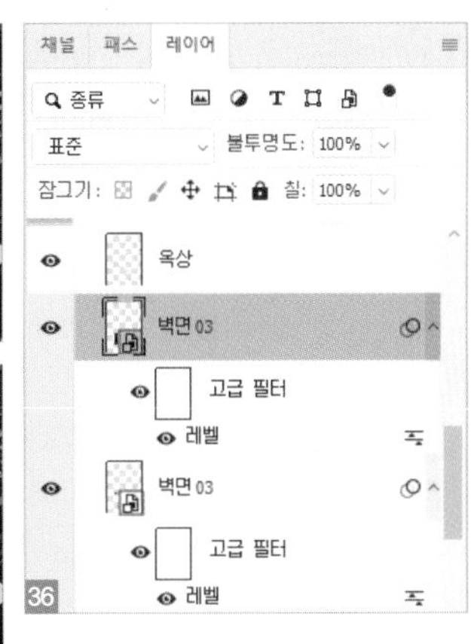

36

14 나머지 빌딩의 벽면에 텍스처 붙여 넣기

38 같은 방법으로 [왜곡]과 [뒤틀기]를 사용해 나머지 건물의 벽면에 텍스처를 붙여 넣습니다.

'R' 빌딩에는 [벽면 04] 레이어를, 'U' 빌딩에는 [벽면 05] 레이어를 붙여 넣습니다.

38

15 빌딩 벽면 마무리하기

39~40 앞에서 만든 벽면의 텍스처를 그룹화한 후 이름을 '벽면'으로 바꿉니다. [URBAN] 레이어의 [마스크 섬네일]을 Alt를 누른 상태에서 [벽면] 그룹으로 드래그해 마스크를 복사합니다.

41 [벽면] 그룹의 가장 위쪽에 [그림자] 레이어를 새로 만든 후 [브러시 도구]를 사용해 그림자를 그립니다.

전체 밸런스를 확인하면서 레이어의 [불투명도]를 조절합니다. 이 예제에서는 [50%]로 설정했습니다.

39

40

41

그림자 그려 넣기

16 옥상에 텍스처 붙여넣기

'110-콘크리트.psd' 소스를 불러와 가장 위쪽에 배치합니다.

42 레이어의 [불투명도]를 [50%] 정도까지 내리고 [왜곡]을 사용해 옥상의 입체감에 맞게 변형합니다.

변형한 후 [불투명도]를 [100%]로 되돌립니다.

43 [옥상] 레이어의 [레이어 섬네일]을 Ctrl을 누른 상태에서 클릭해 선택 범위로 만듭니다. [콘크리트] 레이어를 선택하고 [레이어] 패널의 아래쪽에 있는 [마스크] 버튼을 클릭합니다.

42

43

17 글자 따라 옥상에 벽 만들기

[옥상] 레이어를 가장 위쪽으로 이동한 후 [칠: 0%]로 설정한 후 [옥상] 레이어의 [레이어 스타일] 패널이 나타나도록 합니다.

44 [획] 항목을 선택한 후 그림과 같이 설정합니다.

45 [내부 그림자] 항목을 선택한 후 그림과 같이 설정합니다.

46 옥상 벽 안쪽에 그림자를 넣어 벽과 같은 느낌이 만들어졌습니다.

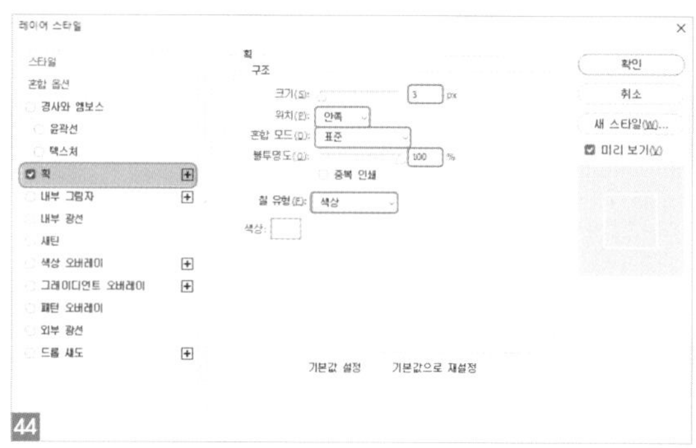
44

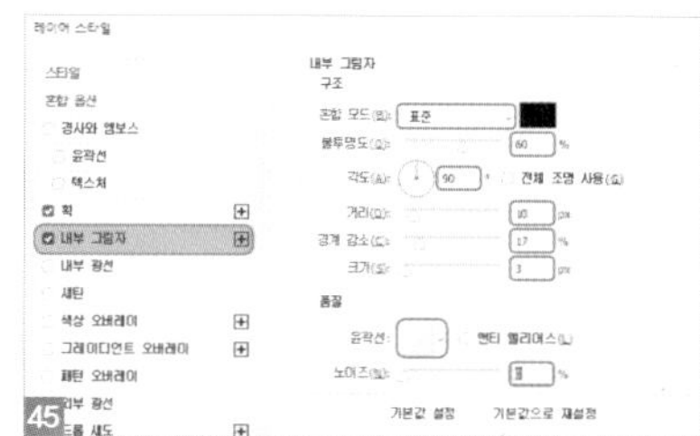
45

46

18 옥상 벽에 그림자 만들기

[옥상] 레이어의 아래쪽에 [옥상 그림자] 레이어를 만듭니다.

[옥상] 레이어의 [레이어 섬네일]을 Ctrl을 누른 상태에서 클릭해 선택 범위로 만듭니다.

47 [옥상 그림자] 레이어를 선택한 후 전경색을 검정(#000000)으로 설정해 채웁니다.

48 선택 범위를 그대로 오른쪽 아래 방향으로 이동합니다. 이 예제에서는 오른쪽으로 30픽셀, 아래로 10픽셀 이동했습니다. 그런 다음 Delete를 눌러 검은색 부분 중 일부분을 삭제합니다.

49 그림자가 연결되지 않은 곳이 있습니다. [다각형 도구]를 사용해 선택 범위를 만든 후 [페인트 통 도구]로 채워 그림자를 만듭니다.

50 레이어의 [불투명도]를 [35%]로 설정합니다.

47

48

49

50

19 옥상에 부속물 추가하기

51 '110-빌딩소스.psd'에서 [타일]과 [부속물] 그룹에서 좋아하는 부속을 가져와 배치합니다. 위치에 따라 [왜곡] 등의 메뉴를 사용해 모양을 조절합니다.
[타일] 레이어만 [콘크리트] 레이어의 위쪽에 배치하고 [부속물] 그룹 안의 레이어는 모두 가장 위쪽에 배치합니다.

20 배경인 도시 풍경을 흐리게 해 원근감 표현하기

그레이디언트를 사용해 배경을 흐리게 만들어 보겠습니다.
전경색을 검정(#000000), 배경색을 흰색(#ffffff)으로 설정합니다.
52 [레이어] 패널의 아래쪽에 있는 [조정 레이어] 버튼을 클릭한 후 [그레이디언트]를 선택해 그림과 같이 설정합니다.
53 [그레이디언트] 항목은 사전 설정에서 [전경색에서 배경색으로]를 선택한 후 왼쪽(검은색)에 있는 불투명도 점기점을 선택하고 [불투명도: 0%]로 설정합니다.
54 레이어의 [불투명도]는 [42%]로 설정합니다.

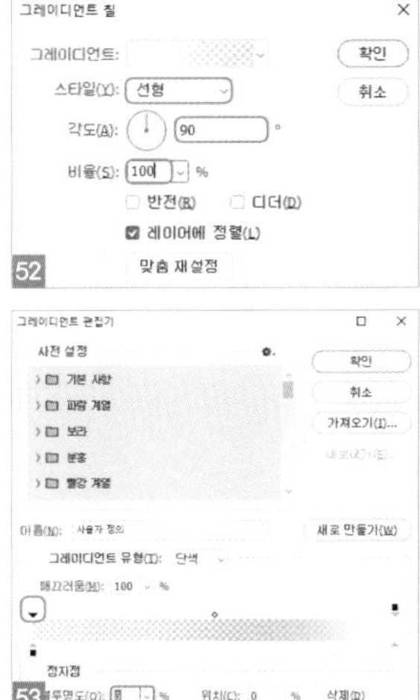

21 빌딩만 더 강조하고 완성하기

'URBAN' 빌딩에 시선이 가도록 주변을 어둡게 하겠습니다. [레이어] 패널의 아래쪽에 있는 [조정 레이어] 버튼을 클릭한 후 [그레이디언트]를 선택해 가장 위쪽에 배치합니다. [그레이디언트 칠] 패널에서 [그레이디언트]는 사전 설정의 [전경색에서 투명으로]를 선택합니다.
55 그림과 같이 설정한 후 캔버스에서 'URBAN' 빌딩의 주변이 어두워지도록 그레이디언트를 만듭니다.
56 레이어의 [혼합 모드]를 [소프트 라이트], [불투명도]를 [50%]로 설정하면 완성입니다.

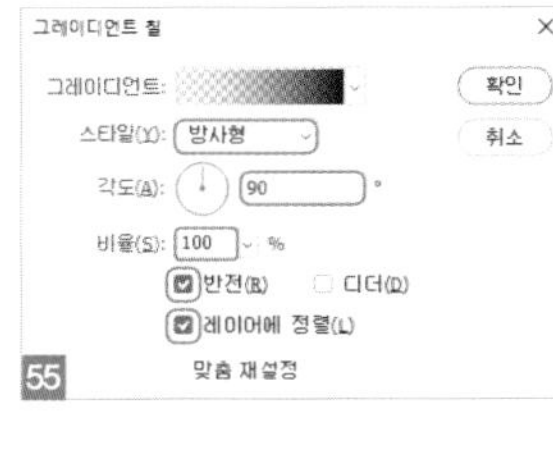

작가의 리터치 노트

포토샵 CC 22.2 이하 버전 설치 방법

299쪽 '큐브 모양으로 표현된 인포그래픽'과 329쪽 '영화 인셉션 느낌의 도시' 실습에서 사용한 [3D] 기능은 포토샵 CC 22.5 버전부터 제대로 작동하지 않습니다.

[3D] 기능을 사용해 실습을 진행하고 싶다면 아래 방법을 따라 22.2 이하 버전으로 설치하세요.
포토샵은 최신 버전을 설치했어도 이전 버전을 별도로 설치할 수 있습니다.

1. 어도비 Creative Cloud 앱을 실행합니다.
2. 설치된 Photoshop 앱 오른쪽의 ··· 아이콘을 클릭한 후 [기타 버전]을 선택합니다.

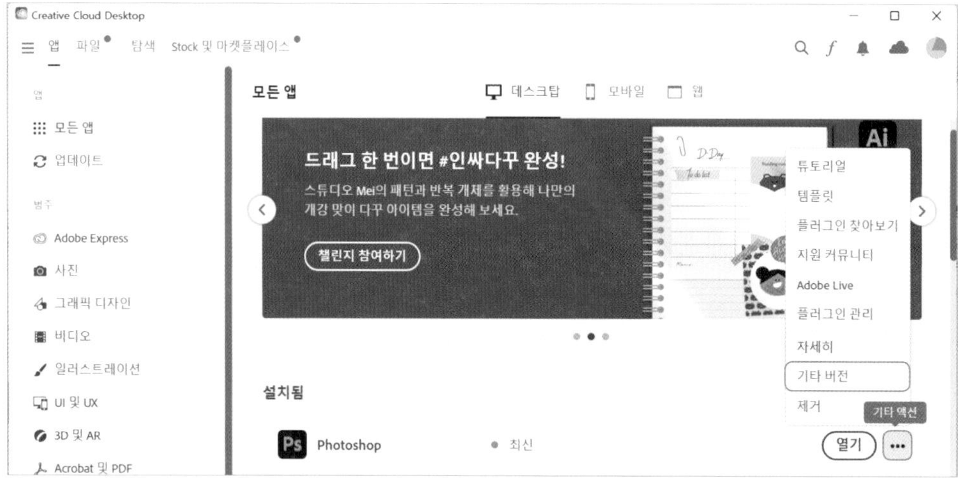

3. 설치할 수 있는 버전 목록이 뜨는데 이곳에서 22.2 이하 버전의 [설치]를 눌러 진행합니다.

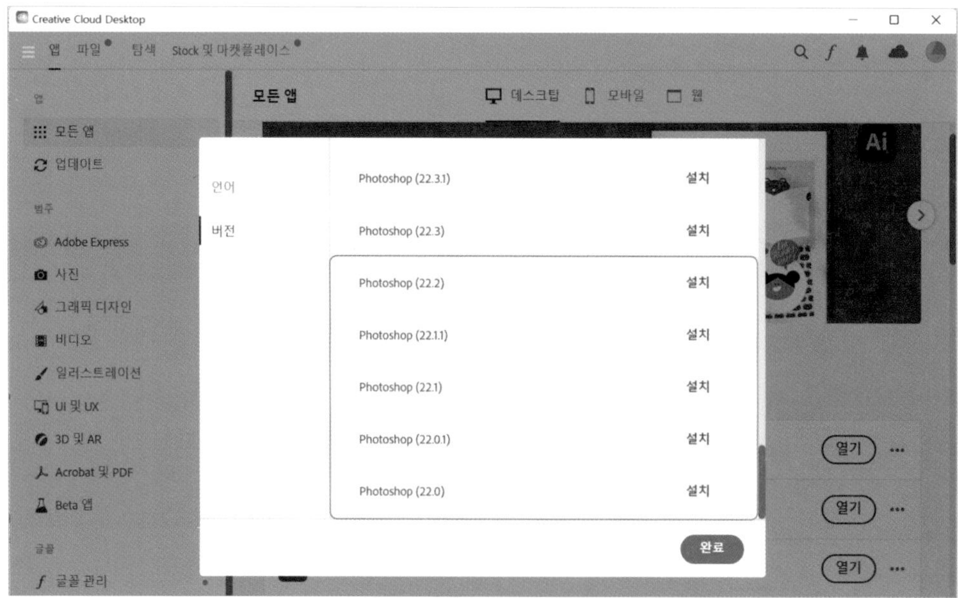

기본 기능부터 실무 예제까지

온라인 강의 최고 매출!

아윤 쌤의 포토샵 클래스로 디자이너가 된다!

강아윤 지음 | 600쪽 | 25,000원

요즘 디자이너들의 실무 디자인 총집합!

쉽다!	빠르다!	써먹기 좋다!	찾기 쉽다!
한글판 포토샵	3초 만에 **누끼 따는 방법**	**특별판** **'실무 예제 모음집'** 제공!	**'포토샵 사전'** 제공!

마케팅, 업무 활용 무엇이든

된다! 시리즈
구체적으로 도와주는 책

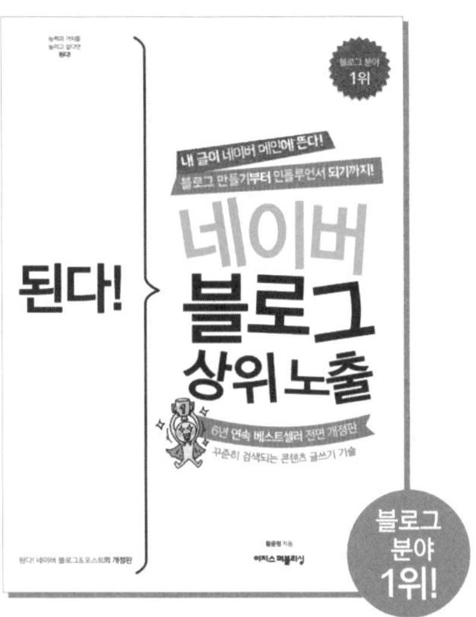

된다! 네이버 블로그 상위 노출

내 글이 네이버 메인에 뜬다!
블로그 만들기부터 인플루언서 되기까지
꾸준히 검색되는 콘텐츠 글쓰기 기술

황윤정 지음 | 16,500원

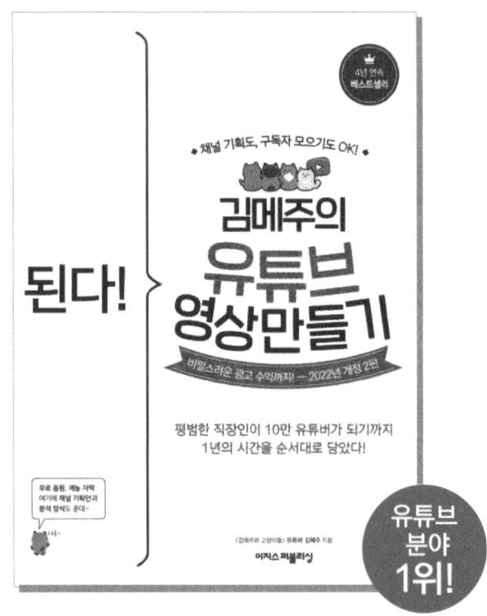

된다! 김메주의 유튜브 영상 만들기

구독자 10만이 되기까지
1년의 시간을 순서대로 담았다!

김혜주 지음 | 18,000원

된다! 아이패드 하루 24시간

아이패드로 하루 24시간,
365일을 알차게 보내는 방법!

홍정희(톡써니) 지음 | 16,000원

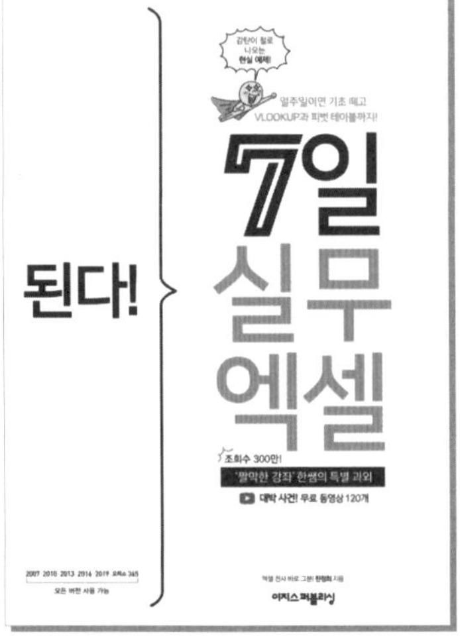

된다! 7일 실무 엑셀

일주일이면 기초 떼고
VLOOKUP과 피벗 테이블까지!
'짤막한 강좌' 한쌤의 특별 과외!

한정희 지음 | 20,000원

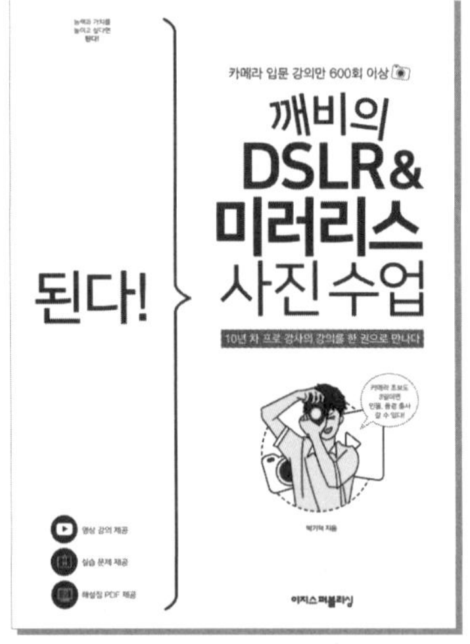

된다! 깨비의 DSLR & 미러리스 사진 수업

카메라 입문 강의만 600회 이상!
10년차 프로 강사의 강의를 한 권으로 만나다!

박기덕 지음 | 18,000원

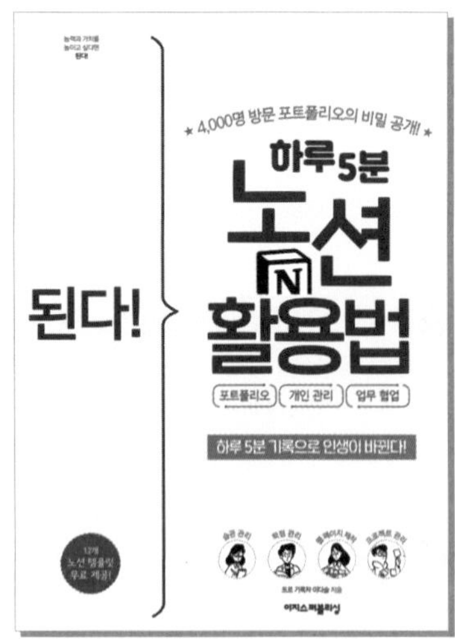

된다! 하루 5분 노션 활용법

4,000명 방문 포트폴리오의 비밀 공개!
하루 5분 기록으로 인생이 바뀐다!

이다슬 지음 | 14,000원